Planung und Kontrolle
von Betriebskosten
in Versicherungsunternehmen

Europäische Hochschulschriften
Publications Universitaires Européennes
European University Studies

Reihe V
Volks- und Betriebswirtschaft

Série V Series V
Sciences économiques, gestion d'entreprise
Economics and Management

Bd./Vol. 2713

PETER LANG
Frankfurt am Main · Berlin · Bern · Bruxelles · New York · Oxford · Wien

Bernd Broszat

Planung und Kontrolle von Betriebskosten in Versicherungsunternehmen

PETER LANG
Europäischer Verlag der Wissenschaften

Die Deutsche Bibliothek - CIP-Einheitsaufnahme

Broszat, Bernd:

Planung und Kontrolle von Betriebskosten in Versicherungsunternehmen / Bernd Broszat. - Frankfurt am Main ; Berlin ; Bern ; Bruxelles ; New York ; Oxford ; Wien : Lang, 2001
(Europäische Hochschulschriften : Reihe 5, Volks- und Betriebswirtschaft ; Bd. 2713)
Zugl.: Köln, Univ., Diss., 2000
ISBN 3-631-37327-9

D 38
ISSN 0531-7339
ISBN 3-631-37327-9

Für Oliver und Björn

Diese Arbeit wurde durch die Hanns-Seidel-Stiftung eV, München, aus Mitteln des Bundeministeriums für Bildung und Wissenschaft, Forschung und Technologie gefördert. Der Hanns-Seidel-Stiftung gilt für die mir gewährte Unterstützung mein Dank.

Inhaltsverzeichnis

Abkürzungsverzeichnis

1) Zitierabkürzungen

AG	Aktiengesellschaft
AVB	Allgemeine Versicherungsbedingungen
BFuP	Betriebswirtschaftliche Forschung und Praxis
cm	controller magazin
DBW	Die Betriebswirtschaft
HdSW	Handwörterbuch der Sozialwissenschaften
HdV	Handwörterbuch der Versicherung
HdWW	Handwörterbuch der Wirtschaftswissenschaft
hrsg.	herausgegeben
HWB	Handwörterbuch der Betriebswirtschaft
HWF	Handwörterbuch der Finanzwirtschaft
HWFü	Handwörterbuch der Führung
HWO	Handwörterbuch der Organisation
HWPlan	Handwörterbuch der Planung
HWProd	Handwörterbuch der Produktionswirtschaft
HWR	Handwörterbuch des Rechnungswesens
HWRev	Handwörterbuch der Revision
krp	Kostenrechnungspraxis
OM	Office Management
vb	versicherungsbetriebe
VerBAV	Veröffentlichungen des Bundesaufsichtsamtes für das Versicherungswesen
VP	Die Versicherungspraxis
VR	Versicherungsrundschau
VW	Versicherungswirtschaft
WiSt	Wirtschaftswissenschaftliches Studium

WISU	Das Wirtschaftsstudium
WPg	Die Wirtschaftsprüfung
ZfB	Zeitschrift für Betriebswirtschaft
ZfbF	Zeitschrift für betriebswirtschaftliche Forschung
ZfV	Zeitschrift für Versicherungswesen
ZIR	Zeitschrift Interne Revision
ZOR	Zeitschrift Operations Research
ZP	Zeitschrift für Planung
ZVersWiss	Zeitschrift für die gesamte Versicherungswissenschaft

2) Allgemeine Abkürzungen

a.a.O.	am angegebenen Ort
AD	Außendienst
al.	alii
Anm. d. Verf.	Anmerkung der Verfasser
BDS	Bürodatensystem
BGH	Bundesgerichtshof
bspw.	beispielweise
bzw.	beziehungsweise
CPU	Central Process Unit
DG	Dienstleistungsgeschäft
d.h.	das heißt
DIN	Deutsche Industrie-Norm
Diss.	Dissertation
DL	Dienstleistung(~)
DM	Deutsche Mark
En	Energie

EDV	Elektronische Datenverarbeitung
EK	Endkombination
eL	externe Leistungen
etc.	et cetera
f.	folgende
ff.	fortfolgende
GE	Geldeinheit(en)
gem.	gemäß
ggf.	gegebenenfalls
GP	Geschäftsprozeß
Herv. d. Verf.	Hervorhebung der Verfasser
ID	Innendienst
i.d.R.	in der Regel
i.e.S.	im eigentlichen Sinne
i.S.	im Sinne
i.w.S.	im weiteren Sinne
Mi	Mitarbeiter
MTM	Methods Time Measurement
npiL	nichtproduktbezogene interne Leistungen
Nr.	Nummer
o.J.	ohne Jahr
o.O.	ohne Ort
O.V.	Ohne Verfasser
piL	produktbezogene interne Leistungen
S.	Seite(n)
Sek	Sekundär(~)
sog.	sogenannte
Sp.	Spalte(n)
SV	Schadenverteilung

u.a.	unter anderem
u.d.T.	unter dem Titel
u.U.	unter Umständen
v.	von
V	Versicherung(s)
VAG	Versicherungsaufsichtsgesetz
v.d.	von der
VersR	Versicherungsrecht
Vgl.	Vergleiche
VK	Vorkombination
VS	Versicherungsschutz
VU	Versicherungsunternehmen
VVG	Versicherungsvertragsgesetz
z.T.	zum Teil
z.B.	zum Beispiel

3) Abkürzungen der Kostenfunktionen, soweit nicht bereits unter 2) erläutert

a_t	Aktivität oder Teilprozeß der t-ten Art oder allgemein, Produktionsfaktorverbrauch der t-ten Art
a	Aktivität oder allgemein, Produktionsfaktorverbrauch der a-ten Art
Ab, AB	Absatz(~)
AfA	Absetzung für Abnutzung (Abschreibung)
AM	Abweichungsanalysemethode
ArB	Arbeitsbedingung
Be, BE	Beschaffung(~)
BM	Betriebsmittel

BüM	Büromaterial
c	Anteilskoeffizient der Vorbearbeitung
d	Anteilskoeffizient der Erstbearbeitung
DL	Dienstleistung(~)
DLZ	Durchlaufzeit(~)
e	Anteilskoeffizient der Folgebearbeitung
eF	externer Faktor
eV	eigentliche Verbrauchs(~)
EZK	Einzelkosten
f	Anteilskoeffizient der Schlußbearbeitung
Fe, FE	Fertigung(~)
Fü, FÜ	Führung(~)
g	Eintrittskoeffizient der Schadenbearbeitung
g_{on}	Eintrittskoeffizient einer Schadenzahl O eines Versicherungsschutzproduktes n
g_{jn}	Eintrittskoeffizient einer Schadensumme J eines Versicherungsschutzproduktes n
GMK	Gemeinkosten
h	Qualifikationsstufe eines Mitarbeiters
HAA	Humanaktivitätsart
HAI	Humanaktivitätsinhalt(~)
HAM	Humanaktivitätsmenge
i	Kostenstelle
IA	Informationsart
IM	Informationsmenge
Insth	Instandhaltung
Insts	Instandsetzung
j	Schadensumme
K	Kosten

kalk	kalkulatorische
KS	Kostenstelle(n)
LE	Leistungsergebnis
LG	Leistungsgrad
lmi	leistungsmengeninduziert(e)(en)
lmn	leistungsmengenneutral(e)(en)
m	Kostenart
n	(~)artindex
o	Schadenzahl
p	Prozeß
Pd	Postdienste
Pe	Personal(~)
PersB	Personalberatungsdienste
q_a	Preiskomponente (der a-ten Art)
q_v	Preiskomponente des v-ten Prozesses
$q_{\not{v}}$	Preiskomponente des $\not{v}$ -ten Prozesses
QL	Produktionsfaktorqualität
PM	Programm
r	Ist(größen)
Rei	Reinigung
s	Soll(größen)
sek	sekundär(~)
slmi	sekundäre(n) leistungsmengeninduzierte(n)
sr	Soll-Ist(~)
t	Tätigkeit oder allgemein, Produktionsfaktorverbrauch der t-ten Art
T_A	Arbeitszeit
T_R	Rüstzeiten
T_E	Erholungszeiten

T_T	Tätigkeitszeit
T_V	Verteilzeiten
T_W	Wartezeiten
Tk	Telekommunikationsdienste
Tr	Transportdienste
$\breve{u}$	sekundärer leistungsmengeninduzierter Prozeß
u	leistungsmengeninduzierter Prozeß
v	leistungsmengenneutraler Prozeß
Ve, VE	Verwaltung(~)
VF	Verfahren(~)
$\not{v}$	unechter leistungsmengenneutraler Prozeß
w_u	Prozeßkostensatz des u-ten (lmi-)Prozesses
x	Menge
x_a	Menge einer Aktivität (oder Produktionsfaktorverbrauchs) der a-ten Art
x_t	Menge einer Tätigkeit (oder Produktionsfaktorverbrauchs) der a-ten Art
x_u	Menge des u-ten (lmi-) Prozesses
x_v	Menge des v-ten (lmn-) Prozesses
$x_{\not{v}}$	Menge des $\not{v}$ -ten (unechten lmn-) Prozesses
xa_n, XA	Absatzmenge (eines Versicherungsschutzproduktes n)
xb_n	vorhandener Bestand eines Versicherungsschutzproduktes n
xz_a	Tätigkeitszeitmenge der Tätigkeit a
y	Kosteneinflußgröße
z	Zeit (allgemein)
ZeitlÜ	Zeitliche Überlassung
Zi	Zins(en)
{A}	Alternative Abweichungsanalysemethode

{DK}	Differenziert-kumulative Abweichungsanalysemethode
{K}	Kumulative Abweichungsanalysemethode
{VDK}	Verallgemeinerte differenziert-kumulative Abweichungsanalysemethode
η	Veränderungsgröße einer nicht in der Bezugsbasis enthaltenen Kosteneinflußgröße
μ	Veränderungsgröße einer in der Bezugsbasis enthaltenen Kosteneinflußgröße
ψ	Platzhalter für die Eintrittskoeffizienten c, ..., f
Δ	Abweichung, Differenz

Abbildungsverzeichnis:

Tabellenverzeichnis:

1 Die Kontrolle

1.1 Begriffsdefinition

Wirtschaftliches Handeln in Versicherungsunternehmen ist kein Selbstzweck, sondern dient der Erreichung bestimmter Ziele.[1] Festgelegt werden diese Ziele von den für das Versicherungsunternehmen verantwortlichen Entscheidungsträgern, der Unternehmensführung.[2] Die Kontrolle stellt eine zentrale Aufgabe der Unternehmensführung sowie der ihr nachgeordneten Leitungsinstanzen dar, mit deren Hilfe die Einhaltung und Umsetzung der von der Unternehmensführung gesetzten Ziele sichergestellt werden soll.[3] Kontrolltätigkeiten werden als spezifische Informationsgewinnungs- und -verarbeitungsprozesse[4] verstanden, in deren Mittelpunkt die Gegenüberstellung von Ist- und

---

1) Vgl. zu den Zielen von und in Unternehmen allgemein: Bidlingmaier, J./Schneider, D. J. G.: Ziele, Zielsysteme und Zielkonflikte, in: HWB, hrsg. von E. Grochla/W. Wittmann, 4. Auflage, Stuttgart 1976, Sp. 4731-4740; Heinen, E.: Grundlagen betriebswirtschaftlicher Entscheidungen, 3. Auflage, Wiesbaden 1976; Kirsch, W.: Unternehmenspolitik und strategische Unternehmensführung, München 1990, hier S. 205-256, und speziell zu den Zielen von und in Versicherungsunternehmen Farny, D.: Unternehmerische Ziel- und Mittelentscheidungen in der Versicherungswirtschaft, in: ZVersWiss 1966, S. 129-159; Farny, D.: Gewinn und Sicherheit als Ziele von Versicherungsunternehmen, in: ZVersWiss 1978, S. 49-81; Farny, D.: Versicherungsbetriebslehre, 2. Auflage, Karlsruhe 1995, S. 259 ff.

2) Die Unternehmensführung ist die oberste Entscheidungsebene im Versicherungsunternehmen, also der Vorstand, zusammen mit dem Aufsichtsrat und der Hauptversammlung bzw. dem obersten Organ. Die Instanzen unterhalb der Unternehmensführung sind die verschiedenen Leitungsebenen, die ebenfalls Führungsaufgaben wahrnehmen. Vgl. auch unsere Ausführungen zum Funktionenbegriff im Kapitel 1.4.1.

3) Vgl. Thieme, H.-R.: Verhaltensbeeinflussung durch Kontrolle, Berlin 1982, S. 15 ff.; Korndörfer, W.: Unternehmensführungslehre, 8. Auflage, Wiesbaden 1995, S. 19 ff./180; Franken, R./Frese, E.: Kontrolle und Planung, in: HWPlan, hrsg. von N. Szyperski, Stuttgart 1989, Sp. 888-898, hier Sp. 892.

4) Vgl. zum Informationsbegriff exemplarisch die Darstellungen bei Ulrich, R.: Informationsmanagement im Versicherungsunternehmen, Berlin 1987, S. 20 ff.; Stubben, F.: Informationskostenrechnung, Diss. Bonn 1987, S. 32 ff.; Fleischer, M.: Information und Bedeutung, Bochum 1990, S. 141 ff.

Sollgrößen als erreichte bzw. zu erreichende Größen[1] sowie die sich daran anschließende Auswertung und Umsetzung der Ergebnisse aus ermittelten und für signifikant erachteten Abweichungen stehen.[2]

Die Ergebnisse von Kontrollen dienen, von wenigen Ausnahmen abgesehen, in der Regel ausschließlich unternehmenszugehörigen Personen als Entscheidungsgrundlage. Kontrollen stellen somit „internoorientierte" Überwachungsvorgänge dar.[3] Im Hinblick auf die Aufgabenstellung der Betriebskostenkontrollrechnung in Versicherungsunternehmen erscheint folgende Definition von Kontrolle als besonders geeignet:

Kontrollen stellen von der Unternehmensführung institutionalisierte, kontinuierliche und diskontinuierliche Überwachungen dar, die, in Abhängigkeit vom jeweiligen Kontrollobjekt, in die einzelnen Arbeitsabläufe unmittelbar integriert sein können und sowohl von prozeßunabhängigen als auch von prozeßabhängigen unternehmenszugehörigen, in Ausnahmefällen auch von unternehmensfremden Personen durchgeführt werden.[4]

Wenn die Kontrolle eine spezielle Ausprägung der Überwachung darstellt, ist der Begriff Überwachung entsprechend allgemein zu de-

---

1) Allgemein kann von der Gegenüberstellung einer zu überwachenden Größe und einer Normgröße (Vergleichsgröße) gesprochen werden.

2) Vgl. Frese, E.: Kontrolle und Rechnungswesen, in: HWR, hrsg. von E. Kosiol/K. Chmielewicz/M. Schweitzer, 2. Auflage, Stuttgart 1981, Sp. 915-923, hier Sp. 915 f.

3) Vgl. hierzu Kloock, J./Bommes, W.: Interne Revision (I), (II), in: WISU 1983, S. 494-499, S. 543-549, hier S. 499.

4) Vgl. Korndörfer, W.: Unternehmensführungslehre, a.a.O., S. 181 f.; Kloock, J.: Arbeitsunterlagen zum Studienfach Unternehmensrechnung und Revision, Kontrollmanagement, 10. Auflage, Köln 1998, S. 16. Vergleiche zu anderen Kontrolldefinitionen auch die Darstellungen bei Frese, E.: Kontrolle und Unternehmungsführung, Wiesbaden 1968, S. 49 ff. sowie Maune, R.: Planungskontrolle, Frankfurt/Main 1980, S. 34 ff.

finieren. „Überwachung ist ... der Vergleich von Objekten, mit dem Ziel, zwischen den Objekten Abweichungen bzw. Übereinstimmungen festzustellen und die aus dem Vergleich gewonnenen Informationen für entsprechende Konsequenzen zu nutzen."[1)]

1.2 Die Ziele von Kontrollen

Ziele sind angestrebte zukünftige Zustände der Realität.[2)] Neben der Kontrolle als Instrument zur Feststellung eines tatsächlichen Zielerreichungsgrades werden Kontrollen auch mit eigenständigen Zielen verbunden.[3)] Ein ganz wesentliches Ziel einer jeden Kontrolle wird darin gesehen, den Entscheidungsträgern ein Abbild der Realität der einzelnen kontrollfähigen Abläufe im Versicherungsunternehmen zu verschaffen, mit dessen Hilfe sie bereits getroffene Entscheidungen bewerten und noch zu treffende Entscheidungen vorbereiten können.[4)] In der Literatur wird in diesem Zusammenhang von der *Beobachtungs-* und *Beurteilungsfunktion* der Kontrolle gesprochen. Die Beurteilungsfunktion kann dabei noch in eine *Aufdeckungs-* und in eine *Erklärungs-*

---

1) Baetge, J.: Überwachung, in: Vahlens Kompendium der Betriebswirtschaftslehre, Band 2, hrsg. von M. Bitz et al., 3. Auflage, München 1993, S. 175-218, hier S. 177.

2) Vgl. Hamel, W.: Zielsysteme, in: HWO, hrsg. von E. Frese, 3. Auflage, Stuttgart 1992, Sp. 2634-2652, hier Sp. 2635; Farny, D.: Versicherungsbetriebslehre, a.a.O., S. 259 f. Vgl. auch unsere Ausführungen im Kapitel 3.

3) Jede der hier erwähnten Quellen enthält Ausführungen zu den Zielen von Kontrollen, vgl. exemplarisch Frese, E.: Kontrolle und Rechnungswesen, a.a.O., Sp. 915 f.

4) Kontrollen sind informationsgewinnende und -verarbeitende Prozesse. Dies setzt voraus, daß die Kontrollobjekte einen Detaillierungsgrad aufweisen, der zuläßt, daß sie als Grundlage der Entscheidungsfindung und -beurteilung dienen können. Dies sind in Versicherungsunternehmen grundsätzlich die einzelnen Arbeitsprozesse sowie deren Ergebnisse. Dem steht aber die Möglichkeit einer weniger detaillierten Abgrenzung der Kontrollobjekte nicht entgegen. Allerdings sind die dann gewonnenen Informationen zur direkten Entscheidungsfindung und -beurteilung entsprechend geringer geeignet.

funktion aufgespalten werden.[1] Zum anderen sollen Kontrollen das Verhalten der zu kontrollierenden Mitarbeiter beeinflussen (*Beeinflussungs-* und *Präventivfunktion*)[2], indem durch Kontrollen bewirkt wird, daß es bei den Mitarbeitern erst gar nicht zu unerwünschtem Verhalten kommt.[3] Kontrollen dienen bei der Mitarbeiterführung als Grundlage für positive und negative Beurteilungen einzelner Mitarbeiter.[4] Gerade „Belohnungen" oder „Bestrafungen" erfüllen eine wichtige Motivationsfunktion für den einzelnen Mitarbeiter.[5] Wird die Kontrollintensität jedoch über einen von jedem Mitarbeiter anders empfundenen Grad hinaus gesteigert, so führt die Kontrolle zu einem Vertrauens-

---

1) Vgl. Müller, W.: Kontrolle, Organisation der, in: HWO, hrsg. von E. Grochla, 2. Auflage, Stuttgart 1980, Sp. 1082-1091, hier Sp. 1083; Corsten, H.: Kontrollschwerpunktbildung auf der Grundlage subsidiärer Kriterien - Eine heuristische Vorgehensweise, Braunschweig, Luxemburg 1986, S. 1. CORSTEN selbst faßt in einer anderen Quelle die Aufdeckungs- und die Erklärungsfunktion zur Koordinationsfunktion zusammen, vgl. Corsten, H.: Kontrolle, in: Lexikon der Betriebswirtschaftslehre, hrsg. von H. Corsten, München, Wien 1992, S. 440-445, hier S. 441.

2) Vgl. Müller, W.: Kontrolle ..., a.a.O., Sp. 1083; Corsten, H.: Kontrollschwerpunktbildung ..., a.a.O., S. 1 sowie speziell zur Thematik Kontrolle und Mitarbeiter Thieme, H.-R.: Verhaltensbeeinflussung ..., a.a.O., S. 74 ff.; Frese, E./Simon, R.: Kontrolle und Führung, in: HWFü, hrsg. von A. Kieser/G. Reber/R. Wunderer, Stuttgart 1987, Sp. 1247-1257.

3) Vgl. hierzu auch Frese, E.: Unternehmungsführung, Landsberg/Lech 1987, S. 185.

4) Teil der „Informationswirkung der Kontrolle". Die Kontrolle soll dem Kontrollträger Informationen bereitstellen über die Qualität der Kontrollobjekte und dem Kontrollierten Informationen darüber, wie die von ihm geleistete Arbeit von seinen Vorgesetzten bewertet wird, vgl. hierzu auch Baetge, J./Schuppert, A.: Zur Wirtschaftlichkeit der Überwachung von Routinetätigkeiten, in: ZfB 1991, S. 1045-1061/1131-1148, hier S. 1047.

5) Vgl. hierzu auch die Bedeutung der Kontrolle auf und für den Menschen aus psychologischer Sicht, z.B. bei Flammer, A.: Erfahrung der eigenen Wirksamkeit, Bern, Stuttgart, Toronto 1990.

verlust des Mitarbeiters, und die grundsätzlich positive Wirkung einer Kontrolle wird ins Gegenteil gedreht.[1]

Letztendlich ist die Kontrolle immer mit der Auslösung und der Verstärkung von Lerneffekten verbunden, wodurch eine Steigerung von Produktivität und Wirtschaftlichkeit überwachter Produktionsfaktorkombinations- und -transformationsprozesse sichergestellt werden soll.

1.3 Kontrollarten

Die Kontrolle bezieht sich nicht auf einen einzelnen, fest definierten Sachverhalt in Versicherungsunternehmen, sondern auf verschiedene Ebenen betriebswirtschaftlichen Handelns. Um alle mit Kontrollen verbundenen Aspekte erfassen zu können, ist es notwendig, je nach gewünschter Informationsaussage bzw. Wirkrichtung der Kontrolle, einzelne Kontrollarten zu unterscheiden und verschiedene Kontrollarten miteinander zu kombinieren:[2]

1.3.1 Metakontrolle - Prämissenkontrolle - Ausführungskontrolle[3]

Basierend auf der Unterscheidung Meta-, Prämissen und Ausführungskontrolle wird zunächst eine Verbindung zu der der Kontrolle vorgelagerten (oder in anderer Sichtweise, der zur Kontrolle komplemen-

---

1) Sog. „dysfunktionale" Wirkung von Kontrollen, vgl. Frese, E.: Unternehmungsführung, a.a.O., S. 186. Vgl. zur dysfunktionalen Wirkung der Kontrolle ausführlich Höller, H.: Verhaltenswirkungen betrieblicher Planungs- und Kontrollsysteme, München 1978, S. 205 ff.

2) Bei den im folgenden dargestellten Kontrollarten handelt es sich um keine abschließende Darstellung, sondern lediglich um eine Übersicht möglicher Kontrollarten. Vgl. auch die Übersicht bei Thieme, H.-R.: Verhaltensbeeinflussung ..., a.a.O., S. 27.

3) Vgl. Frese, E.: Unternehmungsführung, a.a.O., S. 188 ff.; Corsten, H.: Kontrolle, a.a.O., S. 442 f.

tären)[1] Planung geknüpft. Planungsaktivitäten gehen Ausführungs- und Kontrollaktivitäten voraus. Durch die Vorsilbe „Meta-" wird immer eine Überordnungsbeziehung hergestellt. Die *Metakontrolle* bezieht sich auf den Vergleich der angewandten mit den vorgeschriebenen Planungsaktivitäten. Eine Metakontrolle soll sicherstellen, daß die jeweilige Planung richtlinienkonform durchgeführt wird. Der *Prämissenkontrolle*, die ebenfalls eine Kontrolle innerhalb der Planungsebene ist, obliegt die Überwachung der den Plänen zugrundeliegenden Annahmen bzw. Erwartungen. Dabei wird zwischen *originären* und *derivativen* Prämissenkontrollen unterschieden. Während im Rahmen der originären Prämissenkontrolle eine Abbildung der Realität in die zur Realisation bestimmten Pläne erfolgt, um deren Richtigkeit festzustellen,[2] hat die derivative Prämissenkontrolle zur Aufgabe, die die Basis eines jeden Planungsprozesses bildende Rahmenplanung daraufhin zu untersuchen, ob die der Rahmenplanung zugrunde liegenden Annahmen und Voraussetzungen weiterhin Gültigkeit besitzen. Die *Ausführungskontrolle* ist die eigentliche Kontrolle der der Planung nachfolgenden Ausführungshandlungen (*Realisationen*), und zwar hinsichtlich der Prozesse und deren Ergebnisse.

Das Begriffstripel Meta-, Prämissen- und Ausführungskontrolle scheint sich zunächst nur auf die Planung und Realisation von Produkterstellungsprozessen („Fertigung") zu beziehen. Wird der Begriff des Prozesses aber weit gefaßt verstanden, so können auch Planung und Kontrolle als Prozesse verstanden und auf der Basis der gerade dargestellten Kontrollarten untersucht werden. Der Begriff der Metakontrolle darf nicht mit einer „Kontrolle der Kontrolle" gleichgesetzt wer-

---

1) Vgl. Delfmann, W.: Planungs- und Kontrollprozesse, in: HWB, hrsg. von W. Wittmann et al., 5. Auflage, Stuttgart 1993, Sp. 3232-3251, hier Sp. 3233.

2) Im Zusammenhang mit der originären Prämissenkontrolle wird auch von einer „gezielten Überprüfung der Sollwerteinhaltung" gesprochen, Frese, E.: Unternehmungsführung, a.a.O., S. 189.

den, wie dies bei der Planung geschieht.[1] Die Kontrolle der Kontrolle ist zunächst einmal eine Ausführungskontrolle, wobei aber die der Kontrolle vorgeschaltete Planung Gegenstand einer Meta- und Prämissenkontrolle sein kann.

Bei der Meta- und der Prämissenkontrolle handelt es sich um Kontrollarten, die dem gesamten Bereich der *Planungskontrollen*[2] bzw. der *Entscheidungsfindungskontrollen*[3] zugeordnet sind. Dementsprechend handelt es sich bei der Ausführungskontrolle um eine *(Plan-) Realisationskontrolle* oder *Entscheidungsvollzugskontrolle*.

1.3.2 Ergebnisorientierte Kontrolle - verfahrensorientierte Kontrolle[4]

Ergebnisorientierte Kontrollen beschäftigen sich ausschließlich mit den Resultaten der kontrollierten Prozesse. Darüber, wie diese Ergebnisse erreicht wurden, sind keine Aussagen möglich. *Verfahrensorientierte Kontrollen* geben hingegen Aufschluß, wie die ermittelten Werte erreicht wurden und ob entsprechende Planvorgaben eingehalten wurden. Es erscheint sinnvoll, aus den verfahrensorientierten Kontrollen

---

1) Die Metaplanung wird auch als „Planung der Planung" bezeichnet, vgl. Hentze, J./Brose, P./Kammel, A.: Unternehmungsplanung, 2. Auflage, Bern, Stuttgart, Wien 1993, S. 62.

2) Vgl. Maune, R.: Planungskontrolle, a.a.O., S. 7/51-53, der die „Planungs"kontrolle noch in eine Planungssystem- und eine Planinhaltskontrolle aufspaltet.

3) Vgl. z.B. Kloock, J.: Kontrollmanagement ..., a.a.O., S. 17.

4) Vgl. Frese, E.: Kontrolle und Rechnungswesen, a.a.O., Sp. 917 f. MAUNE bezeichnet die ergebnisorientierte Kontrolle als Systemoutput-Kontrolle und die verfahrensorientierte Kontrolle als Systemstruktur-Kontrolle, vgl. Maune, R.: Planungskontrolle, a.a.O., S. 47 ff. SIEGWART/MENZL spalten die Ergebniskontrolle noch in eine Fortschritts-(= Teilergebnis-) und in eine Endergebniskontrolle auf, vgl. Siegwart, H./Menzl, I.: Kontrolle als Führungsaufgabe, Bern, Stuttgart 1978, S. 107 ff.

die *verhaltensorientierten Kontrollen* auszugliedern.[1] In diesem Fall beziehen sich die verfahrensorientierten Kontrollen lediglich darauf, ob die Planvorgaben hinsichtlich der anzuwendenden betriebs- und versicherungstechnischen Verfahren eingehalten wurden, während die verhaltensorientierten Kontrollen zusätzlich Aufschluß über das intra- und interpersonelle Verhalten der kontrollierten Personen geben.

1.3.3 Unternehmensinterne Kontrolle - unternehmensexterne Kontrolle[2]

Unternehmensinterne Kontrollen sind sowohl von ihrer Wirkung als auch ihrer Aussage her ausschließlich an unternehmenszugehörige Personen („interne Koalitionsteilnehmer") sowie auf unternehmensinterne Kontrollobjekte gerichtet. *Unternehmensexterne Kontrollen* sind ebenfalls auf unternehmensinterne Kontrollobjekte gerichtet, beziehen sich von ihrer Wirkung jedoch auf nicht-unternehmenszugehörige Personen („externe Koalitionsteilnehmer"). Über die Auslösung und Durchführung einer derartigen Kontrolle entscheiden bei unternehmensinternen Kontrollen ausschließlich die verantwortlichen Entscheidungsträger autonom, während dies bei unternehmensexternen Kontrollen in der Regel nicht der Fall ist. Ebenfalls zu den unternehmensexternen Kontrollen sollen auch solche gerechnet werden, die autonom von der Unternehmensführung angeordnet, ausschließlich zu dem Zweck durchgeführt werden, die Einstellung und das Verhalten

---

1) Vgl. Thieme, H.-R.: Verhaltensbeeinflussung ..., a.a.O., S. 28.

2) Vgl. Frese, E.: Kontrolle und Rechnungswesen, a.a.O., Sp. 916 f. Eine solche Unterscheidung macht jedoch nur Sinn, wenn nicht zwischen Kontrolle und Revision unterschieden wird.

externer Personen in bezug auf das Versicherungsunternehmen zu beeinflussen.[1)]

1.3.4 Selbstkontrolle - Fremdkontrolle[2)]

Beide Kontrollarten unterscheiden sich durch den jeweiligen Kontrollträger. Zwischen der reinen Selbstkontrolle und der reinen Fremdkontrolle finden sich vielfältige Kombinationsmöglichkeiten. Die *Selbstkontrolle* (= Innenkontrolle) führt jeder Mitarbeiter im Versicherungsunternehmen für sich als eigenverantwortliche Aktivität durch. Dementsprechend erfolgt die *Fremdkontrolle* (= Außenkontrolle) durch andere Kontrollträger. Hierbei kann zwischen menschlichen und nichtmenschlichen Kontrollträgern differenziert werden. Bei den menschlichen Kontrollträgern kann weiter dahingehend unterschieden werden, ob es sich um unternehmenszugehörige oder unternehmensfremde (selten!) Personen handelt. Bei unternehmenszugehörigen Personen ist noch zu unterscheiden, ob es sich um hierarchisch über-, gleich- oder untergeordnete Personen handelt. Hierarchisch gleich- und untergeordnete Personen dürfen Kontrollhandlungen nur auf ausdrückliche Weisung vornehmen, während Kontrollen immer zum Aufgabenfeld unmittelbar vorgesetzter Personen gehören.

---

1) Da durch externe Kontrollen immer auch das Verhalten nicht-unternehmenszugehöriger Personen beeinflußt werden soll, nehmen die externen Koalitionsteilnehmer wiederum Einfluß auf unternehmensinterne Entscheidungen, vgl. Goetzke, W.: Grundmodelle wirtschaftlicher Kontrolle und aktienrechtliche Jahresabschlußprüfung, in: BFuP 1976, S. 151-180, hier S. 158.

2) Vgl. hierzu ausführlich Thieme, H.-R.: Verhaltensbeeinflussung ..., a.a.O., S. 151-180.

1.3.5 Ex-ante-Kontrolle - ex-post-Kontrolle[1]

Die Unterscheidung dieser beiden Kontrollarten bezieht sich auf den Zeitpunkt der Durchführung der Kontrolle in Abhängigkeit vom eigentlichen Kontrollobjekt. Kontrollen erfolgen meist als *ex-post-Kontrollen*, also nach Abschluß eines Prozesses oder einer anderen Realisation. *Ex-ante-Kontrollen* erfolgen demnach zu einem früheren Zeitpunkt, also vor Abschluß der Planung oder vor Beginn der Realisation. Damit keine Mißverständnisse entstehen: Eine Kontrolle ist von ihrer Handlung her immer eine nachträgliche Überwachungsaktivität, da sie erst dann durchgeführt werden kann, nachdem die Kontrollgrößen festgelegt worden sind.

Für die ex-ante- und die ex-post-Kontrolle unterscheidend ist immer der Zeitpunkt, zu dem eine zu kontrollierende Aktivität abgeschlossen sein soll. Eine Kontrolle erfolgt dann als ex-post-Kontrolle, wenn sie zu einem Zeitpunkt durchgeführt wird, nachdem ein Kontrollobjekt geplant, eingeführt oder realisiert wurde. Die ex-ante-Kontrolle hingegen erfolgt vor diesem Zeitpunkt, vor allem während der Planung, vor der Einführung oder vor der Realisation.[2] Aber dennoch ist auch die ex-ante-Kontrolle eine nachträgliche Kontrolle.

Zum besseren Verständnis sollen die Unterschiede von ex-ante- und ex-post-Kontrollen anhand von zwei Beispielen erläutert werden:

---

1) Vgl. Frese, E.: Unternehmungsführung, a.a.O., S. 190; Franken, R./Frese, E.: Kontrolle und Planung, a.a.O., S. 890.

2) Ohne den folgenden Ausführungen vorwegzugreifen, sei an dieser Stelle angemerkt, daß aufgrund der inhaltlichen Ausrichtung ex-ante-Überwachungen vor allem im Rahmen von Internen Revisionen als sog. Systemprüfungen projektbegleitend erfolgen, vgl. hierzu z.B. Fischer, H.-J.: Möglichkeiten und Grenzen der ex ante-Prüfung in der Praxis der internen Revision, in: ZIR 1978, S. 65-73 sowie Soll, R./Hoffmann, J.: Projektbegleitende Revision im Versicherungsunternehmen, in: VW 1980, S. 1159-1165.

- Planungsgegenstand seien die Neuabschlüsse eines Mitarbeiters für ein Versicherungsschutzprodukt in einer definierten Periode. Alle Kontrolltätigkeiten, die einen Bezug haben zu den Abschlußerfolgsaktivitäten dieses Mitarbeiters, die aber vor Beginn der definierten Periode erfolgen, sind ex-ante-Kontrollen. Kontrollen, die sich auf Aktivitäten der definierten Periode beziehen, aber erst nach deren Ende durchgeführt werden, sind ex-post-Kontrollen. Unterscheidend ist also der Zeitpunkt, zu dem die „Realisationsperiode" dieses Mitarbeiters beginnt und abgeschlossen ist.

- Eine neue Software, z.B. zur Provisionsabrechnung, soll eingeführt werden. Ex-ante-Kontrollen sollen sicherstellen, daß durch Probeläufe Fehler und Inkompatibilitäten aufgedeckt werden, bevor die Software in die Arbeitsabläufe implementiert wird. Treten Fehler erst nach der Installation auf, so müssen deren Ursachen durch ex-post-Kontrollen aufgedeckt werden.

Mit Hilfe der ex-ante-Kontrolle wird versucht, Fehlentwicklungen noch vor der Realisation des Planungsgegenstandes aufzudecken und zu beseitigen. Ein nachträglicher Eingriff in dann bereits ablaufende Prozesse soll dadurch vermieden oder zumindest im Umfang begrenzt werden. Aus diesem Grund ist eine Planungskontrolle, die erst nach erfolgter Planung, aber vor Realisationsbeginn erfolgt, eine ex-post-Kontrolle in bezug auf die Planung, da der gesamte Planungsprozeß bereits abgeschlossen ist. Können die Ergebnisse dieser Kontrolle aber noch die Sollgrößen der Realisation beeinflussen, handelt es sich in bezug auf die Realisation um eine ex-ante-Kontrolle.

Die Beziehung der ex-ante-Kontrolle zur ex-post-Kontrolle läßt sich besonders gut über die verwendeten Kontrollgrößen darstellen. Bei beiden Kontrollarten werden tatsächliche Istwerte und geplante Werte (als Normgrößen) einander gegenübergestellt. Die Frage ist aber, wie sich die verwendeten Normgrößen unterscheiden.

Die Sollgrößen einer ex-post-Kontrolle sind die, die den jeweiligen ausführenden Mitarbeitern als verbindlich vorgegeben sind. Es muß sich dabei um „optimale" Sollgrößen handeln, d.h., diese Sollgrößen müssen im Hinblick auf die Prämissen so realitätsnah wie nur irgend möglich sein, und Planungsfehler sollten weitgehend eliminiert sein. Demgegenüber handelt es sich bei den ex-ante-Sollgrößen, die der ex-ante-Kontrolle zugrunde liegen, um solche, die gegenüber dem Realisationsbeginn des eigentlichen Kontrollobjektes zu einem erheblich früheren Zeitpunkt geplant wurden. Diesen ex-ante-Sollgrößen sind dann im Verlauf einer ex-ante-Kontrolle die jeweiligen tatsächlich festgelegten Plangrößen gegenüberzustellen. Die Ergebnisauswertung der Gegenüberstellung dieser Kontrollgrößen führt dann zu einer Optimierung des Planungsprozesses und zu einer Optimierung der Sollgrößen. Letztendlich werden so die ex-ante-Sollgrößen in die Sollgrößen transformiert, die in einer ex-post-Kontrolle verwendet werden, die ex-post-Sollgrößen.[1)] Diese ex-post-Sollgrößen stellen damit im Endergebnis die Normgrößen einer Planungs- und einer Realisationskontrolle dar.[2)3)]

In der amerikanischen Literatur findet sich die Unterscheidung zwischen *feedforward control* und *feedback control*.[4)] Von feedback control wird dann gesprochen, wenn die Kontroll-Aktivitäten auf der Grundlage von Informationen bereits abgeschlossener Realisationen oder bereits eingetretener Resultate erfolgen. Es sind Informationen

---

1) Vgl. hierzu Kloock, J.: Kontrollmanagement ..., a.a.O., S. 22/28 f./71. KLOOCK spricht jedoch von „ex-ante-Plangrößen" und „ex-post-Sollgrößen".

2) Vgl. hierzu auch die Darstellung bei Kromschröder, B.: Ansätze zur Optimierung des Kontrollsystems der Unternehmung, Berlin 1972, S. 28. KROMSCHRÖDER gibt allerdings die korrigierten Plangrößen nicht der Realisation als Normgrößen vor, sondern verwendet diese nur zur Kontrolle des Entscheidungsfindungsprozesses.

3) Im weiteren Verlauf dieser Arbeit wird ausschließlich von ex-post-Sollgrößen als Plangrößen ausgegangen.

4) Vgl. Michael, St. R.: Feedforward versus Feedback Controls in Planning, in: Managerial Planning, November/December 1980, S. 34-38.

der Vergangenheit, die oft nur noch für die Zukunft, aber nicht mehr für die Gegenwart relevant sind. Von feedforward control wird demnach dann gesprochen, wenn die zur Kontrolle notwendigen Informationen zu einem so frühen Zeitpunkt bereitgestellt werden, daß genügend Zeit vorhanden ist, korrigierend in gerade stattfindende oder beginnende Realisationen eingreifen zu können. Da auch mit Hilfe von feedback controls in ablaufende Prozesse eingegriffen werden soll, wird deren größtes Problem darin gesehen, daß die Zeitlücke („time lag“) zwischen Kontrolle, Auswertung und Umsetzung im Regelfall zu groß ist, um die Korrekturmaßnahmen gründlich vorbereiten zu können. Deshalb soll eine feedforward control die feedback control unterstützen, in keinem Fall aber ersetzen, feedback ist immer die Basis allen kontrollierenden Handelns. Die Planung wird bei MICHAEL als eine spezifische Methode der feedforward control angesehen.[1)] Feedforward control und feedback control sind nicht mit der ex-ante- und der ex-post-Kontrolle nach unserem Verständnis identisch, was im wesentlichen auf den größeren Begriffsumfang des Begriffs „control“ (vor allem in bezug auf feedforward) zurückzuführen ist, der größere Freiheitsgrade notwendig macht. Auch beziehen sich beide Kontrollarten vor allem auf bereits ablaufende Prozesse.[2)] Hinsichtlich der Differenzierung von feedforward und feedback control ist der Zeitpunkt der Informationsbereitstellung entscheidend, bei der ex-ante- und der ex-post-Kontrolle ist dies der Zeitpunkt des Realisationsbeginns. Da bei

---

1) „But planning ... is a method of feedforward control.“, Michael, St. R.: Feedforward ..., a.a.O., S. 36. „Therefore: *planning is really a technique of feedforward control.*“ Michael, St. R.: Feedforward ..., a.a.O., S. 37. Vgl. hierzu die Ausführungen in Kapitel 1.4, die sich auch mit den Problemen der Übersetzung von „to control“ beschäftigen.

2) Das Begriffspaar ex-ante und ex-post läßt eine Kontrolle, die begleitend während einer bereits begonnenen Realisation erfolgt, nicht zu. Hier müßte von einer *„ex-nunc-Kontrolle“* („unter Berücksichtigung von jetzt“, vgl. Stowasser, J. M./Petschenig, M./Skutsch, F.: Der Kleine Stowasser, München 1979, S. 163/303) gesprochen werden. Diese *„ex-nunc-Kontrolle“* umfaßt sowohl Elemente der ex-ante-Kontrolle, z.B. die direkte Einflußnahme auf die Realisation als auch der ex-post-Kontrolle, z.B. die Kontrollgrößen.

uns die Planung nicht als eine Methode der ex-ante-Kontrolle verstanden wird, kann die Planung sowohl Gegenstand einer ex-ante- als auch einer ex-post-Kontrolle sein.

Abbildung 1: Ex-ante-, ex-nunc- und ex-post-Kontrolle

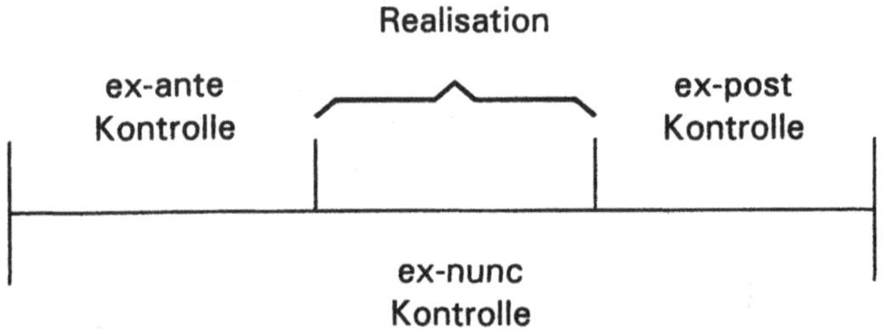

Mit den Begriffen der feedforward control und der feedback control eng verbunden sind die der Steuerung und Regelung.[1)] Während die feedback control ebenso wie die Regelung erst reagieren kann, nachdem eine Abweichung eingetreten ist, versucht die feedforward control ebenso wie die Steuerung letztendlich, der Auswirkung einer sich abzuzeichnenden Abweichung (Änderung) noch entgegenzutreten.

Um umfassend aussagefähige und entscheidungsrelevante Kontrollinformationen im Hinblick auf die Betriebskosten der Versicherungsunternehmen zu erhalten, sind verschiedene Kontrollarten miteinander zu kombinieren. Welche dies im einzelnen genau sind, muß der jeweiligen Definition eines spezifischen Kontrollfeldes vorbehalten bleiben.

---

1) Vgl. hierzu Kapitel 1.5 sowie Kloock, J.: Kostenkontrolle auf der Basis kombinierter und lernorientierter Feedback-Feedforward-Prozesse, in: Diskussionsbeiträge zum Rechnungswesen, Wirtschafts- und Sozialwissenschaftliche Fakultät, Universität zu Köln, Beitrag Nr. 1, Köln 1990, S. 1 ff.

1.4 Die Abgrenzung der Kontrolle zur Internen Revision und zum Controlling

1.4.1 Kontrolle und Interne Revision[1)]

In der betriebswirtschaftlichen Literatur herrscht weitgehend Einigkeit darüber, die Überwachung als Oberbegriff aller Kontroll- und Revisionstätigkeiten zu wählen.[2)] Systemtheoretisch gesprochen sind die Kontrolle und die Interne Revision damit Bestandteile eines unternehmensinternen Überwachungssystems.[3)] Ebenso herrscht grundsätzlich

---

1) Vgl. zur Internen Revision in Versicherungsunternehmen neben der bei Farny, D.: Versicherungsbetriebslehre, a.a.O., S. 419 angegebenen Literatur: Sy, W.: Die Revisionsabteilung in der Versicherungsunternehmung, Karlsruhe 1967; Schneller, H.: Revisionsprobleme bei elektronischer Datenverarbeitung im Versicherungsbetrieb, in: Praxis und Theorie der Versicherungsbetriebslehre, Festgabe für H. L. Müller-Lutz zum 60. Geburtstag, hrsg. von P. Braess/D. Farny/R. Schmidt, Karlsruhe 1972, S. 343-358; Soll, R./Hoffmann, J.: Projektbegleitende Revision ..., a.a.O., S. 1159-1165; Soll, R. et al.: Vertriebsrevision in Versicherungsunternehmen/Vertriebssteuerung, in: ZIR 1981, S. 250-255; Wassmer, A.: Neue Ansätze für die Prüfung von Geschäftsstellen bei Versicherungsunternehmen, in: ZIR 1981, S. 138-149; Mayer, L.: Innenrevision und Abschlußprüfung in der österreichischen Versicherungswirtschaft, in: VR 1987, S. 43-51; Vodrazka, K.: Stand und Entwicklungstendenzen der internen Revision, in: VR 1987, S. 33-42; Teckemeyer, H.-U./Hansen, U.: PC-gestützte Revision, in: VW 1993, S. 319-321; Wirth, H.: „Total Outsourcing" der Internen Revision?, in: VW 1995, S. 1254-1255.

2) Vgl. exemplarisch Wöhe, G.: Einführung in die Allgemeine Betriebswirtschaftslehre, 18. Auflage, München 1993, S. 199.

3) Vgl. Freiling, C./Lück, W.: Interne Überwachung und Jahresabschlußprüfung, in: ZfbF 1986, S. 996-1006, hier S. 997. In der Literatur findet sich häufig für das Überwachungssystem auch die Bezeichnung „Internes Kontrollsystem" mit den Teilkomponenten „Internes Kontrollsystem im engen Sinne" und „Interne Revision". Wir finden diese Übersetzung des amerikanischen „internal control" nicht sinnvoll, da „to control" nicht bloß mit „kontrollieren" übersetzt werden darf. Besser erscheint die Übersetzung „Überwachungssystem" oder „Internes Steuerungssystem", vgl. hierzu Horváth, P.: Internes Kontrollsystem, allgemein, in: HWRev, hrsg. von A. G. Coenenberg/K. v. Wysocki, Stuttgart 1983, Sp. 628-642, hier Sp. 631. Gerade die Interpretation als „Internes Steuerungs- und Regelungssystem" bietet die Möglichkeit, ein Controllingsystem zu integrieren. Da im folgendem von der Übersetzung „Internes Überwachungssystem" ausgegangen wird, kann der Zusatz „im engen Sinne" beim „Internen Kontrollsystem" wegfallen.

Einigkeit bei der Gleichsetzung von Revision und Prüfung.[1] Die Abgrenzung von Interner Revision und Kontrolle hingegen ist nicht unproblematisch und daher in der Literatur auch nicht eindeutig, so daß verschiedene Autoren ganz darauf verzichten,[2] jedoch meist nicht ohne darauf hinzuweisen, daß bei genauerer Differenzierung und Aufgabenzuweisung eine Unterscheidung durchaus möglich erscheint.[3]

Ein sehr häufig in der Literatur zu findender Unterscheidungsansatz geht dahin, daß eine Überwachung dann als Interne Revision bezeichnet wird, wenn sie außerhalb der üblichen Arbeitsabläufe erfolgt und von Mitarbeitern durchgeführt wird, die nicht für die Überwachungs-

---

1) Exemplarisch seien hier drei Gegenmeinungen angeführt. In der Diktion HOFMANNs ist eine Revision eine Funktion und eine Prüfung eine ausführende Handlung, vgl. Hofmann, R.: Unternehmensüberwachung, Berlin 1985, S. 22. Der Aufgabenkomplex der Revision wird erfüllt, indem verschiedene Prüfungshandlungen vorgenommen werden. BALLMANN möchte den Begriff der Prüfung ausschließlich für „hoheitliche" und „handelsrechtliche" Überwachungen verwendet wissen, vgl. Ballmann, W.: Betriebswirtschaftliche Überwachungsarten, in: ZIR 1972, S. 196-240, hier S. 199. KLOOCK/BOMMES verwenden den Begriff der Prüfung ausschließlich für „externorientierte Überwachungen", vgl. Kloock, J./Bommes, W.: Interne Revision (I), a.a.O., S. 494 f. Es ist davon auszugehen, daß die Begriffsinhalte bei BALLMANN und KLOOCK/BOMMES identisch sind.

2) So z.B. Frese, E.: Kontrolle und Unternehmungsführung, a.a.O., S. 53; Maune, R.: Planungskontrolle, a.a.O., S. 36 ff.; Treuz, W.: Struktur und Verhalten betrieblicher Kontroll-Systeme, Diss. Berlin 1972, S. 38 und Bretzke, W.-R.: Zur Terminologie einer Theorie der Prüfung, in: BFuP 1972, S. 253-265, der sich ebenso wie Peemöller, V. H.: Management Auditing, Berlin 1978, S. 16-32, sehr kritisch mit den möglichen Abgrenzungskriterien zwischen Revision und Kontrolle beschäftigt.

3) Vgl. z.B. Peemöller, V. H.: Management Auditing, a.a.O., S. 28 ff.; Bär, J.: Interne Revision, Zürich 1979, S. 52-63; Zünd, A.: Revisionslehre, Zürich 1982, S. 21 f. Eine etwas andere Ansicht vertritt BOSSARD, der „internal control" wörtlich mit „interne Kontrolle" übersetzt. In diesem Fall ist die Interne Kontrolle (mit Internem Kontrollsystem und der Überwachung durch Vorgesetzte und Beauftragte (u.a. die Interne Revision)) der Oberbegriff aller unternehmensinternen Kontroll-(= Überwachungs-)tätigkeiten. Nach seinem Verständnis ist damit die Interne Revision eine spezifische Interne Kontrolle, vgl. Bossard, E.: Die Bedeutung der internen Kontrolle für die externe Revision, in: Die Unternehmung 1966, S. 77-80, hier S. 77 f.

objekte verantwortlich sind.[1] Dieser Meinung soll hier zugestimmt werden. Allerdings halten wir den Umkehrschluß, daß demzufolge Kontrollen ausschließlich von den direkt und indirekt prozeßabhängigen[2] Mitarbeitern und innerhalb der üblichen Arbeitsabläufe ausgeführt werden, für zu kurz greifend. Kontrollen können auch von nicht für das Überwachungsobjekt verantwortlichen Mitarbeitern und auch außerhalb der üblichen Arbeitsabläufe erfolgen. Kontrollen können demnach auch von Mitarbeitern der Internen Revision durchgeführt werden. Kontrollen sind die Grundlage einer jeden Internen Revision.[3]

---

1) Vgl. z.B. Blohm, H.: Revision, interne, in: HWB, hrsg. von E. Grochla/W. Wittmann, 4. Auflage, a.a.O., Sp. 3428-3435, hier Sp. 3428.

2) Bei direkt prozeßabhängigen Personen handelt es sich um solche, die sowohl Realisations-, als auch die darauf bezogenen Überwachungsaufgaben durchführen. Eine indirekte Prozeßabhängigkeit liegt dann vor, „wenn ein direkt prozeßabhängiger Überwachungsträger sich zur Durchführung seiner Überwachungsaufgabe einer dritten Person bedient, der gegenüber er Anordnungsbefugnisse besitzt.", Wysocki, K. v.: Grundlagen des betrieblichen Prüfungswesens, 3. Auflage, München 1988, S. 6. Ist eine derartige Prozeßabhängigkeit nicht gegeben, so liegt nach Meinung von v. WYSOCKI als Überwachungshandlung eine Revision vor, vgl. Wysocki, K. v.: Grundlagen ..., a.a.O., S. 7.

3) Die Verquickung beider Tätigkeiten wird auch an folgender Definition ersichtlich: „Die Interne Revision stellt eine ..., der Führung **berichtende Kontrolle** ... dar ....", Kloock, J./Bommes, W.: Interne Revision (I), a.a.O., S. 496. Bei WEILER sind die Erfassung des Ist-Zustandes und die Gegenüberstellung mit dem Soll-Zustand, also die „Kernhandlungen" einer jeden Kontrolle, zwei von (zumindest) vier Revisionsschritten, vgl. Weiler, W.: Kontrolle und Revision, in: HdV, hrsg. von D. Farny et al., Karlsruhe 1988, S. 363-367, hier S. 366.

Abbildung 2: Kontrolle und Interne Revision

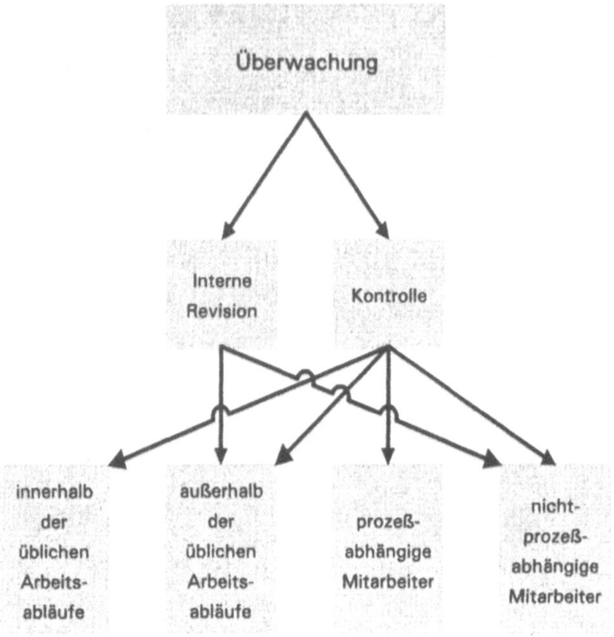

Wie können aber nun Kontrolle und Interne Revision gegeneinander abgegrenzt werden?

Der Grundtenor einer Unterscheidung von Kontrolle und Interner Revision geht dahin, daß gesagt werden kann, die Kontrolle ist Bestandteil eines jeden Führungsprozesses[1] und aufgrund ihrer unmittelbaren Verknüpfung mit der Planung für jedes wirtschaftliche Handeln

---

1) Als konstituierende Bestandteile eines jeden Führungsprozesses werden in der Literatur Planung, Organisation und Kontrolle angesehen, vgl. Beyer, H.-T.: Die Lehre von der Unternehmensführung, Berlin 1970, S. 37; Grochla, E.: Planung, Kontrolle und Organisation, in: Betriebswirtschaftslehre, Teil 2: Betriebsführung, hrsg. von E. Grochla, Stuttgart 1978, S. 52-58, hier S. 52 sowie Thieme, H.-R.: Verhaltensbeeinflussung ..., a.a.O., S. 15-20. Eine etwas andere Sicht geht dahin, „die technische Durchführung der Kontrolle weitgehend in den Bereich der Organisation" zu verlagern, Pack, L.: Unternehmungsführung, Lehre von der (Managementlehre), in: HWB, hrsg. von E. Grochla/W. Wittmann, 4. Auflage, a.a.O., Sp. 4079-4093, hier Sp. 4090.

unabdingbar. Die Kontrolle selbst ist stärker auf den einzelnen zu überwachenden Arbeitsvorgang bzw. dessen Ergebnis bezogen und wird häufig, aber eben nicht zwingend, auch von mit dem Arbeitsvorgang befaßten Personen als Bestandteil des Arbeitsprozesses durchgeführt.[1] Daher kann gesagt werden, die Kontrolle ist in erster Linie ergebnisorientiert und zwar in der Form, daß sie die Ergebnisse allen formal- und sachzielbezogenen Handelns dahingehend überwacht, ob das erreichte „Ist" mit dem vorgegebenen „Soll" übereinstimmt. Es spielt dabei nach unserer Ansicht für die Kontrolle keine Rolle, ob diese Überwachungshandlungen in die Organisation der Arbeitsabläufe automatisch wirkend eingebunden sind, ob sie von Personen oder Maschinen regelmäßig oder fallweise durchgeführt werden und ob eine direkte, indirekte oder gar keine Prozeßabhängigkeit der Kontrollträger vorliegt.

Nach dem „engen Kontrollbegriff" beschränkt sich eine Kontrolle darauf, lediglich die dem wirtschaftlichen Handeln zugrundeliegenden Vorgaben („Soll") und die sich daraus ergebenden Resultate („Ist") einander gegenüberzustellen. Kern einer jeden Kontrolltätigkeit ist damit der Soll-Ist-Vergleich, der auch als „technische Kontrolle" bezeichnet wird.[2] Stimmen „Soll" und „Ist" nicht überein, so gehört es dann im Rahmen des in dieser Arbeit verwendeten „weiten Kontrollbegriffs" auch zu den Aufgaben der Kontrollträger, diese Abweichungen näher zu untersuchen und mögliche Alternativen zum bisherigen Vorgehen

---

1) Vgl. nochmals zu dieser Thematik die Übersicht bei Keller, D.: Interne Revision und Kontrolle im Investitionsbereich, Bern, Stuttgart 1982, S. 125 ff.

2) Vgl. Gabele, E.: Vom „Technischen-Soll-Ist-Vergleich" zur „Aktiven Kontrolle" in Organisationen, in: Thieme, H.-R.: Verhaltensbeeinflussung ..., a.a.O., S. VII-XV, hier S. VIII f.

auszuarbeiten.[1] Ebenso gehört es mit zu den Aufgaben der Kontrolle innerhalb eines Internen Kontrollsystems der Versicherungsunternehmen, nicht nur ex-post „Soll" und „Ist" der Realisation einander gegenüberzustellen, sondern ebenso die technisch ordnungsgemäße Durchführung der Kontrolle sowie ex-ante (bezogen auf den Zeitpunkt der Durchführung der Kontrolle) die technische Ordnungsmäßigkeit der Ermittlung der Sollwerte und die technisch ordnungsgemäße Planung der einzelnen Kontrollhandlungen im Planungssystem zu überwachen.[2]

Der Internen Revision liegt, wie bereits oben erwähnt wurde, als interner Überwachungstätigkeit ebenfalls ein Soll-Ist-Vergleich zugrunde.[3] Aufgrund der notwendigen Unabhängigkeit der Revisoren vom Prüfobjekt obliegt eine Interne Revision immer der Unternehmensführung. Werden die Revisionsaufgaben an eine eigene Organisationseinheit delegiert, so wird diese nur auf Anweisung der Unternehmensführung tätig und ist auch nur dieser gegenüber verantwortlich. Im

---

1) Vgl. Kromschröder, B.: Ansätze ..., a.a.O., S. 31. Es ist nicht möglich, einen einheitlichen „weiten Kontrollbegriff" festzulegen, da je nach Art der durchgeführten Kontrolle, der Stellung der Kontrolle im Versicherungsunternehmen oder dem Kontrollgegenstand, weitere Tätigkeiten der Kontrolle zugeteilt werden, wie z.B. die Ermittlung der Ist- und/oder Sollgrößen sowie die Durchsetzung der erarbeiteten Korrekturmaßnahmen. SCHNEIDER verknüpft die Definition des Begriffes Kontrolle mit den Aufgaben, die sich für die Kontrolle als Bestandteil der Führungsfunktion ergeben, und gibt zu diesem Zweck neun Kontrollaufgaben an, innerhalb derer sich verschiedene Definitionen von Kontrolle bewegen können, vgl. Schneider, H.: Wirtschaftlichkeitskontrolle durch die Kostenrechnung, Zürich 1982, S. 31. Vgl. ergänzend auch die Übersicht bei Siegwart, H./Menzl, I.: Kontrolle ..., a.a.O., S. 115.

2) Vgl. hierzu nochmals Kapitel 1.3 und hier besonders 1.3.5.

3) Bevor ein Sachverhalt revidiert werden kann, muß zuerst eine Gegenüberstellung und Auswertung von tatsächlichem „Ist" und vorgesehenem, bzw. gewolltem „Soll" erfolgen.

Vergleich zur Kontrolle stellt die Interne Revision aber eine grundsätzlich abdingbare betriebliche Führungsfunktion dar.[1)]

Die Ziele, die mit einer Internen Revision verbunden sind, werden darin gesehen, sämtliche Bereiche im Versicherungsunternehmen einer Überwachung dahingehend zu unterziehen, ob vorgegebene Arbeitsanweisungen, Stellenbeschreibungen, Richtlinien, Pläne etc. eingehalten wurden, wie deren Einhaltung sichergestellt werden kann und vor allem, ob und wie mögliche Verbesserungen erreicht werden können.[2)] Sie wird daher, im Gegensatz zur Kontrolle, als vorwiegend systemorientiert bezeichnet. Die im Rahmen der Internen Revision ausgeführten Überwachungshandlungen sind dabei zwingend von für die revidierten Sachverhalte nicht verantwortlichen Personen und damit auch außerhalb der üblichen Arbeitsabläufe durchzuführen.[3)]

Während die Kontrolle im Kern immer als Gegenüberstellung zweier Vergleichsgrößen gesehen wird, wird die Interne Revision grundsätzlich mit den Begriffen „Wirtschaftlichkeit", „Gesetzmäßigkeit", „Ordnungsmäßigkeit" und „Zuverlässigkeit" in Beziehung gesetzt. Dies sind die Formalziele, die die Interne Revision bei jedem Untersuchungsob-

---

1) Wirtschaftliches Handeln ist ohne Kontrolle nicht möglich und ohne Interne Revision meist nicht sinnvoll. Die Notwendigkeit einer institutionalisierten Internen Revision steigt mit zunehmender Unternehmensgröße.

2) BALLMANN spricht in diesem Zusammenhang von „kausalanalytisch" wertend, Ballmann, W.: Betriebswirtschaftliche ..., a.a.O., S. 199.

3) BÄR setzt sich kritisch mit der Unabhängigkeit der Internen Revision auseinander und weist mit Recht daraufhin, daß die Interne Revision durch die Ausarbeitung von Änderungsmaßnahmen durchaus eine gewisse Mitverantwortung für ein realisiertes Ergebnis haben kann, vgl. Bär, J.: Interne Revision, a.a.O., S. 6.

jekt sicherzustellen hat.[1] Nach unserem Verständnis ist daher herausragendes Merkmal der Internen Revision, daß sie im Gegensatz zur Kontrolle, die lediglich „Soll“ und „Ist“ gegenüberstellt und die Abweichung auswertet, darüberhinausgehend sämtliche Soll-Vorgaben und Ist-Umsetzungen hinsichtlich „Wirtschaftlichkeit“, „Gesetzmäßigkeit“, „Ordnungsmäßigkeit“ und „Zuverlässigkeit“ kritisch hinterfragt und, sofern notwendig und möglich, im Zusammenspiel mit den Betroffenen Verbesserungsmöglichkeiten ausarbeitet. An dieser Stelle kann sich eine Überschneidung zu einer vorausgegangenen Kontrolle ergeben. Ein Interner Revisor untersucht demnach mit einem ganz anderen Selbstverständnis, mit einer größeren Skepsis und Kritikbereitschaft ein Überwachungsobjekt als ein Kontrollträger. Der Interne Revisor wird grundsätzlich das vorhandene „Soll“ in Frage zu stellen haben, während der Kontrollträger neutral an das Überwachungsobjekt heranzugehen hat und erst nach erfolgter Abweichungsanalyse im Rahmen der Alternativenausarbeitung seine Position zum ursprünglichen „Soll“ zu überdenken hat. Die Bedeutung von Kontrolle und Interner Revision für das Versicherungsunternehmen basiert damit auf dieser unterschiedlichen Akzentuierung.[2]

---

1) Als fünftes Formalziel wird teilweise noch die „Sicherheit“ genannt, die aber unter den anderen Formalzielen subsumiert werden kann, vgl. zur „Sicherheit“ Dahl, R. et al.: Interne Revision 2001 in der Versicherungswirtschaft, in: VW 1998, 94-99, hier S. 96.

2) Eine gleiche Meinung zum Vorgehen einer Internen Revision vertritt ebenfalls Korndörfer, W.: Unternehmensführungslehre, a.a.O., S. 193.: „Sie [die Interne Revision, Anm. d. Verf.] untersucht die angewandten Verfahren und Techniken auf ihre Zweckmäßigkeit hin, macht laufend Verbesserungsvorschläge und wirkt bei der Projektierung und Implementierung zukünftiger Verfahren und Systeme mit.“ PEEMÖLLER bezeichnet die Kontrolle auch als „formalen Vergleich“ und die Revision als „kausalen Vergleich“, vgl. Peemöller, V. H.: Management Auditing, a.a.O., S. 22.

Kontrolle und Interne Revision sind als betriebliche Funktionen[1] genau voneinander zu trennen. Als betriebliche Tätigkeit kann eine Kontrolle aber als ein konstituierender Bestandteil der betrieblichen Tätigkeit „Interne Revision" gesehen werden.[2] An diesen Stellen kommt es dann zwangsläufig zu Überschneidungen des Internen Revisionssystems mit dem Internen Kontrollsystem.

Die gerade dargestellten Unterschiede zwischen Interner Revision und Kontrolle seien noch einmal exemplarisch dargestellt:[3]

Die zahlenmäßig größte und auch inhaltlich wichtigste Gruppe an zu überwachenden Aufgaben sind in Versicherungsunternehmen all diejenigen, die sich aus dem Kontakt mit den Versicherungsnehmern und anderen Anspruchsstellern ergeben. Der erste Arbeitsschritt in Versicherungsunternehmen nach erfolgter Unterschrift des (potentiellen) Versicherungsnehmers auf einem Versicherungsantrag, ist die Erstbearbeitung. Ergebnis der Erstbearbeitung ist die Annahme des Antrages, die dann zum Zustandekommen des Versicherungsvertrages

---

1) Funktionen werden etymologisch gleichgesetzt mit „Tätigkeit", „Verrichtung", „Leistung" oder „Aufgabe", vgl. Beyer, H.-T.: Die Lehre ..., a.a.O., S. 36. Betriebliche Funktionen werden in dieser Arbeit verstanden als Teilaufgabenkomplexe, die im Rahmen einer auf die Gesamtaufgabe des Unternehmens bezogenen Aufgabenanalyse und -synthese gebildet werden. Das Zusammenwirken dieser Teilaufgabenkomplexe stellt wiederum die Erfüllung der Gesamtaufgabe sicher. Insofern besteht zusätzlich zu einer Funktion als Aufgabe, immer eine gleichlautende, die Funktion ausfüllende Tätigkeit. Funktionen werden daher in der Literatur oft auch unmittelbar als Tätigkeits- oder Verrichtungskomplexe bezeichnet. Vgl. hierzu Rößle, K.: Funktionen, betriebswirtschaftliche, in: HWB, hrsg. von H. Seischab/K. Schwantag, 3. Auflage, Stuttgart 1958, Sp. 2091-2095; Vodrazka, K.: Zum Funktionenbegriff in der Betriebswirtschaftslehre, in: Beiträge zur Begriffsbildung und Methode der Betriebswirtschaftslehre, Festschrift für Willy Bouffier zur Vollendung seines 60. Lebensjahres, hrsg. von R. Bratschitsch/K. Vodrazka, Wien 1965, S. 215-234, hier S. 232 f.; Bratschitsch, R.: Funktionen, betriebliche, in: HWB, hrsg. von E. Grochla/W. Wittmann, 4. Auflage, Stuttgart 1974, Sp. 1596-1603, hier Sp. 1597-1599.

2) Dies gilt jedoch nicht vice versa.

3) Vgl. ergänzend auch die Darstellungen bei Sy, W.: Die Revisionsabteilung ..., a.a.O., S. 26-34; Mayer, L.: Innenrevision ..., a.a.O., S. 46-51.

und dem formellen Versicherungsbeginn führt. Damit ein Sachbearbeiter sich mit seiner Annahme-, Ablehnungs- und Tarifierungsentscheidung entsprechend den Vorgaben der Unternehmensführung verhalten kann, sind ihm entsprechende Richtlinien vorzugeben. Eine Kontrolle soll sicherstellen, daß diese Richtlinien eingehalten werden, daß die Sachbearbeiter nicht zum Nachteil des Versicherungsunternehmens davon abweichen.[1)] Eine derartige Kontrolle kann der gewissenhafte Mitarbeiter bis zu einem gewissen Grade selbst vornehmen, indem er genau die Richtlinien befolgt. Um jedoch auch ein vorsätzliches fehlerhaftes Verhalten aufzudecken, ist es notwendig, die Selbstkontrolle durch eine Fremdkontrolle zu ergänzen. Diese kann in verschiedenen Formen durch Kollegen und Vorgesetzte erfolgen. Allerdings ist davon auszugehen, daß die Kontrolle durch Vorgesetzte nicht immer gründlich und umfassend genug zu sein vermag, so daß gezielt nutzbare Lücken entstehen.[2)] Insofern bietet sich die Einrichtung einer eigenständigen organisatorischen Kontrolleinheit an, die derartige Kontrollen vornimmt. Dieses Beispiel zeigt deutlich, daß eine Kontrolle durch prozeßunabhängige Mitarbeiter erfolgen kann und daß eine nur in die üblichen Arbeitsabläufe eingegliederte Kontrolle nicht immer ausreichend ist. Eine Abweichung zwischen „Ist" und „Soll" ist im Fall der Erstbearbeitung auf ein Fehlverhalten des Mitarbeiters zurückzuführen, da in Zweifelsfällen hinsichtlich der Vertragsannahme oder -ablehnung immer eine vorgesetzte Instanz entscheiden muß. Die Kontrolle hat

---

1) Nachteile ergeben sich dann, wenn ein Risiko übernommen wird, obwohl es eigentlich hätte abgelehnt werden müssen, und wenn ein anzunehmendes Risiko abgelehnt oder unzureichend tarifiert wird.

2) Die Gründe liegen vor allem in der Arbeitsbelastung der Vorgesetzten und auch in der Gefahr, daß eine zu starke Kontrolle durch diesen Personenkreis zu Mißtrauen der Mitarbeiter führen kann und daher demotivierend wirkt. Wir hatten eine solche Reaktion auf Kontrollen oben bereits als dysfunktionale Wirkung der Kontrolle bezeichnet. Vgl. zu den Möglichkeiten einer Fremdkontrolle auch Schädler, G.: Überblick über die Organisation der Internen Revision im Versicherungsunternehmen (I), (II), (III), in: VW 1989, S. 142-144, S. 190-192, S. 245-246, hier S. 142.

ferner festzustellen, ob der einzelne Mitarbeiter das ihm übertragene Aufgabenfeld nicht nur qualitativ, sondern ebenso quantitativ erfüllt.

Die Interne Revision hingegen hat nun die Aufgabe über den Soll-Ist-Vergleich der Kontrolle hinaus festzustellen, ob die den Mitarbeitern vorgegebenen Annahmerichtlinien noch den Grundsätzen der Ordnungsmäßigkeit, Zuverlässigkeit, Gesetzmäßigkeit und Wirtschaftlichkeit entsprechen.

Ein Verstoß gegen die „Ordnungsmäßigkeit" würde dann vorliegen, wenn „Grundsätze ordnungsmäßiger Erstbearbeitung" nicht beachtet würden.[1] Mit „Zuverlässigkeit" sind zum einen die Richtlinien selbst gemeint, ob sie den Mitarbeitern weiterhin alle notwendigen Informationen bereitstellen. Zuverlässig wirken müssen aber ebenso vorhandene Kontrollmechanismen, über die die Richtlinien ebenso Auskunft zu geben haben. Im Hinblick auf die „Gesetzmäßigkeit" ist zu beachten, daß die Antragsformulare keine unzulässigen Formulierungen enthalten,[2] daß Richtlinien selbst unzulässig sind[3] oder daß die Richt-

---

1) Zu den „Grundsätzen ordnungsmäßiger Erstbearbeitung" gehört z.B., daß Widersprüche im Antrag beachtet und später im Versicherungsschein ausgewiesen werden (§ 5 VVG); daß hinsichtlich des materiellen Versicherungsbeginns die Vorgaben der Unternehmensführung in bezug auf Rückwärtsversicherungen beachtet werden; daß jedes Risiko korrekt tarifiert (und provisioniert) wird; daß offensichtliche oder scheinbare Verletzungen der vorvertraglichen Anzeigepflicht aufgedeckt werden; daß die Angaben im Versicherungsantrag hinsichtlich ihrer Bedeutung korrekt interpretiert werden, vgl. zum letzten Punkt „Zur Frage der ordnungsgemäßen Risikoprüfung, wenn der Versicherungsnehmer oder der Versicherte die Antragsfragen zu Vorerkrankungen teilweise wahrheitswidrig beantwortet", in: VerBAV 10/1995, S. 348 f.

2) So ist bspw. die Weiterverwendung folgender Klausel unwirksam: „Für die Richtigkeit der Angaben bin ich allein verantwortlich, auch wenn ich den Antrag nicht selbst ausgefüllt habe. Der Vermittler darf über die Erheblichkeit von Antragsfragen oder Erkrankungen keine verbindlichen Erklärungen abgeben", vgl. VerBAV 5/1992, S. 175-177.

3) Ein Beispiel hierzu wäre eine Ausländerdiskriminierung in der Kraftfahrtversicherung, vgl. zuletzt Rundschreiben R 6/95, abgedruckt in VerBAV 11/1995, S. 372-374.

linien auf bestehende Gesetze hinweisen.[1] Die „Wirtschaftlichkeit" der Erstbearbeitung ist das wichtigste Formalziel, auf das hin die Richtlinien und die daraus abgeleiteten Arbeitsprozesse und sonstigen Umsetzungen untersucht werden müssen. So sind die Antragsformulare, die vollständig und korrekt ausgefüllt eingereicht werden müssen, auf ihren klaren und unmißverständlichen Aufbau hin zu überprüfen, um notwendige Nachbearbeitungen zu vermeiden, die einzelnen Arbeitsschritte sind auf ihre weitere Berechtigung hin zu untersuchen, um die Arbeiten schneller und einfacher gestalten zu können, die Richtlinien müssen den aktuellen unternehmenspolitischen Zielsetzungen entsprechen, und die Versicherungsschutzprodukte müssen so gestaltet sein, daß die Erstbearbeitung nicht konstruktionsbedingt erschwert wird.

Als Ergebnis des gerade Ausgeführten soll festgehalten werden, daß die Betriebskosten direkt nur Gegenstand einer Kontrolle sein können und nicht einer Internen Revision. Eine gewünschte Veränderung der Betriebskosten kann sich nur als „indirektes" Ergebnis der Internen Revision ergeben, indem die Betriebskosten bewirkenden Prozesse verändert („revidiert") werden.

---

1) Z.B. auf die Einhaltung der Bestimmungen des Bundesdatenschutzgesetzes.

1.4.2 Kontrolle und Controlling[1)]

Auch wenn Kontrolle und Controlling für den deutschsprachigen Leser gleich oder doch zumindest ähnlich klingen, so darf dennoch „to control" nicht einschränkend mit kontrollieren im Sinne der vorbesprochenen Kontrolle übersetzt werden, sondern umfassend mit regeln,

---

1) Vgl. zu den einzelnen Entwicklungsansätzen des Controlling Schmidt, A.: Das Controlling als Instrument zur Koordination der Unternehmungsführung, Frankfurt/Main 1986, S. 4-17. Eine sehr prägnante Übersicht über das Controlling findet sich bei Mann, R.: Controlling und Planung, in: HWPlan, hrsg. von N. Szyperski, a.a.O., Sp. 219-228. Zum Controlling in Versicherungsunternehmen vgl. neben den bei Farny, D.: Versicherungsbetriebslehre, a.a.O., S. 393 genannten Quellen exemplarisch: Weitert, A. H.: Aufgaben und Stellung des Konzern-Controller unter besonderer Berücksichtigung der Rückversicherungswirtschaft, Diss. St. Gallen 1976; Menz, W./Nausester, H.: Entwicklung eines Informations- und Steuerungssystems für das Controlling in einem Versicherungsunternehmen, in: Entwicklungen und Erfahrungen aus der Praxis des Controlling, GEBERA-Schriften Band 7, hrsg. von W. Goetzke/G. Sieben, Köln 1979, S. 127-155; Hesse, D.: Vertriebs-Controlling in Versicherungsunternehmen, Frankfurt/Main, Bern, New York 1988; Puck, G./Wodarg, J.: Psychologie des Controlling, in: VW 1988, S. 1040-1043; Kalcik, G.: Controlling im Versicherungsunternehmen, Diss. Wien 1990; Menz, W.: Controlling beim Lebensversicherer, in: Handbuch Controlling, hrsg. von E. Mayer/J. Weber, Stuttgart 1990, S. 857-872; Mehring, H.-P.: Controlling in Versicherungsunternehmen, in: Versicherungen in Europa heute und morgen, Geburtstags-Schrift für Georg Büchner, hrsg. von F. W. Hopp/G. Mehl, Karlsruhe 1991, S. 773-779; Salentin, N.: Anwendung moderner Kommunikationstechniken im Controlling und in der Unternehmensplanung von Versicherungsunternehmen, in: ZVersWiss 1991, S. 467-497; Fricke, F.: Controlling bei Versicherungsunternehmen, in: Controlling, hrsg. von K. Spremann/E. Zur, Wiesbaden 1992, S. 261-271; Hopp, F. W.: Kriterien für ein effizientes Controlling, in: VW 1992, S. 1481-1485; Köhler, M./Völker, R.: Controlling mit Szenariotechniken bei Lebensversicherungsbeständen, in: Controlling, hrsg. von K. Spremann/E. Zur, a.a.O., S. 689-699; Werner, G.: Controlling: Genügen die Instrumente der 80er Jahre, in: VW 1992, S. 1486-1490; Wilbert, R./Czap, H.: Neuronale Netze zur Beurteilung von Einzelrisiken im bank- und versicherungsbetrieblichen Massengeschäft, in: Controlling, hrsg. von K. Spremann/E. Zur, a.a.O., S. 789-801; Ennsfellner, K. C.: Ziele des Controlling im Versicherungsunternehmen, in: VR 1993, S. 91-101; Zietsch, D./Schulenburg, J.-M. v.d.: Controlling im Versicherungsunternehmen, in: ZfbF 1993, S. 873-889; Ennsfellner, K. C.: Organisatorische Aspekte des Controlling im Versicherungsunternehmen, in: VR 1994, S. 133-143; Schartmann, B.: Schadencontrolling auf der Basis eines mehr mehrdimensionalen Management-Informationssystems, in: VW 1994, S. 225-230; Focke, H.: Der Kunde als Mittelpunkt eines Strategischen Controlling in der Assekuranz, in: Zukunftsgerichtetes Controlling, hrsg. von C. Steinle/B. Eggers/D. Lawa, Wiesbaden 1995, S. 287-301; Simons, L./Langemeyer, W./Greife, W.: Personal-Controlling in einem Versicherungsunternehmen, in: Zukunftsgerichte-
(Fortsetzung...)

steuern, lenken, beherrschen.[1] Der Aufgabenumfang des Controlling geht damit weit über den der Kontrolle hinaus.[2] HORVÁTH beispielsweise definiert Controlling als die Verknüpfung von Planung und Kontrolle als Informationsverwendung auf der einen Seite mit der Informationsversorgung auf der anderen Seite.[3] Controlling sollte ebenso wie die Interne Revision als eine originäre Führungsfunktion[4] verstanden werden, mit dem Ergebnis, daß Controlling Aufgabe einer jeden Führungskraft ist.[5] Neben dieser funktionalen ergibt sich auch wieder eine institutionale Betrachtung des Controlling. Damit die Führungs-

---

1) (...Fortsetzung)
tes Controlling, hrsg. von C. Steinle/B. Eggers/D. Lawa, a.a.O., S. 195-209; Haunschild, A.: Personalcontrolling in Versicherungsunternehmen, in: VW 1996, S. 158-163. Weitere Quellen finden sich in: Reader zum Thema Controlling in Versicherungsunternehmen, hrsg. von W. Kirchner, Karlsruhe 1995.

1) Vgl. exemplarisch Dörfler, P.: Controlling und Information - Informationsbedarf des Controlling und Informationsangebot unter besonderer Berücksichtigung der Häufigkeiten von Bedarf und Angebot, Diss. Göttingen 1986, S. 4.

2) Vgl. hierzu Harbert, L.: Controlling-Begriffe und Controlling-Konzeptionen, Bochum 1982, S. 24-28, der die Spannbreite verwendeter Controlling-Inhalte aufzeigt. Er weist darauf hin, daß sich die Kontrolle in der deutschsprachigen Literatur vom Aufgabenumfang her immer mehr dem „Control"-Begriff anzunähern scheint, vgl. Harbert, L.: Controlling-Begriffe ..., a.a.O., S. 35. Diese Entwicklung hat sich jedoch aufgrund der immer stärkeren Bedeutung des Controlling nicht fortgesetzt. Auch wenn sich die Kontrolle vom Aufgabenumfang her immer weiter dem Controlling anzugleichen scheint, sollten und müssen Controlling und Kontrolle inhaltlich voneinander abgegrenzt werden, da mit beiden grundlegend unterschiedliche Intentionen verbunden sind. Vgl. auch Kronester, G.: Kybernetische Kontrolle in der industriellen Unternehmung, Diss. Köln 1966, S. 16-18.

3) Vgl. Horváth, P.: Controlling, 6. Auflage, München 1996, S. 138 ff.

4) Vgl. hierzu auch die Ausführungen von Mann, R.: Controlling als Führungsaufgabe, in: vb 1/1987, S. 21-25; Franke, R.: Controlling - eine Führungsphilosophie, in: Jahrbuch für Fach- und Führungskräfte des Rechnungswesens 1991, Stuttgart 1991, S. 161-166.

5) Der Aufgabenumfang des Controlling kann immer noch am besten über den Vergleich mit „to control a car" (or something similar) erläutert werden. „So bezieht sich z.B. die Wendung „to control a car" nicht etwa auf die „Inspektion", sondern auf die „Beherrschung" eines Kfz im Fahrbetrieb.", Maerz, G.-R.: Controlling/Controller in Versicherungsunternehmen, in: VW 1977, S. 505-515, hier S. 505. Wie die bisherigen Ausführungen zum „Control"-Begriff gezeigt haben, ist die Kontrolle jedoch immer auch ein wichtiger Bestandteil desselben.

kräfte ihre Controllingfunktion erfüllen können, sind ihnen eine Vielzahl an Informationen zur Verfügung zu stellen. Dazu werden entsprechende Aufgaben an *das* Controlling und *die* Controller delegiert. Controller haben Entscheidungen lediglich vorzubereiten, aber nicht zu treffen.[1][2] BAUMGARTNER sieht aufgrund des umfangreichen und teilweise heterogenen Aufgabenspektrums des Controlling die Hauptaufgabe eines jeden Controllers darin, die Unternehmensführung derart zu unterstützen, daß für das gesamte Unternehmen die Reaktions-, Adaptions-, Antizipations- und Koordinationsfähigkeit ständig sichergestellt sind.[3] Neben einem gesamtunternehmensbezogenen Controlling ist es üblich, die Ansatzpunkte des Controlling weiter aufzuspalten und auf betriebliche Funktionen und/oder aufbauorganisatorische Einheiten, wie z.B. Sparten, zu beziehen.[4]

---

1) Bildlich gesprochen werden Controller immer wieder mit Lotsen verglichen. Die Beziehung der Begriffe Controlling und Controller zueinander wird in der Literatur nicht einheitlich verstanden. So ordnet bspw. SOLARO den Controllern so umfangreiche Aufgaben und Kompetenzen zu, daß das gesamte Controlling praktisch ausschließlich von den Controllern ausgeführt wird, vgl. Solaro, D.: Controller, in: HWO, hrsg. von E. Frese, 3. Auflage, a.a.O., Sp. 432-441. Demgegenüber ist BAUMGARTNER der Ansicht, daß die Tätigkeit des Controllers „nicht mit Controlling umschrieben werden" kann, vgl. Baumgartner, B.: Die Controller-Konzeption, Bern, Stuttgart 1980, S. 22. Er bezeichnet daher den Controller als eine „Controlling-Hilfsstelle", vgl. Baumgartner, B.: Die Controller-Konzeption, a.a.O., S. 22.

2) Die funktionale und institutionale Sicht des Controlling können nicht scharf getrennt werden. Eine Delegation von originären Führungsfunktionen resultiert immer aus der Notwendigkeit, daß Führungskräfte sich auf das Treffen von Entscheidungen konzentrieren müssen und nicht auch noch die Informationsbereitstellung übernehmen können. Aus diesem Grund ist es auch möglich, nicht nur die betreffende Organisationseinheit als „Controlling" zu bezeichnen, sondern auch die Tätigkeit der Controller.

3) Vgl. Baumgartner, B.: Die Controller-Konzeption, a.a.O., S. 56-58.

4) Vgl. Pohle, K.: Controlling und Organisation, in: HWB, hrsg. von W. Wittmann et al., 5. Auflage, a.a.O., Sp. 661-669, hier Sp. 666 f. Die Aufgaben der jeweiligen Controller sind entsprechend anzupassen. Vgl. auch unsere Ausführungen im Kapitel 1.5.2.1.

Wird die Betriebskostenkontrolle nicht einer eigenen Kontrollorganisationseinheit übertragen, kann sie gut in ein Kosten-Controlling integriert werden.[1] Ein Betriebskostenkontrollrechnungssystem kann insofern einen integralen Bestandteil eines umfassenderen Controlling-Systems im Versicherungsunternehmen darstellen.

1.5 Das Interne Kontrollsystem der Betriebskosten

Die dieser Arbeit zugrundeliegende Kontrolldefinition vermag nur die mit dem Begriff „Kontrolle“ unmittelbar verbundenen Ziele und Tätigkeiten herauszuarbeiten. Damit die Kontrolle die ihr von der Unternehmensführung zugewiesenen Aufgaben erfüllen kann, ist es notwendig, das oben bereits erwähnte Interne Kontrollsystem näher zu definieren. „Als System wird allgemein eine Gesamtheit geordneter Elemente verstanden, die Eigenschaften haben und durch Relationen verknüpft sind; es weist somit eine Struktur auf.“[2] Das Interne Kontrollsystem wird im allgemeinen als ein herausragender Überwachungsschwerpunkt der Internen Revision angesehen. Der systemtheoretische Ansatz ermöglicht es, die einzelnen im Versicherungsunternehmen befindlichen Kontrollorte zu einem Beziehungsgefüge zusammenzuführen. Das in dieser Arbeit dargestellte Interne Kontrollsystem ist ein auf

---

1) Vgl. hierzu auch Müller, H.: Grenzplankostenrechnung heute, in: Kostenrechnung und Controlling, hrsg. von G. Seicht, 2. Auflage, Wien 1994, S. 69-161, hier S. 83 f.

2) Kern, W.: Industrielle Produktionswirtschaft, 4. Auflage, Stuttgart 1990, S. 11. Vgl. zum Systembegriff auch weiter Ulrich, H.: Die Unternehmung als produktives soziales System, 2. Auflage, Bern 1970, S. 105 ff.; Fuchs, H.: Systemtheorie, in: HWB, hrsg. von E. Grochla/W. Wittmann, 4. Auflage, a.a.O., Sp. 3820-3832 sowie Fuchs-Wegner, G.: Systemanalyse im Betrieb, in: HWB, hrsg. von E. Grochla/W. Wittmann, 4. Auflage, a.a.O., Sp. 3810-3820. Der Systembegriff ermöglicht es, das Unternehmen als ein „Supersystem“ zu verstehen, welches sich über mehrere Stufen aus einzelnen Subsystemen zusammensetzt. Bezogen auf das „Supersystem“ Unternehmen, stellt das Überwachungssystem ein Subsystem dar. Werden die Kontrolltätigkeiten zu einem internen Kontrollsystem zusammengefaßt, ist das Überwachungssystem für dieses Subsystem hingegen ein Supersystem. Vgl. auch Horváth, P.: Controlling, a.a.O., S. 92 ff.

Kontrollrechnungen basierendes, auf die Betriebskosten der Versicherungsunternehmen bezogenes spezifisches Kontrollsystem und damit lediglich Subsystem eines umfassenderen Internen Kontrollsystems.[1]

1.5.1 Steuerung und Regelung als Wirkmechanismen eines Internen Kontrollsystems

Um die Wirkungsabläufe in einem System besser verstehen zu können, ist es notwendig, die beiden Ablaufmechanismen Steuerung (Vorkopplung) und Regelung (Rückkopplung) zu erläutern. Die Kontrolle ist dabei immer ein konstituierender Bestandteil eines jeden Regelungs-(Feedback-)Systems.[2]

1.5.1.1 Die Steuerung

„Das **Steuern** - die **Steuerung** - ist der Vorgang in einem System, bei dem eine oder mehrere Größen als Eingangsgrößen andere Größen als Ausgangsgrößen aufgrund der dem System eigentümlichen Gesetzmäßigkeit beeinflussen. Kennzeichen für das Steuern ist der offene Wirkungsablauf, bei dem die durch die Eingangsgrößen beeinflußten Ausgangsgrößen nicht fortlaufend und nicht wieder über dieselben Eingangsgrößen auf sich selbst wirken".[3]

---

1) *„Wir können somit das Interne Kontrollsystem als ein Subsystem des management-control-Systems ansehen, das die Aufgabe hat, menschliche Unzulänglichkeiten bei der Aufgabenerfüllung zu verhindern bzw. aufzudecken."*, Horváth, P.: Internes Kontrollsystem ..., a.a.O., Sp. 632. Es wird deutlich, daß auch ein Internes Kontrollsystem der Betriebskosten noch umfassender zu verstehen ist, als das hier beschriebene, auf den Kontrollrechnungen basierende.

2) Vgl. hierzu auch Kapitel 1.3.5.

3) DIN 19 226, in: Klein, M.: Einführung in die DIN-Normen, hrsg. vom DIN Deutsches Institut für Normung e.V., 10. Auflage, Stuttgart, Berlin, Köln 1989, S. 905.

Oder wie LINDEMANN definiert: „Unter *Steuerung* versteht man (informationstheoretisch) die Anweisung an ein System und (pragmatisch) die Einwirkung auf ein System, sich in einer bestimmten Art zu verhalten."[1] Steuerung ist damit jeder Impuls von einem Impulsgeber zu einem Impulsempfänger. BAETGE präzisiert im Hinblick auf mögliche Störeinwirkungen: „Unter *Steuerung* versteht man die Anweisung an ein Systemelement, Störungen unmittelbar bei ihrem Auftreten entgegenzuwirken. Die Störung selbst löst die Gegenmaßnahmen aus."[2]

Abbildung 3: Die Steuerung

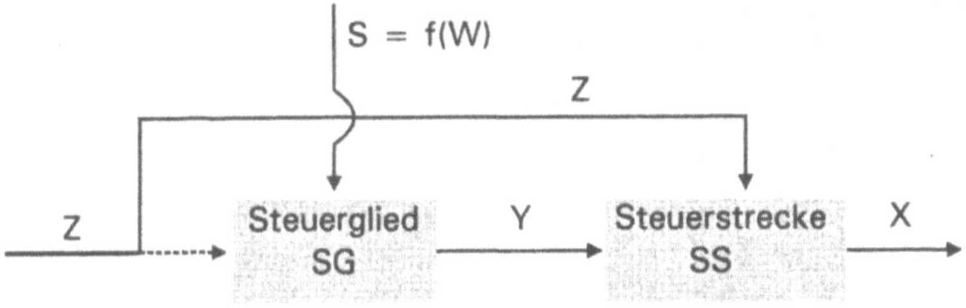

W = Führungsgröße = bestimmt die zu erreichende Sollgröße.[3]
S = Sollgröße.
Z = Störgröße. Die Störgröße wirkt auf die Steuerstrecke ein.[4]

---

1) Lindemann, P.: Steuerung und Regelung im Wirtschaftsunternehmen, in: Grundlagen der Wirtschafts- und Sozialkybernetik, hrsg. von J. Baetge, Opladen 1975, S. 105-114, hier S. 105.

2) Baetge, J.: Betriebswirtschaftliche Systemtheorie, Opladen 1974, S. 24.

3) Vgl. zur Führungsgröße ausführlich Kiefer, D.: Systemanalytischer Ansatz zur Formulierung einer komplexen Führungsgrösse, dargestellt am Beispiel der Internen Revision, Diss. Karlsruhe 1977, S. 5 ff./157 ff.

4) Wenn die Information der Störgröße nicht auch an das Steuerglied weitergegeben wird, so kann das System nicht auf Störgrößen reagieren (elementare Steuerung). Ein Steuerungssystem ohne jegliche Störgrößenkompensation ist

(Fortsetzung...)

SG = Steuerglied = Impulsgeber und System, welches die Einwirkung einer Störgröße auf die Steuerstrecke über die Veränderung der Stellgröße Y zu verhindern sucht.

Y = Stellgröße = Eingangsgröße.

SS = Steuerstrecke = das zu steuernde System.[1]

X = Steuergröße = Ausgangsgröße.

Konstituierendes Kennzeichen der Steuerung ist die fehlende gegenseitige Beeinflussung von Ausgangs- und Eingangsgrößen, also die fehlende Rückkopplung.[2] Das Kernproblem der Steuerung ist dabei darin zu sehen, daß nur auf die der Steuerungseinrichtung (Steuerglied) bekannten Störeinflüsse reagiert werden kann. Auch müssen deren genauen Auswirkungen auf das System (die Steuerstrecke) bekannt sein („White Box"). Steuerungssysteme benötigen daher, aufgrund der fehlenden Rückmeldemechanismen, vollständige Informationen. Sind die Störeinflüsse und deren Auswirkungen jedoch bekannt, so weisen sich Steuerungsmechanismen durch eine schnelle Reaktion und Störeinflußkompensation aus, bevor sich die Störgröße negativ auf die Steuergröße X auswirkt.

Handelt es sich bei dem Steuerglied um ein von Menschen geleitetes System, so besitzt dieses Steuerglied, im Gegensatz zu rein technischen Systemen, eine größere Anpassungsflexibilität auf bisher nicht bekannte Störeinflüsse. Das Steuerglied darf jedoch nur im Rah-

---

4) (...Fortsetzung)
jedoch nicht sinnvoll. Aus diesem Grund gehen wir im folgenden immer davon aus, daß ein Steuerglied fähig ist, eine derartige Funktion zu übernehmen. Vgl. hierzu auch das Prinzip der Störgrößenaufschaltung auf Seite 42 f.

1) Die Steuerstrecke hat die Aufgabe, die Stellgröße Y und die Störgröße Z zur Steuergröße X zu verarbeiten, vgl. Baetge, J.: Betriebswirtschaftliche Systemtheorie, a.a.O., S. 24. Dabei muß sich die Stellgröße entgegengesetzt zur Störgröße verhalten.

2) Vgl. Haidekker, A.: Beeinflussung der Nachfrage durch kybernetische Modelle, Neuwied, Berlin 1970, S. 20.

men der ihm übertragenen Kompetenzen aktiv werden; auch sind, wie bereits erwähnt, bei einer Steuerung keine Rückmeldungen über die Wirkung einer Stellgröße vorgesehen. Lassen die Kompetenzen eines Steuergliedes oder die fehlende Informationen über die Wirkung eine notwendige Stellgröße nicht zu, so bedarf es eines erneuten Steuerungsimpulses einer übergeordneten Instanz.

1.5.1.2 Die Regelung

„Das **Regeln** - die **Regelung** - ist ein Vorgang, bei dem eine Größe, die zu regelnde Größe (Regelgröße), fortlaufend erfaßt, mit einer anderen Größe, der Führungsgröße, verglichen und im Sinne einer Angleichung an die Führungsgröße beeinflußt wird. Kennzeichen für das Regeln ist der geschlossene Wirkungsablauf, bei dem die Regelgröße im Wirkungsweg des Regelkreises fortlaufend sich selbst beeinflußt."[1)]

„Unter dem Prinzip der Regelung versteht man die Überwachung des Ergebnisses eines bestimmten Prozesses, die bei einer Abweichung des Istwertes vom Sollwert eine entsprechende Korrekturanweisung auslöst."[2)]

Die Regelung besitzt im Gegensatz zur Steuerung den Vorteil, daß sie aufgrund der gegenseitigen Beeinflussung von Ausgangs- und Eingangsgrößen keine vollständigen Informationen benötigt und sich damit durch eine, insgesamt gesehen, höhere Flexibilität auszeichnet.[3)] Es ist ein konstituierendes Merkmal der Regelung, daß das System mit Hilfe des Reglers und basierend auf dem Prinzip der Rückkopplung

---

1) DIN 19 226, in: Klein, M.: Einführung ..., a.a.O., S. 905.

2) Baetge, J.: Betriebswirtschaftliche Systemtheorie, a.a.O., S. 27.

3) Vgl. Mock, A.: Unternehmensplanung und kybernetisches Management, in: Kybernetische Methoden und Lösungen in der Unternehmenspraxis, hrsg. von J. Baetge, Berlin 1983, S. 25-41, hier S. 34.

selbst nach einer Störung einen Gleichgewichtszustand zu erreichen versucht, während bei der Steuerung diesen Anpassungsprozessen dispositive Entscheidungen eines, aus der Sicht des betroffenen Systems, externen Dritten zugrunde liegen. Der Nachteil der Regelung besteht darin, daß eine Reaktion des die Stellgröße verändernden Reglers erst dann erfolgt, wenn eine Störgröße bereits zu einer Abweichung der Ausgangsgröße X geführt hat.

Kontrollen als Bestandteile von Steuerung und Regelung unterscheiden sich durch die der Normgröße gegenübergestellten Vergleichsgrößen. Bei der Steuerung erfolgt die Kontrolle als *Soll-Wird-Vergleich* und bei der Regelung als *Soll-Ist-Vergleich*. Im Gegensatz zur Regelung ist die Implementierung einer Kontrolle nicht konstituierend für ein Steuerungssystem. Die Regelung hingegen kann praktisch mit dem hier vertretenen weiten Kontrollbegriff gleichgestellt werden.

1.5.1.3 Die Verknüpfung von Steuerung und Regelung der Betriebskosten in einem ökonomisch-kybernetischen System

Das in dieser Arbeit dargestellte Interne Kontrollsystem beschäftigt sich ausschließlich mit den die Betriebskosten eines Versicherungsunternehmens betreffenden Fragen. Es stellt ein Beziehungsgefüge zwischen allen die Betriebskostenkontrolle betreffenden Orten im Versicherungsunternehmen dar, unabhängig davon, wer die Kontrolle vornimmt und wo die Kontrolle vorgenommen wird. Dieses Interne Kontrollsystem arbeitet, gemäß dem Systemgedanken, in ständiger Wechselbeziehung mit den anderen Subsystemen des Versicherungsunternehmens, vor allem aber mit den Planungs- und Realisationssubsystemen. Einzelne Elemente des Internen Kontrollsystems der Betriebskosten sind wiederum Bestandteile anderer Steuerketten und Regelkreise. Die Verknüpfung von Planungs-, Realisations- und Kontrollsystemen innerhalb eines (sich selbst optimierenden) Regelkreises wird auch als kybernetisches[1)] System verstanden.[2)] Dabei hat das Interne Kontrollsystem eine konstituierende Bedeutung für dieses kybernetische System. Planung und Realisation arbeiten als Steuerketten mit offenem Wirkungsablauf. Erst durch die Kontrolle wird das Rückkopplungselement eingefügt, durch das die für die Selbstoptimierung notwendigen Entscheidungsgrößen bereitgestellt werden.[3)]

---

1) Die Kybernetik ist, aus der Sicht einer wirtschaftswissenschaftlichen Systemtheorie heraus, die Lehre von der Informationsübertragung, der Informationsverarbeitung und der Steuerung von und in offenen, dynamischen, komplexen und zielgerichteten Systemen. Ein System wird dann als offen und dynamisch bezeichnet, wenn es sich in einer Umgebung befindet, deren Elemente Einfluß auf das System nehmen und das System daher nicht statisch, also unveränderbar ist, sondern wechselnden Zuständen unterliegt. Die Komplexität eines Systems ergibt sich durch die Vielfalt der geordneten Beziehungen und die Zielgerichtetheit manifestiert sich an der Möglichkeit des Systems, nach einer Störung einen neuen Zustand anzunehmen, um das ursprünglich angestrebte Ziel zu erreichen, vgl. hierzu Kulla, B.: Angewandte Systemwissenschaft, Würzburg, Wien 1979, S. 37-42; Schiemenz, B.: Betriebskybernetik, Stuttgart 1982, S. 158-163 sowie Lehmann, H.: Organisationstheorie, systemtheoretisch-kybernetisch orientierte, in: HWO, hrsg. von E. Frese, 3. Auflage, a.a.O., Sp. 1838-1853. Ziel der Kybernetik ist die Gestaltung dieser Systeme, so daß sie die für sie relevanten Informationen verarbeiten können, damit die Systeme sich selbst steuern können. Da der Mensch ebenfalls ein kybernetisches System ist, ist er in der Wirtschaftskybernetik der wesentliche Bestimmungsfaktor. Vgl. hierzu Baetge, J.: Thesen zur Wirtschaftskybernetik, in: Kybernetische Methoden und Lösungen in der Unternehmenspraxis, hrsg. von J. Baetge, a.a.O., S. 11-24, hier S. 14.

2) Auch im versicherungswissenschaftlichen Schrifttum gibt es Ansätze, Sachverhalte kybernetisch darzustellen. Vgl. hierzu: Helten, E.: Zunehmender Einfluß kybernetischer Ideen auf die versicherungswirtschaftliche Planungs- und Entscheidungspraxis, in: VW 1970, S. 1027-1028; Weitert, A. H..: Die Übernahme kybernetischen Gedankenguts auf die Versicherungsunternehmensführung, in: VW 1974, S. 181-183.

3) Kybernetische Systeme sind selbststeuernde Systeme. Die Selbstoptimierung ist dabei deren dritte Stufe nach der elementaren Steuerung und der Regelung, vgl. hierzu auch Känel, S. v.: Einführung in die Kybernetik für Ökonomen, 2. Auflage, Berlin (Ost) 1972, S. 27 f./208. Das Buch von KÄNEL gibt eine gute Übersicht, was Kybernetik genau ist. Vor allem wird deutlich, daß die kybernetische Systemtheorie nur eine von mehreren Teildisziplinen der Kybernetik ist.

Ein Regelkreis, in den die Kontrolle der Betriebskosten eingebunden ist, könnte folgendermaßen aussehen:[1)]

Die Unternehmensführung (Führungssystem) gibt dem Planungssystem über die Führungsgröße W zu erreichende Zielvorgaben. Das Planungssystem erarbeitet aus der Führungsgröße die dem gesamten Realisationssystem vorzugebende Sollgröße S (S = f(W))[2)] und die den einzelnen Realisations(sub)systemen vorzugebenden Sollgrößen. In unserer Betrachtung entsprechen diese Sollgrößen entweder unmittelbar den Betriebskosten, die für ein bestimmtes Realisationssystem für eine Periode geplant wurden, oder anders formulierten Vorgaben, deren Umsetzung zu Betriebskosten in der geplanten Höhe führt. Die Sollgröße ist im Rahmen der Kontrolle der Entscheidungsfindung darauf hin zu kontrollieren, ob sie den Vorgaben entsprechend zustande gekommen ist. Dazu ist die Führungsgröße selbst auch dem Kontrollsystem (Regler I) zur Verfügung zu stellen. Sollte die Sollgröße aufgrund von Kontrollergebnissen geändert werden, handelt es sich um einen Steuerungsimpuls vom Kontroll- zum Planungssystem vor Realisationsbeginn, während die Sollgrößenübermittlung vom Planungs- zum Kontrollsystem demgegenüber lediglich eine Informationsübermittlung darstellt. Die Sollgröße wird nun den ausführenden Stellen im Realisationssystem, den Regelstrecken, als Vorgabe gegeben. Auf diese Regelstrecken wirken Störgrößen Z ein die bewirken, daß die vorgegebenen Sollgrößen nicht erreicht werden. Der Output der Realisation ist die Regelgröße X, die Istgröße. Regelgrößen sind hier entweder Istbetriebskosten oder eine andere Istgröße, die in einer funktionalen Abhängigkeit zu Istbetriebskosten steht. Die Regelgröße wird an

---

1) Vgl. Flechtner, H.-J.: Grundbegriffe der Kybernetik, 5. Auflage, München 1984, S. 38 ff.; Kulla, B.: Angewandte ..., a.a.O., S. 101 ff.; Ziebart, E.: Kybernetische Praktiken im Unternehmen, in: Angewandte Wirtschafts- und Sozialkybernetik, hrsg. von B. Schiemenz/A. Wagner, Berlin 1984, S. 13-28, hier S. 14 ff.

2) Zur Vereinfachung gehen wir davon aus, daß die Führungsgröße in lediglich eine Sollgröße transformiert wird.

Abbildung 4: Der Betriebskosten-Kontrollregelkreis

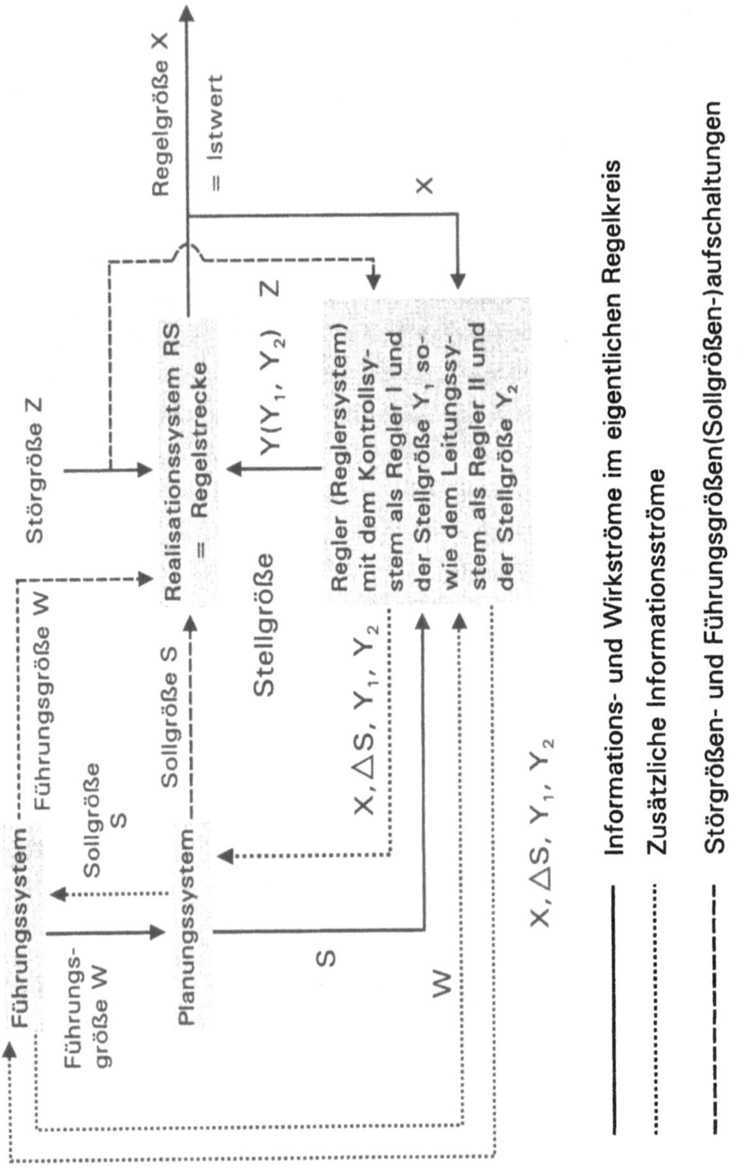

das Regelsystem, den Regler, weitergegeben. Der Regler stellt Soll- und Istgrößen einander gegenüber, führt die Abweichungsanalyse durch und gibt, bei nicht veränderter Sollgröße[1), über die Stellgrößen Y (Y_1 und Y_2) Korrekturanweisungen an die Regelstrecke. Gleichzeitig werden die Regelgröße X, die Abweichung von der Sollgröße ΔS und die Stellgröße(n) Y_1, Y_2 als Informationen an das Führungssystem und Planungssystem weitergegeben, die dann dort als Entscheidungs- und Planungsgrundlagen in Führungs- und Sollgrößen zukünftiger Perioden eingehen.[2)]

Steuerung und Regelung dürfen nicht als Gegensätze verstanden werden, sondern ein Regelkreis ist zunächst nichts anderes als eine Steuerkette mit Rückkopplung.[3)] Insofern besteht auch immer das Problem, daß ein vermeintlicher Regelkreis tatsächlich eine Verknüpfung mehrerer Steuerketten sein kann.

Es stellt sich nun für ein Versicherungsunternehmen die Frage, wie die Kontrolle der Betriebskosten konkreter Bestandteil einer Steuerkette und eines Regelkreises sein kann.

Betrachten wir zunächst mögliche Steuerketten. Steuerstrecken sind immer die Orte, wo Betriebskosten entstehen, also die einzelnen Arbeitsplätze oder Arbeitsprozesse. Steuerglieder sind die jeweiligen Mitarbeiter oder auch deren weisungsberechtigten Vorgesetzten. Je-

---

1) Wir gehen davon aus, daß die der Realisation vorgegebenen Sollgrößen für eine vorher festgelegte Periode konstant sind.

2) Indem im Führungssystem Führungsgrößen, daraus abgeleitete Sollgrößen und daraus resultierende Istgrößen gegenübergestellt werden, handelt es sich ebenfalls um einen Regelkreis, da die Kontrollergebnisse die Größen zukünftiger Perioden beeinflussen, und somit wieder in diesen Regelkreis einfließen.

3) Vgl. Känel, S. v.: Einführung ..., a.a.O., S. 166. Diese Aussage trifft jedoch zuerst nur für Steuerketten zu, bei denen keine Störgrößen unmittelbar auf das Steuerglied einwirken, da im elementaren Regelkreis Störgrößeninformationen nicht unmittelbar an den Regler weitergegeben werden.

der Mitarbeiter erhält die aus der Führungsgröße abgeleitete Sollgröße als Vorgabe. Wirkt nun eine Störgröße auf die Steuerstrecke ein, so beschränkt sich die Kontrollfunktion dieses Mitarbeiters als Steuerglied darauf, diese Störgröße zu erkennen. Sofern es seinen Möglichkeiten und Kompetenzen entspricht, kann er auf diese Störgröße unmittelbar reagieren und eine Abweichung der Ausgangsgröße X verhindern. Die gleiche Möglichkeit besteht für einen weisungsberechtigten Vorgesetzten, der dann Steuerglied ist. Innerhalb einer Steuerkette kann also nicht von einer Betriebskostenkontrolle gesprochen werden, sondern nur von einer Störgrößenkontrolle und einer Störgrößenkompensation. Ob eine derartige Störgrößenreaktion auch dazu führt, daß es zu keiner Abweichung der Betriebskosten vom geplanten Soll kommt, läßt sich nicht eindeutig beantworten. Ein voll funktionstüchtiges Steuerglied sollte eine Störgröße derart kompensieren, daß es nicht zu unerwünschten Auswirkungen auf den Arbeitsprozeß und die Betriebskosten kommt. Hinsichtlich der Störgrößenreaktion sind unbedingt die Beschränkungen unseres Modells zu beachten, d.h. die Maßnahmen sind zunächst nur darauf gerichtet, negative Abweichungen der Betriebskostenzielerreichung zu verhindern oder aber zu minimieren. Inwieweit andere betriebliche Zielsetzungen hierdurch beeinflußt werden, ist an dieser Stelle der Betrachtung nicht relevant, aber auch nicht bekannt. Da bei Steuerungen ja ex definitione der Rückmeldemechanismus fehlt, muß für die ex-ante ausgearbeiteten störgrößenkompensierenden Steuerungsimpulse bekannt sein, welche Auswirkungen sie auf die Betriebskosten haben.

Wird demgegenüber die Kontrolle nicht anhand der Störgrößen, sondern anhand deren Einwirkung auf den Prozeß und die Ausgangsgröße X vorgenommen, liegt eine Regelung vor. Der Regler stellt Sollvorgaben und realisierte Istgrößen einander gegenüber und gibt über die Stellgröße Y Korrekturanweisungen an die Regelstrecke, um weitere und zukünftige Abweichungen zu vermeiden. Die Betriebskostenkontrolle bewirkt insofern die Regelung der betriebskostenverursachenden Prozesse. Diese Kontrollen können sowohl von prozeß- als auch nicht-prozeßabhängigen Personen innerhalb und außerhalb der üblichen Arbeitsabläufe durchgeführt werden. Über das Kontrollsystem wird wieder die Verbindung zum gesamten Beziehungsgefüge hergestellt. Wir hatten im oben dargestellten Regelkreismodell das Kontrollsystem der Betriebskosten als Regler I bezeichnet. Da Betriebskostenkontrollen im allgemeinen mit einem gewissen „time-lag" zwischen Istwerterhebung, Abweichungsanalyse, Alternativenausarbeitung und Alternativenumsetzung verbunden sind und um die Möglichkeit doloser Handlungen zu erschweren, bietet es sich hinsichtlich der Betriebskostenkontrolle an, sie außerhalb der üblichen Arbeitsabläufe durch eine eigene Organisationseinheit durchführen zu lassen.[1] Im Rahmen des hier verwendeten weiten Kontrollbegriffs soll diese Kontrollorganisationseinheit nicht nur die Abweichungen feststellen und Alternativen ausarbeiten, sondern auch Anpassungsanweisungen an die Regelstrecke über die Stellgröße Y ($Y = Y_1$) geben können. Allerdings kann dies nur innerhalb von der Unternehmensleitung festzulegender Grenzen erfolgen. Sollte eine Betriebskostenabweichung ihrer Art und/oder ihrer Höhe nach nicht geeignet sein, daß das Kontrollsystem (Regler I) neben der Abweichungsanalyse und der Alternativenausarbeitung auch deren Umsetzung über die Stellgröße Y ($Y = Y_1$) vornehmen kann, so bedarf es in diesen Fällen einer erneuten Entscheidung einer übergeordneten Instanz des Leitungssystems (Regler II). Die Einflußnahme auf die Regelstrecke erfolgt dann über die Stellgröße Y ($Y = Y_2$).

---

1) Dies trifft sicherlich nicht auf alle Betriebskostenarten zu. So kann, falls als kontrollwürdig angesehen, eine Überwachung der Energiekosten eines Arbeitsplatzes durchaus auch durch den jeweiligen Mitarbeiter erfolgen. Es sei aber nochmals darauf hingewiesen, daß die Mitarbeiter im Rahmen ihrer Möglichkeiten fortwährend durch Regelungsprozesse innerhalb der Selbstkontrolle zu verhindern suchen, daß es zu negativen Ergebnissen mit Außenwirkung kommt.

Da die Anpassungsfähigkeit der Prozesse in Versicherungsunternehmen im Hinblick auf die Flexibilität von Betriebskostenanpassungen nicht sehr groß ist, ist es nicht ungewöhnlich, daß eine Stellgröße erst in einer der folgenden Periode Wirkung zeigt oder erst für eine der folgenden Perioden erarbeitet wird.

Aufgrund der notwendigen vollständigen Informationen über das zu steuernde System und über die Wirkung der jeweiligen Störgrößen sowie produktimmanenter Unsicherheiten werden in Versicherungsunternehmen die meisten Anpassungsprozesse Regelungen sein. Dennoch spielen Steuerungen bei allen betriebswirtschaftlichen Prozessen eine wichtige Rolle, denn schließlich bedeuten alle Lernprozesse einen Übergang von der Regelung zur Steuerung.[1)] Insofern ist das eigenverantwortliche Handeln eines jeden Steuergliedes letztendlich ein komplexes, dynamisches Zusammenspiel von Steuerungen und Regelungen.[2)]

Wegen der optimierten Kompensationswirkungen von Steuerungsimpulsen wird versucht, durch die Prinzipien der Störgrößenaufschaltung und der Führungsgrößenaufschaltung Steuerungsvorgänge in einen Regelkreis zu integrieren.[3)]

Von einer Störgrößenaufschaltung wird dann gesprochen, wenn die Störgrößen Z nicht nur auf die Regelstrecke einwirken, sondern die Störgrößeninformationen auch auf den Regler geschaltet werden. Sind

---

1) Vgl. Küpfmüller, K.: Systemtheorie und Kybernetik, in: Grundlagen der Wirtschafts- und Sozialkybernetik, hrsg. von J. Baetge, a.a.O., S. 41-50, hier S. 49.

2) Vgl. zum Einsatz von Menschen als Steuerungs- bzw. Regelungselemente auch die Ausführungen bei Kloock, J.: Kostenkontrolle ..., a.a.O., S. 4 ff.

3) Vgl. Oertli-Cajacob, P.: Praktische Wirtschaftskybernetik, München, Wien 1977, S. 48 f.; Baetge, J.: Betriebswirtschaftliche Systemtheorie, a.a.O., S. 32. Die Störgrößen- und die Führungsgrößen-(Sollgrößen-)aufschaltungen sind in der Abbildung 4 gesondert eingezeichnet.

die Störgrößen dem Regler bekannt, dann soll er wie ein Steuerglied die Stellgröße Y so verändern, daß eine Abweichung der Ausgangsgröße X nicht erfolgt. Echte Störgrößenaufschaltungen haben in Versicherungsunternehmen hinsichtlich der Betriebskosten wenig Bedeutung, da die Kontrollorganisationseinheit[1)] nicht wissen kann, wie eine Störgröße individuell auf einen Arbeitsplatz einwirkt, um unmittelbar reagieren zu können. Größere Bedeutung hat die frühzeitige Störgrößenerkennung im Hinblick auf Störgrößen, die auf das gesamte Versicherungsunternehmen einwirken werden und insofern die Gesamtbetriebskosten beeinflussen können. Ein Steuerglied kann in diesem Fall, da im Gesamtsystem Kompensationseffekte auftreten, aufgrund des Rückkopplungsprinzips durchaus auch Störgrößeninformationen ohne vollständige Information über deren Wirkung in die Stellgröße einfließen lassen. Da das Rückkopplungsprinzip jedoch der Steuerung widerspricht, liegt hier keine echte Störgrößenaufschaltung vor.

Bei der Führungsgrößenaufschaltung wird die aus der Führungsgröße W gewonnene Sollgröße S nicht nur dem Regler, sondern auch der Regelstrecke vorgegeben. Führungsgrößenaufschaltungen sind die Grundlagen aller betriebswirtschaftlichen Prozesse, da die Sollvorgaben jedem verantwortlichen Mitarbeiter bekannt sein müssen.[2)] Damit die Mitarbeiter ihr eigenes Handeln besser überwachen können, kann auch die Führungsgröße selbst auf die Regelstrecke geschaltet werden.

Durch die Verknüpfung von Steuerung und Regelung soll erreicht werden, daß auf bekannte Störeinflüsse unmittelbar steuernd reagiert

---

1) Eine Störgröße kann nur auf die prozeßunabhängige Kontrollorganisationseinheit aufgeschaltet werden, da den Mitarbeitern in der Regelstrecke (hier gleich der Steuerstrecke) die Störgröße ja bereits bekannt ist.

2) Da wir davon ausgehen, daß die Führungsgröße nicht mit der Sollgröße identisch ist, sondern aus ihr abgeleitet wird, müßte eigentlich von Sollgrößenaufschaltung gesprochen werden. Dies ist in der Literatur jedoch nicht üblich.

werden kann, während nicht oder unvollständig bekannte Störungen durch Regelungen beseitigt werden sollen. Auch für die Betriebskosten der Versicherungsunternehmen besitzt diese flexibilitätserhöhende Maßnahme Bedeutung, da auf vollständigen Informationen beruhende Steuerungsimpulse der Mitarbeiter einer Regelstrecke Abweichungen innerhalb des Kontrollregelkreises „abfangen" sollen.

Als Ergebnis der besonderen Bedeutung des kybernetischen Systems Mensch innerhalb des Supersystems Versicherungsunternehmen ist es nicht immer möglich und vor allem auch nicht notwendig, Steuerungen und Regelungen ex-ante genau voneinander zu trennen. So kann eine als Steuerungsimpuls vorgenommene Anweisung aufgrund eines unerwarteten feedbacks (Rückkopplung) zu einer Regelung werden, auf die ein Mensch flexibel reagieren kann und muß. In den Fällen, in denen derartige Rückkopplungen nicht stattfinden, ist es Aufgabe des gesamten Kontrollsystems und hier gerade der nicht prozeßabhängigen Systemelemente, die Auswirkungen von für kontrollrelevant erachteten Steuerungsanweisungen zu überwachen.

Ein wesentliches Problem für jedes Regelelement besteht darin, einen Regelkreis stabil zu halten, da definitionsgemäß durch das Rückkopplungsprinzip Zeit vergeht[1)] und eine Störgröße bereits zu einer Änderung der Ausgangsgröße geführt haben muß, bevor auf die Störgröße reagiert werden kann. Wird von der Regelstrecke ein Istwert an den Regler gemeldet, so hat der Regler über die Stellgröße Y korrigierend einzugreifen. Bei der Informationsaufnahme und -auswertung ergeben sich für den Regler Probleme, die vor allem aus zeitlichen Verzögerungen heraus resultieren. So können z.B. die Regelgrößen zu spät und/oder falsch gemeldet werden, es vergeht Zeit, bis Korrekturmaßnahmen erarbeitet, ausgewählt und umgesetzt sind und schließ-

---

1) Vgl. zu dieser Problematik Schiemenz, B.: Betriebskybernetik, a.a.O., S. 35 ff. und Ulrich, H.: Die Unternehmung ..., a.a.O., S. 123 f.

lich Wirkung zeigen. Schwierig ist dies vor allem dann, wenn die Wirkungszusammenhänge in einem System nicht vollständig bekannt sind („Black Box"). Durch diese Zeitverzögerungen kann der Regelkreis aus dem Gleichgewicht geraten, wodurch die jeweilige Regelgröße dann um einen Mittelwert schwankt. Im schlimmsten Fall kann durch zu spät ergriffene und dadurch falsch wirkende Maßnahmen das System in seinem Beziehungsgefüge zerstört werden.[1)]

Dieses für technische Systeme existentielle Problem ist für ein Versicherungsunternehmen weniger ein kurzfristiges als eher ein mittel- bis langfristiges Problem. Auch wenn die Regelkreisprozesse in Versicherungsunternehmen überwiegend langsamer ablaufen als in einem technischen System und es z.B. beim einzelnen Versicherungsvertrag ex-ante nicht vollständig feststeht, ob und wann welche Faktorkombinationen unter welchen inner- und außerbetrieblichen Bedingungen stattfinden, wodurch sich Möglichkeiten von Betriebskostenabweichungen ergeben können, sollte doch die Problematik potentieller Instabilitäten nicht vernachlässigt werden.[2)] Korrekturmaßnahmen, die heute ergriffen werden, wirken sich teilweise erst in späteren Perioden aus und können dann mit Korrekturmaßnahmen zusammentreffen, die zu anderen Zeitpunkten getroffen wurden. Dies kann unerwünschte Folgen für die Regelstrecke haben. Sollte vielleicht genau zu jenem Zeitpunkt eine gleichgerichtete Störgröße auftreten, so kann auch bei

---

1) Steuerungssysteme sind, sofern die Störgrößen bekannt sind, stabil.

2) Hier sei nur an das Bestandsgeschäft erinnert, das je nach Vertragstypen und Vertragsgestaltungen noch Unwägbarkeiten für einen sehr langen Zeitraum bereithalten kann. Allerdings sind den Versicherungsunternehmen über Prämien- und Tarifänderungsklauseln sowie die Kündigung im Schadensfall Reaktionsmöglichkeiten gegeben.

Versicherungsunternehmen die Stabilität des Systems gefährdet sein.[1]

Aus diesem Grund sollte dem Faktor Zeit und der sich aus der Informationsermittlung, -übertragung, -auswertung und -umsetzung ergebenden Problematik bei der Implementierung und Ausgestaltung eines Internen Kontrollsystems der Betriebskosten angemessen Rechnung getragen werden.

Die vorangegangenen, sehr stark vereinfachenden Ausführungen haben deutlich gemacht, daß in Versicherungsunternehmen eine schier unbegrenzte Anzahl an Steuerungs- und Regelungsprozessen abläuft, die einer Koordination durch das Interne Kontrollsystem bedürfen. Komplexitätserhöhend wirken sich vor allem die Selbstkontrollen aus, die ja permanent vorgenommen werden und oft als Kontrollen nach außen nicht erkennbar sind. Betriebskostenkontrollen in Versicherungsunternehmen sind in den wenigsten Fällen Kontrollen technischer Systeme, sondern in der überwiegenden Anzahl Kontrollen humaner (human/technischer) Systeme. Dies hat zur Folge, daß sich die Auswirkungen von Störgrößeneinflüssen zu einer Vielzahl unterschiedlicher Zeitpunkte und oftmals auch nur indirekt auf die Betriebskosten auswirken. Wenn eine Maschine mehr Betriebsstoffe benötigt als geplant, sind deren Auswirkungen auf die Betriebskosten unmittelbar feststellbar. Wenn aber z.B. Mitarbeiter für einzelne Arbeitsprozesse mehr Zeit benötigen als geplant, so sind die Auswirkungen auf die Betriebskosten weniger offensichtlich. Bei einer Änderung der Arbeitsprozeßorganisation könnten aber die Mitarbeiter vielleicht mehr Vorgänge bearbeiten, so daß letztendlich die gleiche Arbeitsmenge von weniger Mitarbeitern geleistet wird. Das Kontrollsystem der Betriebskosten hat nicht nur der Vielzahl an parallel ablaufenden Regelkreisen

---

1) Betriebskostenbedingte Instabilitäten werden das Versicherungsunternehmen als System nicht zerstören können, im Gegensatz zu Instabilitäten bei den Schadenkosten.

und Steuerketten Rechnung zu tragen, sondern muß ebenfalls die unterschiedlichen Ablauflängen der Regelkreise und die unterschiedlichen Auswirkungen von Störgrößeneinflüssen berücksichtigen.

1.5.2 Die Organisation des Internen Kontrollsystems der Betriebskosten

1.5.2.1 Die Aufbauorganisation des Internen Kontrollsystems der Betriebskosten

Die Organisation des Internen Kontrollsystems ist sowohl aufbau- als auch ablauforganisatorisch zu lösen. Ein Kontrollsystem darf aus systemtheoretischer Sicht nicht mit einer aufbauorganisatorischen Einheit, z.B. einer Abteilung, die allerdings auch ein, jedoch anders abgegrenztes System darstellt, gleichgesetzt werden. Bei der Abteilungsbildung werden einzelne Stellen, die meist auch räumlich zusammengefaßt sind, im Hinblick auf ein gemeinsames Merkmal zu einer Einheit verknüpft.[1)]

Das Interne Kontrollsystem wird dadurch begründet, daß zur Erfüllung von Kontrollaufgaben Orte im Versicherungsunternehmen ausgewählt und auf kontrollrelevante Fragestellungen hin untersucht werden. Durch die Kontrollaufgabe an sich ergibt sich zwischen den einzelnen Kontrollorten ein generelles Beziehungsgefüge, das gegenseitige Input-Output-Abhängigkeiten der Kontrollorte nicht ausschließt. Das Interne Kontrollsystem der Betriebskosten ist damit die strukturierte Zusammenfassung aller auf die Entstehung und die Entwicklung der Betriebskosten im Zeitablauf bezogenen Kontrollen im Versicherungsunternehmen. Die einzelnen Kontrollen sind die systembestimmenden Elemente. Durchgeführt werden die Kontrollen an Kontrollor-

---

1) Vgl. zum Begriff und zur Bildung von Abteilungen Seidel, E.: Abteilungsbildung, in: HWO, hrsg. von E. Grochla, 2. Auflage, a.a.O., Sp. 42-52; Laux, H./Liermann, F.: Grundlagen der Organisation, 2. Auflage, Berlin et al. 1993, S. 299-317.

ten, wobei innerhalb der Kontrollorte auch Kontrollen mehrerer Kontrollobjekte ausgeführt werden.

In das Interne Kontrollsystem ist ein zentrales, koordinierendes Kontrollelement zu implementieren. Die Koordinationsaufgaben dieses Kontrollelementes liegen in der Ergebnisaufnahme der Selbstkontrollen direkt prozeßabhängiger Personen und der Fremdkontrollen indirekt prozeßabhängiger Personen. Auch wird die Systemordnung letztendlich durch dieses Kontrollelement hergestellt.[1)]

Hinsichtlich eines zentralen Kontrollelementes können zwei Möglichkeiten unterschieden werden:

Zum einen kann das zentrale Kontrollelement eine Stabsstelle „Kontrolle"[2)] sein, deren Mitarbeiter alle notwendigen Kontrolltätigkeiten organisatorisch vorbereiten, beratend begleiten und auch durchführen. Eine derartige eigenständige Organisationseinheit „Kontrolle" übernimmt dann alle kontrollrelevanten Aufgabenstellungen im Sinne einer Vereinigungsmenge der Aufgaben von Interner Revision und Controlling. Der Vorteil einer eigenständigen Organisationseinheit „Kontrolle" liegt vor allem darin, daß der Kontrollbegriff umfassend verstanden werden kann und daß daher sämtliche Kontrollaufgaben von dieser Organisationseinheit zu übernehmen sind. Als schwerwiegender Nach-

---

1) Die Alternative dazu wäre, daß eine außerhalb des Internen Kontrollsystems stehende Instanz die Koordination herbeiführen müßte.

2) Vgl. Steinle, C.: Stabsstelle, in: HWO, hrsg. von E. Frese, 3. Auflage, a.a.O., Sp. 2310-2321. Es handelt sich hierbei, dem ursprünglichen Aufgabenträger entsprechend, um eine Führungsstabsstelle. Wenn wir der Kontrolle zugestehen, auch Korrekturanweisungen geben zu können, handelt es sich bei dieser Stabsstelle um eine Nicht-Instanz mit instanziellen Aufgaben, vgl. hierzu Gaugler, E.: Instanzenbildung, in: HWO, hrsg. von E. Grochla, 2. Auflage, a.a.O., Sp. 959-969, hier Sp. 962 sowie Steinle, C.: Stabsstelle, a.a.O., Sp. 2319. Vgl. zu anderen aufbauorganisatorischen Gestaltungsmöglichkeiten des zentralen Kontrollelementes Brink, H.-J.: Kontrolle, Organisation der, in: HWO, hrsg. von E. Frese, 3. Auflage, a.a.O., Sp. 1143-1151, hier Sp. 1149.

teil ergibt sich jedoch, daß die Aufgaben der Funktionsbereiche „Interne Revision" und „Controlling" durch die „Kontrolle" erheblich beschnitten werden, woraus wiederum umfangreiche Koordinationsprobleme erwachsen. Da davon ausgegangen wird, daß in der versicherungsbetrieblichen Praxis „Interne Revision" und „Controlling" als Subsysteme des Internen Überwachungssystems bestehen, erscheint es nicht sinnvoll, eine weitere Organisationseinheit „Kontrolle" zu begründen. Dies vor allem, da „Interne Revision" und „Controlling" sämtliche kontrollrelevanten Fragestellungen abdecken. Koordinationsbedarfe ergeben sich somit *nur* zwischen „Interner Revision" und „Controlling".[1)]

Die zweite Möglichkeit der Bestimmung eines zentralen Kontrollelementes liegt demnach darin, die Kontrollaufgaben auf eine bestehende aufbauorganisatorische Einheit zu übertragen. Da Kontrollhandlungen von der „Internen Revision" ausschließlich innerhalb ihrer Begriffsabgrenzung erfolgen, werden die meisten Kontrollaufgaben im Rahmen der Aufgabenerfüllung des Controlling ausgeführt.[2)] Aus diesem Grund wird die Aufbauorganisation des Internen Kontrollsystems in Versicherungsunternehmen, außer von der Aufbauorganisation des Versicherungsunternehmens selbst, besonders von der des Controlling

---

1) Vgl. zur Abgrenzung von Controlling und Interner Revision die Darstellungen bei Schmid, R.: Abgrenzung von Controlling und Interner Revision, in: Handbuch Controlling, hrsg. von E. Mayer/J. Weber, a.a.O., S. 379-391, vor allem S. 387-390; Peemöller, V. H.: Controlling und Interne Revision, in: VW 1995, S. 1250-1253.

2) Der Schwerpunkt des Aufgabenfeldes der Internen Revision wird darin gesehen, daß Sachverhalte kausalanalytisch gewertet und kritisch hinterfragt werden, so daß die eigentliche technische Kontrolle vollständig aus dem Tätigkeitsbereich der Internen Revision herausgenommen werden kann. In derartigen Fällen baut die Interne Revision auf den Ergebnissen anderer Kontrollträger auf.

geprägt und von derjenigen der Internen Revision ergänzt.[1] Im folgenden wird davon ausgegangen, daß die Betriebskostenkontrollrechnungen dem Aufgabenfeld des Controlling zugeordnet werden.[2]

Die aufbauorganisatorische Umsetzung des Controlling in Versicherungsunternehmen ist entsprechend den verschiedenen Begriffsauffassungen von Controlling uneinheitlich.[3] Da Controlling Aufgabe einer jeden Führungskraft im Versicherungsunternehmen ist, ist es notwendig, die der Entscheidungsfindung dienenden informationsgewinnenden und -verarbeitenden Prozesse zu delegieren. Dies erfolgt i.d.R. dadurch, daß sämtliche dazu notwendigen (Controlling)Aufgaben auf einen (zentralen) Controller übertragen werden.[4] Je nach Größe und

---

1) Vgl. zur Aufbauorganisation der Internen Revision Hoffmann, F.: Interne Revision, Organisation, in: HWRev., hrsg. von A. G. Coenenberg/K. v. Wysocki, a.a.O., Sp. 668-677, hier Sp. 672 ff.; Heigl, A.: Interne Revision, in: HWR, hrsg. von K. Chmielewicz/M. Schweitzer, 3. Auflage, Stuttgart 1993, Sp. 947-955, hier Sp. 951-953. Im Schrifttum wird auch die Möglichkeit diskutiert, die Interne Revision in das Controlling zu integrieren, vgl. hierzu Hadaschik, M.: Revision und Controlling in einer Abteilung, in: ZIR 1993, S. 27-35. Zu diesem Artikel gibt es in der gleichen Zeitschrift eine Vielzahl an Stellungnahmen.

2) Wenn wir bisher von einer eigenen Organisationseinheit „Kontrolle" ausgegangen waren, dann aus dem Grund, eine umfassende Darstellung und Abgrenzung des Kontrollbegriffs vornehmen zu können. Darüber hinaus erscheint es uns wichtig festzuhalten, daß Kontrollrechnungen auch ohne das Controlling eine wichtige Bedeutung der Entscheidungsfindung im Versicherungsunternehmen haben, während umgekehrt alle Fragen der Kontrolle entscheidend für den Stellenwert des Controlling sind. Zusätzlich kann auch das Controlling, bezogen auf Fremdkontrollen, als eine Kontrollorganisationseinheit betrachtet werden.

3) Vgl. hierzu grundlegend die kurze Übersicht unter dem Stichwort: Controlling-Organisation im Versicherungsunternehmen, in: Vahlens Großes Controllinglexikon, hrsg. von P. Horváth/T. Reichmann, München 1993, S. 138. Vgl. auch unsere Ausführungen im Kapitel 1.4.2.

4) Aus diesem Grund heraus erscheint es sinnvoll, den zentralen Controller der zweiten Führungsebene zuzuordnen. Vgl. zu unterschiedlichen Literaturmeinungen die Darstellung bei Küpper, H.-U.: Industrielles Controlling, in: Industriebetriebslehre, hrsg. von M. Schweitzer, 2. Auflage, München 1994, S. 849-959, hier S. 867 ff. Die Frage, ob der Controller ausschließlich Linien- oder Stabsaufgaben zu übernehmen hat, soll hier nicht näher diskutiert werden, da diese Frage vor allem von der Organisation als auch vom Stellenwert des Con-

(Fortsetzung...)

aufbauorganisatorischer Gestaltung des Versicherungsunternehmens werden zusätzliche Sparten-, Produkt-, Absatzwege-, Profit-Center-, Funktionsbereichs- oder auch Betriebskosten-Controller benannt. Diese „dezentralen" Controller sind i.d.R. fachlich dem zentralen Controller und disziplinarisch dem jeweiligen Verantwortlichen des Controllingobjektes, für den sie ja auch unterstützend tätig sind, unterstellt.[1]

Die Aufbauorganisation des Internen Kontrollsystems der Betriebskosten ist das Ergebnis der Bildung und Zuordnung von aus der Gesamtaufgabe „Kontrolle der Betriebskosten des Versicherungsunternehmens" abgeleiteten Teilaufgaben. Zur Aufbauorganisation des Internen Kontrollsystems der Betriebskosten gehören ebenfalls das System der Weisungsbefugnisse und das der Kommunikationsbeziehungen zwischen den einzelnen Systemelementen.[2] Die Übertragung der Anweisungsbefugnisse zur Durchführung von Selbstkontrollen von der Unternehmensführung auf das Controlling kann als unproblematisch angesehen werden. Inwieweit aber das Controlling auch Anweisungen als Ergebnis der Auswertungen von Kontrollen geben darf, muß dem Einzelfall überlassen bleiben, da Controller grundsätzlich Entscheidungen lediglich vorbereiten dürfen. Ein mögliches Kriterium kann aus dem Grundsatz abgeleitet werden, daß Controller keine Anweisungen geben dürfen, *was* gemacht wird, sondern nur, *wie* etwas gemacht wird. Ferner ist unbedingt sicherzustellen, daß die von den prozeßab-

---

4) (...Fortsetzung)
trolling im jeweiligen Versicherungsunternehmen abhängig ist. In der Praxis findet sich überwiegend eine Zuordnung sowohl von Linien-, als auch Stabsfunktionen, vgl. exemplarisch Ennsfellner, K. C.: Organisatorische Aspekte ..., a.a.O., S. 137 f.; Küpper, H.-U.: Industrielles Controlling, a.a.O., S. 866 f. Gerade die Übertragung von Linienfunktionen trägt einem weiten Kontrollbegriff Rechnung.

1) Vgl. Horváth, P.: Controlling, a.a.O., S. 789 ff. Vgl. auch die Darstellung zur Integration des Vertriebs-Controlling in die Aufbauorganisation bei Dauser, A. M.: Vertriebs-Controlling in Versicherungsunternehmen, Diss. Ulm 1995, S. 56 ff.

2) Vgl. Laux, H./Liermann, F.: Grundlagen ..., a.a.O., S. 196.

hängigen Kontrollträgern ermittelten Kontrollinformationen an die zuständigen Controller und damit an das gesamte Controlling-System weitergegeben werden.

1.5.2.2 Die Ablauforganisation im Internen Kontrollsystem der Betriebskosten

Sollen ablauforganisatorisch Kontrollhandlungen (Kontrollaktivitäten) festgelegt werden, so sind diese durch sechs einzelne Bausteine näher zu konkretisieren:[1)]

1) Festlegung von *Kontrollort* („Wo"), *Kontrollzeiten* („Wann") (mit den Unterpunkten *Kontrollintensität* („Wie lange", „Wie genau") und *Kontrollhäufigkeit* („Wie oft")), *Kontrollobjekten* („Was"), *Kontrollträgern* („Wer") und *Kontrollmethode* („Womit", „Wodurch"). Darüber hinaus ist auch noch jeweils das *Kontrollverhalten* der zu kontrollierenden Personen mit zu berücksichtigen.

2) Ermittlung bzw. Übernahme der als Kontrollgrundlage dienenden *Sollgrößen* aus der Planung.

3) Ermittlung bzw. Übernahme der *Istgrößen*.

4) Feststellung und Analyse von eingetretenen *Abweichungen*.

---

1) Die Darstellung erfolgte in Anlehnung an Thieme, H.-R.: Verhaltensbeeinflussung ..., a.a.O., S. 26-35; Kloock, J./Bommes, W.: Interne Revision (II), a.a.O., S. 543; Kloock, J.: Kontrollmanagement ..., a.a.O., S. 12. Diese Bausteine geben den maximalen Handlungsrahmen wieder. Daher ist es möglich, je nach gewähltem Kontrollbegriff, Bausteine herauszunehmen oder mit unterschiedlicher Intensität einzubeziehen. Ebenso müssen die einzelnen Bausteinelemente, je nach gewähltem Kontrollobjekt und/oder Kontrollträger, nicht in jedem Fall neu bestimmt werden.

5) *Auswertung* der analysierten Abweichungen, Ausarbeitung von *Lösungsmöglichkeiten* und *Alternativen*, sowie *Ergebnispräsentation*.

6) Kontrolle der *Umsetzung* der durchzuführenden Maßnahmen.

Der erste Baustein beschäftigt sich mit der Planung und der Ausführung der durchzuführenden Kontrollen. Diese Aufgabe obliegt dem zentralen Controlling in Abstimmung mit den dezentralen Controllingstellen. Wichtig ist hierbei vor allem die Abklärung der Frage, welche Kontrollen als Selbst- und welche als Fremdkontrollen durchzuführen sind.

Der zweite Baustein umfaßt die Planung der Sollgrößen, die in Abstimmung mit den jeweils verantwortlichen Entscheidungsträgern zu erfolgen hat.[1)]

Die Ermittlung der Istgrößen, als drittem Baustein, muß unabdingbar nach den gleichen Prinzipien erfolgen wie die Festlegung der Sollgrößen.

Bei den Bausteinen vier und fünf ist zu differenzieren, ob Abweichungsanalyse und -auswertung von den jeweiligen Kontrollträgern, also auch den direkt- und indirekt prozeßabhängigen Personen, durchgeführt werden oder von der zentralen Kontrollinstanz. Dazu sind Kriterien zu formulieren, die eine eindeutige Zuordnung ermöglichen. Auf

---

1) Die ersten beiden Bausteine zeigen deutlich die immer wieder betonte Koordinationsfunktion des Controlling. Damit diese Koordinationsfunktion auch ausgeübt werden kann, ist die Beteiligung des Controlling an der Planung der Betriebskosten zusätzlich zur Durchführung der Kontrollrechnungen unbedingt notwendig, vgl. Küpper, H.-U.: Koordination und Interdependenz als Bausteine einer konzeptionellen und theoretischen Fundierung des Controlling, in: Betriebswirtschaftliche Steuerungs- und Kontrollprobleme, hrsg. von W. Lücke, Wiesbaden 1988, S. 163-183, hier S. 168/171.

jeden Fall ist das Controlling über die jeweiligen Ergebnisse zu informieren. Sollte das Ergebnis einer Abweichungsanalyse dazu führen, daß verschiedene Sachverhalte grundlegend zu ändern oder detaillierter zu untersuchen sind, so werden die dazu notwendigen Schritte von der Internen Revision ausgeführt. Die entsprechenden Anweisungen können aber nur von der Unternehmensführung erteilt werden. Im fünften Kontrollbaustein befindet sich damit die Schnittstelle zur Internen Revision.[1]

Gerade die Bereiche der vollständigen Selbstkontrolle sind häufiger einer Internen Revision zu unterziehen.

Wenn im folgenden von Kontrolle gesprochen wird, so handelt es sich entsprechend unserem Verständnis des Kontrollbegriffes und im Hinblick auf die Betriebskostenkontrolle der Versicherungsunternehmen in den meisten Fällen um zeitpunktbezogene Kontrollen durch nicht-prozeßabhängige Personen außerhalb der üblichen Arbeitsabläufe. Derartige Fremdkontrollen werden jedoch ergänzt um Kontrollen im Sinne der Steuerung und vor allem um Selbstkontrollen durch direkt und indirekt prozeßabhängige Personen.

1.6 Der Begriff Kontrollrechnung

Im Hinblick auf das Thema dieser Arbeit sollen durch Kontrollen nur solche Sachverhalte erfaßt werden, die durch Zahlen und Rechenoperationen darstellbar sind. Betriebskostenkontrollrechnungen stehen damit im Gegensatz zu anderen Kontrollvorgängen im Unternehmen,

---

1) Die hier verwendeten Darstellungen der Realitäten in den Versicherungsunternehmen sind idealtypisch. Insofern ist es auch gut vorstellbar, daß die Interne Revision die Kontrollbausteine zwei bis fünf vollständig übernimmt, wenn bereits längere Zeit feststeht, daß Sachverhalte zu revidieren sind.

die nicht auf Rechenoperationen beruhen, wie z.B. Sichtkontrollen.[1) Insofern steht im Mittelpunkt einer jeden Betriebskostenkontrolle die Betriebskostenkontrollrechnung als die Gegenüberstellung von Soll- und Istbetriebskosten sowie die Durchführung der Abweichungsanalyse.[2) Die Kontrollrechnung ist damit im wesentlichen mit der „technischen Kontrolle" gleichzusetzen.

---

1) HAHN differenziert zwischen „quantifizierten" und „nichtquantifizierten" Informationen. „Die Verarbeitung von quantifizierten Informationen zu Planungs- und Kontrollinformationen bildet den Inhalt der **Planungs- und Kontrollrechnung.**", Hahn, D.: PuK - Controllingkonzepte, 4. Auflage, Wiesbaden 1994, S. 51. Nichtquantifizierbare Kontrollgrößen können z.B. Prämissenkontrollen zugrunde liegen.

2) Dies stimmt mit der in der betriebswirtschaftlichen Literatur vorherrschenden Ansicht in bezug auf den Begriff „Kontrollrechnung" überein. NIEBLING bezeichnet z.B. „Plan-Ist-Vergleiche" als Kontrollrechnungen, vgl. Niebling, H.: Kurzfristige Finanzrechnung auf der Grundlage von Kosten- und Erlösmodellen, Wiesbaden 1973, S. 103. Eine ähnliche Ansicht vertritt KÜPPER: „In *Kontrollrechnungen* sind die Abweichungen zu ermitteln und deren Ursachen zu untersuchen.", Küpper, H.-U.: Verknüpfung von Investitions- und Kostenrechnung als Kern einer umfassenden Planungs- und Kontrollrechnung, in: BFuP 1990, S. 253-267, hier S. 266. COENENBERG sieht die Kontrollrechnung als einen Bestandteil des betrieblichen Rechnungswesens oder der Unternehmensrechnung an und teilt sie in die Dispositions- und Ausführungskontrollrechnung ein, vgl. Coenenberg, A. G.: Ziele, Systeme und Hauptproblembereiche kosten- und leistungsorientierter Planungs- und Kontrollrechnungen, in: Unternehmensrechnung, hrsg. von A. G. Coenenberg, München 1976, S. 1-7, hier S. 2.

2 Die Betriebskosten der Versicherungsunternehmen

2.1 Produktionsfaktoren und Kostenarten der Versicherungsunternehmen

2.1.1 Die Produktionsfaktoren der Versicherungsunternehmen

Produktionsfaktoren sind Güter, durch deren Kombination in einem Transformationsprozeß neue, höherwertigere Güter entstehen.[1] Jede Kombination und Transformation derartiger Güter wird als Produktion verstanden.[2]

---

1) Vgl. zu den Produktionsfaktoren allgemein: Kilger, W.: Produktionsfaktor, in: HWB, hrsg. von E. Grochla/W. Wittmann, 4. Auflage, Stuttgart 1975, Sp. 3097-3101; Bloech, J.: Produktionsfaktoren, in: HWB, hrsg. von W. Wittmann et al., 5. Auflage, a.a.O., Sp. 3405-3415 und zur Wertigkeit von Güterkombinationen exemplarisch Stüdemann, K.: Allgemeine Betriebswirtschaftslehre, 3. Auflage, München, Wien 1993, S. 342 ff.

2) Vgl. hierzu Schweitzer, M.: Produktion, in: HWB, hrsg. von W. Wittmann, et al., 5. Auflage, a.a.O., Sp. 3328-3347, hier besonders Sp. 3328 ff. Es ist ALTENBURGER zuzustimmen, der die Kombination der Produktionsfaktoren als das bestimmende Merkmal der Produktion ansieht, vgl. Altenburger, O. A.: Potentialfaktoren als derivative Produktionsfaktoren der Dienstleistungsproduktion, in: ZfB 1979, S. 863-872, hier S. 864 ff. Allerdings ist eine derartige Kombination immer auch mit einer Transformation der kombinierten Produktionsfaktoren verbunden, vgl. hierzu Kromschröder, B./Lehmann, M.: Die Leistungswirtschaft des Versicherungsbetriebes, in: Information und Produktion, Festschrift zum 60. Geburtstag von W. Wittmann, hrsg. von S. Stöppler, Stuttgart 1985, S. 171-209, hier S. 174 f. sowie die Ausführungen zur Transformation bei Dyckhoff, H.: Grundzüge der Produktionswirtschaft, Berlin, Heidelberg, New York 1995, S. 3 f.

Abbildung 5: Die Produktion

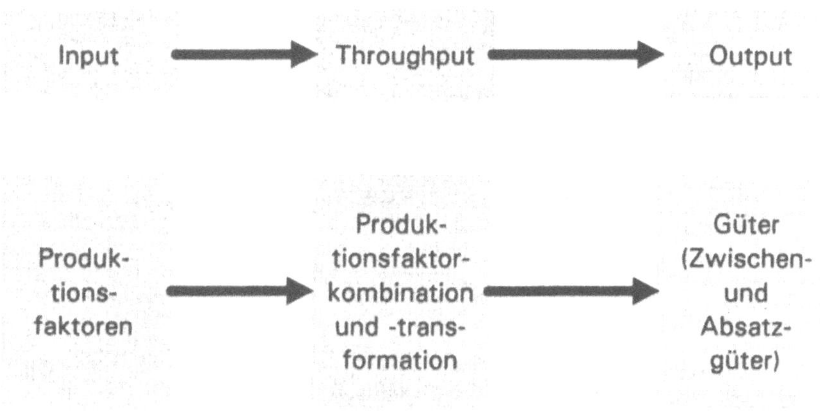

Die Einteilung der Produktionsfaktoren kann nach verschiedenen Merkmalen erfolgen. So können unterschieden werden nach ihrem Einsatz im Produktionsprozeß *Repetierfaktoren* (Verbrauchsfaktoren) und *Potentialfaktoren* (Nutzungsfaktoren), nach dem Ort ihrer Hervorbringung *originäre* und *derivative* Produktionsfaktoren, nach dem Grad der autonomen Disponierbarkeit *interne* und *externe* Produktionsfaktoren und nach der Stofflichkeit *materielle* und *immaterielle* Produktionsfaktoren.[1]

---

1) Vgl. zu diesen und weiteren Merkmalen Beuermann, G.: Produktionsfaktoren, in: HWProd, hrsg. von W. Kern/H.-H. Schröder/J. Weber, 2. Auflage, Stuttgart 1996, Sp. 1494-1505, hier Sp. 1495-1498.

Die Produktionsfaktoren der Versicherungsunternehmen sind:[1]

- Arbeitsleistungen angestellter Mitarbeiter
- Dienstleistungen[2] Dritter
- Betriebsmittel[3]
- Geld für Versicherungsfalleistungen[4][5]

---

1) Vgl. Farny, D.: Produktions- und Kostentheorie, in: HdV, hrsg. von D. Farny et al., a.a.O., S. 553-560, hier S. 553 ff.; Farny, D.: Versicherungsbetriebslehre, a.a.O., S. 478 ff. sowie die Darstellungen bei Bachmann, W.: Leistung und Leistungserstellung der Versicherungsunternehmen, Karlsruhe 1988, S. 24-29 und Pusch, H.-D.: Versicherungsschutzproduktion als Input/Output-Prozess - eine entscheidungsorientierte Betrachtung, Diss. Hamburg 1976, S. 72-190.

2) Vgl. zur Herkunft des Begriffes Dienstleistung Lehmann, A. P.: Dienstleistungsmanagement zwischen industriell-orientierter Produktion und zwischenmenschlicher Interaktion - Reflexe in der Versicherung, Diss. St. Gallen 1989, S. 1 ff./63 ff.

3) Betriebsmittel werden unterteilt in solche zur Nutzung (aktive und passive) und solche zum Verbrauch (vor allem Energie), vgl. zum Betriebsmittelbegriff Kern, W.: Industrielle ..., a.a.O., S. 14 f./17. Betriebsmittel werden im Gegensatz zu Werkstoffen nicht Bestandteil des zu erstellenden Produktes. Die für Versicherungsunternehmen so wichtigen materiellen Trägermedien wie Papier (für Briefe, Versicherungsscheine, gedruckte Versicherungsbedingungen etc.), magnetische Datenspeicher und CD-Rohlinge sollen als (passive) Betriebsmittel verstanden werden, da sie nicht als unmittelbare Bestandteile des Produktes Versicherungsschutz anzusehen sind. Anderer Meinung ist ULRICH, die die materiellen Trägermedien den Werkstoffen zuordnet, vgl. Ulrich, M.: Beschaffung, in: HdV, hrsg. von D. Farny et al., a.a.O., S. 65-67, hier S. 65.

4) Anderer Meinung bezüglich der Produktionsfaktoreigenschaft des Geldes sind Eisen, R.: Zur Produktionsfunktion der Versicherung, in: ZVersWiss 1971, S. 407-419, hier S. 412 f., der Geld nur in Form der Sicherheitsmittel als Produktionsfaktor akzeptiert, aber nicht als Geld für Versicherungsfalleistungen, sowie Müller, W.: Das Produkt der Versicherung, in: Geld und Versicherung, Festgabe für Wilhelm Seuß, hrsg. von M. Jung/R. R. Lucius/W. G. Seifert, Karlsruhe 1981, S. 155-171, hier S. 168.

5) Diese nominalen Leistungen werden in der Literatur üblicherweise als „Versicherungsleistungen" bezeichnet, vgl. exemplarisch Farny, D.: AVB unter dem Gesichtspunkt der „Produktbeschreibung", in: ZVersWiss 1975, S. 169-184, hier S. 174; Kromschröder, B.: Qualitätsmanagement in der Versicherungswirtschaft, Karlsruhe 1993, S. 19. Diese Bezeichnung kann den Eindruck erwekken, daß Leistungen dem Versicherungsnehmer gegenüber ausschließlich in den sog. „Versicherungsleistungen" bestehen. Die Leistungen (nominale und reale) im Versicherungsfall stellen aber nur eine von einer Vielzahl dem Versi-

(Fortsetzung...)

- Rückversicherungsschutz
- Kapitalnutzungen als Vorrätigkeit[1] materieller und immaterieller Realgüter sowie als Vorrätigkeit nominaler Güter[2]
- Informationen[3]
- Externe Faktoren
- Außenorganisation

---

5) (...Fortsetzung)
cherungsnehmer gegenüber erbrachten Leistungen dar und sind nicht mit dem abgegebenen Schutzversprechen gleichzustellen. Es ist daher präziser von „Geld für Versicherungsfalleistungen" zu sprechen. Vgl. ebenso Schwake, E.: Überlegungen zu einem risikoadäquaten Marketing als Steuerungskonzeption von Versicherungsunternehmen, Karlsruhe 1987, S. 52 f., der jedoch von „Versicherungsfalleistungen" im Sinne der „Geldzahlung im Versicherungsfall" spricht, die Leistungen des Versicherungsunternehmens im Versicherungsfall also auf deren nominale Komponente beschränkt.

1) Die (abstrakte) Vorrätigkeit eines Produktionsfaktors, die auch als Kapital bezeichnet wird, ist als eigenständiger Produktionsfaktor anzusehen, vgl. Kosiol, E.: Kritische Analyse der Wesensmerkmale des Kostenbegriffes, in: Betriebsökonomisierung, Festschrift für R. Seÿffert, hrsg. von E. Kosiol/F. Schlieper, Köln, Opladen 1958, S. 7-37, hier S. 21 f. sowie Kosiol, E.: Die Unternehmung als wirtschaftliches Aktionszentrum, Reinbek bei Hamburg 1972, S. 120 f./141 f. Insofern ist zwischen einem „bonitären" und einem „monetären" Kapitalbegriff zu unterscheiden, vgl. hierzu: Zloch, B.: Die Kapitalanlagen von Versicherungsunternehmen in betriebswirtschaftlicher Sicht, Karlsruhe 1975, S. 11 f. Beide Kapitalbegriffe sind aber keine Gegensätze, da der monetäre Kapitalbegriff die Verselbständigung der Vorrätigkeit in Geldform darstellt, vgl. Zloch, B.: Die Kapitalanlagen ..., a.a.O., S. 12. Anders ausgedrückt, das bonitäre Kapital ergibt sich erst über das monetäre Kapital: „Die Vorrätigkeit wird im Falle von Realgütern im allgemeinen durch laufende (Repetierfaktoren) oder einmalige bzw. unregelmäßige (Potentialfaktoren) kapitalbindende *Auszahlungen*, im Falle von Nominalgütern durch entsprechende *Widmung* von Geldbeständen bewirkt.", Farny, D.: Versicherungsunternehmen, Kapitalbedarf und Kapitalbedarfsdeckung der, in: HWF, hrsg. von H.-E. Büschgen, Stuttgart 1976, Sp. 1786-1796, hier Sp. 1787 f.

2) Nominalgüterbestände sind vorhanden in Höhe der erwarteten Auszahlungen für Versicherungsfalleistungen aus dem Bestand und in Form von zusätzlichen Sicherheitsmitteln. Die Vorrätigkeit nominaler Güter wird dann aufgehoben, wenn sie als Produktionsfaktor „Geld für Versicherungsfalleistungen" eingesetzt werden.

3) Vgl. zur Einordnung der Informationen in ein Produktionsfaktorsystem die Darstellung bei Bode, J./Zelewski, S.: Die Produktion von Dienstleistungen, in: Integratives Dienstleistungsmanagement, hrsg. von H. Corsten, Wiesbaden 1994, S. 139-154, hier S. 146.

- Innenorganisation
- Vertragsabschlüsse
- weitere selbsterstellte immaterielle Güter[1)]
- Zusatzfaktoren[2)].

2.1.2 Die Kostenarten der Versicherungsunternehmen

Kosten werden definiert als bewerteter, sachzielbezogener Güterverzehr einer Periode.[3)] Die Bewertung kann dabei dem Zielplan des Unternehmens entsprechend auf der Basis von Anschaffungs-, Wiederbeschaffungs-, Tages-, Börsen-, Durchschnitts-, Verrechnungs-

---

1) Bei den selbsterstellten immateriellen Gütern lassen sich adjunktive Güter (ökonomische Potenzen) und Rechte unterscheiden. „Bei den adjunktiven Gütern handelt es sich um faktische Zustände und Gegebenheiten einer Unternehmung, die sich technisch-wirtschaftlich auswirken, ohne daß sie als übertragbare Güter isoliert werden können. ... Diese Güter sind mit der Unternehmung fest verbunden und in ihr einsetzbar, können aber nur mit ihr insgesamt auf andere Wirtschaftssubjekte übertragen werden.", Kosiol, E.: Die Unternehmung ..., a.a.O., S. 120. Außen- und Innenorganisation werden den adjunktiven Gütern zugerechnet. „Weitere selbsterstellte *materielle* Güter", die nicht den Betriebsmitteln zuzurechnen wären, sind in Versicherungsunternehmen nicht zu finden. Der Produktionsfaktor „Vertragsabschlüsse" läßt sich hinsichtlich der jeweils vertraglich vereinbarten Laufzeit als Recht und hinsichtlich der tatsächlichen Laufzeit als adjunktives Gut auffassen, vgl. Farny, D.: Grundfragen einer theoretischen Versicherungsbetriebslehre, in: Wirtschaft und Recht der Versicherung, Paul Braeß zum 66. Geburtstag, hrsg. von D. Farny, Karlsruhe 1969, S. 27-72, hier S. 53, Fußnote 118. Ebenso Trottmann, E.: Der Kostenbegriff im Versicherungsbetrieb, Diss. Mannheim 1969, S. 78, Fußnote 1. Für Versicherungsunternehmen gilt, daß auch einzelne adjunktive Güter, wie die Außenorganisation oder die Vertragsabschlüsse, veräußert werden können, vgl. Farny, D.: Versicherungsbetriebslehre, a.a.O., S. 496-498.

2) Zusatzfaktoren umfassen „die Unterstützungsleistungen des Staates, der Kommunen, der Verbände u.ä. ... und [werden] über Steuern, Gebühren, Abgaben, Beiträge u.ä. vergütet", Kern, W.: Industrielle ..., a.a.O., S. 15. Nicht zu den Zusatzfaktoren zählen bei den genannten Institutionen nachgefragte Dienstleistungen.

3) Vgl. z.B. Heinen, E.: Betriebswirtschaftliche Kostenlehre, 6. Auflage, Wiesbaden 1983, S. 87; Schweitzer, M./Küpper, H.-U.: Systeme der Kosten- und Erlösrechnung, 7. Auflage, München 1998, S. 16 f.

oder Schattenpreisen (für entgangene Opportunitäten) erfolgen.[1)] In der Kostenrechnung der Versicherungsunternehmen erfolgt die Bewertung grundsätzlich auf der Basis der tatsächlichen bzw. der erwarteten zukünftigen Preise der Beschaffungsmärkte.[2)] Die gesamten Kosten eines Versicherungsunternehmens müssen eindeutig, vollständig und überschneidungsfrei erfaßt werden. Diesem Zweck dient die Einteilung nach Kostenarten.[3)] Kostenarten ergeben sich unmittelbar aus der Verwendung des Merkmals „Art des verzehrten Produktionsfaktors" und stellen damit eine Teilmenge aller möglichen aus dem Kostenbegriff herleitbaren Kostenunterbegriffe dar.[4)] Nach der Herkunft der eingesetzten Produktionsfaktoren werden *primäre* und *sekundäre* Kosten(-arten) unterschieden. Primäre Kosten entstehen durch den Verzehr von Produktionsfaktoren, die von Beschaffungsmärkten außerhalb des Versicherungsunternehmens bezogen wurden, während sekundäre Kosten durch den Verzehr intern erstellter Güter entstehen.

---

1) Sog. „wertmäßiger Kostenbegriff". Vgl. zu den genannten Wertansätzen Haberstock, L.: Kostenrechnung I, 8. Auflage, Hamburg 1987, S. 73.

2) Werden innerhalb des wertmäßigen Kostenbegriffes die auf den Märkten zu zahlenden Preise als Wertansatz herangezogen, so sind diese Beschaffungspreise (Grenzausgaben) grundsätzlich noch um Opportunitätskosten (Grenzgewinne) zu ergänzen. Grenzausgabe und Grenzgewinn ergeben den monetären Grenznutzen, vgl. hierzu Kloock, J./Sieben, G./Schildbach, T.: Kosten- und Leistungsrechnung, 7. Auflage, Düsseldorf 1993, S. 29 ff.; Kloock, J.: Arbeitsunterlagen zum Studienfach Unternehmensrechnung und Revision, Teil I: Operatives Erfolgsmanagement, 11. Auflage, Köln 1996, S. U I 11; Rehkugler, H.: Kostenbegriffe, Kostenarten und Kostenkategorien, in: HWB, hrsg. von W. Wittmann et al., 5. Auflage, a.a.O., Sp. 2320-2329, hier Sp. 2322. Sind derartige Grenzgewinne nicht vorhanden oder lassen sie sich nicht ausweisen, so erfolgt die Bewertung nur auf Basis der Beschaffungspreise. Insofern ergibt sich dann eine inhaltliche Übereinstimmung von wertmäßigem und pagatorischem Kostenbegriff. Vgl. zu dieser Problematik ergänzend auch die Ausführungen von Dyckhoff, H.: Grundzüge ..., a.a.O., S. 146 f.

3) Vgl. Rehkugler, H.: Kostenbegriffe ..., a.a.O., hier Sp. 2327.

4) Vgl. Schweitzer, M.: Kostenkategorien, in: HWR, hrsg. von K. Chmielewicz/M. Schweitzer, 3. Auflage, a.a.O., Sp. 1208-1216; Schweitzer, M./Küpper, H.-U.: Systeme ..., a.a.O., S. 94 ff.

Eine Kostenart wird gebildet, indem eine verwendete Produktionsfaktorart mit einer nominalen Größe bewertet wird. Daraus folgt nicht, daß jeder Produktionsfaktorart immer eine Kostenart gegenübersteht. So existieren keine externen Faktorkosten, da der externe Faktor vom Versicherungsnehmer unentgeltlich zur Verfügung gestellt wird.[1)] Bei vielen Kostenarten der Versicherungsunternehmen bereitet die tatsächliche Abgrenzung bzw. Bestimmung einer Produktionsfaktormenge Schwierigkeiten, da die Bedeutung materieller Produktionsfaktoren, bei denen ein Güterverzehr gut nachvollziehbar ist, vergleichsweise gering ist.

Ebensowenig wie die Abgrenzung der Produktionsfaktoren überschneidungsfrei ist, sind die durch bloße Bewertung gebildeten Kostenarten überschneidungsfrei. Informationen z.B. sind Bestandteil des externen Faktors, Gegenstand originärer Dienstleistungen (⇛ Dienstleistungskosten), Gegenstand originärer immaterieller Potentialfaktoren (⇛ Abschreibungskosten) oder das Ergebnis innerbetrieblicher („sekundärer“) Produktionen (⇛ Personal- und Abschreibungskosten). Wird eine Kostenart „Informationskosten“ ausgewiesen, so sind sämtliche bewerteten Informationsverbräuche hier auszuweisen, genauso wie Abschreibungskosten für Informationsverbräuche bei den „Abschreibungskosten“ auszuweisen sind. Solange es sich nur um eine Aufzählung bewerteter Faktorverbräuche handelt, ist der Mehrfachausweis nicht problematisch, ja sogar notwendig, um alle Aspekte des Verbrauchs erfassen zu können. Erst bei einer Weiterverrechnung ist darauf zu achten, daß die Kostenarten eindeutig festgelegt werden, um Mehrfachverrechnungen zu vermeiden.

---

1) Auf die Frage, ob externe Faktorkosten über Opportunitätskosten erfaßt werden können, wird im Kapitel 4.3.2.2.3 eingegangen.

In Versicherungsunternehmen können folgende Kostenartenhauptgruppen unterschieden werden:[1)]

- Arbeitskosten („Personal- und Sozialkosten")
- Sachkosten (für Betriebsmittel und Material)
- Kalkulatorische Abschreibungen und kalkulatorische Zinsen (*kalkulatorische Kosten*)
- Dienstleistungskosten
- Schadenkosten
- Gemeinschafts- und Umweltkosten

Es ergibt sich damit folgende Zuordnung:[2)]
- Arbeitsleistungen angestellter Mitarbeiter
  ⇛ Arbeitskosten
- Dienstleistungen Dritter[3)]
  ⇛ Dienstleistungskosten
- Betriebsmittel
  ⇛ Sachkosten, kalkulatorische Kosten
- Geld für Versicherungsfalleistungen
  ⇛ Schadenkosten, kalkulatorische Zinsen
- Rückversicherungsschutz
  ⇛ Dienstleistungskosten
- Kapitalnutzungen als Vorrätigkeit materieller und immaterieller Realgüter und als Vorrätigkeit nominaler Güter
  ⇛ Kalkulatorische Zinsen

---

1) Vgl. Coenenberg, A. G.: Kostenrechnung und Kostenanalyse, 3. Auflage, Landsberg/Lech 1993, S. 49 f.

2) Vgl. auch die Übersicht bei Farny, D.: Produktions- und Kostentheorie, a.a.O., S. 554.

3) Wird eine Dienstleistung an einem materiellen externen Faktor erbracht, kann deren Wirkung auch materieller Art sein. Insofern erübrigt sich eine Unterscheidung von Dienst- und Werkleistungen.

- Informationen
  ⇛ Dienstleistungskosten, Arbeitskosten, kalkulatorische Abschreibungen
- Außenorganisation
  ⇛ Kalkulatorische Kosten
- Innenorganisation
  ⇛ Kalkulatorische Kosten
- Vertragsabschlüsse
  ⇛ Kalkulatorische Kosten
- weitere selbsterstellte materielle und immaterielle Güter
  ⇛ Kalkulatorische Kosten
- Zusatzfaktoren
  ⇛ Gemeinschafts- und Umweltkosten

2.2 Der Begriff der Betriebskosten der Versicherungsunternehmen

Die Kosten aus dem Einsatz angestellter Mitarbeiter im Innen- und Außendienst (in Form von Löhnen, Gehältern, leistungsbezogenen Vergütungen und sozialen Abgaben), der sachlichen Betriebsmittel (in Form von Sachgüterkosten direkt verbrauchter Güter und Abschreibungen), originärer Dienstleistungen[1] (in Form von Dienstleistungskosten[2]), für Kapitalnutzungen dieser Produktionsfaktoren (in Form von kalkulatorischen Zinsen) sowie Steuern, Gebühren, Abgaben und Beiträge des Versicherungsunternehmens werden unter dem Begriff

---

1) Mit Ausnahme der Dienstleistung „Rückversicherungsschutz", da die Rückversicherungskosten den Risikokosten zugerechnet werden.

2) Zu den Dienstleistungskosten gehören Provisionen/Courtagen und sonstige Bezüge, Honorare, Gebühren, Mietzins/Leasingraten, Instandhaltungs- und Reparaturkosten, Abschreibungen.

der Betriebskosten zusammengefaßt.[1] Als die Zusammenfassung originärer Kostenarten, stellen sie die Kosten des gesamten Dienstleistungsgeschäftes dar.[2]

Der Begriff Betriebskosten wurde erstmalig verwendet von ROHRBECK.[3] Neben „Betriebskosten" finden sich in der Literatur noch die Termini „Verwaltungskosten", „Unkosten"[4], „Bearbeitungskosten", „schadenunabhängige Kosten" und „Nicht-Risikokosten", die aber jeweils für sich die mit den Betriebskosten verbundene Problematik nur unzureichend wiedergeben.[5] In funktionaler Sichtweise stimmen die

---

1) Vgl. Farny, D.: Produktions- und Kostentheorie der Versicherung, Karlsruhe 1965, S. 103 ff./156 ff.; Farny, D.: Kosten- und Ergebnisplanung im Versicherungsunternehmen, in: ZVersWiss 1981, S. 367-394, hier S. 390 f.; Farny, D.: Produktions- und Kostentheorie, a.a.O., S. 553-560, hier S. 554 f./557 f.; Farny, D.: Versicherungsbetriebslehre, a.a.O., S. 514 ff.; Farny, D. et al.: Die Behandlung der Betriebskosten in der Kostenrechnung der Kompositversicherer, Karlsruhe 1972, S. 2. Steuern, Gebühren, Abgaben und Beiträge nur insoweit ihnen Kostencharakter zugesprochen werden kann. Anderer Ansicht ist WOLF, der alle aus der Unternehmenstätigkeit der Versicherungsunternehmen resultierenden Steuern als Kosten ansieht, vgl. Wolf, H.: Beitrag zur Frage der Kosten und Prämien in der Kraftverkehrsversicherung, Karlsruhe 1973, hier S. 36.

2) Der Verbrauch derivativer Produktionsfaktoren, als Sammelposten intern aktivierter originärer Produktionsfaktoren, wird über kalkulatorische Abschreibungen erfaßt. Die Schadenregulierungskosten, als Ergebnis stochastisch bedingter Schäden, werden nicht im Risiko-, sondern im Dienstleistungsgeschäft entsprechend der jeweiligen Produktionsfaktorverbräuche erfaßt und nicht als eigene Kostenart ausgewiesen.

3) Vgl. Rohrbeck, W.: Betriebskosten und Betriebsgröße in der Sachversicherung, in: Assekuranz-Jahrbuch 1930, S. 125-134.

4) Vgl. zum Begriff „Unkosten" Kühnel, H.: Kosten versus Unkosten?, in: ZfbF 1981, S. 737-739. Hier, sowie besonders bei Schnutenhaus, O. R.: Über Sprachanalyse und Bedeutungswandel in der Begriffsentwicklung der Betriebswirtschaftslehre, in: Beiträge zur Begriffsbildung und Methode der Betriebswirtschaftslehre, Festschrift für Willy Bouffier zur Vollendung seines 60. Lebensjahres, hrsg. von R. Bratschitsch/K. Vodrazka, a.a.O., S. 166-180, hier S. 176-180, finden sich Ausführungen über den etymologischen Ursprung und die Entwicklung des Kostenbegriffes.

5) Vgl. Lippe, S.: Integration von Betriebskosten in risikotheoretische Modelle, Karlsruhe 1982, S. 5-7.

Betriebskosten der Versicherungsunternehmen mit den Fertigungs,- Verwaltungs- und Vertriebskosten der Sachgüterindustrie überein.[1]

Die einzelnen Betriebskostenarten können auf der Basis verschiedener Merkmale unterschiedlichen Kostenkategorien zugeordnet werden. Nach der Zurechenbarkeit auf Bezugsobjekte werden *Einzel-* und *Gemeinkosten* unterschieden. Einzelkosten sind jeweils nur für ein Bezugsobjekt entstanden und werden dem Bezugsobjekt direkt zugerechnet. Grundlagen der Zurechnung sind das Verursachungs- und das Einwirkungsprinzip.[2] Gemeinkosten hingegen sind für mehrere Bezugsobjekte entstanden und können daher einem einzigen nur indirekt zugerechnet werden.[3] In Abhängigkeit vom Umfang der Verrechnung auf Bezugsobjekte werden *Voll-* und *Teilkosten* unterschieden.[4] Verändern sich Betriebskostenarten innerhalb einer vorgegebenen Zeitperiode in Abhängigkeit von der Variation einer Kosteneinflußgröße, so handelt es sich um *variable*, ansonsten um *fixe Betriebskosten*.[5] Daneben können noch Betriebskosten zentraler und dezentraler Unternehmensbereiche, Betriebskosten der betrieblichen Funktionen, Betriebskosten der einzelnen Versicherungszweige, versicherungsver-

---

1) Vgl. Farny, D.: Produktions- und Kostentheorie der Versicherung, a.a.O., S. 11/157.

2) Vgl. hierzu Kloock, J./Sieben, G./Schildbach, T.: Kosten- und Leistungsrechnung, a.a.O., S. 50-59 sowie Franz, K.-P.: Kostenverursachung und Kostenzurechnung, in: HWB, hrsg. von W. Wittmann et al., 5. Auflage, a.a.O., Sp. 2418-2426.

3) Vgl. Brink, H.-J.: Einzel- und Gemeinkosten, in: HWR, hrsg. von K. Chmielewicz/M. Schweitzer, 3. Auflage, a.a.O., Sp. 499-506, hier Sp. 499-501. Unechte Gemeinkosten sind einem Bezugsobjekt direkt zurechenbar, werden aber nur indirekt zugerechnet.

4) Vgl. Haberstock, L.: Voll- und Teilkosten, in: HWR, hrsg. von K. Chmielewicz/M. Schweitzer, 3. Auflage, a.a.O., Sp. 2116-2120.

5) Vgl. Küpper, H.-U.: Fixe und variable Kosten, in: HWR, hrsg. von K. Chmielewicz/M. Schweitzer, 3. Auflage, a.a.O., Sp. 647-656.

tragsgrößenabhängige und -unabhängige sowie schadengrößenabhängige und -unabhängige Betriebskosten[1] unterschieden werden.[2]

Die Betriebskosten, die „Gradmesser für die Wirtschaftlichkeit der Versicherungsproduktion“[3] sind, werden dem Versicherungsunternehmen von den Versicherungsnehmern über Betriebskosten-Deckungsbeiträge in den Bruttoprämien vergütet. Betriebswirtschaftlich ist es problematisch, diese Deckungsbeiträge als prozentuale Zuschläge auf die Bruttorisikoprämie zu berechnen und nicht als eigenständige Kalkulationsgröße zu betrachten.

2.3 Produktionsstrukturmodelle dienstleistungenerstellender Unternehmen

2.3.1 Einleitung

Die einzelnen Betriebskostenarten sind immer das Produkt einer Mengen- und einer Preiskomponente. Die Ausprägungen der Mengen- und Preiskomponenten geben dabei direkt die Realität der einzelnen Produktionen wieder. Im Dienstleistungsgeschäft der Versicherungsunternehmen „gibt es keinen einheitlichen Produktionsprozeß, sondern ein *System simultan und sukzessiv vollzogener Leistungsprozesse,* deren Ergebnisse insgesamt zu Output in Form von Versicherungs-

---

1) Diese werden, vor allem in der älteren Literatur, jeweils zusammengefaßt auch als Prozentkosten und Stückkosten bzw. abhängige und unabhängige Kosten bezeichnet, vgl. Gürtler, M.: Die Kalkulation der Versicherungsbetriebe, 2. Auflage, Berlin, Frankfurt/Main 1958, S. 147 ff.; Gürtler, M.: Betriebswirtschaftliche Probleme des Versicherungswesens, Wiesbaden 1959, S. 134 ff.

2) Vgl. auch die Darstellung bei Gürtler, M.: Die Betriebskosten der Versicherungsunternehmung, in: Gegenwartsfragen der Unternehmung, Festschrift zum 70. Geburtstag von Fritz Henzel, hrsg. von B. Bellinger, Wiesbaden 1961, S. 75-86, hier S. 75-78.

3) Farny, D.: Produktions- und Kostentheorie der Versicherung, a.a.O., S. 158.

schutz führen."[1] Auch wenn das Ergebnis materiell ist (wie z. B. in der Hausdruckerei), sind die Produktionsprozesse in Versicherungsunternehmen als immaterielle zu klassifizieren. Dabei sind die immateriellen Leistungen, die innerhalb eines Versicherungsunternehmens ausgetauscht werden, nicht als interne Dienstleistungen zu bezeichnen, da eine Dienstleistung immer eine externe Leistung mit unmittelbarer Anbieter-Nachfragerbeziehung ist.[2] Eine Strukturierung der Leistungen, unter Berücksichtigung der gegenseitigen Abhängigkeiten, wurde für das Dienstleistungsgeschäft von FARNY[3] entwickelt.

Nach diesem Modell ist der Verbrauch sämtlicher Produktionsfaktoren „i"[4] im Dienstleistungsgeschäft von den abgesetzten Versicherungsschutzprodukten „j" abhängig: $\sum_{i=1}^{I} PF_i = f_{ij}(P_j) \; \forall j = 1, ..., J$. Mit den Versicherungsschutzprodukten gehen den Versicherungsnehmern externe Leistungen eL_l[5] zu. Externe Leistungen können einerseits unmittelbar erstellt worden sein, andererseits können ihnen produktbezogene interne Leistungen piL_m[6] sowie nichtproduktbezogene interne Leistungen $npiL_n$[7] zugrunde liegen. Die nichtproduktbezogenen internen Leistungen können sowohl in einer funktionalen Abhängigkeit zu

---

1) Farny, D.: Versicherungsbetriebe(n), Produktion in, in: HWProd, hrsg. von W. Kern, a.a.O., Sp. 2138-2145, hier Sp., Sp. 2142.

2) In Anlehnung an Berekoven, L.: Der Dienstleistungsmarkt in der Bundesrepublik Deutschland, Band 1, Göttingen 1983, S. 23.

3) Vgl. Farny, D.: Produktions- und Kostentheorie, a.a.O., S. 557; Farny, D.: Versicherungsbetriebslehre, a.a.O., S. 506-510.

4) Die Indizierung wurde entsprechend der Originalquellen beibehalten.

5) $PF_i = f_{il}(eL_l)$, $eL_l = f_{lj}(P_j) \rightarrow PF_i = f_{il}[f_{lj}(P_j)]$.

6) $PF_i = f_{im}(piL_m)$, $piL_m = f_{ml}(eL_l) \rightarrow PF_i = f_{im} < f_{ml}[f_{lj}(P_j)] >$.

7) $PF_i = f_{in}(npiL_n)$, $npiL_n = f_{nl}(eL_l) \rightarrow PF_i = f_{in} < f_{nl}[f_{lj}(P_j)] >$.

den externen Leistungen eL_l als auch in einer funktionalen Abhängigkeit zu den produktbezogenen internen Leistungen piL_m[1] stehen.

Die Erbringung der externen Leistungen, deren Umfang wiederum abhängig ist von der Menge der abgesetzten Versicherungsschutzprodukte, verursacht damit den Produktionsfaktoreinsatz. Hinsichtlich der externen Leistungen muß unterschieden werden, ob es sich um externe Leistungen ohne Verwendung von Vorleistungen handelt, oder um solche, die den Einsatz produktbezogener interner Leistungen, nichtproduktbezogener interner Leistungen oder beider interner Leistungsarten voraussetzen.

Die Gesamtproduktionsfunktion im Dienstleistungsgeschäft lautet danach:

$$PF_i = f_{il}[f_{lj}(P_j)] + f_{im}<f_{ml}[f_{lj}(P_j)]> + f_{in}<f_{nl}[f_{lj}(P_j)]> +$$

$$f_{in}\{f_{nm}<f_{ml}[f_{lj}(P_j)]>\}$$

mit:

mit:	eL_l	=	externe Leistungen
	piL_m	=	produktbezogene interne Leistungen.
	$npiL_n$	=	nichtproduktbezogene interne Leistungen
	i	=	Index der Produktionsfaktorartenmengen
	j	=	Index der Produktartenmengen
	l	=	Index der externen Leistungsartenmengen
	m	=	Index der produktbezogenen innerbetrieblichen Leistungsartenmengen
	n	=	Index der nichtproduktbezogenen innerbetrieblichen Leistungsartenmengen.

1) $PF_i = f_{in}(npiL_n)$, $npiL_n = f_{nm}(piL_m) \rightarrow PF_i = f_{in}\{f_{nm}<f_{ml}[f_{lj}(P_j)]>\}$.

Die von FARNY aufgestellte Produktionsfunktion systematisiert die im Dienstleistungsgeschäft erbrachten Leistungen sowie deren Beziehungen zueinander. Vor allem wird deutlich, daß sämtliche internen Leistungen ausschließlich zur endgültigen Bewirkung externer Leistungen erbracht werden. Für eine Betriebskostenkontrollrechnung ist das Modell in dieser Form nicht geeignet, da es sich um eine allgemeine güterwirtschaftliche Darstellung der funktionalen Beziehungen zwischen Produktionsfaktoreinsatz und Erbringung von mit Versicherungsschutz verbundenen Leistungen handelt, die noch der individuellen Konkretisierung bedarf. Auch wenn alle in dieser Arbeit betrachteten Tätigkeiten sachziel*bezogene* Leistungserstellungen sind, kann eine funktionale Abhängigkeitsbeziehung zwischen den Produktionen der Beschaffung, der Führung und der Verwaltung und den externen Leistungen eL_l nicht uneingeschränkt unterstellt werden. Das dargestellte Produktionsmodell ist damit nicht für das gesamte Dienstleistungsgeschäft gültig, sondern ausschließlich für Teile der Fertigung („Leistungserstellung") und des Absatzes.[1)]

Werden die in den betrieblichen Funktionen erbrachten Leistungen auf der Basis dieses Modells systematisiert und wird gleichzeitig der externe Faktor als der für Dienstleistungen konstituierende Produktionsfaktor in die Betrachtung mit eingebunden, kann ein Modell der Grundstruktur der Dienstleistungsproduktion dargestellt werden, auf dessen Anpassung an das Dienstleistungsgeschäft der Versicherungsunternehmen die hier vertretene Betriebskostenkontrollrechnung basiert.

---

1) Die Produktionen in der Beschaffung, der Führung und der Verwaltung sind lediglich mittelbar (mit abnehmender Beziehung entsprechend der gewählten Auflistung) abhängig vom Absatz.

2.3.2 Das allgemeine Produktionsmodell der Dienstleistungen erstellenden Unternehmen

Im Mittelpunkt des allgemeinen Produktionsmodells steht ein vom Dienstleistungsnehmer einzubringender Produktionsfaktor, der als externer Faktor bezeichnet wird.[1] Als Produktionsfaktor entzieht er sich der „autonomen Disponierbarkeit" durch den Dienstleistungsgeber, d.h. er ist nicht durch den Dienstleistungsgeber eigenverantwortlich beschaffbar und er unterliegt weiterhin der Verfügungsmacht des Dienstleistungsnehmers.[2] Der externe Faktor wird als eine „für die Dienstleistungsproduktion ... unabdingbare Voraussetzung" angesehen.[3] Bei kollektiven Dienstleistungen, die für anonyme Märkte erstellt wurden, kann ein externer Faktor i.d.R. nicht identifiziert werden, so daß nicht von Dienstleistungen gesprochen werden darf, was in der Literatur aber üblicherweise gemacht wird. Beispiele sind nicht besuchte Theater- oder Filmaufführungen oder auf materiellen Trägermedien gespeicherte Dienstleistungen, wie Bücher oder CDs.[4] Um in

---

1) Seine produktionstheoretische Bedeutung ist der der „beigestellten Faktoren" in der Sachgüterproduktion ähnlich, vgl. Kern, W.: Industrielle ..., a.a.O., S. 15/17. Aus diesem Grund können Sachgüter und Dienstleistungen nicht über den externen Faktor unterschieden werden.

2) Vgl. Corsten, H.: Die Produktion von Dienstleistungen, Berlin 1985, S. 134; Maleri, R.: Grundlagen der Dienstleistungsproduktion, 4. Auflage, Berlin, Heidelberg, New York 1997, S. 146 ff. In der Arbeit von CORSTEN findet sich eine breit angelegte Diskussion des externen Faktors.

3) Corsten, H.: Dienstleistungsmanagement, 3. Auflage, München, Wien 1997, S. 128.

4) Die Vervielfältigung einer standardisierten, auf einem materiellen Trägermedium gespeicherten Dienstleistung, wird als Veredelung bezeichnet, vgl. Meyer, A.: Dienstleistungs-Marketing, 4. Auflage, Augsburg 1990, S. 120 ff. Dabei wird das materielle Speichermedium von MEYER als ein externer Faktor angesehen, an dem sich die Dienstleistung konkretisiert. In Reproduktionsprozessen wird die Dienstleistung an neuen, den „eigentlichen" (Meyer, A.: Dienstleistungs-Marketing, a.a.O., S. 123.) externen Faktoren erbracht. CORSTEN argumentiert ähnlich: „Es ist folglich zwischen einer originären (z.B. Aufführung eines Konzertes) und einer derivativen Dienstleistung (Abspielen einer Schallplatte) zu unterscheiden. Die Dienstleistung kann dann in beliebigen Reproduktionsprozessen an einen oder mehrere externe(n) Faktor(en) abgegeben werden", Corsten, H.: Analyse der Dienstleistungsbesonderheiten und ihre ökonomischen Aus-

(Fortsetzung...)

diesen Fällen eine Dienstleistungsproduktion erklären zu können, ist auf den externen Faktor „Kundenpräsenz" („Abnehmerpräsenz") zurückzugreifen.[1] Die Kundenpräsenz ist zunächst identisch mit dem aus der Immaterialität der Dienstleistung geforderten unmittelbaren Kontakt zwischen Anbieter und Nachfrager („unmittelbare Kundenpräsenz"). Gerade bei Dienstleistungen, bei denen das Ergebnis, und nicht der Leistungsprozeß, nachgefragt wird,[2] erfolgt oftmals eine Speicherung auf einem materiellen Trägermedium, so daß die Simultanität von Produktion und Verwertung keine „Conditio sine qua non" der Dienstleistungsproduktion ist.[3] Wird die Mittelbarkeit der Verwertung auf die Kundenpräsenz übertragen, dann muß bei der Dienstleistungsproduktion kein direkter Kontakt zwischen Dienstleistungsgeber und Dienstleistungsnehmer bestehen. Obwohl der Dienstleistungsnehmer existiert, ist er im Zeitpunkt der Dienstleistungsproduktion an der

---

4) (...Fortsetzung)
wirkungen, Braunschweig 1985, S. 4. Das materielle Speichermedium kann jedoch nicht externer Faktor sein, da der potentielle Dienstleistungsnehmer nicht damit in Verbindung gebracht werden kann. Wurde die Dienstleistung erbracht und auf einem Trägermedium gespeichert, kann der Kunde jetzt nur noch externer Faktor im Hinblick auf die Dienstleistungen des Handels sein. Vgl. zur Veredelung auch Corsten, H.: Dienstleistungsmanagement, a.a.O., S. 142 f.

1) Vgl. Herder-Dorneich, Ph./Kötz, W.: Zur Dienstleistungsökonomik, Berlin 1972, S. 12.

2) CORSTEN unterscheidet *zeitpunktbezogene* Dienstleistungen, bei denen der Dienstleistungsnehmer das Fertigungsergebnis nachfragt und *zeitraumbezogene* Dienstleistungen, bei denen der eigentliche Fertigungsprozeß als Dienstleistung nachgefragt wird, vgl. Corsten, H.: Die Produktion ..., a.a.O., S. 89/186. Versicherungsschutz nimmt eine Mittelstellung ein. Die Schutzwirkung ist zeitraumbezogen. Auch wenn Versicherungsnehmer am Fertigungsprozeß beteiligt sind, ist ihr Interesse nur auf das Ergebnis und nicht den Prozeß an sich, wohl aber die Prozeßdauer zur Ergebniserreichung, bezogen.

3) Vgl. Corsten, H.: Die Produktion ..., a.a.O., S. 112. Es muß aber sichergestellt sein, daß ein externer Faktor an der Dienstleistungsproduktion beteiligt ist.

Nachfrage und Verwertung, beabsichtigt oder unbeabsichtigt, gehindert.[1]

Nach CORSTEN gibt es Dienstleistungsunternehmungen, „die in der Lage sind, ihre Leistungsprozesse zeitlich zu fixieren, weil sie, aus rein technischer Sicht, nicht die Präsenz Dritter erfordern. Dies geht mit der Gefahr einher, daß die Leistung ungenutzt bleibt, weil sich zur Leistungszeit kein Abnehmer einstellt, d.h., die technisch erbrachte Dienstleistung wird nicht in eine Marktleistung umgewandelt und ist demnach ökonomisch nutzlos."[2] Wegen des fehlenden externen Faktors kann die technisch erbrachte Dienstleistung keine Dienstleistung sein, und genau an dieser Stelle ist zur Erklärung der Dienstleistungsentstehung das Konzept der mittelbaren Kundenpräsenz heranzuziehen.[3] Allerdings kann auch der externe Faktor „mittelbare Kundenpräsenz" nicht sicherstellen, daß eine Dienstleistung tatsächlich verwertet wird, so daß zumindest Teile der Leistungsbereitschaftskosten

---

1) Bei der Produktion einer Tonträgeraufnahme im Studio oder beim Schreiben eines Buches ist es auch nicht erwünscht, daß die Abnehmer an der Erstellung der Dienstleistung teilnehmen. Sie *sollen* und *können* erst das fertige Produkt nachfragen.

2) Corsten, H.: Dienstleistungsmanagement, a.a.O., S. 138. Die Dienstleistung ist damit zwar technisch erbracht, sie ist aber wegen des fehlenden externen Faktors, keine wirtschaftlich verwertbare Leistung, vgl. Corsten, H.: Dienstleistungsproduktion, in: HWB, hrsg. von W. Wittmann, et al., 5. Auflage, a.a.O., Sp. 765-776, hier Sp. 768 f.

3) Um das Dilemma nicht existenter Dienstleistungen zu umgehen, grenzt MALERI Informationsgüter von den Dienstleistungen ab, vgl. Maleri, R.: Grundlagen ..., a.a.O., S. 64. Die Dienstleistung der Informationsgüter produzierenden Unternehmen liegt dann in der Überlassung von Nutzungsmöglichkeiten an den Gütern. Damit der Kunde nicht nur externer Faktor des Handels, sondern auch der Dienstleistung „Überlassung von Nutzungsmöglichkeiten" sein kann, muß jedoch entweder eine direkte Anbieter-Nachfrager-Beziehung vorliegen oder der Handel muß den generellen Erwerb des Informationsgutes verhindern können.

zu Nutzkosten werden.[1)2)] Der Nutzen der Verwendung des externen Faktors „mittelbare Kundenpräsenz" ist darin zu sehen, sowohl die Produktion als auch die Emanzipation von Produktion und Verwertung bestimmter kollektiver Dienstleistungen zu erklären.[3)] Voraussetzung ist aber immer, daß Dienstleistungsnehmer tatsächlich existieren.[4)]

Ziel eines jeden Produzenten ist die gleichmäßige Auslastung vorhandener Potentialfaktorbestände auf der Basis eines geplanten Auslastungsgrades. Voraussetzung hierfür ist, daß die Marktleistung sinnvoll ohne Beteiligung des Endabnehmers erbracht werden kann. Bei Dienstleistungen ist dies nicht möglich. Durch den externen Faktor wird der gesamte Produktionsprozeß zweigeteilt, in eine Vor- und in

---

1) Vgl. Corsten, H.: Dienstleistungsmanagement, a.a.O., S. 138.

2) Die Diskussion um die Erscheinungsformen und Bedeutung des externen Faktors ließe sich weitgehend dadurch vermeiden, daß nicht mehr zwischen Sachgütern und Dienstleistungen unterschieden würde, sondern bspw. zwischen materiellen/immateriellen Leistungsergebnissen und Leistungserstellungsprozessen mit/ohne Integration des externen Faktors. Auf der Basis einer Kombination dieser beiden Betrachtungsebenen lassen sich dann Leistungsbündel definieren und positionieren, die die bisherige Klassifikation der Wirtschaftsgüter in Sachgüter und Dienstleistungen ablösen soll, vgl. hierzu Engelhardt, W. H./Kleinaltenkamp, M./Reckenfelderbäumer, M.: Leistungsbündel als Absatzobjekte, in: Integratives Dienstleistungsmanagement, hrsg. von H. Corsten, a.a.O., S. 31-69, hier S. 40 ff./51 ff. Eine derartige Sichtweise findet sich auch bei Kern, W.: Produkte, Problemlösungen als, in: HWProd, hrsg. von W. Kern, a.a.O., Sp. 1433-1441, hier besonders Sp. 1434.

3) Als externer Faktor entzieht sich die mittelbare Kundenpräsenz der autonomen Disponierbarkeit durch den Dienstleistungsgeber, d.h. deren Einsatz kann nicht unmittelbar eigenständig herbeigeführt werden. Diejenigen, die eine Dienstleistung unter Einsatz der mittelbaren Kundenpräsenz erbringen, haben bereits bei der Planung, Vorbereitung und Ausführung, Ideen, Anregungen und Vorstellungen anderer berücksichtigt. Gerade „künstlerische Dienstleistungen" sind dadurch geprägt, daß eigene und fremde Erfahrungen als Inspirationen verarbeitet werden. Insofern kann in diesen Fällen von einem externen Faktor gesprochen werden, der in die Faktorkombination und -transformation eingeflossen ist.

4) Es muß im weiteren gesichert sein, daß eine derartige Dienstleistung sinnvoll ohne einen direkten externen Faktor erbracht werden kann. Die Dienstleistung z.B. eines Frisörs kann nicht allein über die Kundenpräsenz erklärt werden.

eine Endkombination.[1)2)] Die Vorkombination ist der Produktionsbereich, der vollkommen unabhängig vom Einfluß und Einsatz externer Faktoren ist. Die Schaffung einer Vorkombination ist gleichbedeutend mit der Herstellung der Betriebsbereitschaft und der Aufrechterhaltung von Leistungspotentialen. Während die Kapazität ein generelles Leistungspotential darstellt, ist die Leistungsbereitschaft ein sofort verfügbares Leistungspotential.[3)] Über Kapazität und Leistungsbereitschaft entscheidet der Dienstleistungsgeber autonom. Von den betrieblichen Funktionen gehören Absatz, Beschaffung, Führung und Verwaltung ausschließlich zur Vorkombination, während die Fertigung zur Vor- und zur Endkombination gehört. Für die Fertigung in der Endkombination müssen demnach ebenso Kapazität und Leistungsbereitschaft unterschieden werden. Indem Produktionsergebnisse der Vorkombination mit dem externen Faktor und, fakultativ, weiteren internen Produktionsfaktoren in der Endkombination zusammengeführt werden, entsteht die Dienstleistung.

---

1) Die Bildung einer Vor- und einer Endkombination ist keine Besonderheit der Dienstleistungsproduktion, vgl. z.B. Seng, P.: Informationen und Versicherungen, Wiesbaden 1989, S. 32. Produzenten von Dienstleistungen können, im Gegensatz zu Produzenten von Sachgütern, die Endkombination ohne den externen Faktor nicht autonom herbeiführen.

2) Ein anderes Produktionsmodell wurde von Altenburger entwickelt, vgl. Altenburger, O. A.: Ansätze zu einer Produktions- und Kostentheorie der Dienstleistungen, Berlin 1980, S. 105 ff./120 ff. Bei diesem Modell entsteht die Dienstleistung als Endergebnis eines siebenstufigen Produktionsprozesses. In den Stufen eins bis sechs werden derivative Potentialfaktoren erstellt, die zusammen mit originären Potential- und Repetierfaktoren verwendet werden, um weitere derivative Potentialfaktoren in der jeweils nächsten Stufe zu erstellen. Die Dienstleistungsproduktion erfolgt in der siebten Stufe. Externe Faktoren können überall in den Stufen eingesetzt werden, wo Produktionsergebnisse abgesetzt werden.

3) Vgl. Corsten, H.: Die Produktion ..., a.a.O., S. 136.

Abbildung 6: Das allgemeine Dienstleistungsproduktionsmodell[1)]

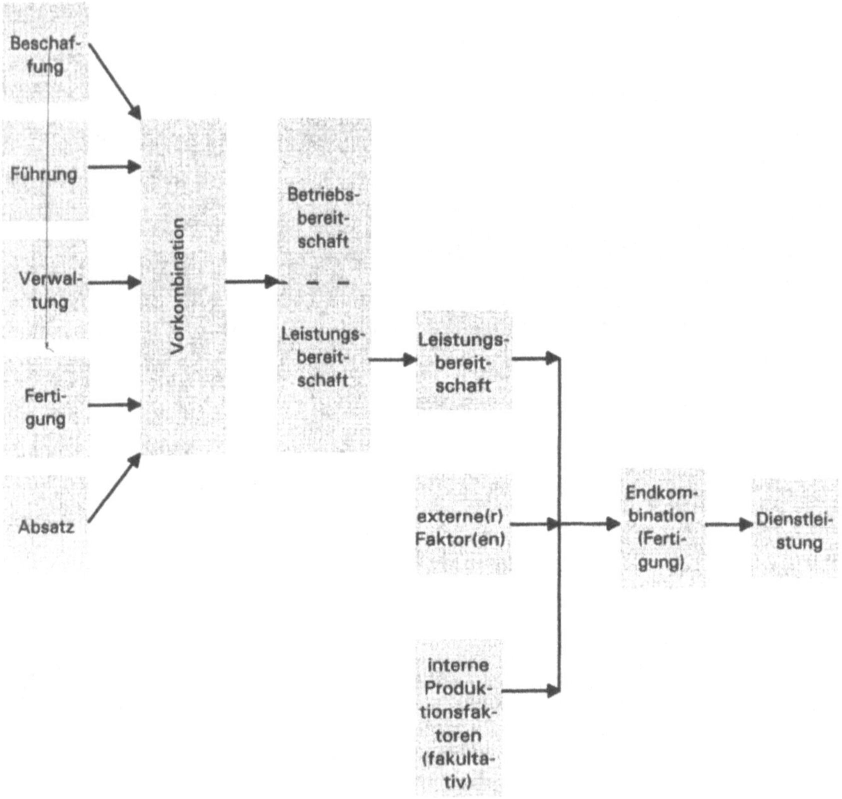

1) In Anlehnung an Corsten, H.: Dienstleistungsmanagement, a.a.O., S. 139.

2.3.3 Das Dienstleistungsgeschäft der Versicherungsunternehmen

2.3.3.1 Externe Faktoren des Dienstleistungsgeschäftes

Das Versicherungsgeschäft wird in das Risiko-[1] und das Dienstleistungsgeschäft eingeteilt.[2] Das Risikogeschäft ist der konstituierende Teil des Versicherungsgeschäftes mit nur dort verwendeten Produktionsfaktoren und Produktionsverfahren (Versicherungstechnik). Prägendes Produktionsverfahren ist der Risikoausgleich im Kollektiv.[3] Aufgabe der im Dienstleistungsgeschäft stattfindenden Arbeitsprozesse ist es, das Produkt Versicherungsschutz dem Versicherungsnehmer gegenüber durch innerbetriebliche Leistungen und kundenbezogene Beratungs- und Abwicklungsleistungen erfahrbar zu machen.[4] Ebenso wie das Risikogeschäft wird auch das Dienstleistungsgeschäft geprägt durch eigene Produktionsfaktoren und Produktionsverfahren (Betriebstechnik). Das Dienstleistungsgeschäft ist damit die Schnittstelle zwischen Versicherungsnehmern und Risikogeschäft.

---

1) Vgl. hierzu Karten, W.: Grundlagen eines risikogerechten Schwankungsfonds für Versicherungsunternehmen, Berlin 1966, S. 105.

2) Vgl. hierzu Farny, D.: Versicherungsbetriebe(n), Produktion in, in: HWProd, hrsg. von W. Kern, a.a.O., Sp. 2138-2145, hier Sp. 2139 f. und Pusch, H.-D.: Versicherungsschutzproduktion ..., a.a.O., S. 25 f., der jedoch zwischen „Kernleistungen" und „Schalen(Dienst-)leistungen" unterscheidet. Zusätzlich ist noch das Spar- und Entspargeschäft dem Versicherungsgeschäft zuzurechnen.

3) Die Aufgabe des Versicherungsunternehmens besteht im Risikogeschäft darin, den Risikoausgleich im Kollektiv planvoll zu organisieren und durch den Einsatz geeigneter risikopolitischer Maßnahmen zu ermöglichen, vgl. Farny, D.: Versicherung, in: HWB, hrsg. von E. Grochla/W. Wittmann, 4. Auflage, a.a.O., Sp. 4214-4226, hier Sp. 4217. ALBRECHT spricht in diesem Zusammenhang von Versicherungseffekten 1. und 2. Ordnung. Als Versicherungseffekte 1. Ordnung bezeichnet er die Übernahme einer Schadenverteilung und deren Eingliederung in ein Risikoausgleichskollektiv. Als Versicherungseffekt 2. Ordnung bezeichnet er die Bearbeitung („Risikotransformation") der Schadenverteilungen durch Anwendung risikopolitischer Maßnahmen. Hierdurch ergibt sich eine Verminderung des wahrscheinlichkeitsverteilten Gesamtschadens derart, daß sich entsprechende positive ökonomische Konsequenzen sowohl für den Versicherungsnehmer als auch für das Versicherungsunternehmen ergeben, vgl. hierzu Albrecht, P.: Zur Risikotransformationstheorie der Versicherung: Grundlagen und ökonomische Konsequenzen, Karlsruhe 1992, 6 ff./21.

4) Vgl. Farny, D.: Versicherungsbetriebslehre, a.a.O., S. 43.

Alle Produktionsfaktoreinsätze im Dienstleistungsgeschäft lassen sich aus dem Risikogeschäft herleiten, so daß auch die externen Faktoren ihre Begründung im Risikogeschäft haben müssen. Die Versicherungsnehmer geben Schadenverteilungen ab, die die Versicherungsunternehmen übernehmen, um sie in Risikoausgleichskollektiven zusammenzuführen. Damit die übertragene Schadenverteilung externer Faktor der Produktion von Versicherungsschutz sein kann, muß sie die Eigenschaften eines Produktionsfaktors erfüllen. Produktionsfaktoren sind „Güter"[1], die eingesetzt werden, um neue Güter zu „produzieren".[2] Der Einsatz des Produktionsfaktors muß also in einer ursächlichen Beziehung zur Entstehung des neuen Gutes erfolgen.[3] Der Nachweis der Gutseigenschaft kann auf verschiedenen Wegen erbracht werden. So kann die Gutseigenschaft generell am Begriff des Wertes festgemacht werden.[4] Damit ein Gut einen Wert besitzt, muß es Nutzen stiften.[5] Da es um die Klärung der Frage geht, ob die Schadenverteilung Produktionsfaktoreigenschaft besitzt, muß die Nutzenstiftung auf Seiten desjenigen liegen, der das vermeintliche Gut in einem Produktionsprozeß einsetzt.[6] Die Schadenverteilung stiftet dem Versiche-

---

1) Vgl. zum Gutsbegriff allgemein die Übersicht bei Meier, B.: Güter, in: Lexikon der Betriebswirtschaftslehre, hrsg. von H. Corsten, a.a.O., S. 298-303.

2) Vgl. Bohr, K.: Produktionsfaktorsysteme, in: HWProd, hrsg. von W. Kern, a.a.O., Sp. 1481-1493, hier Sp. 1481. Da wir Produktion bereits definiert hatten als jede planvolle Kombination und Transformation von Gütern, können wir uns auf den Nachweis der Gutseigenschaft konzentrieren.

3) Sog. „causa efficiens", vgl. Corsten, H.: Dienstleistungsmanagement, a.a.O., S. 121. Die „causa efficiens" ist bei der Schadenverteilung unzweifelhaft gegeben, da ohne diese kein Risikoausgleich im Kollektiv möglich ist und damit auch kein Produkt Versicherungsschutz entstehen kann.

4) „Wie ... ausgeführt wurde, liegt das Wesen eines jeden Gutes darin, Träger von Wert zu sein.", Kosiol, E.: Kritische Analyse ..., a.a.O., S. 14.

5) „Nutzen ist ... der Vorteil, den man aus etwas zieht.", Stüdemann, K.: Allgemeine Betriebswirtschaftslehre, a.a.O., S. 188 f.

6) Produktionsfaktoren sind Sachgüter und Dienstleistungen, „,die in den Produktions- bzw. Kombinationsprozeß einer Unternehmung eingehen und dort zur Hervorbringung anderer Sachgüter oder Leistungen dienen' (KILGER). Dies (Fortsetzung...)

rungsunternehmen Nutzen, indem sie zum einen die Produktion von Versicherungsschutz erst ermöglicht[1] und zum anderen als zusätzliche weitere Schadenverteilung dazu beiträgt, den (kurzfristigen) Risikoausgleich im Kollektiv zu stabilisieren.[2][3]

Ein anderer, spezieller, Weg zur Feststellung der Gutseigenschaft eines Gegenstandes im Hinblick auf den Einsatz als Produktionsfaktor

---

6) (...Fortsetzung)
bedingt, daß die eingehenden Faktoren für den betreffenden Produzenten (Betrieb, Unternehmung) einen **Wert** besitzen, und zwar gleichgültig, ob dieser nun **Kosten** verursacht oder nicht. Der Wert eines Gutes oder einer Leistung für den Produktionsprozeß wird dann evident, wenn die Produktion ohne einen solchen Faktor nicht möglich wäre.", Kern, W./Fallaschinski, K.: Betriebswirtschaftliche Produktionsfaktoren (I), (II), in: WISU 1978, S. 580-584, WISU 1979, S. 15-18, hier S. 582.

1) Und damit die Grundlage für die Erreichung sämtlicher mit der Produktion und dem Absatz von Versicherungsschutz verbundenen Ziele ist. „Die Vorstellung des Wertes eines knappen Gutes kommt dadurch zustande, daß ein Wirtschaftssubjekt, das einen bestimmten primären Wert zu verwirklichen sucht, sein Interesse daran auf solche Dinge der Außenwelt überträgt, deren Besitz Voraussetzung für die Verwirklichung des angestrebten Wertes ist. Jener Wert, welcher den Gütern auf Grund eines derartigen Interesses urteilend zuerkannt wird, ist ihr wirtschaftlicher Wert. Dieser stellt im Sinne der allgemeinen Wertlehre einen sekundären Wert dar, denn er erscheint stets von einem - rein formal verstanden - primären Wert (z.B. Bedürfnisbefriedigung) abgeleitet. Das Interesse an einem Gut bildet die Voraussetzung für die Zuerkennung von wirtschaftlichem Wert, ist jedoch nicht notwendigerweise seine Ursache.", Weber, W./Albert, H./Kade, G.: Wert, in: HdSW, hrsg. von E. v. Beckerath et al., 11. Band, Stuttgart, Tübingen, Göttingen 1961, S. 637-658, hier S. 643.

2) Der Umstand, daß der Risikoausgleich im Kollektiv um so besser gelingt, je größer das Kollektiv unabhängiger Risiken (n) ist, ist auf die nur entsprechend $\sqrt{n}$ zunehmende Streuung des kollektiven Gesamtschadens zurückzuführen, vgl. z.B. Schmidt, G.: Der optimale Versicherungsbestand, Berlin 1968, S. 35. Zusätzlich ergibt sich, basierend auf den Gesetzen der großen Zahlen, die genauere Interpretationsmöglichkeit der Ergebnisse des Risikoausgleiches, da die Zufallsgesetzmäßigkeiten in größer werdenden statistischen Untersuchungseinheiten deutlicher zutage treten. Vgl. zur Bedeutung der Gesetze der großen Zahlen auch die kritischen Anmerkungen bei Albrecht, P.: Gesetze der großen Zahlen und Ausgleich im Kollektiv - Bemerkungen zu Grundlagen der Versicherungsproduktion, in: ZVersWiss 1982, S. 501-538.

3) Auch die mittelbare Kundenpräsenz ist ein Produktionsfaktor, da sie Nutzen stiftet und als „causa efficiens" eingesetzt wird, ein neues Gut hervorzubringen.

kann durch die Definition von zu erfüllenden Bedingungen erfolgen.[1] Diese Bedingungen sind „die Zweckeignung“, „das Vorhandensein“, „die Verfügbarkeit“[2] und „die Übertragbarkeit“ (Marktfähigkeit). Damit ein Gut ein wirtschaftliches Gut ist, sind noch „die (relative) Knappheit“ (Preiswirksamkeit) und „die ökonomische Eignung“ (Nachfragewirksamkeit)[3] als zusätzliche Kriterien zu erfüllen. Die vier zuerst genannten Bedingungen lassen sich für die Schadenverteilung bereits aus der Definition von Versicherung als „Transfer einer Wahrscheinlichkeitsverteilung von Schäden vom VNehmer auf den Versicherer gegen Zahlung einer (tendenziell) festen Prämie“[4] grundlegend herleiten.

Zur Nutzenstiftung und Zweckeignung der Schadenverteilung ist anzumerken, daß kein Versicherungsunternehmen (oder kein Dienstleistungsgeber) einen externen Faktor nachfragt, ohne gleichzeitig mit dieser Nachfrage die von ihm produzierte Dienstleistung (entgeltlich!) abzusetzen. Nur aus dem Dienstleistungsabsatz ergibt sich der Wert des externen Faktors. Die (relative) Knappheit der Schadenverteilung zeigt sich darin, daß jeweils nur Teilmengen auf Versicherungsunter-

---

1) Vgl. zu den folgenden Ausführungen Kosiol, E.: Einführung in die Betriebswirtschaftslehre, Wiesbaden 1968, S. 126-135.

2) Das Vorhandensein und die Verfügbarkeit sind Voraussetzungen für die Bearbeitung (Risikotransformation) der Schadenverteilung durch das Versicherungsunternehmen.

3) Die ökonomische Eignung ist nicht mehr gegeben, wenn der von den Versicherungsunternehmen geforderte Preis für ein Versicherungsschutzprodukt über dem Preis liegt, den die Versicherungsnehmer maximal zu zahlen bereit sind bzw. die Versicherungsnehmer nicht bereit sind, die von den Versicherungsunternehmen geforderte Preisuntergrenze zu zahlen. Vgl. zu dieser Nutzen-/Mißnutzenproblematik Farny, D.: Versicherungsbetriebslehre, a.a.O., S. 25 ff.

4) Farny, D.: Privatversicherung, in: HdWW, hrsg. von W. Albers, et al., 6. Band, Stuttgart 1981, S. 232-256, hier S. 237.

nehmen übertragen werden.[1] Auch sind die Versicherungsunternehmen bereit, für einzelne Schadenverteilungen und Versicherungsvertragsbestände, andere Güter, meist in Form von Geld, herzugeben. Da die Schadenverteilung dem Versicherungsunternehmen Nutzen stiften kann[2] und immer zumindest fünf der genannten Produktionsfaktoreigenschaften erfüllt sind, ist die Schadenverteilung externer Faktor des Risikogeschäftes.

Die externen Faktoren des Dienstleistungsgeschäftes werden aus der Schadenverteilung hergeleitet. Dies führt dazu, daß neben der Schadenverteilung als „ursprünglichem" externen Faktor eine weitere Kategorie externer Faktoren zu unterscheiden ist, die „abgeleiteten"

---

1) Auf den Umstand, daß Schadenverteilungen knappe Güter sind, weist auch PUSCH, der jedoch von „versicherungstechnischen Einheiten" als der Zusammenfassung der „Zufallsvariablen der potentiellen Entschädigungsleistung" mit der Nettorisikoprämie spricht, schon mit Deutlichkeit hin, vgl. Pusch, H.-D.: Versicherungsschutzproduktion ..., a.a.O., S. 27/129 ff.

2) Der Begriff des Nutzens wurde in der Betriebswirtschaftslehre bisher immer mit einem positiven Inhalt verwendet. Schadenverteilungen stiften den Abgebenden keinen Nutzen, so daß deren Gutseigenschaft verneint wird, vgl. Maleri, R.: Grundlagen ..., a.a.O., S. 159/167 f., unter Verweis auf FARNY. In der volkswirtschaftlichen Literatur werden die Begriffe „negativer und positiver Nutzen", z.B. im Zusammenhang mit dem 1. Gossenschen Gesetz, gleichberechtigt verwendet. STOBBE führt in diesem Zusammenhang aus: „Obwohl ein Wort für „negativer N." benötigt wird, hat sich im Deutschen noch keines durchgesetzt.", Stobbe, A.: Volkswirtschaftslehre II, Mikroökonomik, Berlin et al. 1983, S. 566. Er schlägt deswegen das Wort „Schaden" vor. Andere Beispiele, bei denen ein *Gegenstand* negativen Nutzens für den Abgebenden, als externer Faktor ein Gut positiven Nutzens für den Übernehmenden wird, finden sich bei Maleri, R.: Grundlagen ..., a.a.O., S. 142 f. Die Begriffe „Schaden", „Schadenverteilung" und „Mißnutzen" sind ebenfalls Bestandteile der Diskussion um das Vorhandensein und die Wirkung von „Ungütern", vgl. exemplarisch die Ausführungen bei Steinmüller, H.: Die Messung von Ungüterwirkungen, in: Güter und Ungüter, Eine Freundesgabe für Gerhard Merk zum 60. Geburtstag, hrsg. von H. G. Fuchs/A. Klose/R. Kramer, Berlin 1991, S. 113-128.

externen Faktoren.[1] Das Dienstleistungsgeschäft hat in bezug auf den im Risikogeschäft eingesetzten externen Faktor Schadenverteilung die Aufgabe, ihn für Produktionsprozesse zu operationalisieren. Zu diesem Zweck ist es notwendig, eine Vielzahl an Informationen über die Schadenverteilung zu sammeln und zu bewerten. Die Quellen dieser Informationsbeschaffung sind sehr vielfältig. Zum einen sind es Informationen des Versicherungsnehmers der verpflichtet ist, dem Versicherungsunternehmen sämtliche zur Bestimmung der Schadenverteilung notwendigen Informationen zur Verfügung zu stellen. Geschieht dies wissentlich nicht, kann Leistungsfreiheit des Versicherungsunternehmens die Folge sein.[2] Darüber hinaus sind es Informationen, die im Unternehmen gewonnen oder von außerhalb des Unternehmens bezogen wurden, z.B. im Rahmen einer Verbandsmitgliedschaft, durch Gutachter oder andere Informationsanbieter.

Informationen in bezug auf das zu versichernde Risiko können vom Versicherungsnehmer als externe Produktionsfaktoren bereitgestellt werden, sie können aber ebenso auf ausdrücklichen Wunsch oder mit Genehmigung des Versicherungsnehmers vom Versicherungsunternehmen als interne Faktoren erhoben werden.[3] Im zuletzt genannten Fall handelt es sich um Dienstleistungen, die das Versicherungsunternehmen dem Versicherungsnehmer gegenüber erbringt. Der Preis für diese

---

1) Die Schadenverteilung wäre als originärer und die aus ihr abgeleiteten Produktionsfaktoren als derivative externe Faktoren zu bezeichnen. Das Begriffspaar originär/derivativ ist aber bereits mit anderen Inhalten belegt. Nach HEINEN sind Produktionsfaktoren die das Ergebnis eines Produktionsprozesses im Unternehmen sind, derivative Produktionsfaktoren. Originäre Produktionsfaktoren werden demgegenüber direkt von den betreffenden Märkten bezogen. Vgl. Heinen, E.: Betriebswirtschaftliche Kostenlehre, a.a.O., S. 286. Da externe Faktoren nur vom Dienstleistungsnehmer bereitgestellt werden können, sind externe Faktoren immer originäre Produktionsfaktoren.

2) §§ 16, 17 VVG. Vgl. hierzu auch unsere Ausführungen weiter unten zu den Humanaktivitäten.

3) Mit der Genehmigung gibt der Versicherungsnehmer die unmittelbare Verfügungsgewalt über die Information auf.

Dienstleistung ist entweder bereits als Prämienelement im Preis für den Versicherungsschutz enthalten oder muß vom Versicherungsnehmer gesondert gezahlt werden. Die Frage „intern" oder „extern" ist damit auf die tatsächliche Informationsbereitstellung bezogen.

Die Möglichkeit, eine bestimmte Information sowohl als externen als auch als internen Produktionsfaktor in die Produktion einzubringen, weist darauf hin, daß Dienstleistungen mit unterschiedlichen Aktivitätsgraden von Dienstleistungsnehmern und Dienstleistungsgebern produziert werden können.[1)] Die unterschiedlichen Aktivitätsgrade beziehen sich jedoch immer nur auf abgeleitete externe Faktoren, niemals auf den „eigentlichen" externen Faktor, der in keinem Fall durch Aktivitäten des Dienstleistungsgebers substituiert werden kann. Zur Produktion von Versicherungsschutz ist immer eine auf den Vertragsabschluß bezogene Mindestaktivität des Versicherungsnehmers notwendig, die ebenfalls nicht vom Versicherungsunternehmen übernommen werden kann.

Die produktionstheoretische Frage, ob Informationen interne oder externe Produktionsfaktoren sind, betrifft aber nur die Beschaffung der Informationen. Nachdem die Informationen zur Verfügung gestellt wurden, kann das Versicherungsunternehmen frei (d.h. im Rahmen der rechtlichen Bestimmungen) darüber verfügen. Informationen, die aus vergangenen Risikoausgleichsprozessen gewonnen wurden, sind interne Faktoren, die auch für zukünftige Entscheidungsprozesse zur Verfü-

---

1) Vgl. hierzu Corsten, H.: Die Produktion ..., a.a.O., S. 129 ff.; Corsten, H.: Dienstleistungsmanagement, a.a.O., S. 128; Maleri, R.: Grundlagen ..., a.a.O., S. 151 f.

gung stehen.[1] Das Ergebnis des Risikoausgleichsprozesses ist immer ebenso eine Information über das jeweilige Gelingen.[2]

Informationen bestimmen die Arbeitsprozesse im Dienstleistungsgeschäft aber nicht nur bei der Übernahme einer Schadenverteilung (Vertragsabschluß), sie begleiten einen Versicherungsvertrag während seiner gesamten Laufzeit. Die Informationsbereitstellungspflicht des Versicherungsnehmers bezieht sich auf die gesamte Vertragslaufzeit, und nicht nur den Vertragsschluß. So sind Änderungen der Schadenverteilung oder der die Schadenverteilung beeinflussenden Faktoren fortwährend anzuzeigen und auch für das Risikogeschäft umzusetzen. Im (vermeintlichen) Schadenfall ist anhand von Informationen im Dienstleistungsgeschäft zu entscheiden, ob ein zu regulierender Versicherungsfall vorliegt, der eine vertraglich vereinbarte Versicherungsfalleistung des Risikogeschäftes auslöst. Bei Beendigung des Vertrags-

---

1) Werden Informationen von konzernzugehörigen Unternehmen bereitgestellt werden, sollen sie im übernehmenden Unternehmen den gleichen Status haben wie im abgebenden.

2) In der Literatur wird teilweise die Ansicht vertreten, daß immer die Bereitstellung individueller Informationen durch den Versicherungsnehmer konstituierend für Versicherungsschutz sei. Diese Ansicht resultiert jedoch aus einem unzureichenden Verständnis des externen Faktors. Es gibt eine Vielzahl an Versicherungsschutzprodukten, die ohne individuelle Informationen des Versicherungsnehmers produziert werden *können*, wie Reiseversicherungen, Privathaftpflichtversicherungen oder früher übliche Automatenversicherungen. Es handelt sich dabei um standardisierte Versicherungsschutzprodukte, die ein Versicherungsnehmer ohne persönliche und individuelle Beratung nachfragen kann. Müssen keine individuellen Informationen seitens des Versicherungsnehmers bereitgestellt werden, ist für den Versicherungsschutz als Dienstleistung allein auf die Schadenverteilung als externem Faktor abzustellen. Erwirbt ein Versicherungsnehmer kurz vor Antritt einer Reise z.B. eine Auslandskrankenversicherung (durchaus an einem Automaten), so überträgt er im Augenblick des Kaufs (= Vertragsabschluß) eine standardisierte Schadenverteilung auf das Versicherungsunternehmen, und die Dienstleistung Versicherungsschutz ist dadurch entstanden. Endet diese Versicherung automatisch nach einer bestimmten Zeitperiode ohne das ein Versicherungsfall eingetreten ist, so wird das Versicherungsunternehmen noch nicht einmal Kenntnis von der Person des Versicherungsnehmers erlangt haben. Ohne die Schadenverteilung als externem Faktor kann die Produktion von Versicherungsschutz nicht in allen Fällen vollständig erklärt werden.

verhältnisses ist eine entsprechende Information notwendig, daß die Schadenverteilung aus dem Kollektiv herausgenommen wird.

Informationen sind somit die bestimmenden externen Faktoren des Dienstleistungsgeschäftes.[1)]

Weitere abgeleitete externe Faktoren werden im Dienstleistungsgeschäft in Form von Humanaktivitäten eingesetzt. Mit Humanaktivitäten sollen all die Leistungen umschrieben werden, die unternehmensfremde Personen ohne Entgelt, d.h. ohne vorliegenden Kauf-, Dienst- oder Werkvertrag, bei sämtlichen Teilschritten der Produktion von Versicherungsschutz erbringen.[2)] Informationen als externe Faktoren können ohne Humanaktivitäten nicht in das Versicherungsunternehmen gelangen. Ohne Humanaktivitäten ist eine Produktion von Versicherungsschutz nicht möglich.[3)] Humanaktivitäten umfassen damit ein sehr weites Feld. Wir wollen zwei Arten von Humanaktivitäten unterscheiden.

---

1) Indem die Schadenverteilung als produktiver Faktor im Risikogeschäft eingesetzt wird, wird auch sämtliches mit ihr verbundenes Wissen mitgeliefert und eingesetzt. Es werden daher im Risikogeschäft keine Informationen direkt eingesetzt, die der Versicherungsnehmer gegeben hat. Derartige Informationen werden ausschließlich im Dienstleistungsgeschäft eingesetzt, um die Schadenverteilung zu operationalisieren und handhabbar zu machen.

2) In der Literatur werden die Humanaktivitäten den Abwicklungsleistungen zugerechnet, wobei die Abwicklungsleistungen unternehmensfremder Personen ergänzend oder ersetzend neben die unternehmenszugehöriger Personen treten, vgl. Farny, D.: Versicherungsbetriebslehre, a.a.O., S. 42 ff./500 f.

3) Ob die Humanaktivitäten den externen Faktoren zugeordnet werden sollen, ist nicht unumstritten. MALERI bspw. klammert die Aktivitäten, die darauf gerichtet sind, den externen Faktor in die Produktion einzubringen ausdrücklich aus, vgl. Maleri, R.: Grundlagen ..., a.a.O., S. 151. Allerdings halten wir sie als Bestandteil des externen Faktorbündels für unverzichtbar. Es ist außerdem zu bedenken, daß auf seiten des Dienstleistungsgebers die Beschaffungsfunktion im Hinblick auf den externen Faktor entfällt. Diese wird spiegelbildlich auf die Seite des Dienstleistungsnehmers übertragen, der also sämtliche Bereitstellungsaktivitäten zu übernehmen hat. Aufgrund ihrer Bedeutung sollten Humanaktivitäten nicht aus dem externen Faktorbündel ausgeklammert werden. Humanaktivitäten alleine können als externe Faktoren die Dienstleistung Versicherungsschutz nicht bewirken.

Die erste Art, die mit Humanaktivitäten erster Ordnung[1] umschrieben werden sollen, ergeben sich unmittelbar aus der abzugebenden bzw. abgegebenen Schadenverteilung. Humanaktivitäten erster Ordnung resultieren aus dem Umstand, daß es zur Informationsbereitstellung einer Tätigkeit und zum Abschluß eines Versicherungsvertrages einer Entscheidung eines Menschen bedarf. Diese Art der Humanaktivitäten resultieren damit aus den Rechtspflichten[2] sowie den gesetzlichen und vertraglich vereinbarten Obliegenheiten[3] des Versicherungs-

---

1) Wobei dies nur klassifizierend und nicht qualifizierend zu verstehen ist.

2) Vgl. zu den Rechtspflichten Sieg, K.: Allgemeines Versicherungsvertragsrecht (Teil II), in: Versicherungsenzyklopädie, hrsg. von W. Große/H. L. Müller-Lutz/R. Schmidt, Band 3, 4. Auflage, Wiesbaden 1991, S. 377-438, hier S. 379-399 (Rechtspflichten des Versicherungsnehmers) sowie Deutsch, E.: Versicherungsvertragsrecht, 3. Auflage, Karlsruhe 1993, S. 135-142.

3) „Nach der von *Reimer Schmidt* entwickelten Lehre ist eine Obliegenheit eine Rechtspflicht minderen Grades, die dem Belasteten im eigenen, zugleich aber auch im Interesse eines Dritten auferlegt worden ist.", Deutsch, E.: Versicherungsvertragsrecht, a.a.O., S. 143. Der Unterschied zwischen Rechtspflicht und Obliegenheit besteht vor allem darin, daß eine Rechtspflicht zwingend zu befolgen ist und daß deren Einhaltung auch gerichtlich durchgesetzt werden kann. Demgegenüber kann die Einhaltung einer Obliegenheit *grundsätzlich* nicht erzwungen werden. Allerdings kann die schuldhafte Verletzung einer Obliegenheit den Verlust der eigenen Rechtsposition mit sich bringen, vgl. hierzu Deutsch, E.: Versicherungsvertragsrecht, a.a.O., S. 144. In diesem Zusammenhang wird auch von einer „Selbstvollstreckung der Obliegenheiten" gesprochen, denn für das Versicherungsunternehmen ist es einfacher, die Versicherungsfalleistung zu verweigern, anstatt die Erfüllung der Obliegenheiten zu erzwingen und ggf. Schadenersatzansprüche geltend zu machen, vgl. hierzu Schütte, U.: Verhüllte Obliegenheiten im Versicherungsrecht, Frankfurt/Main 1991, S. 41 f. PRÖLSS verweist jedoch ergänzend auf die §§ 102, 103 VVG, die trotz eigentlicher Leistungsfreiheit eine weitere Leistungspflicht des Versicherungsunternehmens begründen, vgl. Prölss, J., in: Prölss/Martin, Versicherungsvertragsgesetz, hrsg. von U. Knappmann et al., 25. Auflage, München 1992, S. 98.

nehmers.[1)2)] Die Rechtspflichten beziehen sich vor allem auf die Zahlung von Erst- und Folgeprämien. Die überwiegende Anzahl der Humanaktivitäten erster Ordnung sind Obliegenheiten. Obliegenheiten sind auf ein Tun oder ein Unterlassen desjenigen, auf dessen Verhalten sie sich beziehen, gerichtet.

Im Gegensatz dazu sind Humanaktivitäten zweiter Ordnung darüber hinausgehend all die menschlichen Aktivitäten, die, bezogen auf die Schadenverteilung, in ihrem Umfang über die Einhaltung von Rechtspflichten/Obliegenheiten hinausgehen bzw. sich nicht unmittelbar aus Rechtspflichten/Obliegenheiten ableiten lassen. Zu den Humanaktivitäten zweiter Ordnung zählen z.B. das eigenständige Sichinformieren eines potentiellen Versicherungsnehmers über Versicherungsschutzarten, Preise, Bedingungen und Leistungen der einzelnen Versicherungsunternehmen, wodurch sich geringere Absatzaktivitäten eines

---

1) Obliegenheiten hat nicht nur der Versicherungsnehmer, sondern bei Versicherungen für fremde Rechnung (§§ 74-79 VVG) und bei Versicherungen für Rechnung „wen es angeht" (§ 80 VVG) grundsätzlich auch der Versicherte zu beachten. Das gleiche gilt auch für eventuelle sonstige Dritte. Vgl. hierzu auch die Ausführungen von Schirmer, H.: Zur Vereinbarung von Obliegenheiten zu Lasten Dritter insbesondere in Verträgen zu ihren Gunsten, in: Festschrift für Reimer Schmidt, hrsg. von F. Reichert-Facilides/F. Rittner/J. Sasse, Karlsruhe 1976, S. 821-843.

2) Vgl. zu den sich aus den Obliegenheiten ergebenden vornehmlich juristischen Problemen: Rohles, D.: Obliegenheiten (I), (II), in: VW 1980, S. 1357-1359, S. 1494-1495; Sieg, K.: Obliegenheiten und sekundäre Risikobeschränkungen im Versicherungsvertragsrecht, in: Karl Sieg über Individualversicherungsrecht, hrsg. von R. Schmidt/U. Hübner, Karlsruhe 1991, S. 103-119; Sieg, K.: Allgemeines Versicherungsvertragsrecht (Teil II), a.a.O., S. 399-438 (Obliegenheiten des Versicherungsnehmers); Sieg, K.: Auskunftspflichten und -obliegenheiten des Versicherungsnehmers, in: ZVersWiss 1993, S. 325-337.

Versicherungsunternehmens ergeben.[1] Zu den Humanaktivitäten zweiter Ordnung gehören auch das eigenständige Zugehen auf ein Versicherungsunternehmen oder der Abschluß eines Versicherungsvertrages in einer Geschäftsstelle des Versicherungsunternehmens. Ebenfalls sollen zu ihnen die Humanaktivitäten gerechnet werden, die sich erst als Konsequenz einer Humanaktivität zweiter Ordnung ergeben. So ist z.B. die Entscheidung für die Versicherungsnahme bei einem Versicherungsunternehmen mit Direktvertrieb eine Humanaktivität zweiter Ordnung. Die sich daraus ergebenden Mehrarbeiten bei Abschluß des Vertrages, besonders aber im Versicherungsfall, sind eine direkte Folge dieser Entscheidung und daher grundsätzlich hier anzuordnen.[2]

Die Unterscheidung zwischen Humanaktivitäten erster und zweiter Ordnung ist nicht immer unmittelbar eindeutig. Im Zweifelsfall ist abzuklären, ob eine Rechtspflicht/Obliegenheit hinsichtlich einer bestimmten Aktivität vorliegt oder nicht. Dabei darf vor allem der Bezug zur abzugebenden Information nicht außer acht gelassen werden. Die Humanaktivität ist diesbezüglich immer die Tätigkeit bis hin zur vollendeten Abgabe einer vom Sender zum Empfänger gehenden Information. Wenn z.B. bei der Antragsaufnahme Informationen vom Versicherungsnachfrager gegeben werden, die über dessen vorvertragliche Anzeigepflicht hinausgehen, ist die Abgabe dieser Information eine

---

1) Die Kausalitäten für die Vornahme einer Humanaktivität erster und zweiter Ordnung sind folgende: Die Ausführung einer Humanaktivität ist abhängig von der Motivation der betreffenden Person. Die Motivation wiederum ist von verschiedenen Faktoren abhängig. Exemplarisch seien genannt die Konsequenzen der Entscheidung bei den Humanaktivitäten erster Ordnung und die Persönlichkeit des Ausführenden sowie seine Einstellung zum Risiko bei den Humanaktivitäten zweiter Ordnung.

2) Eine vertragliche Fixierung von Humanaktivitäten ist grundsätzlich als zu erfüllende Obliegenheit anzusehen. Derartige Obliegenheiten können als sog. „unspezifische Obliegenheiten" aufgefaßt werden, deren momentane Nichtbeachtung für den Versicherungsnehmer weniger nachteilig ist und leicht geheilt werden kann. Vgl. zu den „unspezifischen Obliegenheiten" Sieg, K.: Allgemeines Versicherungsvertragsrecht (Teil II), a.a.O., S. 438.

Humanaktivität zweiter Ordnung. Der Unterschied zwischen Humanaktivitäten erster und zweiter Ordnung ist damit kein qualitativer, sondern ein juristischer und ein betriebswirtschaftlicher. Juristisch dahingehend, daß hinsichtlich der Einhaltung von Rechtspflichten/Obliegenheiten ein Anspruch der Versicherungsunternehmen besteht, während dieser Anspruch bei den juristisch nicht definierbaren Humanaktivitäten zweiter Ordnung nicht besteht. Betriebswirtschaftlich ergibt sich ein Unterschied dahingehend, daß die Versicherungsunternehmen bei der Produktgestaltung und damit auch bei der Prämienkalkulation die Einhaltung von Rechtspflichten und Obliegenheiten[1] voraussetzen, während sie dies bei den Humanaktivitäten zweiter Ordnung nicht können. Insofern stellen die Humanaktivitäten zweiter Ordnung ein grundlegendes betriebswirtschaftliches Problem dar, da es unmöglich ist, den qualitativen und quantitativen Umfang der Humanaktivitäten zweiter Ordnung ex-ante genau zu berücksichtigen. Hier kann nur auf Erfahrungswerte der Vergangenheit zurückgegriffen werden. Der potentielle Umfang von Humanaktivitäten zweiter Ordnung ist immer vom Kundentyp und vom Absatzweg abhängig. Allerdings haben die Versicherungsunternehmen die Möglichkeit, durch entsprechende Werbemaßnahmen die Kunden positiv im Hinblick auf zu leistende Humanaktivitäten zweiter Ordnung zu beeinflussen. Insofern wäre noch zwischen Humanaktivitäten zweiter Ordnung zu unterscheiden, die freiwillig und dauerhaft aus eigenem Antrieb heraus vorgenommen werden, und solchen, die eigentlich unfreiwillig und daher dem Zwang der Lage folgend vorgenommen werden.

---

1) Es darf nicht vergessen werden, daß der rechtliche Rahmen auch die Grenzen für die betriebswirtschaftlichen Fragestellungen bildet. Vgl. in diesem Zusammenhang Lorenz, E.: Hat der Versicherer eine Risikoprüfungsobliegenheit mit Schutzzweck zugunsten des Antragstellers?, in: VersR 1993, S. 513-519. Hier wird ein Urteil des BGH kritisch kommentiert, welches den Versicherungsunternehmen eine verstärkte Risikoprüfungsobliegenheit innerhalb der Erstbearbeitung auferlegt. Mit Recht weist LORENZ auf die Problematik steigender Betriebskosten der Erstbearbeitung hin, wenn das hier dargelegte Urteil gängige Rechtspraxis werden sollte.

Als Ergebnis dieser Überlegungen ist festzuhalten, daß externe Faktoren i.d.R. als „externe Faktorbündel“, bestehend aus einem ursprünglichen und einem oder mehreren daraus abgeleiteten externen Faktoren in Produktionen eingesetzt werden. Die abgeleiteten externen Faktoren dienen der Operationalisierung des eigentlichen externen Faktors.[1] In Versicherungsunternehmen ist die Schadenverteilung der eigentliche externe Faktor der Produktion von Versicherungsschutz, aus dem für das Dienstleistungsgeschäft die externen Faktoren Informationen und Humanaktivitäten abgeleitet werden.

2.3.3.2 Das Produktionsmodell des Dienstleistungsgeschäftes der Versicherungsunternehmen

Im Dienstleistungsgeschäft läßt sich in Analogie zum allgemeinen Produktionsmodell ein Bereich abgrenzen, das Dienstleistungsgeschäft DG I, in dem alle Faktorkombinationen zusammengefaßt sind, die unabhängig vom eigentlichen Absatzvorgang des Gutes Versicherungsschutz stattfinden. Die Produktionen im Dienstleistungsgeschäft DG I sind damit unabhängig von externen Faktoren, sie werden nicht durch sie unmittelbar ausgelöst. In funktionaler Sicht gehören die Beschaf-

---

1) In den meisten Fällen ist der ursprüngliche externe Faktor ein immaterielles Realgut. Wird z.B. die Dienstleistung eines Arztes in Anspruch genommen, ist das gesundheitliche Problem des Patienten der ursprüngliche externe Faktor und der Patient der abgeleitete externe Faktoren. Bei der in Inanspruchnahme der Dienstleistung eines Rechtsanwaltes ist das juristische Problem des Mandanten der ursprüngliche externe Faktor und Informationen sind daraus abgeleitete externe Faktoren.

fung, die Führung und die Verwaltung vollständig, die Fertigung[1] und der Absatz teilweise zum Dienstleistungsgeschäft DG I.

Werden die Absatzprozesse[2] in Absatzplanung, Absatzmarktforschung und Absatzdurchführung unterteilt, so gehören Absatzplanung und Absatzmarktforschung vollständig in das Dienstleistungsgeschäft DG I. An diesem Beispiel zeigt sich deutlich, wie die Grenzen des Dienstleistungsgeschäftes DG I gezogen werden können, denn die Faktorkombinationen in der Absatzplanung und der Absatzmarktforschung sind ohne Informationen der realen und potentiellen bzw. über reale und potentielle Versicherungsnehmer nicht möglich. Es ist dabei unerheblich, woher die Informationen stammen, solange die auf ihnen basierenden Faktorkombinationen nicht unmittelbar und direkt von einer einzelnen eingebrachten oder einzubringenden Schadenverteilung ausgelöst werden. Der Einfluß der realen und potentiellen Versicherungsnehmer auf die absatzbezogenen Arbeiten im Dienstleistungsgeschäft DG I ist immer nur mittelbar. Daß Faktorkombinationen im Dienstleistungsgeschäft DG I letztendlich mittelbar durch Versicherungsnehmer ausgelöst werden, ist ausdrücklich zulässig.

---

1) In der versicherungswissenschaftlichen Literatur ist es nicht üblich, von Fertigung, sondern von Leistungserstellung zu sprechen, vgl. exemplarisch Biermann, K.: Leistungserstellung, in: HdV, hrsg. von D. Farny et al., a.a.O., S. 439-445. Wir halten dies für nicht sinnvoll, da das Ergebnis einer jeden sachzielbezogenen, kombinativen Produktionstätigkeit eine Leistung darstellt, und nicht nur die der Faktorkombinationen, die unmittelbar zur Erfüllung des Sachziels führen, vgl. zum sog. „betrieblichen (ergebnisbezogenen) Leistungsbegriff, Kromschröder, B./Lehmann, M.: Die Leistungswirtschaft ..., a.a.O., S. 176. Vor allem besteht die Gefahr einer unzulässigen Verkürzung „der Leistungserstellung" auf lediglich die produktiven Faktorkombinationen, die erst im Anschluß an den Absatz des Versicherungsvertrages erfolgen. Die Funktion „Fertigung" in Versicherungsunternehmen umfaßt alle internen und externen Faktorkombinationen und -transformationen, die sich unmittelbar auf das Gut Versicherungsschutz und dadurch auf die Erfüllung des Sachziels von Versicherungsunternehmen beziehen. Die Begriffe „Leistungserstellung" und „Produktion" werden im folgenden synonym verwandt.

2) Vgl. Farny, D.: Versicherungsbetriebslehre, a.a.O., S. 578 ff.

Die Fertigung im Dienstleistungsgeschäft DG I umfaßt ausschließlich Tätigkeiten, die ohne die Mitwirkung eines vom Versicherungsnehmer eingebrachten externen Faktors, sei es in Form von Informationen oder Humanaktivitäten, durchgeführt werden. Es sind Tätigkeiten, die von der Ausarbeitung einer Produktidee über die formale und materielle Produktgestaltung[1)] und ständige Produktanpassung während der gesamten Fertigungszeit bis hin zur internen Produktimplementierung in die Arbeitsabläufe der Versicherungsunternehmen reichen.

Da die Produktionen im Dienstleistungsgeschäft DG I ohne einen externen Faktor erfolgen, obliegt den Funktionen im Dienstleistungsgeschäft DG I zuerst die Schaffung der generellen Betriebsbereitschaft. Das Tätigwerden im Dienstleistungsgeschäft DG I ist kein Selbstzweck, sondern bedarf auf Dauer des Absatzes von Versicherungsschutz. Das gesamte Dienstleistungsgeschäft DG I kann damit als eine interne Vorkombination (VK I) für das Produkt Versicherungsschutz betrachtet werden. „*Vorkombinationen* sind Kombinationen ausschließlich *bereitgestellter* Produktionsfaktoren an einzelnen Arbeitsplätzen, aber ebenso auch bzgl. ... Abteilungen sowie Unternehmungen und Branchen in ihrer Gesamtheit (einschl. Dienstleistungsbetriebe). Durch ihr Tätigwerden i.S. einer Prozeßdurchführung werden die mit den Vorkombinationen begründeten Leistungsangebote in die intendierten *Endkombinationen* überführt."[2)] Der Begriff der Endkombination wird in der Literatur üblicherweise mit „externer Endkombination" gleichgestellt, also einer End-Leistung für Absatzmärkte. Eine „interne Endkombination" ist dagegen die „End-Leistung" eines Arbeitsplatzes, die für interne Zwecke des Versicherungsunternehmens erstellt wurde. Im Dienstleistungsgeschäft DG I werden interne End-

---

1) Diese Begriffe werden weiter unten näher definiert.

2) Betge, P.: Kapazität und Beschäftigung, in: HWProd, hrsg. von W. Kern/H.-H. Schröder/J. Weber, 2. Auflage, a.a.O., Sp. 852-861, hier Sp. 853

kombinationen vor allem in den Funktionen Beschaffung, Führung und Verwaltung erbracht.

Das Dienstleistungsgeschäft DG I umfaßt somit ausschließlich nichtproduktbezogene interne Leistungen $npiL_n$ und produktbezogene interne Leistungen piL_m, die interne Vor- und Endkombinationen sein können.[1)]

Zur Produktion von Versicherungsschutz, und damit zur Erbringung der Absatzendkombination, ist es notwendig, eine weitere Faktorkombinationsstufe abzugrenzen, das Dienstleistungsgeschäft DG II. Es umfaßt sämtliche durch den eigentlichen Absatzvorgang ausgelösten Faktorkombinationen.[2)] Das Dienstleistungsgeschäft DG II ist als Vorkombination VK II die Produktionsstufe, in die externe Faktoren in Form von Humanaktivitäten und Informationen gelangen und mit weiteren internen Faktoren kombiniert werden. Der wesentliche Unterschied zwischen den Dienstleistungsgeschäften DG I und DG II besteht darin, daß der externe Faktor in Versicherungsunternehmen keinen direkten Einfluß auf die Vorkombination VK I nimmt, folglich auch nicht unmittelbar eine Endkombination mit der VK I bewirken kann. Endprozeßergebnis des Zusammenwirkens der Dienstleistungsgeschäfte DG I und DG II ist das Produkt Versicherungsschutz, das hier als Versicherungsschutz VS I bezeichnet sei.

---

1) Produktbezogen bedeutet „auf ein im Versicherungsunternehmen (Versicherungsgruppe, -konzern) konkret gefertigtes Produkt bezogen". Insofern können Produktionen im Absatz und der Fertigung des Dienstleistungsgeschäftes DG I bei allgemeinen Absatz- und Fertigungsaufgaben auch nichtproduktbezogen sein. Wird jedoch ein konkretes produktresultierendes Problem an die Absatz- oder Fertigungsfunktion des Dienstleistungsgeschäftes DG I herangetragen, so resultieren daraus produktbezogene interne Leistungen.

2) Materielle Trägermedien werden beim Versicherungsschutz in erster Linie aus juristischen Gründen und aus Gründen der Absatzerleichterung (Stichwort: Visualisierung) verwandt und sind nicht produktkonstituierend. Anderer Meinung ist BRACHMANN, der ausführt „benötigt das immaterielle Gut Versicherungsschutz ein materielles Trägermedium", Brachmann, H.: Grundlagen einer Produktionslehre des Versicherungsbetriebes, Frankfurt/Main 1989, S. 4.

Das Versicherungsschutzprodukt VS I zeichnet sich dadurch aus, daß der Schutz für den Versicherungsnehmer rein immateriell ist, seine vorhandene Risikolage sich lediglich dahingehend ändert, daß die Möglichkeit eintretender wirtschaftlicher Nachteile gegen Zahlung einer Prämie auf das Versicherungsunternehmen verlagert wird. Während der Vertragslaufzeit des Versicherungsschutzprodukt VS I kommt es zu keiner Schadenrealisation, so daß der Versicherungsnehmer keine Versicherungsfalleistungen in Anspruch nimmt.

Das Dienstleistungsgeschäft DG II umfaßt nicht nur die wesentlichen Teile der betrieblichen Funktion Absatz, sondern auch Teile der Fertigung, und zwar alle aus dem Absatz resultierenden Arbeiten wie die Vorbearbeitung, die Erstbearbeitung, die Folgebearbeitung sowie die Schlußbearbeitung. Im Dienstleistungsgeschäft DG II werden unter Verwendung nichtproduktbezogener und produktbezogener interner Leistungen ausschließlich produktbezogene interne Leistungen piL_m, die interne Vor- und Endkombinationen sein können, und externe Endleistungen eL_l erstellt.

Versicherungsschutz wird in seinem Leistungskern vollständig in der Fertigungsfunktion des Dienstleistungsgeschäftes DG I „gefertigt". Der Output der Fertigung (DG I) wird dann über die Absatzfunktion (DG II) mit dem externen Faktor verbunden („beaufschlagt") und in der Fertigungsfunktion des Dienstleistungsgeschäftes DG II weiterbearbeitet.[1)] Da die Produkt- oder Fertigungsendkombination nicht im Dienstleistungsgeschäft DG I bewirkt werden kann, sind dazu - zumindest

---

1) Die Absatzorgane verkaufen ihren Kunden, sofern es sich nicht um vollständig individuelle Versicherungsschutzprodukte handelt, in den meisten Fällen nichtkonkretisierte Versicherungsschutzprodukte, die erst durch eine tatsächlich übernommene Schadenverteilung zu einem konkreten Produkt werden. Die *Versicherungsschutzprodukte* vor Übernahme der Schadenverteilung werden in der Fertigung des Dienstleistungsgeschäftes DG I produziert und über die Absatzorgane mit Hilfe des externen Faktors konkretisiert. Abschluß der Konkretisierung ist die Erstbearbeitung in der Fertigung des Dienstleistungsgeschäftes DG II.

minimale - Absatz- und Erstbearbeitungsvorgänge notwendig.[1] Versicherungsschutz entsteht als Endkombination, als Versicherungsschutz VS I, in der logischen Sekunde, in der der Versicherungsnehmer seine Schadenverteilung auf das Versicherungsunternehmen überträgt. Versicherungsschutz entsteht also *mit dem* Absatz und nicht nach dem Absatz. Juristisch ist der Vorgang des Absatzes aber erst dann abgeschlossen, wenn der Versicherungsvertrag nach Annahme des Antrags durch das Versicherungsunternehmen wirksam zustande gekommen ist,[2] wobei wir modelltheoretisch davon ausgehen, daß sämtliche Fragen der Produktgestaltung und der Tarifierung bereits während des Absatzprozesses (u.a. durch die Vorbearbeitung) geklärt wurden. Dieser Zeitpunkt wird als „formeller" Versicherungsbeginn bezeich-

---

1) Diese minimalen („rudimentären") Absatz- und Erstbearbeitungsvorgänge sind konstituierend für das Produkt Versicherungsschutz und können nicht durch Aktivitäten der Versicherungsnehmer substituiert werden.

2) Auch wenn der Versicherungsvertrag formlos zustande kommen kann, so erfolgt dies doch regelmäßig dadurch, daß das Versicherungsunternehmen dem Versicherungsnehmer den Versicherungsschein aushändigt, vgl. Hofmann, E.: Privatversicherungsrecht, 3. Auflage, München 1991, S. 60; Sieg, K.: Allgemeines Versicherungsvertragsrecht (Teil I), in: Versicherungsenzyklopädie, hrsg. von W. Große/H. L. Müller-Lutz/R. Schmidt, Band 3, 4. Auflage, a.a.O., S. 309-376, hier S. 367 f. Der Versicherungsschein ist dabei *„Urkunde über einen zustande gekommenen Vertrag, ..."*, Prölss, J.: in: Prölss/Martin, Versicherungsvertragsgesetz, 25. Auflage, a.a.O., S. 77 (Anmerkung 6, zu § 3 I VVG). Nach dem (neuen) Versicherungsvertragsrecht ist es grundsätzlich wichtig, den Vertragsschluß auf den Zugang des Versicherungsscheines zu beziehen, da die §§ 5a, 8 V VVG auf das Zustandekommen des Vertrages abstellen. Nach PRÄVE bedeutet die Widerspruchsfrist von vierzehn Tagen gem. § 5a VVG, daß der Versicherungsvertrag in dieser Zeit schwebend unwirksam ist, während der Vertrag bei einem gesetzlich fixierten Rücktrittsrecht durch den Zugang des Versicherungsscheins (plus zusätzlicher Unterlagen) unmittelbar zustande kommt, vgl. Präve, P.: Das Widerspruchsrecht des Versicherungsnehmers, in: ZfV 1994, S. 374-383, hier S. 381 f. Eine Leistungsfreiheit des Versicherungsunternehmens bei Schadenfällen während der Widerspruchsfrist des sog. *„Policenmodells"* gem. § 5a VVG ergibt sich jedoch (grundsätzlich) nicht, da der Versicherungsvertrag nach Ablauf dieser Frist rückwirkend auf den Zeitpunkt des Zugangs des Versicherungsscheins wirksam wird, vgl. Lorenz, E.: Zu den Informationspflichten des Versicherers und zum Abschluß von Versicherungsverträgen nach neuem Recht, in: ZVersWiss 1995, S. 103-128, hier S. 121.

net.[1)2)] Damit die Endkombination Versicherungsschutz VS I bewirkt werden kann, bedarf es der Dienstleistungsgeschäfte DG I und DG II, also der Vorkombinationen VK I und VK II.

Das Gesamtprodukt Versicherungsschutz läßt sich ohne die Berücksichtigung von Schadenfällen nicht vollständig beschreiben. Die dann notwendigen Faktorkombinationsprozesse, die Schadenbearbeitung und die Schadenregulierung sowie die entsprechenden Rückversicherungsbearbeitungen, sind nicht Bestandteil des Dienstleistungsgeschäftes DG II, sondern eines eigenen Dienstleistungsgeschäftes DG III.[3)4)] Die Tätigkeiten des Dienstleistungsgeschäftes DG III gehören ausschließlich zur Fertigungsfunktion.[5)] Im Dienstleistungsgeschäft DG III können Arbeiten während und nach der Vertragslaufzeit (z.B. im

---

1) Neben dem „formellen" werden noch der „materielle" (= Beginn der Schutzwirkung durch das Versicherungsunternehmen) und der „technische" (= Prämienzahlungsbeginn) Versicherungsbeginn unterschieden, vgl. hierzu Deutsch, E.: Versicherungsvertragsrecht, a.a.O., S. 49-53.

2) Konstituierend für das Gut Versicherungsschutz ist der Zeitpunkt der Übertragung der Schadenverteilung. Dies ist zunächst der Zeitpunkt, **an dem** die Schadenverteilung übertragen wird, und zusätzlich der Zeitpunkt, **zu dem** die Schadenverteilung übertragen wird. Für die Fälle, in denen der materielle Versicherungsbeginn vor dem formellen liegt, kann nicht unterstellt werden, daß die Endkombination bereits vor dem Absatz bewirkt wird. Anderer Meinung ist hier Ennsfellner, K. C.: Absatzcontrolling im Versicherungsunternehmen, Wien 1993, S. 34, Fußnote 4.

3) Würde ein solches Dienstleistungsgeschäft DG III nicht definiert, so würde es zu einer unzulässigen Verknüpfung der verschiedenen Erfahrungsebenen des Produktes Versicherungsschutz kommen.

4) In der Rechtsschutzversicherung der Kompositversicherung ist dies sogar gesetzlich vorgeschrieben, vgl. § 8 a VAG.

5) Auch wenn das Dienstleistungsgeschäft DG III Bestandteil der Fertigung ist, kann es vorkommen, daß notwendige Aufgaben, z.B. im Zusammenhang mit der Schadenregulierung, von Mitarbeitern ausgeführt werden, die überwiegend absatzbezogene Aufgaben wahrnehmen.

Zusammenhang mit IBNR- bzw. IBNER-Schäden)[1] unterschieden werden.

Da die durch die Schadenrealisation ausgelösten Produktionsprozesse als spezielle Faktorkombinationen zum Gut Versicherungsschutz gehören, ohne jedoch konstitutiv für das eigentliche Produkt Versicherungsschutz zu sein, ist es notwendig, ein weiteres Endprodukt Versicherungsschutz II (VS II) zu definieren, welches sich aus dem Versicherungsschutz VS I ableitet. Das Produkt Versicherungsschutz VS I existiert unabhängig vom Produkt Versicherungsschutz VS II. Der Versicherungsschutz VS I wird durch den Schadenfall temporär auf den Versicherungsschutz VS II erweitert und besteht nach der Schadenregulierung als Versicherungsschutz VS I weiter.[2]

Auch die dritte Produktionsstufe Dienstleistungsgeschäft DG III kann aus dem zweistufigen Modell der Dienstleistungsproduktionen heraus erklärt werden. Das Dienstleistungsgeschäft DG III stellt eine Vorkombination VK III im Sinne einer Leistungsbereitschaft dar, die mit dem neuen externen Faktorbündel in Form der Schadenrealisation (ΔSV), den daraus abgeleiteten externen Faktoren, Informationen und Humanaktivitäten, und weiteren internen Produktionsfaktoren, die Endkombination EK II mit dem Endprodukt Versicherungsschutz VS II bewirkt. Damit das Endprodukt Versicherungsschutz VS I zum Endprodukt Versicherungsschutz VS II erweitert werden kann, müssen

---

1) IBNR = Incurred But Not Reported; IBNER = Incurred But Not Enough Reserved, vgl. hierzu: Reich, A./Zeller, W.: Spätschäden, in: HdV, hrsg. von D. Farny et al., a.a.O., S. 807-809, hier S. 807.

2) Allerdings muß davon ausgegangen werden, daß die ursprüngliche Risikolage wieder hergestellt wurde und daß sich auch die objektiven Risikomerkmale sowie die subjektive Einstellung des Versicherungsnehmers durch einen Versicherungsfall nicht geändert haben. Sollte dies nicht der Fall sein, so besteht der Versicherungsschutz VS I^{ALT} als Versicherungsschutz VS I^{NEU} weiter. Vgl. hierzu auch Helten, E.: Die Bedeutung der Kollektivbildung und des Planungshorizonts für die Kalkulation der Risikoprämie, in: Planung und Prognose in Dienstleistungsunternehmen, hrsg. von G. Hammer et al., Karlsruhe 1986, S. 137-151, hier S. 141.

Leistungen der Endkombination EK I zur Fortführung der Fertigung im Dienstleistungsgeschäft DG III eingesetzt werden.[1] Im Dienstleistungsgeschäft DG III werden ebenso wie im Dienstleistungsgeschäft DG II interne und externe Faktoren eingesetzt. Es werden ausschließlich produktbezogene interne Leistungen $piL_{m,}$ als Vor- und Endkombinationen, sowie externe Endkombinationen eL_{l} erstellt.

Sollte der Versicherungsvertrag beendet werden (Versicherungsfall, Wegfall des Risikos, Kündigung) endet die Fertigung des Versicherungsschutzes, allerdings immer im Dienstleistungsgeschäft DG II.[2]

---

1) Das Versicherungsschutzprodukt VS II ist nicht eigenständig existenzfähig und kann daher erst nach erfolgtem Absatz des Versicherungsschutzproduktes VS I gefertigt werden. Die Nachfrage der Versicherungsnehmer kann sich ausschließlich auf den Versicherungsschutz VS I beziehen.

2) Eine Schlußbearbeitung ist immer Gegenstand des Dienstleistungsgeschäftes DG II, da der Versicherungsschutz VS I nicht mehr weiterbestehen soll.

Abbildung 7: Die Dienstleistungsgeschäfte DG I - III der Versicherungsunternehmen

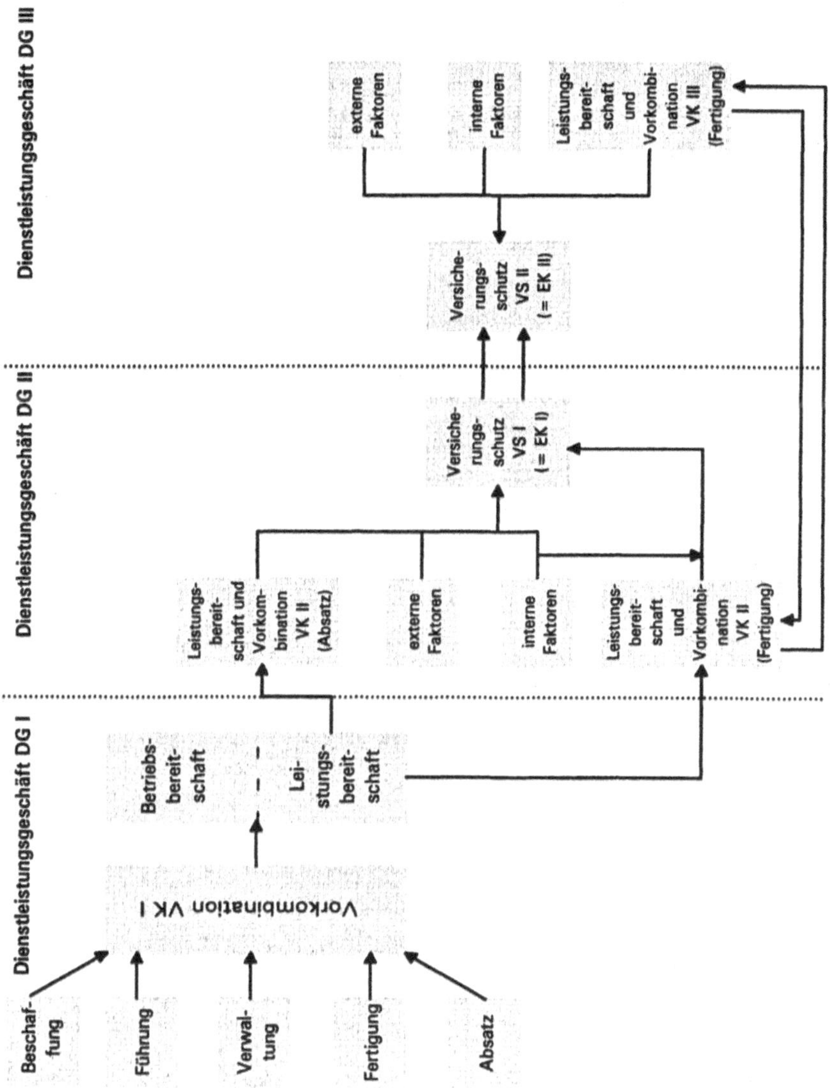

3 Die Kontrolle der Betriebskosten

3.1 Einleitung

In Versicherungsunternehmen werden zwei Kostenartengruppen unterschieden: die Risikokosten als die Kosten des gesamten Risikogeschäftes und die Betriebskosten als die Kosten des gesamten Dienstleistungsgeschäftes. Der wesentliche Unterschied zwischen diesen beiden Kostenartengruppen besteht darin, daß der Anfall von Schadenkosten als der wichtigsten Kostenart der Risikokosten eines bestimmten Versicherungsschutzproduktes sowohl in seiner Höhe als auch in seiner Häufigkeit vom Versicherungsunternehmen grundsätzlich, d.h. unter Vernachlässigung sämtlicher Formen des Risk Managements, nicht beeinflußt werden kann. Die Risikokosten sind somit produkt- und nicht unternehmensspezifisch. Für die Betriebskosten gilt dies nicht, sie sind sowohl produkt-, als auch unternehmensspezifisch. Die Schadenkosten sind als Parameter eines betrieblichen Kostenmanagements im Vergleich zu den Betriebskosten weniger geeignet, da Maßnahmen des Schadenkostenmanagements in vielen Fällen zu einer Reduzierung des gewährten und zu einer Reduzierung des empfundenen Versicherungsschutzes führen.[1] Über die in der Bruttoprämie enthaltenen Betriebskosten-Deckungsbeiträge nehmen die Versicherungsunternehmen unmittelbar und eigenverantwortlich Einfluß auf den Preis für ein Versicherungsschutzprodukt, ohne den Versicherungsschutz materiell zu beeinflussen.

3.2 Ziele von Kontrollen der Betriebskosten

3.2.1 Betriebskostenmanagement in Versicherungsunternehmen

„Unter Kostenmanagement versteht man die Gesamtheit aller Maßnahmen, die in einem Betrieb mit der Absicht ergriffen werden, die Kosten unter Berücksichtigung der gesamtbetrieblichen Zielsetzung

---

1) Von einer Verhinderung doloser Handlungen wird dabei abgesehen.

vorteilhaft zu gestalten."[1] Kontrollrechnungen stellen wichtige Instrumente des Kostenmanagements dar, die die Notwendigkeit zur Durchführung von Gestaltungsmaßnahmen sowie deren Wirkungen im Zeitablauf aufzeigen sollen. Die Ergebnisse von Kontrollrechnungen werden ihrerseits wiederum verschiedene Maßnahmen auf unterschiedlichen Ebenen des Kostenmanagements auslösen. Als Instrumente sind sie unabhängig von bestimmten Maßnahmen und einzelnen Ansatzpunkten des betrieblichen Kostenmanagements.[2]

Die Zielsetzungen des Kostenmanagements werden gesehen im Kostenniveau-Management, Kostenverlauf-Management und Kostenstruktur-Management. Die konkreten Maßnahmen des Kostenstruktur-Managements beziehen sich auf das Einstandspreis-Management und Einsatzmengen-Management, wobei das Einsatzmengen-Management noch in Einsatzmengenstruktur-Management und Einsatzmengenverhältnis-Management differenziert werden kann.[3]

---

1) Streitferdt, L.: Kostenmanagement, in: HWR, hrsg. von K. Chmielewicz/M. Schweitzer, 3. Auflage, a.a.O., Sp. 1216-1227, hier Sp. 1216 f. Weitere Aspekte des Betriebskostenmanagements werden im Kapitel 4 behandelt.

2) Vgl. zu einer Systematisierung verschiedener Kriterien zur Gestaltung des Kostenmanagements Corsten, H./Stuhlmann, S.: Grundlagen eines rechtzeitigen Kostenmanagement, in: krp Sonderheft 1/1996, S. 11-19, hier S. 14.

3) Vgl. hierzu Dellmann, K./Franz, K. P.: Von der Kostenrechnung zum Kostenmanagement, in: Neuere Entwicklungen im Kostenmanagement, hrsg. von K. Dellmann/K. P. Franz, Stuttgart, Wien 1994, S. 15-30, hier S. 19 f.

Abbildung 8: Betriebskostenmanagement

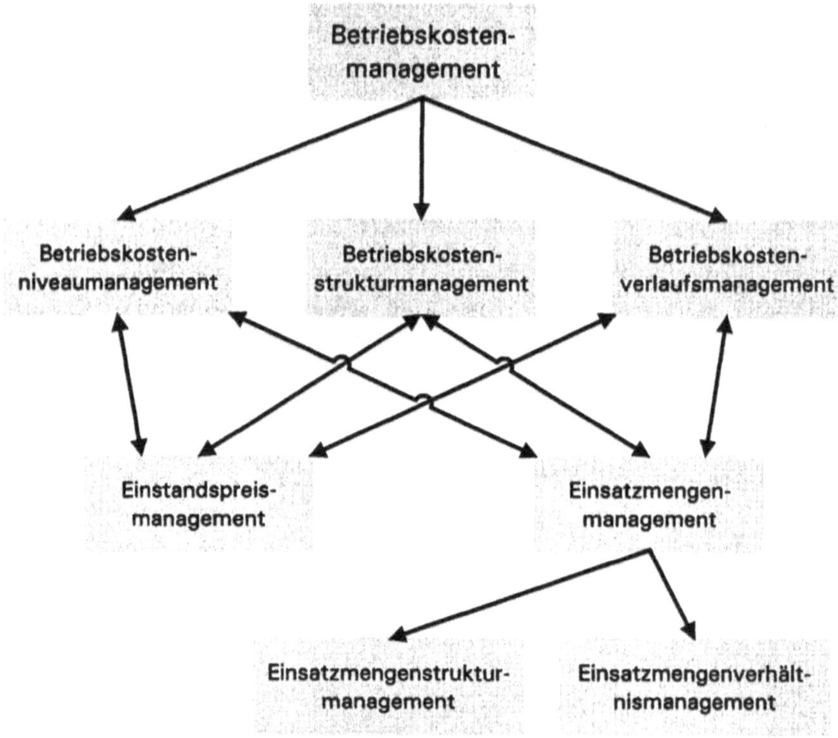

Die Ziele von Kontrollen der Betriebskosten lassen sich unmittelbar aus den Kontrollobjekten, also den betriebskostenverursachenden Prozessen sowie den die Prozesse auslösenden Entscheidungen, herleiten. Primäre Ziele derartiger Kontrollen sind die Beurteilung dispositiver Entscheidungen im Hinblick auf entstandene Betriebskosten sowie die Beobachtung der Betriebskosten und deren zielkonforme Beeinflussung im Zeitablauf. Aus den primären Zielen der Betriebskostenkontrolle kann als sekundäres Ziel abgeleitet werden, auf das Verhalten der einzelnen Mitarbeiter unmittelbar durch die Kontrollaktivitäten Einfluß zu nehmen.[1)]

Neben den beiden genannten Betriebskosten*kontroll*zielen werden auch eigenständige Betriebskostenziele formuliert. So sind die Versicherungsunternehmen bestrebt, auf das relative Wachstum der verschiedenen Betriebskostenarten Einfluß zu nehmen, um durch die von ihnen verantwortete Preiskomponente ein Versicherungsschutzprodukt über einen längeren Zeitraum prämienkonstant zu halten. Betriebskosteneinsparungen begründen Flexibilitätspotentiale, so daß die Versicherungsunternehmen auf Kostensteigerungen preisunelastischer reagieren können. Betriebskostenziele sind wirtschaftliche Formalziele[2)] und stehen damit in einem Beziehungsverhältnis zu anderen Formal- und Sachzielen in Versicherungsunternehmen. Betriebskostenziele können anderen Formalzielen übergeordnet sein und diese dadurch reglementieren oder sie sind so formuliert, daß sie anderen Formalzielen untergeordnet sind und deren Erreichung nicht gefährden, also durch diese quasi ausgeschaltet sind. Betriebskostenziele können aber auch als gleichgeordnete Formalziele definiert werden.

Sind Betriebskostenziele anderen Formal- und Sachzielen gegenüber gleichberechtigt, so liegt häufig Zielkonkurrenz oder sogar Zielantino-

---

1) Vgl. hierzu unsere Ausführungen im Kapitel 1.2.

2) Neben wirtschaftlichen werden noch technische, soziale und ökologische Formalziele unterschieden, vgl. Zelewski, S.: Grundlagen, in: Betriebswirtschaftslehre, hrsg. von H. Corsten/M. Reiß, München, Wien 1994, S. 1-140, hier S. 16 f./65. Ein anderer Ansatz unterscheidet zwischen produkt- und unternehmensgebundenen Formalzielen, vgl. Hamel, W.: Zielsysteme, a.a.O., Sp. 2639 f. Zu den Formalzielen der Versicherungsunternehmen vgl. Farny, D.: Versicherungsbetriebe, Organisation der, in: HWO, hrsg. von E. Frese, 3. Auflage, a.a.O., Sp. 2572- 2581, hier Sp. 2573.

mie vor,[1] da Formal- und Sachzielvorgaben durch Betriebskostenzielvorgaben grundsätzlich limitiert werden. Diese Gegensätze sind dann im Rahmen eines integrierenden Entscheidungsprozesses zu überwinden, um ein operationales und quantifizierbares Gesamtziel sowie operationale und quantifizierbare Teilziele festzulegen.

Die Ausgangsgrößen des Betriebskostenmanagements, aus denen die Zielgrößen abgeleitet werden, sind absolut oder relativ formuliert. In bezug auf die Ausgangsgröße sollte ein absolutes Betriebskostenziel immer auch relativ ausgedrückt werden. Aus absoluten und relativen Betriebskostenausgangsgrößen lassen sich *direkte* Betriebskostenziele herleiten. Neben diesen quantifizierbaren werden auch nicht quantifizierbare *indirekte* Betriebskostenziele definiert. Derartige Betriebskostenziele sind i.d.R. darauf bezogen, die vorhandenen Kapazitäten optimal produktiv auszulasten.

Bei betrieblichen Zielen kann hinsichtlich ihres Detaillierungsgrades zwischen *strategischen* und *operativen* Zielen unterschieden werden. Während die strategischen Ziele zukünftige Erfolgspotentiale aufzeigen, wird mit den operativen deren Umsetzung zu erreichen versucht. Betriebskostenziele sind in Versicherungsunternehmen bei der Festlegung von Strategien zu beachten, ohne dabei (zunächst) selbst Gegenstand von Strategien zu werden.[2] Da Betriebskostenziele Unterziele des Gewinnziels der Versicherungsunternehmen sind, sind die Auswirkungen strategischer Maßnahmen auf die Betriebskosten immer

---

1) Vgl. zu den verschiedenen Formen der Zielbeziehungen Berthel, J.: Ziele, in: Lexikon der Betriebswirtschaftslehre, hrsg. von H. Corsten, a.a.O., S. 948-955, hier S. 951.

2) Vgl. zum Gesamtkomplex der strategischen Unternehmensführung in Versicherungsunternehmen Farny, D./Kirsch, W.: Strategische Unternehmenspolitik von Versicherungsunternehmen, in: ZVersWiss 1987, S. 369-401. Die beiden Autoren arbeiten deutlich heraus, daß Strategien untrennbar mit der Aufdeckung und Umsetzung externer Erfolgspotentiale verbunden sind. Betriebskosten sind demgegenüber primär intern zu gestaltende Parameter mit nur eingeschränkter Außenwirkung.

zielrelevant. Betriebskostenziele „begleiten" strategische Zielsetzungen, so daß auch strategisch motivierte Betriebskostenziele formuliert werden können.[1] Davon muß allerdings strikt ein *strategisches Betriebskostenmanagement* unterschieden werden, bei dem die Gestaltung der Betriebskosten selbst in den Rang einer Strategie erhoben wird.[2] Betriebskostenziele werden kurz-, mittel- und langfristig umsetzbar formuliert, wobei der Schwerpunkt der Betriebskostenkontrollen auf den mittelfristig realisierbaren Kontrollzielen liegt.[3] Die in dieser Arbeit behandelten Betriebskostenkontrollrechnungen sind immer operative Kontrollrechnungen.

3.2.2 Betriebskostenziele

3.2.2.1 Ansatzpunkte der Betriebskostenzielfestlegung

Betriebskostenziele innerhalb des Internen Kontrollsystems sind die Verbesserung der Produktivität der Leistungserstellungen unter Berücksichtigung der Wirtschaftlichkeit[4] oder eine Betriebskostenredu-

---

1) In diesem Sinne scheinen auch die Ausführungen von PELIZÄUS zu verstehen sein, vgl. Pelizäus, R.: Strategisches Kostenmanagement - ein Thema für Vorstände?, in: VW 1996, S. 104-106.

2) Vgl. zu verschiedenen Abgrenzungskonzepten Fröhling, O.: Strategisches Kostenmanagement: Paradigmenbeschwörung überdeckt Konzeptionsdefizite, in: Neuere Entwicklungen im Kostenmanagement, hrsg. von K. Dellmann/K. P. Franz, a.a.O., S. 79-131, hier S. 80-91.

3) Während ein strategisches Betriebskostenmanagement kritisch zu betrachten ist, kann dies so für ein strategisches (Risiko- und Betriebs-)Kostenmanagement nicht gelten. Vgl. in diesem Zusammenhang auch die Definition von „Strategischem Kostenmanagement" bei Weigel, H.-J.: Strategie, Aufgabenstellung und Praxis des Kostenmanagements in der Assekuranz, in: VW 1994, S. 162-169, hier S. 163. WEIGEL betont, daß das Kostenmanagement der Personalkosten als der wichtigsten Betriebskostenart „eine permanente Aufgabe der Führungskräfte" ist, Weigel, H.-J.: Strategie ..., a.a.O., S. 167, insofern also als eine operative Aufgabenerfüllung anzusehen ist.

4) Produktivität = Ausbringungsmenge/Einsatzmenge; Wirtschaftlichkeit = Ausbringungswerte/Einsatzwerte. Die mengenmäßige Betrachtung ist nicht ausreichend, da eine Produktivitätssteigerung mit einem überproportionalen Kostenanstieg verbunden sein kann, vgl. Graser, N.: Die Produktivität von Verwal-
(Fortsetzung...)

zierung, absolut oder relativ, z.B. als Prozentsatz auf die Prämieneinnahmen (brutto/netto).

Primärer Ansatzpunkt für die Festlegung eines Betriebskostenzieles ist das gesamte Versicherungsunternehmen bzw. der gesamte Versicherungskonzern. Ein darauf bezogenes Ziel, ist auf dieser hohen Aggregationsebene in Form einer Betriebskostenquote[1)] zu definieren. Durch die Verknüpfung von Formal- und Sachzielen wird eine Gewichtung ausgedrückt, wo und wie die Schwerpunkte des Betriebskostenmanagements zu setzen sind. In die Spartenbetriebskostenquoten sind nur die Betriebskosten einzubeziehen, die verursachungsgerecht zugeordnet werden können, also die Sparten-Einzelkosten. Die Beschaffungs-, Führungs- und Verwaltungsbetriebskosten des Dienstleistungsgeschäftes DG I sind überwiegend Sparten-Gemeinkosten und insofern aus den Gesamt-Betriebskosten herauszurechnen. Für diese Gemeinkosten ist ein absolutes Betriebskostenziel festzulegen, das in der Betriebskostenplanung konkret umzusetzen ist. Je nach tatsächlicher Gegebenheit sind die Betriebskostenziele der Sparten noch für einzelne Versicherungszweige zu konkretisieren.

Die Umsetzung der Betriebskostenziele für die Versicherungssparten und -zweige, die Schnittstellen und Gemeinsamkeiten mit der Betriebskostenplanung aufweist, kann horizontal auf der Basis der Dienstlei-

---

4) (...Fortsetzung)
tungstätigkeiten - Verfahren der Ermittlung und Möglichkeiten der Verbesserung durch Telekommunikationsmittel am Beispiel des Versicherungsunternehmens, Karlsruhe 1985. S. 25 ff.; Becker, G.: Produktivität in der Versicherungswirtschaft messen, in: vb 1987, S. 222-224; Corsten H.: Überlegungen zum Produktivitätsmanagement für Dienstleistungsunternehmungen - dargestellt am Beispiel bilateraler personenbezogener Dienstleistungen, Diskussionsbeiträge der Wirtschaftswissenschaftlichen Fakultät Ingolstadt, Nr. 50, Ingolstadt 1994, S. 7.

1) Wobei sich die Quote nicht nur auf das Verhältnis von Betriebskosten zu Prämien, sondern ebenso zu Vertragsstückzahlen oder Versicherungssummen beziehen kann.

stungsgeschäfte, vertikal auf der Basis der betrieblichen Funktionen oder einer Kombination beider Merkmale erfolgen.[1)]

Werden Betriebskostenziele konkret festgelegt, sind immer nur zwei Parameter zu variieren, entweder die Betriebskosten und/oder das Bezugsobjekt direkt (z.B. die Anzahl der verwalteten Versicherungsverträge bzw. deren Änderungsgröße in den Dienstleistungsgeschäften DG II und DG III) oder ein daraus abgeleitetes Bezugsobjekt (z.B. im Dienstleistungsgeschäft DG I). Daraus ergibt sich, daß auch absolute Betriebskostenziele nicht ohne die zugrundeliegenden Bezugsgrößenentwicklungen gesehen werden dürfen. Den Zusammenhang zwischen der geplanten Veränderung der Bezugsgröße und den geplanten Betriebskosten, zeigt Abbildung 9:

Abbildung 9: Betriebskosten- und Bezugsgrößenentwicklung

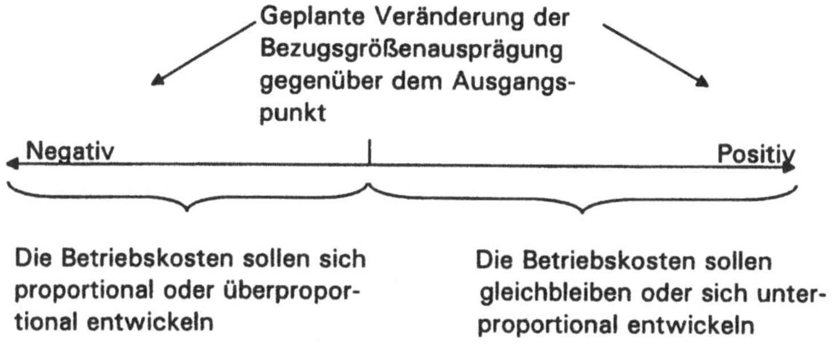

Die konkrete Umsetzung der Betriebskostenziele ist die ständige Aufgabe aller Mitarbeiter, die sie betreffenden Tätigkeiten so produktiv wie möglich auszuführen. Dennoch sollten die Betriebskosten nicht „das Maß aller Dinge" sein, es müssen Handlungsfreiräume[2)] bestehen bleiben, da eine „planwirtschaftliche Zielerfüllung" nicht erstrebens-

1) Weitere Disaggregationsebenen sind Kostenstellen und Prozesse.

2) Vgl. auch die Kritik zu hierarchischen Zielplanungen von Gemünden, H. G.: Zielbildung, in: Handbuch Unternehmungsführung, hrsg. von H. Corsten/M. Reiß, Wiesbaden 1995, S. 251-266, hier S. 259/261.

wert erscheint.[1] Insofern sollte die auf den gesamten Versicherungskonzern (gesamtes Versicherungsunternehmen) bezogene Betriebskostenquote auch nur als Mindestzielgröße geplant und betrachtet werden, die erreicht werden soll, aber auch unterschritten (bei absatzbezogenen Zielen überschritten) werden darf.

3.2.2.2 Bestimmungsgrößen der Betriebskosten

3.2.2.2.1 Die Qualität der Versicherungsschutzprodukte als Bestimmungsgröße der Betriebskosten

Die Forderung nach der Vergleichbarkeit der ermittelten Betriebskosten und der Kontrollergebnisse beinhaltet, daß die Qualität der abgesetzten Versicherungsschutzprodukte gegenüber der Ausgangsgröße nicht verändert werden darf. Unter Qualität wird die Eignung eines Gutes (oder allgemeiner, einer „Einheit") für einen vorgesehenen Verwendungszweck verstanden.[2] Für zukünftige Betriebskostenzielplanungen hingegen ist die Qualität eine Bestimmungsgröße.

Neben objektiven Qualitätsaspekten, die in den verwendeten Produktionsfaktoren und betriebstechnischen Verfahren begründet sind, müssen die Versicherungsunternehmen subjektiv empfundene Qualitäten bei ihrer Betriebskostenzielfestlegung berücksichtigen. Die Qualität des Versicherungsschutzproduktes ergibt sich für den Versicherungsnehmer vor allem daraus, wie er sich als Kunde behandelt sieht, wie auf seine Wünsche reagiert wird und wie sich das Versicherungsunter-

---

1) Vgl. hierzu auch die Ausführungen von Bodenstab, T.: Abschlußkosten in der PKV - Quo Vaditis?, in: ZfV 1996, S. 320.

2) Vgl. zu verschiedenen Dimensionen des Qualitäts-Begriffes Botta, V.: Qualität und Qualitätsüberwachung, in: HWProd, hrsg. von W. Kern, a.a.O., Sp. 1747-1756; Müller-Böling, D.: Qualitätsmanagement, in: HWB, hrsg. von W. Wittmann et al., 5. Auflage, a.a.O., Sp. 3625-3638.

nehmen im Schadenfall verhält.[1] Die Qualität des Versicherungsschutzes, als „wahrgenommene Qualität“[2], leitet der Versicherungsnehmer ausschließlich aus den Dienstleistungsgeschäften DG II und DG III ab.[3] Es ist für die Versicherungsunternehmen daher nicht möglich, eine für alle Funktionsbereiche und alle Dienstleistungsgeschäfte prozentual einheitliche Betriebskostensenkung[4] zu planen, ohne die Auswirkungen auf die „wahrgenommene Qualität“ zu beachten, deren negative Veränderung von den Versicherungsnehmern sehr sensibel registriert wird.[5] Die Versicherungsunternehmen müssen vielmehr differenzieren zwischen internen Produktionen, die ohne direkte Außenwirkung stattfinden und externen Produktionen, die unmittelbar mit oder für die Versicherungsnehmer erbracht werden.[6]

Primärer Ansatzpunkt einer quantitativen Beeinflussung der Betriebskosten bei unveränderter Qualität, sind die Leistungsbereitschaften der nichtproduktbezogenen internen Produktionen ($npiL_n$) des Dienstleistungsgeschäftes DG I. Veränderungen dieser Produktionen werden nicht unmittelbar von den Versicherungsnehmern wahrgenom-

1) Vgl. Kromschröder, B. et al.: Qualität und Qualitätsmanagement in der Versicherungswirtschaft, in: ZfB 1992, S. 43-74, hier S. 50.

2) Kromschröder, B.: Qualitätsmanagement ..., a.a.O., S. 12. Vgl. auch die Ausführungen von Ullmann, T./Peill, E.: Servicequalität und Kundenzufriedenheit als Schlüssel zum Markterfolg (I), in: VW 1994, S. 1266-1271 sowie Peill, E./Ullmann, T./Sauer, J.: Servicequalität und Kundenzufriedenheit als Schlüssel zum Markterfolg (II), in: VW 1994, S. 1608-1613.

3) Die Versicherungsfalleistungen sind dabei Teil der qualitativen Wahrnehmung des Dienstleistungsgeschäftes DG III.

4) Sog. „Cost Cutting“, vgl. Franz, K.-P.: Möglichkeiten eines systematischen Kostenmanagements, in: Rechnungswesen und EDV, 15. Saarbrücker Arbeitstagung 1994, hrsg. von A.-W. Scheer, Heidelberg 1994, S. 59-71, hier S. 61.

5) Vgl. zu dieser Thematik Protz, M.: Wertschöpfung durch Service im Vertrieb: Welchen Service nimmt der Kunde wahr, welchen honoriert er?, in: VW 1996, S. 92-97.

6) Inwieweit die „wahrgenommene Qualität“ sich auch auf Anspruchssteller an Versicherungsnehmer zu erstrecken hat, sei hier dahingestellt.

men.[1] Mittelbar kann eine Wahrnehmbarkeit gegeben sein, wenn sich durchgeführte Änderungen auf Produktionen anderer Funktionen des gleichen oder anderer Dienstleistungsgeschäfte auswirken.

Die nächste Ansatzebene eines konkreten Betriebskostenmanagements der internen Leistungsbereitschaften ergibt sich bei den produktbezogenen internen Leistungen (piL_m) der Dienstleistungsgeschäfte DG I, DG II und DG III. Hier sind sowohl unmittelbare als bereits auch mittelbare Wahrnehmbarkeiten durch Versicherungsnehmer zu berücksichtigen.

In bezug auf die internen Produktionen sind *direkte Betriebskostenziele* unproblematisch zu formulieren. Sie sind darauf gerichtet, die eingesetzten Produktionsfaktoren „preiswerter" (Preiskomponente des Kostenbegriffs) und/oder in geringeren Mengen zu beschaffen (Mengenkomponente des Kostenbegriffs). Die Beeinflussung der Mengenkomponente leitet dann unmittelbar über zu den *indirekten Betriebskostenzielen*. Mengenreduktionen können durch eine qualitative Veränderung der eingesetzten Produktionsfaktoren sowie durch eine Verbesserung des Zusammenwirkens der Produktionsfaktoren, also der betriebstechnischen Verfahren, erreicht werden. Ein wichtiges indirektes Betriebskostenziel für die Fertigung des Dienstleistungsgeschäftes DG I, das interne und externe produktbezogene Leistungen zum Gegenstand hat, ist die „betriebskostenoptimierte Konstruktion" von Versicherungsschutzprodukten. Während die Verbesserung der Wirtschaftlichkeit ein direktes Betriebskostenziel ist, stellt die Produktivitätsverbesserung ein indirektes dar.

---

1) Auf der anderen Seite ist jedoch davon auszugehen, daß das Volumen der hier erreichbaren Betriebskostenoptimierungen nicht sehr hoch sein wird. Diese Tendenzaussage ist jedoch erst durch Kontrollrechnungen zu verifizieren oder zu falsifizieren.

Bei den externen Produktionen (eL_l), die ausschließlich in den Dienstleistungsgeschäften DG II und DG III erbracht werden, haben die Versicherungsunternehmen einen begrenzten Spielraum der Betriebskostenzielformulierung und -umsetzung, besonders im Hinblick auf den Personalbestand der Außenorganisation. Betriebskostenziele sind hier sehr sensibel in Richtung auf eine Erhöhung der Wirtschaftlichkeit externer Leistungen bei Wahrung der Qualität des akquirierten und des gehaltenen Geschäftes zu formulieren. Aus dem Absatz resultierende Betriebskostenziele werden zur Mitarbeiterlenkung verwendet, indem bestimmte Versicherungsschutzpodukte höher oder niedriger als bisher provisioniert werden.

Betriebskostenziele sind so zu formulieren, daß gegenüber dem Status-Quo objektive und/oder subjektive Produkt- und Leistungsqualitäten nicht verschlechtert, möglichst verbessert werden. In den Grenzbereich der qualitätsneutralen Betriebskostenoptimierung sind die vielfältigen Möglichkeiten der Versicherungsunternehmen einzubeziehen, die vorhandenen Ausnutzungsgrade der momentan verfügbaren Leistungsbereitschaften anders zu gestalten. Während die Produktionen direkte Qualitätsgestaltungsparameter sind, handelt es sich bei den folgenden Maßnahmen um indirekte. So können bei der Antragsannahme die Annahmefristen weitgehend ausgeschöpft und vorläufige Dekkungszusagen ausgesprochen werden. Auch wird durch einen antragsmäßig vereinbarten materiellen und technischen Versicherungsbeginn vor dem formellen Versicherungsbeginn grundsätzlich, d.h. unter der Voraussetzung, daß das Versicherungsunternehmen den Antrag unter den üblichen Bedingungen annimmt, eine Leistungspflicht des Versicherungsunternehmens begründet.[1] Bei der Schadenregulierung kön-

1) Vgl. zu dieser allgemeinen Aussage die detaillierteren Erläuterungen bei Maenner, R.: Rückwärtsversicherung - keine akademische Denkübung, in: VW 1985, S. 1318-1325; Plander, H.: Probleme der Rückwärtsversicherung in Fällen des § 5 Abs. 3 VVG, in: VersR 1986, S. 105-109; Bartsch, H.: Rückwärtsversicherung und vorläufige Deckungszusage in der Fahrzeugvollversicherung, in: VersR (Fortsetzung...)

nen, nachdem die Leistungspflicht des Versicherungsunternehmens feststeht, zunächst Abschläge auf die Versicherungsfalleistung gezahlt werden.

Die Größe des für die Versicherungsunternehmen vorhandenen aus bisher aufgebauten Leistungsbereitschaften resultierenden Spielraums der qualitätsbasierenden Betriebskostenfestlegung wird nicht unwesentlich dadurch vorgegeben, wie zufrieden die Versicherungsnehmer bisher mit der wahrgenommenen Qualität ihres Versicherungsschutzes sind. Je größer die Zufriedenheit, um so größer ist der noch vorhandene Spielraum.[1)]

Versicherungsunternehmen betreiben Kostenmanagement nicht nur innerhalb der Grenzen gegebener Versicherungsschutzqualitäten. Umfassend ausgebaute Leistungsbereitschaften der Dienstleistungsgeschäfte DG II und DG III mit entsprechend höheren Betriebskosten werden als verkaufsfördernde Argumente angeführt, da der Neukunde ein Produkt mit umfangreichen Serviceleistungen erwirbt. Bei Bestandskunden können notwendige Betriebskostenerhöhungen in den Prämien nicht über Anpassungsklauseln, sondern ausschließlich über

---

1) (...Fortsetzung)
1987, S. 642-645; Benkel, G. A.: Rückwärtsversicherung in der Lebensversicherung, in: VersR 1991, S. 953-957.

1) Die Versicherungsunternehmen müssen berücksichtigen, daß sämtliche Betriebskosteneinsparungen konterkariert werden, wenn Versicherungsnehmer (subjektiv) Qualitätseinbußen wahrnehmen, die zu einer erhöhten Fluktuation im Bestand führen, vgl. Vogel, N.: Qualitätsmanagement im Versicherungsunternehmen, in: Festschrift für Dieter Farny, hrsg. von H.-P. Mehring/V. Wolff, Karlsruhe 1994, S. 253-261, hier S. 253 f. Die Notwendigkeit, die Bestandskunden zu halten und die Geschäftsbeziehungen mit ihnen auszubauen, wird gerade unter Betriebskostenaspekten immer wieder betont, vgl. exemplarisch Fischer, K.: Qualitätsmanagement in der Assekuranz, in: VW 1994, S. 408-413, hier S. 409.

Änderungskündigungen herbeigeführt werden.[1] Nicht jede Verbesserung der Versicherungsschutzqualität muß aber mit einer dauerhaften Erhöhung von Betriebskosten einhergehen. Beispiele aus der Praxis zeigen, daß durch eine betriebskostenneutrale Prozeßoptimierung Betriebskostenvorteile ausgelöst werden können.[2]

Beim Gesamtkomplex der auf interne und externe Produktionen bezogenen qualitätsresultierenden Betriebskostenzielplanung ist auch immer die Erreichbarkeit und die Motivationsfunktion der Ziele und damit die Zufriedenheit der Mitarbeiter zu beachten.[3] Fehlerhaft formulierte oder verstandene Betriebskostenziele können ebenso eine dysfunktionale Wirkung auslösen, wie dies bereits für die Kontrolle dargestellt wurde.

3.2.2.2.2 Der externe Faktor als Bestimmungsgröße der Betriebskosten

Eine weitere Bestimmungsgröße der Betriebskosten ist die Eignung der in den jeweiligen Produktionen von Versicherungsschutz verwendeten externen Faktoren Informationen und Humanaktivitäten. Durch die externen Faktoren werden Elemente der Unbestimmtheit und der Unsicherheit in die Produktionsprozesse der Versicherungsunternehmen gebracht. Mit dem externen Faktor sind nicht nur Probleme des Absatzes von Versicherungsschutzprodukten und des zeitlichen Anfalls der Produktionen, auf die die bereitzuhaltenden Potentiale hin auszurichten sind, verbunden. Probleme der Betriebskostenentstehung

---

1) Die Erhöhung der Dienstleistungsqualität wird juristisch nicht so verstanden, daß damit der Umfang des Versicherungsschutzes erhöht wird, so daß § 31 VVG hier zum Tragen kommt. Bestandskunden erhielten demnach höhere Serviceleistungen, ohne entsprechende Deckungsbeiträge zu leisten.

2) Vgl. exemplarisch Peil, E./Ullmann, T./Sauer, J.: Servicequalität ..., a.a.O., S. 1610-1612.

3) Vgl. Krystek, U./Zumbrock, S.: Planung und Vertrauen, Stuttgart 1993, S. 55 ff.

resultieren ebenso aus den Qualitäten der eingebrachten externen Faktoren. Je geringer deren Qualitäten sind, um so größere Anstrengungen sind von seiten der Versicherungsunternehmen zu übernehmen.[1)]

Dienstleistungen können mit unterschiedlichen Aktivitätsgraden von Dienstleistungsnehmern und Dienstleistungsgebern, die sich immer nur auf die Sphäre der abgeleiteten externen Faktoren beziehen, produziert werden. Die unterschiedlichen Aktivitätsgrade der Versicherungsnehmer werden von den Versicherungsunternehmen gezielt als unternehmenspolitisch motivierte Maßnahme des Betriebskostenmanagements eingesetzt, externe, und im geringeren Maße auch interne Produktionen durch Leistungen der Versicherungsnehmer zu ersetzen. Der (Risiko-)Kern eines jeden Versicherungsschutzproduktes bleibt dabei unverändert, lediglich die Dimension des Dienstleistungsgeschäftes wird variiert. Derartige Veränderungen betreffen die Absatzfunktion des Dienstleistungsgeschäftes DG II und in der Fertigung das Dienstleistungsgeschäft DG III.

Die Versicherungsunternehmen haben somit die Möglichkeit, ihren Aktivitätsgrad zu vermindern, dabei den Versicherungsnehmer stärker in die Produktion mit einzubeziehen und die sich ergebenden Betriebskostenvorteile an diesen weiterzugeben.[2)] Neben der Motivation, Ver-

---

1) Dieser Gedanke findet sich auch bei Sönnichsen, Ch.: Zur Notwendigkeit der Qualitätssicherung von Versicherungsprodukten, in: Festschrift für Dieter Farny, hrsg. von H.-P. Mehring/V. Wolff, a.a.O., S. 243-251, hier S. 247. SÖNNICHSEN verwendet jedoch einen weniger umfassenden Begriff des externen Faktors: „Der externe Faktor umfaßt alle für die Erbringung einer Dienstleistung notwendigen **Aktivitäten** [Herv. d. Verf.] ihres Abnehmers.", Sönnichsen, Ch.: Zur Notwendigkeit ..., a.a.O., S. 246.

2) Betriebskostenvorteile ergeben sich jedoch nur, wenn die Versicherungsnehmer in der Lage sind, die ihnen übertragenen Aufgaben auch zu erfüllen, wodurch aufwendige Nacharbeiten seitens des Versicherungsunternehmens entfallen. Vgl. hierzu auch Stremitzer, H./Ennsfellner, K. C.: Gedanken zur kundenorientierten Qualität von Versicherungsdienstleistungen, in: Risiko, Versicherung, Markt, Festschrift für Walter Karten zur Vollendung des 60. Lebensjahres, hrsg. von D. Hesberg/M. Nell/W. Schott, Karlsruhe 1994, S. 381-399, hier S. 392.

sicherungsschutz preiswerter einzukaufen, sind als weitere Beweggründe der Versicherungsnehmer zur Erhöhung des eigenen Aktivitätsgrades die verbesserte Transparenz der Leistungsbeziehungen zum Versicherungsunternehmen sowie das Bestreben, Sachverhalte eigenständig abzuklären und eigenverantwortlich durchzuführen, anstatt dies Dritten zu überlassen, anzuführen.[1)]

Aufgrund der Vielgestaltigkeit der Einflußgrößen auf den Aktivitätsgrad bewegt sich die Motivation der Versicherungsunternehmen zwischen den Positionen, den Versicherungsnehmern Versicherungsschutz zu einem günstigen Preis anzubieten und über neue Absatzwege neue Kundengruppen zu gewinnen. Da die Versicherungsunternehmen vor allem in der Absatzfunktion des Dienstleistungsgeschäftes DG II deutliche Betriebskosteneinsparpotentiale aufweisen, betätigen sich derartige Versicherungsunternehmen am Markt als Versicherungsunternehmen mit Direktabsatz.[2)] Der gegenüber der Ausgangssituation verminderte Umfang der Dienstleistungsgeschäfte DG II und DG III sowie die Ansprache verschiedener Zielgruppen machen es notwendig, die beiden Versicherungsschutzproduktionstypen voneinander getrennt am Markt anzubieten. Dies geschieht i.d.R. durch die Gründung von Tochterversicherungsunternehmen, die sowohl vom Namen,

---

1) Vgl. Corsten, H.: Externalisierung und Internalisierung als strategische Optionen von Dienstleistungsunternehmungen, in: Dienstleistungsqualität, hrsg. von M. Bruhn/B. Stauss, Wiesbaden 1991, S. 165-182, hier S. 173.

2) Der Begriff „Direktabsatz" (Direktvertrieb) wird hier verstanden als „Vermittlung und Verwaltung von Versicherungsverträgen ohne (oder mit zahlenmäßig erheblich eingeschränktem) Außendienst.", Stichwort: Direktvertrieb, in: Gabler Versicherungslexikon, hrsg. von P. Koch/W. Weiss, Wiesbaden 1994, S. 227-228, hier S. 227. Der persönliche Kontakt zum Versicherungsnehmer ist, vor allem über das Telefon, auch beim Direktabsatz möglich.

als auch vom Standort, nicht unmittelbar den Bezug zum herrschenden Versicherungsunternehmen aufzeigen.[1][2]

Daß die Gründung von Versicherungsunternehmen mit Direktabsatz auch als Maßnahme des Kostenniveau- und Kostenstrukturmanagements anzusehen ist, resultiert aus damit verbundenen Betriebskostenvorteilen. Zum einen werden Absatzaktivitäten des Dienstleistungsgeschäftes DG II und Fertigungstätigkeiten des Dienstleistungsgeschäftes DG III auf den Versicherungsnehmer übertragen. Zum anderen können im Dienstleistungsgeschäft DG I alle Funktionen und in den Dienstleistungsgeschäften DG II und DG III die Fertigung zentral für alle Versicherungsunternehmen im Konzern produziert werden. Für derartige Funktionsausgliederungen bzw. Leistungsinanspruchnahmen sind Entgelte zu zahlen, es wird aber vermieden, daß Funktionen doppelt bestehen, und bereits existierende Kapazitäten werden besser ausgelastet.[3]

---

1) Vgl. Farny, D.: Entwicklungen bei den Vertriebsverfahren für Versicherungen, in: DBW 1986, S. 421-437, hier S. 434 f.

2) Der hier beschriebene Weg, innerhalb eines Versicherungskonzerns mit eigener Außenorganisation auch Versicherungsunternehmen mit Direktabsatz zu gründen, ist der in der Realität häufiger zu findende. Dies spricht jedoch nicht gegen die Möglichkeit, den umgekehrten Weg zu gehen oder ausschließlich als Versicherungsunternehmen mit Direktabsatz am Markt tätig zu sein. Zur Versicherungskonzernbildung sei auf das einschlägige Schrifttum verwiesen.

3) Die Gründung von *„Direktversicherungsunternehmen"* kann als eine strategische Maßnahme angesehen werden. Da die Reduzierung von Konzernbetriebskosten der Maßnahme „Kundengruppengewinnung" als Zielsetzung nachfolgt, kann sie nicht zum strategischen Betriebskostenmanagement gerechnet werden. Anders ist der Umstand zu bewerten, wenn sich Versicherungsunternehmen allein deswegen zu einem Gleichordnungskonzern zusammenschließen, um betriebliche Funktionen nicht doppelt zu besetzen und damit die Betriebskosten in den Mittelpunkt ihrer Überlegungen stellen.

3.2.3 Die Minimal-Betriebskosten als Zielgröße des Betriebskostenmanagements

Als generelles Ziel des Betriebskostenmanagements kann formuliert werden, bei substitutionalen Faktoreinsätzen immer die Minimalkostenkombination und bei limitationalen Faktoreinsätzen immer das kostenminimalen Verfahren zu verwenden.[1] Die vorausgegangenen Ausführungen zeigen aber deutlich, daß es für die Betriebskostenzielfestlegung nicht ausreichend ist, lediglich dieses „technische" Erfordernis umzusetzen, ohne den Gesamtzusammenhang zu berücksichtigen. Es sind neben den angesprochenen qualitativen Aspekten der Versicherungsschutzprodukte und den externen Faktoren weitere Restriktionen betriebswirtschaftlicher und juristischer Art zu beachten, wie z.B. die zu gewährleistende Integration in bestehende Produktionen und Kündigungsfristen.[2] Minimalkostenkombinationen und kostenminimale Verfahren sind in Versicherungsunternehmen immer nur relative Zielsetzungen.

3.3 Ziele von Kontrollrechnungen der Betriebskosten

Kontrollrechnungen sind der Kern der gesamten Betriebskostenkontrollen und ein wesentliches Instrument zur Informationsbereitstellung für das Betriebskostenmanagement. Im Mittelpunkt einer jeden Kontrollrechnung steht die Kostenabweichungsanalyse, also die Gegenüberstellung von Soll- und Istbetriebskosten auf der Basis geeigneter Methoden sowie die anschließende Auswertung und Interpretation der Ergebnisse. Die Ziele der Kontrollrechnung ergeben sich dabei unmittelbar aus den Zielen der Kostenkontrolle selbst, indem letztendlich

---

1) Vgl. Farny, D.: Versicherungsbetriebslehre, a.a.O., S. 512 f. Bei der Substitution von menschlicher Arbeitsleistungen und informationstechnischen Anlagen sowie sonstigen Büromaschinen, handelt es sich um Verfahrenswechsel (Prozeßsubstitutionen).

2) Vgl. zu der Gesamtproblematik die Ausführungen von Laßmann, G.: Die Produktionsfunktion und ihre Bedeutung für die betriebswirtschaftliche Kostentheorie, Köln, Opladen 1958, S. 76-80.

durch Betriebskostenkontrollrechnungen Informationen über das Ausmaß der Erreichung von quantifizierten Zielvorgaben bereitgestellt werden. Durch Betriebskostenkontrollrechnungen werden die Informationen gewonnen, die Rückschlüsse zulassen über die Ursachen entstandener Abweichungen und damit die Basis zukünftiger Entscheidungen sind.

4 Die Kontrollrechnungen der Betriebskosten

4.1 Die Planung der Kontrollrechnungen der Betriebskosten

4.1.1 Die Ausgangslage für die Planung der Betriebskostenkontrollrechnungen in den Versicherungsunternehmen

Wie unsere Ausführungen zum Betriebskostenkontrollregelkreis gezeigt haben[1], stellen Betriebskostenkontrollrechnungen Informationen bereit, die sowohl für ein Betriebskostenmanagement (verstanden als Betriebskostenregelung) als auch für die Führung des Versicherungsunternehmens (verstanden als Steuerung) unverzichtbar sind. Die Planung der Betriebskostenkontrollrechnungen erfolgt unmittelbar, nachdem von seiten der Führung die strategischen Zielsetzungen und die daraus abgeleiteten operativen Betriebskostenziele formuliert worden sind. Betriebskostenkontrollrechnungen laufen als Instrumente und Maßnahmen des Betriebskostenmanagements permanent im Sinne eines Regelkreises ab und werden durch fallbezogene Sonderkontrollrechnungen ergänzt. Insofern erfolgen die einzelnen Planungsschritte aller Betriebskostenkontrollrechnungen laufend und immer wiederkehrend unter der Zielsetzung „Betriebskostenoptimierung", die als langfristig (aber nicht strategisch) und dauerhaft zu realisierende Zielsetzung verstanden wird. Die Gesamtheit der Betriebskostenkontrollrechnungen, das Betriebskostenkontrollrechnungssystem, besteht damit aus einer Vielzahl miteinander vermaschter Regelkreise. Der kleinste Regelkreis ist dabei die Betriebskostenkontrolle, die der einzelne Mitarbeiter eigenverantwortlich und ständig seine eigene Arbeit begleitend ausführt. Der nächste, umfassendere Regelkreis ist die Kontrolle durch den Vorgesetzten. Gegenstand der hier betrachteten Betriebskostenkontrollrechnungen sind ausschließlich die zeitpunktbezogenen Ergebnisse betriebskostenverursachender Prozesse.

Die Gegenüberstellung von Soll- und Istbetriebskosten ist nicht der Zweck der Betriebskostenkontrolle, sondern Auswertung und Ursa-

---

1) Vgl. nochmals Kapitel 1.5.

chenaufdeckung entstandener Abweichungen, Alternativenausarbeitung, deren Umsetzung und die sich daran anschließende Kontrolle sind relevant. Die technischen und materiellen Betriebskostenkontrollrechnungen werden in der überwiegenden Anzahl von zentralen und dezentralen Controllern und damit von einer prozeßunabhängigen Instanz durchgeführt. Dem Controlling obliegt gleichzeitig die Durchführungsplanung der Betriebskostenkontrollrechnungen.

Die Ausgangslage für die Durchführung der Betriebskostenkontrollrechnungen wird bestimmt durch den Stellenwert, der dem Betriebskostenmanagement von der Unternehmensführung zugemessen wird, und durch die Art und Weise, wie betriebliche Planungen an sich im betreffenden Versicherungsunternehmen etabliert sind. Damit die Planungen erfolgreich sein können, ist es unabdingbar, ein positives „Planklima" zu schaffen. Entscheidend hierfür ist, daß die Mitarbeiter erkennen, daß Planung und Kontrolle notwendig sind, gemeinsam vereinbarte Ziele zu erreichen. An der Notwendigkeit eines Betriebskostenmanagements bestehen heute in der gesamten Versicherungswirtschaft keine Zweifel mehr.[1)] Es darf aus diesem Grund niemals primärer Zweck eines derartigen Führungskreislaufes sein, Mitarbeiter unter Druck zu setzen und darauf bedacht zu sein, Fehlverhalten aufzudekken. Ergebnis wäre ein dysfunktionales Verhalten der Mitarbeiter, das darauf gerichtet wäre, Planvorgaben zu manipulieren und nicht eingehaltene Planvorgaben zu erklären. Betriebskostenkontrollen würden hierdurch praktisch unmöglich gemacht.[2)]

---

1) Vgl. hierzu den Überblick bei Lund, M.: Kostenmanagement in Versicherungsunternehmen, in: ZfV 1995, S. 4-12 und eindringlich Illner, M.: Die Bedeutung der Betriebskosten als Wettbewerbsfaktor im Industrieversicherungsgeschäft, in: VP 1996, S. 109-116.

2) Vgl. hierzu auch die Ausführungen von Reber, G.: Motivation und Planung, in: HWPlan, hrsg. von N. Szyperski, a.a.O., Sp. 1180-1190, besonders Sp. 1183 f./1186 ff.

4.1.2 Die Planung der Durchführung von Betriebskostenkontrollrechnungen

Bevor die eigentliche Planung der Durchführung der Betriebskostenkontrollrechnungen erfolgen kann, sind unterschiedliche Voraussetzungen zu erfüllen. Die wichtigste besteht darin, über ein internes Rechnungswesen zu verfügen, auf dessen Basis Betriebskostenkontrollrechnungen erfolgen können. Sind diese Voraussetzungen geschaffen, erfolgt als nächste durchführungsbezogene Planungsmaßnahme die Aufstellung der Kontrollfelder.

4.1.2.1 Kostenrechnungsbezogene Grundlagen der Betriebskostenkontrollrechnungen

Kontroll*rechnungen* basieren immer auf den Ergebnissen von Kostenrechnungen. Da Kostenrechnungen rein interne Informationssysteme sind und Versicherungsunternehmen immer umfangreiche externe Informationspflichten gegenüber der Öffentlichkeit und den Versicherungsaufsichtsbehörden zu erfüllen hatten, waren gut ausgebaute Kostenrechnungen in Zeiten der starken Regulierung des Versicherungswesens nicht selbstverständlich. Als Ergebnis des zunehmenden Konkurrenzdrucks innerhalb der Branche und durch Substitutivunternehmen sowie der Deregulierung des Marktes für Versicherungsschutzprodukte trat die Notwendigkeit, auch über ein leistungsfähiges, auf interne Bedürfnisse zugeschnittenes Rechnungswesen zu verfügen, verstärkt in das Bewußtsein der Entscheidungsträger. Basis einer jeden Kontrollrechnung ist immer eine Ist-Kostenrechnung, die das gegenwärtige Betriebsgeschehen in Kostengrößen ausgedrückt wiedergeben soll.[1)]

---

1) Vgl. zu weiteren Details der Istkostenrechnung auch unsere Ausführungen im Kapitel 4.1.2.1.5.

4.1.2.1.1 Die Bedeutung der Plankostenrechnung für die Betriebskostenkontrolle

Kontrollrechnungen als Ist-Ist-Vergleiche sind möglich, werden aber als wenig sinnvoll angesehen. Die Gründe hierfür liegen darin, daß der „Schlendrian“ der einen Periode mit dem „Schlendrian“ einer anderen Periode verglichen wird.[1)] Um diesen Kreislauf zu durchbrechen, sind für eine zukünftige Periode die Kosten zu planen und den dann realisierten Ist-Kosten gegenüberzustellen. Grundlage der Plankostenermittlung ist die getrennte Planung von Preis- und Mengenkomponente. Plankostenrechnungen sind immer auf spezifische unternehmensinterne Aufgabenbereiche hin zu konzipieren. Dazu sind die Kosten nach fest vorgegebenen Kriterien zu planen, so daß verschiedene Typen von Plankostenrechnungen unterschieden werden. Als Grundlage der Typenbildung kann unterschieden werden zwischen Entscheidungsfindungs-, Entscheidungsrealisations- und Kontrollaufgaben.[2)] Kontrollen werden jedoch nicht als Selbstzweck vorgenommen, sondern dienen wiederum der Überwachung von Entscheidungsfindungen und Entscheidungsrealisationen. In Versicherungsunternehmen ist ein Plankostenrechnungssystem auf die Kontrolle von Entscheidungsrealisationsaufgaben hin zu konzipieren. Die Gründe hierfür liegen darin, daß es für die Entscheidungsträger nur wenige und im Umfang eingeschränkte Gestaltungsparameter der Entscheidungsfindung gibt,[3)] andererseits aber durch die Kontrolle der Entscheidungsrealisation auch gleichzeitig eine Kontrolle der Entscheidungsfindung erfolgt. Weiterhin

1) In Anlehnung an SCHMALENBACH, vgl. Schmalenbach, E.: Kostenrechnung und Preispolitik, Köln, Opladen 1963, S. 447.

2) In Anlehnung an Kloock, J.: Plankosten- und Planleistungsrechnung, in: HWR, hrsg. von E. Kosiol/K. Chmielewicz/M. Schweitzer, 2. Auflage, a.a.O., Sp. 1290-1309, hier Sp. 1291 ff.

3) Vgl. hierzu auch unsere Ausführungen im Kapitel 4.1.2.1.4.

ist mit der Realisationskontrolle auch unmittelbar eine Kontrolle der Mitarbeiter verbunden (sog. Lenkungsfunktion der Kostenkontrolle).[1)]

Plankostenrechnungen können als Voll- oder Teilkostenrechnungssysteme konzipiert werden. Da bei Vollkostenrechnungssystemen alle Kosten auf Kostenstellen und Kostenträger verrechnet werden, wird die Entscheidungsrelevanz der bereitgestellten Kosteninformationen angezweifelt. Bei Teilkostenrechnungssystemen werden nur fest definierte Kostenbestandteile auf die Kostenstellen und Kostenträger weiterverrechnet. Bei der Grenzplankostenrechnung werden auf die Kostenträger z.B. nur die variablen Kostenträgereinzelkosten und die variablen Kostenstelleneinzel- und -gemeinkosten verrechnet.[2)]

Es erscheint an dieser Stelle sinnvoll, die Frage nach den relevanten Betriebskosten-Informationsbedarfen der Entscheidungsträger in Versicherungsunternehmen zu stellen, woraus sich dann auch der Typ der zu verwendenden Planbetriebskostenrechnung ableiten läßt.

Eine interne Betriebskostenrechnung muß über die Informationspflichten an externe Koalitionsteilnehmer und Aufsichtsbehörden hinausgehende, zusätzliche Informationen bereitstellen. Bezogen auf die Kostenstellen macht eine Vollkostenzurechnung Sinn, denn mehrstufige, die Kostenzurechnung verkomplizierende Produktionen gibt es nur wenige für die Absatzfunktion der Dienstleistungsgeschäfte DG I und DG II und in größerer Anzahl lediglich für die Fertigungsfunktion der Dienstleistungsgeschäfte DG I, DG II und DG III, wobei gerade die Fertigungsstufen Erst-, Folge-, Schluß- und Schadenbearbeitung in sich

---

1) Lenkung ist die erfolgsoptimale Entscheidungsrealisation durch direkte Verhaltensbeeinflussung von Mitarbeitern, vgl. Kloock, J.: Plankostenrechnung, in: HWR, hrsg. von K. Chmielewicz/M. Schweitzer, 3. Auflage, a.a.O., Sp. 1551-1568, hier Sp. 1552.

2) Kostenstellenkosten sind immer Kostenträgergemeinkosten, diesen also nicht ohne weiteres zurechenbar.

abgeschlossene Fertigungssysteme sind. Auch wenn bei der Kostenzurechnung immer wieder der Grundsatz der „Kostenbeeinflußbarkeit" (durch den Kostenstellenleiter) betont wird,[1] kann die Betriebskostenkontrolle auf den möglichst umfassenden Kostenausweis nicht verzichten.

Bei der Kostenträgerkostenzurechnung wird den Vollkosten eine fehlsteuernde Wirkung im Vergleich zu den Grenzkosten zugesprochen. Bei den „relevanten Betriebskosteninformationen" sind aber die Besonderheiten der Produktion von Versicherungsschutz zu berücksichtigen, so daß die Frage zu stellen ist, ob Betriebsgrenzkosten, verstanden als die durch ein zusätzlich abgesetztes Versicherungsschutzprodukt entstehenden Betriebskosten, eine tragfähige Basis, auch für kurzfristige Entscheidungen, darstellen?[2]

---

1) Vgl. z.B. Schneider, D.: Versagen des Controlling durch eine überholte Kostenrechnung, in: DB 1991, S. 765-772, hier S. 767.

2) Es handelt sich im folgenden um Tendenzaussagen, die nicht jedem Einzelfall gerecht werden.

Tabelle 1: Betriebskosten und Preisuntergrenze im Vergleich von Versicherungsschutz und Sachgut

Versicherungsschutz	Sachgut
Betriebskosten entstehen in ex-ante unbekannter Höhe und zu ex-ante teilweise unbekannten Zeitpunkten auch noch nach erfolgtem Absatz ⇛ Tatsächliche Betriebskosten sind zum Absatzzeitpunkt für das einzelne, abgesetzte Versicherungsschutzprodukt unbekannt.	Betriebskosten entstehen nach erfolgtem Absatz grundsätzlich keine mehr ⇛ Betriebskosten sind mit dem Absatzzeitpunkt für das einzelne Gut determiniert.[1]
Versicherungsnehmer verursachen unterschiedliche Betriebskosten, aber kein Versicherungsnehmer zahlt die tatsächlich von ihm verursachten Betriebskosten, sondern die kollektiven Durchschnittswerte (= Betriebskostenerwartungswerte).	Käufer verursachen Betriebskosten als anonyme Gesamtheit und zahlen feste Betriebskostendeckungsbeiträge.

1) Hier zeichnet sich durch die verstärkte Notwendigkeit eine umweltgerechte Entsorgung des Produktes sicherzustellen, eine Änderung ab, die durch „Lebenszyklusrechnung" berücksichtigt werden soll.

Versicherungsschutz	Sachgut
Versicherungsverträge laufen teilweise über mehrere Jahre und auch mehrere Dekaden, wobei die Betriebskostendeckungsbeiträge nicht unmittelbar über eigene Prämienanpassungsklauseln angepaßt werden können, sondern nur mittelbar über das Bruttoprämienprinzip.	
Preisuntergrenze[1] = Schadenerwartungswert (ausgedrückt durch die Bruttorisikoprämie) + Grenzbetriebskosten + variable Kostenträgergemeinkosten + [zusätzliche Deckungsbeiträge] (bei freien Kapazitäten)	Preisuntergrenze = Kostenträgereinzelkosten (Grenzkosten) + variable Kostenträgergemeinkosten (bei freien Kapazitäten)

Im Hinblick auf die Betriebskosten der Versicherungsunternehmen sind die durch einen Kostenträger zusätzlich hervorgerufenen variablen Kosten als minimaler Prämienbestandteil kurzfristig und auch unter Berücksichtigung der Zinserträge der Bruttorisikoprämie nicht ausreichend. Auf den Ansatz zusätzlicher Deckungsbeiträge[2] für Betriebskosten kann nicht verzichtet werden, denn die Bruttorisikoprämie ist eine Größe des Risikogeschäftes und die Grenzbetriebskosten sind fast ausschließlich Provisionen, die für das Versicherungsunternehmen

1) Vgl. zur Problematik der Preisuntergrenze auch die Ausführungen von Ruchti, H.: Preisuntergrenze und feste Kosten, in: Gegenwartsprobleme der Betriebswirtschaft, hrsg. von F. Henzel, Baden-Baden, Frankfurt/Main 1955, S. 189-199, hier S. 189-191.

2) Deckungsbeiträge seien hier verstanden als sämtliche Prämienbestandteile zur Deckung der Betriebskosten.

Durchlaufposten sind.[1] Die Notwendigkeit, über die Grenzbetriebskosten hinaus noch zusätzliche Deckungsbeiträge zu erheben, wird bestimmt vom Anteil der variablen und fixen Gemeinkosten an den Gesamtunternehmenskosten. Je höher der Anteil der variablen Kosten ist, um so mehr Kosten werden schon durch die Preisuntergrenze abgedeckt.[2]

Der Aussagegehalt der Kostenträgerinformationen kann erhöht werden, wenn bekannt ist, welche Kosten einzelnen Prozessen zugerechnet werden können. Zusätzlich erhobene Deckungsbeiträge und Prozeßkosten, die durchaus vom Vertragspartner erst dann zahlbar sind, wenn eine entsprechende Leistung in Anspruch genommen wird, sind dem einzelnen Versicherungsvertrag aber weder nach dem „Kausalprinzip"(Causa efficiens) noch nach dem „Finalprinzip" (Causa finalis) zurechenbar.

Für Versicherungsunternehmen ist festzuhalten, daß bis auf einige versicherungsvertragsbezogene Kostenarten (besonders Provisionen) und nutzungsabhängige Abschreibungen, die meisten Kostenarten fixe

---

1) Zusätzlich ergeben sich noch kleinere Beträge, u.a. Porto- und Telefonkosten, Briefumschläge, Versicherungsscheine.

2) Wenn von den Provisionen abgesehen wird, dürften nach unseren Schätzungen mehr als 90% der Betriebskosten Fixkosten sein. „Sinken die produktabhängigen Einzel- und Gemeinkosten unter 50% ... so verliert meines Erachtens die auf Grenzplankosten basierende Deckungsbeitragsrechnung ihre Funktion als universelles Instrument der kurzfristigen Programmplanung, Preisbeurteilung bzw. Grenzpreisermittlung Produktergebnisanalyse.", Laßmann, G.: Aktuelle Probleme der Kosten- und Erlösrechnung sowie des Jahresabschlusses bei weitgehend automatisierter Serienfertigung, in: ZfbF 1984, S. 959-978, hier S. 967.

Kosten sind.[1] Wenn z.B. die Kosteneinflußgröße „Beschäftigung" in einer Periode in einer Kostenstelle variiert wird, gibt es kaum Betriebskostenarten, die sich gleichgerichtet zur Veränderung der Einflußgröße entwickeln. Wird davon ausgegangen, daß Mehrarbeit in einer Periode durch Minderarbeit in einer anderen Periode kompensiert wird, entfallen sogar noch die variablen Kostenelemente „Überstundenzuschläge". Insofern würden in einer Grenzplankostenrechnung nur wenige Kostenarten in die innerbetriebliche Leistungsverrechnung und Kalkulation mit einbezogen.

Anders ist der Sachverhalt einer auf die Kostenträgerrechnung und Kalkulation bezogenen Vollkostenbetrachtung zu beurteilen. Bei den Kostenträgerinformationen ist es nicht empfehlenswert, dem Kostenträger „Versicherungsvertrag" alle Kosten *irgendwie* zuzurechnen.[2] Sinnvoll ist vielmehr der Aufbau von stufenweisen Deckungsbeitragsrechnungen.[3] Eine Plankostenrechnung in Versicherungsunternehmen sollte daher eine Kostenstellen-Vollkostenrechnung sein, wobei die Teilkosteninformationen jedoch immer auch bekannt sein sollten, und

---

1) Fixe Kosten sind Kosten, die sich bei Variation einer bestimmten, ihnen zugrundeliegenden Kosteneinflußgröße, bzw. deren Maßgröße der Kostenverursachung, bezogen auf ein bestimmtes Variationsintervall, nicht verändern. Es ist aber möglich, fixe Kosten einer Gesamtheit (z.B. einer Kostenstelle, Produktgesamtheiten) nach dem Kosteneinwirkungsprinzip (im Sinne einer Mittel-Zweck-Beziehung) zuzurechnen.

2) In Literatur und Praxis ist es umstritten, ob Produktpreise aus den „Vollkosten" abzuleiten sind. Vgl. exemplarisch Meffert, H./Benkenstein, M.: Preispolitik, in: HWR, hrsg. von K. Chmielewicz/M. Schweitzer, 3. Auflage, a.a.O., Sp. 1583-1592, hier Sp. 1585 ff.

3) Der Aussagegehalt von stufenweisen Fixkostenzurechnungen kann durch unterschiedliche Kostenträgerhierarchieebenen und durch den Ausweis von Prozeßkosten erhöht werden. Gerade der Ausweis von Fixkosten als relative Einzelkosten einer bestimmter Bezugsobjektebene hat in der Versicherungswirtschaft eine breite Verwendung gefunden, vgl. Menz, W./Nausester, H.: Entwicklung ..., a.a.O., S. 149 ff.

eine mehrstufige Fixkostendeckungsrechnung umfassen.[1] Ein Betriebskostendenken in Versicherungsunternehmen ist also immer in dem Kontinuum zwischen Grenzkosten und Vollkosten angesiedelt.

Die zur Kontrolle der Betriebskosten in Versicherungsunternehmen verwendete Plankostenrechnung ist ausschließlich auf die Erfordernisse der Entscheidungsträger hin zu konzipieren. Sie hat keinem bestimmten theoretischen Konzept strikt zu folgen.

4.1.2.1.2 Die Bedeutung der relativen Einzelkostenrechnung für die Betriebskostenkontrolle

Grundprinzip der von RIEBEL[2] entwickelten „relativen Einzelkostenrechnung" ist es, auf eine Schlüsselung echter Gemeinkosten zu verzichten und statt dessen alle Kosten, sofern dies wirtschaftlich vertretbar ist, als Einzelkosten auszuweisen. Einzelkosten sind dabei die einem bestimmten Bezugsobjekt einer bestimmten Periode direkt zugerechneten Kosten,[3] wobei Kosten nicht als bewertete, sachzielbezogene Güterverzehre definiert werden, sondern als „die durch die Entscheidung über das betrachtete Bezugsobjekt ausgelösten Ausgaben".[4] Die durch eine Entscheidung ausgelösten zusätzlichen Aus-

---

1) Eine Vollkostenträgerrechnung wird dabei für zwischenbetriebliche Vergleiche benötigt, während die mehrstufige Fixkostendeckungsrechnung internen Kontroll- und Entscheidungszwecken dient.

2) Vgl. hierzu Riebel, P.: Einzelkosten- und Deckungsbeitragsrechnung, 7. Auflage, Wiesbaden 1994. Vgl. auch folgende Sekundärdarstellungen: Männel, W.: Kostenrechnung 2, 3. Auflage, Wiesbaden 1990, S. 49 ff.; Schweitzer, M./Küpper, H.-U.: Systeme ..., a.a.O., S. 489 ff.

3) Da auf eine Kostenschlüsselung grundsätzlich verzichtet wird, werden einem Bezugsobjekt auch nicht alle, sondern lediglich spezifische Teilkosten zugerechnet, so daß es sich bei der „relativen Einzelkostenrechnung" auch um ein „Teilkostenrechnungssystem" handelt.

4) Riebel, P.: Einzelkosten- ..., a.a.O., S. 627. Ausgaben im Sinne von nicht kompensierten Ausgaben, also von Auszahlungen. „Im Falle einer Periodenrechnung gehören zu den Kosten einer Periode alle Kosten derjenigen Objekte, die voll-

(Fortsetzung...)

zahlungen sind damit die Kosten, die sich ein Kostenverantwortlicher entgegenhalten lassen muß. So wie ein Bezugsobjekt das Resultat einer betrieblichen Entscheidung ist, resultieren aus dieser gleichen Entscheidung die Bezugsobjekteinzelkosten (Identitätsprinzip).[1] In Versicherungsunternehmen gibt es nur wenige Kostenarten, wie z.B. Abschlußprovisionen, die sog. Leistungskostenarten[2] sind, so daß die überwiegende Anzahl der Kostenarten Bereitschaftskosten (ausbringungsunabhängige Kosten) offener Perioden sind.[3] Personalkosten sind zwar juristisch in bestimmten geschlossenen Perioden abbaubar, faktisch ist diese kurzfristige Abbaubarkeit jedoch nicht gegeben.[4] Nach RIEBEL können und sollen nur solche Kosten kontrolliert werden, bei denen der Verbrauch der Mengenkomponente tatsächlich gemes-

4) (...Fortsetzung)
ständig von dieser Periode eingeschlossen werden, die also nicht in vorangehende oder nachfolgende Perioden „hineinragen".", Riebel, P.: Einzelkosten- ..., a.a.O., S. 369.

1) Dieser „entscheidungsorientierte Kostenbegriff" wird in praxi zu umfangreichen hierarchischen Verantwortungsrückverlagerungen führen. Wenn ein Entscheidungsträger eine Entscheidung trifft, die zu zusätzlichen Auszahlungen führt, die aber den Arbeitsplatz eines entscheidungsumsetzenden Mitarbeiters betrifft, wo auch die Kosten beeinflußt werden können, wer ist dann für Abweichungen verantwortlich, der Entscheider oder der Ausführende? Betriebskostenkontrollen würden primär zu Deckungsbeitrags- und Deckungsbudetkontrollen, wobei aber durch die Erlöse ein „verwässerndes" Element hinzukommt.

2) Leistungskosten entstehen immer nur dann, wenn eine Veränderung von Art, Menge und/oder Wert der tatsächlichen erbrachten Leistungen unmittelbar (*„automatisch"*) zu zusätzlichen Auszahlungen führen.

3) Das in der Kostenrechnung der Versicherungsunternehmen die Abschlußprovisionen üblicherweise intern aktiviert werden, ist keine Notwendigkeit, sondern eine Konvention die der Normalisierung dient. Solange die Periodenlänge unbekannt ist, sind diese Kosten Gemeinkosten.

4) Mitarbeiter werden grundsätzlich für unbeschränkte Zeiträume eingestellt und sofern die wirtschaftliche Situationen keinen Anlaß gibt, ist die Tätigkeitsperiode auch als offen zu betrachten. RIEBEL ist sich dieses Problems bewußt und schlägt daher vor, in derartigen Fällen, zu denen auch die Versicherungsvertragslaufzeiten zählen, für die Bestandsprovisionen zu zahlen sind, immer nur von den juristischen Anpassungszeiträumen auszugehen, vgl. Riebel, P.: Einzelkosten- ..., a.a.O., S. 91. Zu den Personalkosten äußert sich RIEBEL dort detailliert auf den Seiten 514-516.

sen wird und die auch unmittelbar beeinflußt werden können.[1] Bei Gehältern, als wichtigster Kostenart der Versicherungsunternehmen und sinngemäß bei allen immateriellen Produktionen, ist es bereits schwierig, das Bezugsobjekt sowie die tatsächliche Zeitdauer der Entscheidungsperiode festzustellen; die Verzehrsmengen sind ebenfalls nicht unmittelbar meßbar. Insofern dürfte es nach RIEBEL kaum kontrollrelevante Kosten in Versicherungsunternehmen geben.

Aufgrund der primären Ausrichtung auf die Istkosten und der Vielzahl strenger theoretischer Restriktionen[2] ist die relative Einzelkostenrechnung unmittelbar nicht als Basis von Betriebskostenkontrollrechnungen geeignet.[3] Dennoch haben verschiedene Elemente, wie die Grundrechnung und vor allem die Relativität des Einzelkostenbegriffs, unter Anpassung an das jeweilige Kostenrechnungssystem, in Theorie und Praxis vielfältige Verwendung gefunden.[4]

---

1) Vgl. Riebel, P.: Einzelkosten ..., a.a.O., S. 14 ff./527. Diese Einschränkung macht die Problematik der „relativen Einzelkostenkontrolle" deutlich: Kontrolliert werden sollen nur die durch eine Entscheidung ausgelösten *zusätzlichen Auszahlungen*, die aus einem Verbrauch an Güter herrühren, der gemessen wird (werden muß) und wo die kontrollierten Sachverhalte beeinflußt werden können („verantwortet werden"). Besonderer Aufmerksamkeit bedürfen die Restriktionen, die von RIEBELs Kostenbegriff ausgehen, denn die Kosteneigenschaft muß immer zuerst eindeutig geklärt sein.

2) Vgl. hierzu die Übersicht bei Kloock, J.: Operatives Erfolgsmanagement ..., a.a.O., S. U I 88 f. und zur Kritik an der relativen Einzelkostenrechnung exemplarisch Coenenberg, A. G.: Kostenrechnung ..., a.a.O., S. 261 f.; Kloock, J.: Plankostenrechnung, a.a.O., Sp. 1562. RIEBEL hat die relative Einzelkostenrechnung als Kontrapunkt zu den herkömmlichen Kostenrechnungssystemen entwickelt, so daß ein Abgehen von seinen strengen Kriterien nicht zweckmäßig ist.

3) Entscheidungsrealisations- und lenkungsorientierte Kontrollrechnungssysteme stellen die Identifikation und Beeinflussung der Kosteneinflußgrößen in den Mittelpunkt ihrer Betrachtungen. Kosteneinflußgrößen spielen aber in der relativen Einzelkostenrechnung eine untergeordnete Rolle und RIEBEL verweist in diesem Zusammenhang selbst auf die Literatur zur Grenzplankostenrechnung, vgl. Riebel, P.: Einzelkosten- ..., a.a.O., S. 525.

4) GAITANIDES äußert sich zu einer „angepaßten" relativen Einzelkostenrechnung wie folgt: „Zu den Problemen des zu bewerteten Faktoreinsatzes zählt insbe-
(Fortsetzung...)

4.1.2.1.3 Die Bedeutung der Prozeßkostenrechnung für die Betriebskostenkontrolle

Bei der Prozeßkostenrechnung[1] (Activity-Based-Costing)[2] werden betriebliche Aktivitäten und deren Verknüpfung, Prozesse, in den Mittelpunkt der Betrachtung gestellt. Die Prozeßkostenrechnung ist kein eigenständiges Kostenrechnungssystem, sondern die prozeßorientierte Ausgestaltung einer Kostenarten-, Kostenstellen- und Kostenträger-

---

4) (...Fortsetzung)
sondere die Proportionalisierung des Personaleinsatzes im Verwaltungsbereich. Kostenrechnungssysteme, die speziell zur Erfassung von Verwaltungskosten geeignet sind, basieren auf einem differenzierten marginalen Denken, das aber einerseits die beschäftigungsabhängige Unterscheidung in variable und fixe Kosten relativiert, andererseits durch Wahl geeigneter Bezugsgrößen eine direkte Zurechnung von Kosten und Erlösen (Einzelkosten und -leistungen) erreichen will.", Gaitanides, M.: Ansätze zur kostentheoretischen und rechnungstechnischen Erfassung von Verwaltungsleistungen, in: ZfB 1980, S. 680-684, hier S. 683. Diese Einschätzung kann unverändert auf prozeßbasierte Kostenrechnungssysteme übertragen werden.

1) Die Literatur zur Prozeßkostenrechnung ist kaum noch zu übersehen. Vgl. als grundlegende Quellen zur Prozeßkostenrechnung Franz, K.-P.: Die Prozeßkostenrechnung im Vergleich mit der Grenzplankosten- und Deckungsbeitragsrechnung, in: Strategieunterstützung durch das Controlling: Revolution im Rechnungswesen?, hrsg. von P. Horváth, Stuttgart 1990, S. 195-210; Horváth, P./Mayer, R.: Prozeßkostenrechnung - Konzeption und Entwicklungen, in: krp Sonderheft 2/1993, S. 15-28; als grundlegende Quellen zur Kritik an der Prozeßkostenrechnung Kloock, J.: Prozeßkostenrechnung als Rückschritt und Fortschritt der Kostenrechnung, in: Diskussionsbeiträge zum Rechnungswesen, Wirtschafts- und Sozialwissenschaftliche Fakultät, Universität zu Köln, Beitrag Nr. 3, Köln 1991; Seicht, G.: Die Prozesskostenrechnung - Fortschritt oder Weg in die Sackgasse, in: Kostenrechnung und Controlling, hrsg. von G. Seicht, 2. Auflage, Wien 1994, S. 163-186; Riebel, P.: Einzelkosten- ..., a.a.O., S. 704-708 und zur Prozeßkostenrechnung in Versicherungsunternehmen Fischer, H.: Prozeßkostenrechnung im Versicherungsunternehmen, in: Festschrift für Dieter Farny, hrsg. von H.-P. Mehring/V. Wolff, a.a.O., S. 77-86; Fischer, H.: Prozeßkostenrechnung und Prozeßoptimierung für Dienstleistungen, in: Controlling 1996, S. 90-101; Rendenbach, H.-G.: Prozeßkostenmanagement in Versicherungen, in: Kostenmanagement, hrsg. von K.-P. Franz/P. Kajüter, Stuttgart 1997, S. 233-249.

2) HORVÁTH/MAYER sehen keine Übereinstimmung von Prozeßkostenrechnung und Activity-Based-Costing, im Gegensatz zur überwiegenden Literaturmeinung. Nach Ansicht von SCHMIDT hat das Activity-Based-Costing seinen Ursprung in den direkten Fertigungsbereichen und die Prozeßkostenrechnung in den fertigungsnahen und *indirekten Bereichen*, vgl. Schmidt, A.: Kostenrechnung, Stuttgart, Berlin, Köln 1996, S. 210.

rechnung. Prozeßkostenrechnungen werden sowohl in der Literatur als auch in der Praxis üblicherweise als Vollkostenrechnungen aufgebaut. Die Prozeßkostenrechner sehen die Einsatzgebiete der Prozeßkostenrechnung primär in den „Gemeinkostenbereichen" der Unternehmen, und hier besonders in den „fertigungsnahen Bereichen", sowie der prozeßorientierten Kalkulation. In der prozeßorientierten Kalkulation werden durch die Prozeßkostenrechnung mehr „Kostenträgerprozeßeinzelkosten" ausgewiesen, die aber grundsätzlich proportionalisierte Fixkosten enthalten. In der „verursachungsgerechteren" Kalkulation ist auch die Wurzel für die Entwicklung der Prozeßkostenrechnung zu sehen. Aufgrund der in den Mittelpunkt gestellten Betrachtung von Aktivitäten und Prozessen aller betrieblicher Funktionsbereiche sowie der daraus resultierenden Informationsbereitstellungen besitzt „die Prozeßkostenrechnung" eine herausragende Bedeutung für die Betriebskostenkontrollrechnung.[1)]

4.1.2.1.4 Die „Grundrechnung" der Betriebskosten von Versicherungsunternehmen

4.1.2.1.4.1 Einleitung

Kostenrechnungen sollen die tatsächliche Kostensituation *(Ermittlungsfunktion der Kostenrechnung)* in Versicherungsunternehmen darstellen.[2)] Dabei werden der Kostenrechnung werden unterschiedliche Aufgaben übertragen, zu deren Erfüllung sie beitragen soll *(Optimie-*

---

1) Auch wenn die Prozeßkostenrechnung ihren Ursprung in der Fertigung der Sachgüterindustrie hat, wird doch auf deren Bedeutung für „Verwaltungen" verwiesen, wodurch sich auch deren Bedeutung für die Dienstleistungen produzierenden Unternehmen ergibt, vgl. Franz, K.-P.: Tendenzen in der Entwicklung der Kostenrechnung, in: Rechnungswesen und EDV, 14. Saarbrücker Arbeitstagung 1993, hrsg. von A.-W. Scheer, Heidelberg 1993, S. 265-277, hier S. 274.

2) Vgl. zur sog. Kostenwirklichkeit die Ausführungen von Meffert, H.: Beziehungen zwischen der betriebswirtschaftlichen Kostentheorie und der Kostenrechnung, Diss. München 1964, S. 55 ff., dort besonders auch die Fußnote 3 auf Seite 58 f.

rungsfunktion der Kostenrechnung).[1] Diese Aufgaben lassen sich nicht mit einheitlichen Kostengrößen erfüllen, so daß **eine** Kostenrechnung immer auf **eine** bestimmte Aufgabe hin optimiert werden muß. Um zu verhindern, daß eine Vielzahl an parallel ablaufenden Kostenrechnungen im Versicherungsunternehmen implementiert wird, ist die Basis allen kostenrechnerischen Handelns eine sog. „Grundrechnung".[2] Die Grundrechnung ist ein unbestimmter Begriff der Kostenrechnungsliteratur, da nicht konkret festgelegt ist, was genau eine Grundrechnung ist. RIEBEL versteht darunter eine „als *Datenbasis* ... dienende, *zweckneutrale* laufende *Sammlung* der für unterschiedliche Zwecke und Fragestellungen benötigten Geld- und Mengengrößen, die durch *alle Merkmale* gekennzeichnet sein sollten, die für *[zukünftige] Auswertungen* bedeutsam erscheinen."[3] Im Mittelpunkt seiner Grundrechnung stehen die Kostenarten, die nach Kostenkategorien[4] differenziert werden und als Einzelkosten **den** Bezugsobjekten[5] nach dem Identitätsprinzip zugeordnet werden sollen oder anders ausgedrückt, die Kostenarten sind mit allen vorhandenen, notwendigen und denkbaren Kostenkategorie- und Bezugsobjektinformationen zu verknüpfen. KILGER versteht unter der Grundrechnung die Kostenrechnung, die die grundsätzlichen kostenrechnerischen Teilaufgaben übernimmt und da-

---

1) Vgl. zur Ermittlungs- und Optimierungsfunktion Meffert, H.: Beziehungen ..., a.a.O., S. 109 ff. Zur Erfüllung der Ermittlungs- und Optimierungsfunktion baut die Kostenrechnung auf den Ergebnissen der Kostentheorie auf.

2) Der Begriff der Grundrechnung geht im wesentlichen auf Schmalenbach zurück. Vgl. als grundlegende Quelle Riebel, P.: Grundrechnung, in: HWB, hrsg. von W. Wittmann et al., 5. Auflage, a.a.O., Sp. 1518-1541.

3) Riebel, P.: Einzelkosten- ..., a.a.O., S. 764. Klammerausdruck und sämtliche Hervorhebungen stammen vom Verfasser. RIEBEL differenziert zwischen verschiedenen Grundrechnungen, u.a. die Grundrechnung der Kosten.

4) Kostenkategorien sind „nach der Disponierbarkeit, dem Verhalten gegenüber wichtigen Einflußfaktoren, der Erfassungsweise, der Zurechenbarkeit ... und anderen Kriterien gebildete Gattungen von Kosten, in die die ... Kostenarten ... eingefügt werden.," Riebel, P.: Einzelkosten- ..., a.a.O., S. 765.

5) RIEBEL erwähnt ausdrücklich die Möglichkeit, daß Kosten Einzelkosten mehrerer Bezugsobjekte sein können, vgl. Riebel, P.: Einzelkosten ..., a.a.O., S. 150.

mit die Informationsgrundbedürfnisse erfüllt.[1] Diese Art der Grundrechnung umfaßt dabei zumindest die Kostenarten- und Kostenstellenrechnung mit der innerbetrieblichen Kostenrechnung.

Aufgrund der bestehenden Informationsverarbeitungsmöglichkeiten ist es sinnvoll, die Grundrechnung selbst als Datenspeicher (Datenbank) anzusehen und sämtliche konkreteren Ausgestaltungen schon als Auswertungsrechnungen zu betrachten.[2]

Ergänzt wird eine Grundrechnung immer um fallweise Sonderrechnungen und kontinuierlich wiederkehrende Auswertungsrechnungen sowie um Alternativrechnungen, wobei letztgenannte ausdrücklich nicht auf der Grundrechnung aufbauen.[3] Je umfassender die Grundrechnung konzipiert ist, desto seltener werden Zusatzrechnungen auszuführen sein.

---

1) Vgl. Kilger, W.: Die Konzeption der Grundrechnung als Grundlage einer datenbankorientierten Kostenrechnung, in: Rechnungswesen und EDV, 5. Saarbrükker Arbeitstagung 1984, hrsg. von W. Kilger/A. W. Scheer, Würzburg, Wien 1984, S. 411-434.

2) „Die Bezeichnung *»Grundrechnung«* ... soll zum Ausdruck bringen, daß es sich um eine universell auswertbare Zusammenstellung relativer Einzelkosten handelt", Riebel, P.: Einzelkosten- ..., a.a.O., S. 149. „Die in der Grundrechnung enthaltenen Kostengrößen [zeichnen sich] durch ihre mehrfache Auswertbarkeit aus. ... In der Grundrechnung erfolgt die Planung bzw. Erfassung und die Speicherung der Elemente. Die Auswertungen gehören dann zu den Sonderrechnungen", Engelmann, R.: Grundlagen und Aufbau der Kostenkontrolle unter Berücksichtigung stochastischer Aspekte, Diss. Saarbrücken 1980, S. 143 f.

3) „Werden Kosteninformationen für Bezugsbasen benötigt, deren Extension geringer als die der kostenrechnerischen Elemente [der Grundrechnung, Anm. d. Verf.] ist, wird eine Alternativrechnung durchgeführt.", Engelmann, R.: Grundlagen ..., S. 145. Sonder- und Auswertungsrechnungen beruhen immer auf Aggregationen von Elementen der Grundrechnung. Alternativrechnungen können nur dann auftreten, wenn von den Prinzipien der Grundrechnung abgewichen wird und die Kostenarten nicht als Einzelkosten ihrer jeweiligen Gesamtperiode betrachtet werden.

4.1.2.1.4.2 Die Betriebskostengrundrechnung der Versicherungsunternehmen

Die Grundrechnung der Betriebskosten in Versicherungsunternehmen muß im Hinblick auf die Betriebskostenkontrollrechnung so konzipiert sein, daß es möglich ist, verschiedene Arten von Kontrollrechnungen als Sonder- und Auswertungsrechnungen durchzuführen. Da Ist- und Plankosten unterschiedliche Kostengrößen sind, müssen jeweils eine Grundrechnung der Istkosten und eine Grundrechnung der Plankosten implementiert werden. Damit Kontrollrechnungen als auf den beiden Grundrechnungen aufbauende Sonderrechnungen durchgeführt werden können, müssen die Grundrechnung der Istkosten und die Grundrechnung der Plankosten nach kompatiblen Prinzipien aufgebaut werden.

Kern einer jeden Grundrechnung ist die laufende Erfassung und Speicherung aller primären Kostenarten getrennt nach Mengen- und Preisgrößen.[1)] Die Erfassung der Mengen- und Preisgrößen sollte auf der Basis der Urbelege erfolgen.[2)] Eine urbelegidentische Kostenerfassung und -speicherung führt zwar zu einer sehr großen Informationsmenge, ist jedoch für die späteren Betriebskostenkontrollrechnungen unbedingt notwendig. Aufgrund der Immaterialität der Produktionen in Versicherungsunternehmen wird eine direkte Verbrauchsmessung nur selten möglich sein, so daß in der überwiegenden Anzahl der Fälle lediglich festgehalten werden kann, daß Produktionsfaktoren verbraucht wurden. Nicht bei allen Kostenarten wird der zugrundeliegen-

---

1) Es sind also alle von außerhalb des Versicherungsunternehmens bezogenen und verbrauchten bzw. als zu beziehende und zu verbrauchende geplanten Güter zu erfassen und zu bewerten.

2) Sogenannte „urbelegidentische" oder „urbeleggleiche" Grundrechnung, vgl. Riebel, P.: Grundrechnung, a.a.O., Sp. 1520 f. Eine urbelegidentische Kostenerfassung bedeutet, daß alle auf einem Urbeleg enthaltenen Informationen unverdichtet und vollständig gespeichert werden.

de Mengenverbrauch auf Belegen ausgewiesen,[1] und bei verschiedenen Kostenarten muß hinsichtlich einer Mengenkomponente überhaupt auf Fiktionen zurückgegriffen werden.[2]

Im nächsten Schritt müssen die Kostenarten mit allen Informationen, die über die Urbelege hinaus verfügbar sind, verknüpft werden. Dazu muß bekannt sein, ob es sich um Einzelkosten von Kostenträgern, Kostenstellen sowie unterschiedlich definierten Bezugsobjekthierarchien handelt und ob es sich um variable Kosten handelt. Bei den variablen Kosten sind zusätzlich Anpassungszeiträume und Kosteneinflußgrößen anzugeben. Insofern ist die Betriebskostengrundrechnung immer eine kombinierte Kostenarten-, Kostenstellen- und Kostenträgerrechnung, wobei aber Verrechnungen von Kostenbeträgen auf Kostenstellen und Kostenträger (Bezugsobjekte) unterlassen werden und Sonder- sowie Auswertungsrechnungen vorbehalten bleiben.[3] Diese Forderung ist jedoch unproblematisch zu erfüllen, da zu den Informationen, die mit den Kostenarten verknüpft sind auch diejenigen gehören, die zu einer Verrechnung von primären Kostenarten auf Kostenstellen und Kostenträger notwendig sind.

---

1) Z.B. wird der einem Versicherungsvertragsneuabschluß zugrundeliegende Faktorverbrauch nicht ausgewiesen, sondern nur die Menge der abgesetzten Versicherungsverträge.

2) Z.B. bei Abschreibungen, die nicht auf meßbaren Verbräuchen basieren.

3) „Im Prinzip wird davon ausgegangen, daß in der Grundrechnung überhaupt nicht gerechnet wird, sondern daß die Daten in der Grundrechnung einmal erfaßt und für Sonderrechnungen bereitgestellt werden." Fischer, R./Rogalski, M.: Von der primären zur sekundären Grundrechnung (I), (II), in: WISU 1993, S. 121-126, 201-205, hier S. 121. Da die einzelnen Kostenarten bei verschiedenen Bezugsobjekten ausgewiesen werden, spricht RIEBEL auch davon, „daß die Grundrechnung ... eine Zusammenstellung von *Teilkostenrechnungen* ist, Riebel, P.: Einzelkosten- ..., a.a.O., S. 149. *Kostenverrechnungen* erfolgen in der „relativen Einzelkostenrechnung" in der sekundären Grundrechnung, vgl. Fischer, R./Rogalski, M.: Von der primären ..., a.a.O., S. 124 ff. Aufgrund des Stands der heutigen Informationstechnologie ist es kein Problem, eine Kostenarten- und -stellenrechnung, die KILGER als Grundrechnung versteht, auf der Basis einer urbelegorientierten Grundrechnung zu implementieren.

4.1.2.1.5 Die Betriebskostenrechnungen von Versicherungsunternehmen

Betriebskostenrechnungen sind auf den Grundrechnungen der Ist- und Plankosten aufbauende Auswertungsrechnungen. Als Kostenstellen- und Kostenträger*teil*rechnungen unterscheiden sich Betriebskostengrundrechnung und Betriebskostenrechnung nicht. Insofern sind nur die Betriebskosten*voll*rechnungen als Auswertungsrechnungen anzusehen. Bei der Istbetriebskostenrechnung als eigenständiger Auswertungsrechnung werden in einer Nachrechnung alle Kosten einer Periode auf die Kostenträger verrechnet.[1] Ein wesentliches Merkmal dieser Istbetriebskostenrechnung ist die interne Aktivierung selbsterstellter immaterieller Leistungspotentiale.[2]

Die Betriebskostenvollrechnung besteht aus den folgenden Komponenten:[3]

1) Betriebskostenartenrechnung, in der alle primären Betriebskostenarten (ausgewiesen nach Mengen- und Wertgrößen) periodisiert gesammelt werden.
2) Die Kostenträgergruppeneinzelkosten werden auf die beiden Kostenträgergruppen verrechnet.[4] Bei diesen Kostenträgergruppen handelt es sich um Aggregationen, denen verschiedene Hierarchieebenen von Einzelkosten zugerechnet werden, und zwar die Einzelkosten der Versicherungsverträge, Einzelkosten

---

1) Die ausführliche Darstellung einer derartigen Istbetriebskostenrechnung findet sich bei Farny, D. et al.: Die Behandlung ..., a.a.O.

2) Daneben finden sich auch hier die typischen Merkmale einer Istkostenrechnung, wie z.B. der Ansatz verschiedener kalkulatorischer Kostenarten.

3) Bei Teilkostenrechnungen müssen die entsprechenden, als nicht relevant angesehenen Kostenbeträge ausgebucht werden.

4) In Versicherungsunternehmen werden zwei Kostenträgergruppen unterschieden, und zwar die gesamten abgesetzten (bzw. abzusetzenden) Leistungen und die intern zu aktivierenden Leistungspotentiale, vgl. Farny, D. et al.: Die Behandlung ..., a.a.O., S. 12/S. 19.

der Versicherungsvertragsgesamtheiten, Einzelkosten der Versicherungszweige und Einzelkosten der Versicherungssparten.[1)]

3) Die verbleibenden Kostenarten (= Kostenträgergruppengemeinkosten) werden als Kostenstelleneinzel- und -gemeinkosten auf die Kostenstellen verrechnet.
4) Die Kosten der Vorkostenstellen werden auf andere Vorkostenstellen und auf die Endkostenstellen verrechnet. Als Ergebnis dieser internen Leistungs- und Kostenverrechnung weisen die Vorkostenstellen einen Kostenbetrag von „Null" auf, da deren Kosten zwingend auf die Endkostenstellen zu verrechnen sind.[2)]
5) Die Endkosten werden auf die Kostenträgergruppen verrechnet.
6) Die Kostenträgergruppenkosten werden auf die einzelnen Kostenträger verrechnet.

Die Weiterverrechnung der Betriebsvollkosten auf die Kostenträger verfolgt den Zweck eine normalisierte, kostenorientierte Preisfindung zu erreichen. Da eine reine kostenorientierte Preisfindung betriebwirtschaftlich umstritten und nach dem Wegfall der Tarifgenehmigung aufsichtsrechtlich nicht mehr notwendig ist, können vergleichbare Ergebnisse auch durch Deckungsbeitragsrechnungen unter zusätzlicher Anwendung des Durchschnittsprinzips erreicht werden.[3)]

---

1) Gleiches gilt für die aktivierten Leistungspotentiale.

2) Die Gesamtkosten einer Stelle setzen sich aus den primären und den sekundären Kosten (= Kosten für von anderen Kostenstellen erhaltene innerbetriebliche Güter) zusammen. Die Endkosten ergeben sich, nachdem die Stellen für an andere Stellen gelieferte Leistungen entlastet wurden, vgl. Kloock, J./Sieben, G./Schildbach, T.: Kosten- und Leistungsrechnung, a.a.O., S. 116. Die Endkosten der Vorkostenstellen sind demnach ex-definitione gleich null.

3) Es ist zu beachten, daß auch die Stückkosteninformationen auf Grenzplankostenbasis nicht verursachungsgerecht sind, weil Gemeinkosten zugeschlüsselt wurden.

4.1.2.2 Die Aufstellung der spezifischen Kontrollfelder

4.1.2.2.1 Die Elemente eines Kontrollfeldes

Das Kontrollfeld, ein in der Literatur häufig durch seine Elemente bestimmter Begriff,[1] ist der Teilbereich des Versicherungsunternehmens auf den Kontrollen bezogen werden. Die Aufstellung eines Kontrollfeldes ist der erste Kontrollbaustein und damit konstituierend für jede Kontrolle.[2] Elemente eines Kontrollfeldes sind der Kontrollort, die Kontrollzeiten mit den weiteren Unterpunkten Kontrollintensität und Kontrollhäufigkeit, die Kontrollobjekte, die Kontrollträger, die Kontrollmethode(n) und das zu berücksichtigende Kontrollverhalten der Kontrollierten.

4.1.2.2.2 Die Bestimmung der Elemente eines Kontrollfeldes in Abhängigkeit von der Kontrollplanung

Im Mittelpunkt jedes wirtschaftlichen Handelns steht die Umsetzung von geplanten Zielen sowie die Auswahl und Ermittlung der Maßnahmen die notwendig sind, diese Ziele zu erreichen.[3] Beides, Ziele und Maßnahmen, stehen für die Kontrollplanung bereits grundlegend fest. Die Ziele ergeben sich aus den Zielen der Betriebskostenkontrollen und der Kontrollrechnungen, wobei die Kontrollrechnungen selbst auch die durchzuführenden Maßnahmen sind. Die Aufgabe der Planungsträger ist darin zu sehen, als Ergebnis einer operativen Kontrollplanung sowohl die einzelnen Kontrollfelder als auch deren spezifischen Elemente konkret zu bestimmen. Nicht jedes Kontrollfeld besitzt eine gleiche Kontrollrelevanz, so daß nicht jedes Kontrollfeld mit

---

1) Deutlich wird dies z.B. bei EWERT/WAGENHOFER: „Das Kontrollfeld umfaßt die Definition des Kontrollobjektes, des Kontrollausmaßes und der Kontrollhäufigkeit." Ewert, R./Wagenhofer, A.: Interne Unternehmensrechnung, 3. Auflage, Berlin et al. 1997, S. 317.

2) Vgl. Kapitel 1.5.2.2.

3) Vgl. Gessner, P.: Gesamtkonzept eines ergebnisorientierten integrierten Planungssystems in der Versicherungswirtschaft, in: ZOR 1987, S. B55-B69, hier S. B59.

identischem Intensitätsgrad zu behandeln ist. Die Kontrollrelevanz ist aus der generellen Betriebskostenplanung abzuleiten, die die Schwerpunkte des Betriebskostenmanagements bezogen auf Versicherungszweige, -sparten, Dienstleistungsgeschäfte und Funktionen anzugeben hat.

4.1.2.2.3 Die Abgrenzung der Kontrollobjekte

4.1.2.2.3.1 Vorbemerkungen

„Unter einem Kontrollobjekt ist ein Merkmalsträger zu verstehen, dessen Merkmal(e) Gegenstand der vorzunehmenden Abweichungsermittlung sein soll(en).“[1] Die Kontrollobjekte einer Kontrollrechnung der Betriebskosten sind die Betriebskosten als Ergebnis der multiplikativen Verknüpfung einer Preis- und einer Mengengröße (Preis- und Mengengrößenvektor). Die Preisgröße ist zwar weitgehend durch die Beschaffungsmärkte vorgegeben, besitzt aber dennoch Kontrollrelevanz, da sich auch hier Optimierungspotentiale ergeben. Von besonderer Kontrollbedeutung ist jedoch die Mengenkomponente, in der die Faktoren wirksam werden, die im Entscheidungsbereich der Versicherungsunternehmen liegen. Es läßt sich damit herleiten, daß grundsätzlich nur die Kostenarten in die Betriebskostenkontrollrechnung einzubeziehen sind, bei denen die Istwerte von den Planwerten abweichen können, und zwar aufgrund unternehmensinterner Entscheidungen in bezug auf die Mengenkomponente sowie unternehmensinterner und/oder -externer Entscheidungen in bezug auf die Preiskomponente.

---

1) Beuermann, G./Lengsfeld, S.: Merkblätter zum Hauptseminar für Unternehmensrechnung und Revision II, Universität zu Köln, WS 1994/95, S. 8.

4.1.2.2.3.1.1 Unternehmenssteuern als Kontrollobjekte

Gewinnunabhängige Steuern können als Betriebskostenarten[1] verstanden werden, sofern sie für die Versicherungsunternehmen Entscheidungsrelevanz besitzen.[2] Auch wenn die zu zahlenden Kostensteuern geplant werden, sind sie nicht in die hier betrachtete Betriebskostenkontrollrechnung einzubeziehen.[3] Die Steuerplanung und -optimierung stellen eine Ausnutzung der Gestaltungsspielräume des Steuerrechts dar. Die Gestaltungsspielräume werden den Versicherungsunternehmen von externen Koalitionsteilnehmern vorgegeben. Eine Kontrolle der Steuerzahlungsplanungen bezieht sich lediglich darauf, die Richtigkeit der Ermittlung der Steuerkosten und das Handeln des Finanzamtes zu überwachen.[4]

4.1.2.2.3.1.2 Kalkulatorische Kostenarten als Kontrollobjekte

Kalkulatorische Kosten sind Kosten, denen entweder kein Aufwand oder Aufwand in anderer Höhe gegenübersteht.[5] Relevante kalkulatorische Kostenarten sind kalkulatorische Zinsen, kalkulatorische Eigenmieten[6] und kalkulatorische Abschreibungen. Kalkulatorische Kosten

---

1) Vgl. Kloock, J.: Betriebliches Rechnungswesen, 2. Auflage, Lohmar, Köln 1997, S. 73.

2) Vgl. zur Planung von Kostensteuern Fischer, H.: Plankostenrechnung ..., a.a.O., S. 256 f.;

3) Ein gleiche Ansicht findet sich bei Döring, U.: Kostenrechnung und Steuern, in: HWB, hrsg. von W. Wittmann et al., 5. Auflage, a.a.O., Sp. 2339-2351, hier Sp. 2342.

4) Von dieser Frage muß die Integration von Steuerkostenoptimierungen in das Betriebskostenmanagement abgegrenzt werden. Diese steuerrechtlichen Fragen sind nicht Gegenstand dieser Arbeit.

5) Vgl. Kloock, J./Sieben, G./Schildbach, T.: Kosten- und Leistungsrechnung, a.a.O., S. 35.

6) Sofern kalkulatorische Abschreibungen und kalkulatorische Zinsen auf das materielle Betriebsvermögen geplant werden, kann auf den Ansatz kalkulatorischer Eigenmieten verzichtet werden, vgl, Farny, D. et al.: Die Behandlung ..., a.a.O., (Fortsetzung...)

werden im Soll und Ist in identischer Höhe angesetzt. Die kalkulatorischen Kostenarten werden kostenstellenweise geplant und mit dem jeweiligen Betrag in die Istrechnung übernommen.[1] Da bei diesen Kostenarten ein unmittelbarer unternehmensinterner Entscheidungs- und Kostenstellenbezug vorliegt, können deren Planung und Fragen der möglichen Optimierung in die Betriebskostenkontrollrechnung einbezogen werden, ohne daß die Abschreibungsbeträge eigentlicher Kontrollgegenstand werden.

4.1.2.2.3.2 Prozesse als Kontrollobjekte

Um einen allgemeingültigen Ansatz der Betriebskostenkontrolle zu erhalten, sind neben den grundsätzlich kostenstellenweise geplanten Kostenarten als generelle mengenbezogene Kontrollobjekte Prozesse/ Aktivitäten anzusehen.[2]

Die Verwendung der Begriffe „Aktivität" und „Prozeß" ist in der betriebswirtschaftlichen Literatur nicht einheitlich,[3] so daß hier nochmals eine Präzisierung vorgenommen wird. FRANZ definiert eine Aktivität als einen „Vorgang auf einer Kostenstelle, durch den Produk-

---

6) (...Fortsetzung)
S. 45/50/54/57. Hiervon wird in dieser Arbeit ausgegangen. Tatsächlich gezahlte Fremdmieten sind aber auf jeden Fall zu berücksichtigen.

1) Vgl. Männel, W.: Zur Problematik des Rechnens mit kalkulatorischen Kosten, in: krp, Sonderheft 1/97, S. 5-12 hier S. 5-7.

2) Hierdurch wird keine Wertung und auch keine Entscheidung ausgedrückt, welches Kostenrechnungssystem vertreten wird, denn einer Prozeßbetrachtung kann jedes Kostenrechnungssystem zugrunde liegen.

3) Vgl. hierzu die Übersicht bei Baumgarten, H.: Prozeßkettenmanagement, in: HWProd, hrsg. von W. Kern/H.-H. Schröder/J. Weber, 2. Auflage, a.a.O., Sp. 1669-1682, hier Sp. 1671-1674. Da die Prozeßkostenrechnung auf dem Activity Based Costing aufbaut, findet sich auch die Gleichsetzung von Aktivität und Prozeß, so z.B. bei Dambrowski, J./Hieber, W. L.: Activity Based Budgeting (ABB) - Effizienzsteigerung in der Budgetierung, in: Die Kunst des Controlling, Péter Horváth zum 60. Geburtstag, hrsg. von R. Gleich/W. Seidenschwarz, München 1997, S. 293-312, hier S. 303.

tionsfaktoren verzehrt werden" und Prozesse als die „Zusammenfassungen logisch zusammenhängender Aktivitäten unterschiedlicher Kostenstellen.".[1] Prozesse führen immer zu einem Prozeßergebnis, sie können aber wie Dienstleistungen nicht nur ergebnisbezogen, sondern ebenso zeitraumbezogen betrachtet werden.

In zeitraumbezogener Sicht ist eine Aktivität mit dem Prozeß identisch. Hierdurch können alle Produktionsfaktorverbräuche, die überwiegend immaterieller Natur sind und besonders im Ablauf zeitlicher Nutzungsmöglichkeiten liegen, als Aktivitäten und Prozesse berücksichtigt werden.[2] Eine Aktivität ist damit immer ein Vorgang[3] des Produktionsfaktorverbrauchs, wobei dieser Produktionsfaktorverbrauch durchaus auf mehrere Ursachen zurückgeführt werden kann. Zur Begründung eines Prozesses ist es also nicht notwendig, daß mehrere Aktivitäten verknüpft werden. In ergebnisbezogener Sicht hingegen ist es nur in Ausnahmefällen vorstellbar, daß eine einzelne Aktivität einen Prozeß begründet. Generell gilt hier, daß zumindest zwei Aktivitäten einen Prozeß bilden, wobei der Verbrauch von menschlichen Arbeitsleistungen, von Tätigkeiten, dominierend im Vordergrund steht.[4]

---

1) Franz, K.-P.: Die Prozeßkostenrechnung, in: Finanz- und Rechnungswesen als Führungsinstrument, Herbert Vormbaum zum 65. Geburtstag, hrsg. von D. Ahlert/K.-P. Franz/H. Göppl, Wiesbaden 1990, S. 109-136, hier S. 116 f. An anderer Stelle spricht FRANZ aber selbst auch von Prozessen einer Kostenstelle, vgl. Franz, K.-P.: Die Prozeßkostenrechnung, a.a.O., S. 198. Mit dem Begriff „Aktivität" gleichgesetzt werden von ihm „Transaktion", „Teilprozeß" und „Tätigkeit".

2) Somit können auch Abschreibungen und Zinsen prozeßorientiert erfaßt werden.

3) „Zeiterforderndes Geschehen mit definiertem Anfang und Ende", DIN 69 900, zitiert nach Küpper, W.: Netzplantechnik, Grundlagen der, in: HWProd, hrsg. von W. Kern, a.a.O., Sp. 1340-1353, hier Sp. 1343.

4) Wenn im folgenden von Prozeß gesprochen wird, ist damit zunächst die zielgerichtete Zusammenfassung von zumindest zwei Aktivitäten (Teilprozessen) als dessen kleineren Elementen, die zur Erstellung einer sachzielbezogenen bzw. sachzielerfüllenden Leistung führen, gemeint.

In der Literatur findet sich teilweise die Gleichsetzung von „Aktivität" und „Arbeitsgang".[1] Eine derartige Gleichsetzung ist nach unserer Ansicht nicht zulässig. Ein Arbeitsgang ist immer erst dann beendet, wenn die ihm zugrunde liegende Aufgabe erfüllt ist, so daß sich der Mitarbeiter einer erneuten Aufgabenerfüllung zuwenden kann.[2] Die Zuordnung von Aktivitäten und Prozessen zu Arbeitsgängen ist damit personenabhängig. So ist z.B. die von einem Sachbearbeiter ausgeführte Erstbearbeitung sowohl ein Prozeß als auch ein Arbeitsgang. Wird dieser Prozeß jedoch auf mehrere Personen aufgeteilt, bleibt es ein Prozeß, der jedoch dann aus mehreren Arbeitsgängen (jetzt gleich Teilprozessen) besteht. Ein Arbeitsgang wird immer von einer Person ausgeführt, auch wenn er aus mehreren Prozessen besteht. Konstituierend für den Arbeitsgang ist dabei immer das **eigenständige Arbeitsobjekt.**[3]

Menschliche Aktivitäten (Tätigkeiten)[4] werden grundlegend in direkt produktbezogene (primäre) und administrative (sekundäre) Aktivitäten differenziert.[5] Eine derartige Unterscheidung ist in Versicherungsunternehmen nicht zweckmäßig, denn dort sind alle Aktivitäten immaterielle, auch die „primären". Sinnvoller erscheint die funktions-

---

1) Vgl. Scherrer, G.: Probleme der Kostenkontrolle in der aktivitätsorientierten Kostenrechnung, in: Neuere Entwicklungen im Kostenmanagement, hrsg. von K. Dellmann/K. P. Franz, a.a.O., S. 585-606, hier S. 594; Müller H.: Prozeßkonforme Grenzplankostenrechnung, 2. Auflage, Wiesbaden 1996, S. 94.

2) „Ein *Arbeitsgang* umfaßt alle elementaren Arbeitsteile, die von einem Arbeitssubjekt (Person) an einem Arbeitsobjekt bei Einsatz bestimmter Arbeitsmittel in einem räumlichen und zeitlichen Rahmen *vollzogen* werden sollen.", Gaitanides, M.: Aufbau- und Ablauforganisation, in: HWB, hrsg. von W. Wittmann et al., 5. Auflage, a.a.O., Sp. 190-204, hier Sp. 198.

3) Vgl. zum Begriff des Arbeitsganges die ausführliche Darstellung bei Kosiol, E.: Organisation ..., a.a.O., S. 195 ff. und dort besonders die Beispiele auf Seite 197, die genau das Wesen eines Arbeitsganges, der seinerseits immer aus Arbeitsteilen niedrigerer Ordnung besteht, verdeutlichen.

4) Der Begriff der Aktivität wird in der Literatur meist im Sinne von Tätigkeit verwendet.

5) Vgl. Baumgarten, H.: Prozeßkettenmanagement, a.a.O., Sp. 1669.

und dienstleistungsgeschäftsbezogene Aktivitätenabgrenzung. Eine Tätigkeit besteht ihrerseits aus „Vorgangselementen". Vorgangselemente können zu „Vorgangsstufen" und Vorgangsstufen zu „Teilvorgängen" zusammengefaßt werden.[1)]

4.1.2.2.3.2.1 Prozesse innerhalb von Kostenstellen als Kontrollobjekte

Kostenstellen sind Orte der Kostenentstehung, der Kostenzurechnung sowie der Kostenkontrolle.[2)] Ihre Bedeutung ergibt sich in der traditionellen Kostenrechnung aus der Notwendigkeit, Kosten, die den Kostenträgern nicht verursachungsgerecht zugerechnet werden konnten („Kostenträgergemeinkosten"), über die Kostenstellen auf die Kostenträger zu verrechnen. Dazu gehört auch die innerbetriebliche Kostenrechnung. Kostenstellen werden in Versicherungsunternehmen zuerst danach unterschieden, ob es sich um zentrale Kostenstellen der Hauptverwaltung („Direktionskostenstellen") oder dezentrale der Außenorganisation handelt.[3)] Innerhalb der Außenorganisation wird dann

---

1) „Vorgangselement: kleinster Ablaufabschnitt, der weder unterteilt beschrieben noch zeitlich erfaßt werden kann."
„Vorgangsstufe: eine im Bewegungsablauf abgeschlossene Folge von Vorgangselementen;"
„Teilvorgang: Zusammenfassung mehrerer Vorgangsstufen bei umfangreichen Arbeitsabläufen;",
Kirchner, S.: Vorgabezeitermittlung mit Zeitaufnahmeverfahren, in: HWProd, hrsg. von W. Kern, a.a.O., Sp. 2202-2223, hier Sp. 2203. Vgl. zu diesen Begriffen auch Sonnenberg, H.: Betriebslehre und Arbeitsvorbereitung, Band 1, Braunschweig, Wiesbaden 1987, S. 124 f. Die Vorgangsstufen können mit Aktivitäten und die Teilvorgänge mit Teilprozessen/Prozessen gleichgesetzt werden.

2) Vgl. zu den Kostenstellen Schweitzer, M./Küpper, H.-U.: Systeme ..., a.a.O., S. 126 ff.; Brink, H.-J.: Kostenstellen und Kostenstellenrechnung, in: HWB, hrsg. von W. Wittmann et al., 5. Auflage, a.a.O., Sp. 2376-2385.

3) Vgl. zur Kostenstellenbildung und zu Kostenstellenplänen in Versicherungsunternehmen Farny, D.: Buchführung und Periodenrechnung im Versicherungsunternehmen, 4. Auflage, Wiesbaden 1992, S. 74 ff.; Wieder, B.: Grenzkosten- und Absatzsegmenterfolgsrechnung im Versicherungsunterneh-
(Fortsetzung...)

nochmals nach Innen- und Außendienstkostenstellen unterschieden. Die nächste Untergliederung der Kostenstellen ergibt sich aus den einzelnen Funktionen der verschiedenen Dienstleistungsgeschäfte. Die wichtigsten Gliederungskriterien in bezug auf die Betriebskostenkontrollrechnung für Kostenstellen der Versicherungsunternehmen sind die Einteilung nach Verantwortungsbereichen und nach der Einheitlichkeit der zusammengefaßten Tätigkeiten sowie der Kostenstruktur dieser Tätigkeiten. Ziel ist dabei, möglichst viele Kostenarten als Kostenstelleneinzelkosten zurechnen zu können. Da für die Kostenkontrolle die einflußgrößenresultierende Kosten**entstehung** relevant ist und nicht die Kostenzurechnung, ist das zuletzt genannte Kostenstellengliederungskriterium nur ergänzend heranzuziehen, um Zielkonflikte zu vermeiden.[1] Bestehende Zielkonflikte lassen sich in der Praxis durch die Einrichtung von Bereichskostenstellen („Bereichsstellen") vermindern.[2]

Es ist vorstellbar, daß in einer Kostenstelle nur ein einziger Prozeß vollzogen wird. Das Kontrollfeld „Kostenstelle" umfaßt damit nur ein Kontrollobjekt. In der Regel umfaßt ein Kontrollfeld jedoch mehrere Kontrollobjekte. Werden in einer Kostenstelle unterschiedliche, von der Kostenstruktur her betrachtet heterogene Arbeitsplätze zusammenge-

---

3) (...Fortsetzung)
men, Wien 1993, S. 124 ff.; Farny, D.: Vorlesungsunterlagen „Internes Rechnungswesen des Versicherungsunternehmens", Universität zu Köln, Sommersemester 1997, S. 11/1-2. Abrechnungstechnisch wird zwischen Haupt-, Neben- und Hilfskostenstellen sowie zwischen Vor- und Endkostenstellen unterschieden, vgl. zu diesen Begriffen Kloock, J./Sieben, G./Schildbach, T.: Kosten- und Leistungsrechnung, a.a.O., S. 112 f.

1) Je umfassender Kostenstellen abgegrenzt sind, um so mehr *relative* Einzelkosten können diesen zugeordnet werden, aber gleichzeitig werden die zusammengefaßten Tätigkeiten um so heterogener sein. Vgl. zu dieser Problematik Scherrer, G.: Kostenrechnung, 2. Auflage, Stuttgart, New York 1991, S. 223.

2) Bereichskostenstellen werden gebildet, um Kostenarten, die einem abgegrenzten Bereich von Kostenstellen nur als Gemeinkosten zurechenbar wären, als Einzelkosten zurechnen zu können. Sind z.B. ein Abteilungsleiter und zwei Schreibkräfte für mehrere Kostenstellen ausschließlich zuständig, so werden diese jeweils zu einer Bereichskostenstelle zusammengefaßt. Vgl. hierzu Kilger, W.: Einführung in die Kostenrechnung, 3. Auflage 1987, S. 160 f.

faßt oder haben die Arbeitsplatzinhaber, wie in Versicherungsunternehmen, dispositive Spielräume, können Kostenstellen tiefer in Kostenplätze (= Kontrollfeld) gegliedert werden. Die Kosten*platz*verantwortlichen sind dann nicht identisch mit den Kosten*stellen*verantwortlichen.

Sollte es nicht möglich sein, Prozesse innerhalb der Kostenstellen als Kontrollobjekte heranzuziehen, bleibt, wie bisher in der Kostenrechnung und der Kostenkontrolle üblich, die Kostenstelle das Kontrollobjekt.

4.1.2.2.3.2.2 Übergreifende Prozesse als Kontrollobjekte

Die logische Konsequenz des vorhergehenden Kapitels ist es, Prozesse übergreifend als Kontrollobjekte zu betrachten, und zwar kostenstellen-, produktionsstufen- und/oder dienstleistungsgeschäftsübergreifend.[1] Ein übergreifender Prozeß besteht aus (zumindest) zwei kostenstelleninternen Prozessen, die ihrerseits wiederum jeweils aus (zumindest) einer Aktivität bestehen. Im Hinblick auf individuelle Zielsetzungen können mehrere Prozesse zu „Hauptprozessen" zusammengefaßt werden.[2] Übergreifende Prozesse haben immer mehrere

---

1) Damit von (zumindest) zwei Produktionsstufen der Herstellung eines Gutes gesprochen werden kann, ist es notwendig, daß das Gut nach Verlassen der ersten Produktionsstufe in der zweiten Stufe eine weiterführende und sich von der ersten Stufe unterscheidende Weiterbearbeitung erfährt. Während z.B. die Dienstleistungsgeschäfte DG I, DG II und DG III sowie Vor-, Erst-, Folge-, Schluß- und Schadenbearbeitung als eigene Produktions- (die zuletzt genannten auch gleich Fertigungs-)stufen für Versicherungsschutz angesehen werden können, ist dies für eine weitere fertigungsfunktionale Arbeitsgangaufspaltung grundsätzlich zu verneinen. Erst-, Folge-, Schluß- und Schadenbearbeitung stellen jeweils grundlegend einen von einer Person zu erfüllenden abgeschlossenen Arbeitsgang dar. Wenn nun diese Arbeitsgänge aufgespalten werden, so werden dadurch grundsätzlich keine neuen Produktionsstufen begründet.

2) In der Literatur findet sich häufig die Unterscheidung in „Teilprozesse", gleich kostenstelleninterne Prozesse und „Hauptprozesse", gleich kostenstellenübergreifende Prozesse, vgl. exemplarisch Horváth, P./Gaiser, B.: Aufgaben und (Fortsetzung...)

Kostenverantwortliche, sie sollten aber nur einen Prozeßverantwortlichen haben.[1] Als Kontrollobjekte verursachen übergreifende Prozesse zusätzliche Kontrollkosten, so daß die zusätzlichen Kontrollinformationserträge höher zu bewerten sind. Durch die Wirtschaftlichkeitsbedingung ist vorgegeben, daß nur ausgewählt definierte übergreifende Prozesse Kontrollgegenstand sein können. Zusammen mit der komplexeren Prozeßstruktur, nimmt die Heterogenität der Kostenverursachung zu. Kontrollrelevante übergreifende Prozesse finden sich in Versicherunternehmen funktional überwiegend in der Fertigung und im Absatz, mit den Schwerpunkten jeweils in den Dienstleistungsgeschäften DG II und DG III.

---

2) (...Fortsetzung)
Einsatz der Prozeßkostenrechnung, in: Jahrbuch für Controlling und Rechnungswesen '94, hrsg. von G. Seicht, Wien 1994, S. 49-63, hier S. 50. Dies kann im Extremfall dazu führen, daß innerhalb eines Versicherungsunternehmens, aber an verschiedenen Kontrollorten, gleiche Prozeßzusammenfassungen in einem Fall als Hauptprozeß und im anderen Fall, wenn nur eine Kostenstelle betroffen ist, als Teilprozeß verstanden werden. Es ist besser, Hauptprozesse als die zielorientierte Zusammenfassung mehrerer Prozesse zu verstehen, die in der Gesamtbetrachtung zusätzliche Erkenntnisse bereitstellen, unabhängig von der Anzahl involvierter Kostenstellen. Eine überschneidungsfreie Abgrenzung der Begriffe Aktivitäten, Teilprozesse und Prozesse kann wegen unternehmensindividueller Gegebenheiten nicht generell gelingen. Der Begriff „Teilprozeß" wird im folgenden so verwendet, daß damit ausgedrückt werden soll, daß es zumindest ein darüberstehendes Aggregat gibt.

1) Vgl. Rendenbach, H.-G.: Prozeßkostenmanagement ..., a.a.O., S. 243.

Abbildung 10: Prozeßhierarchien[1]

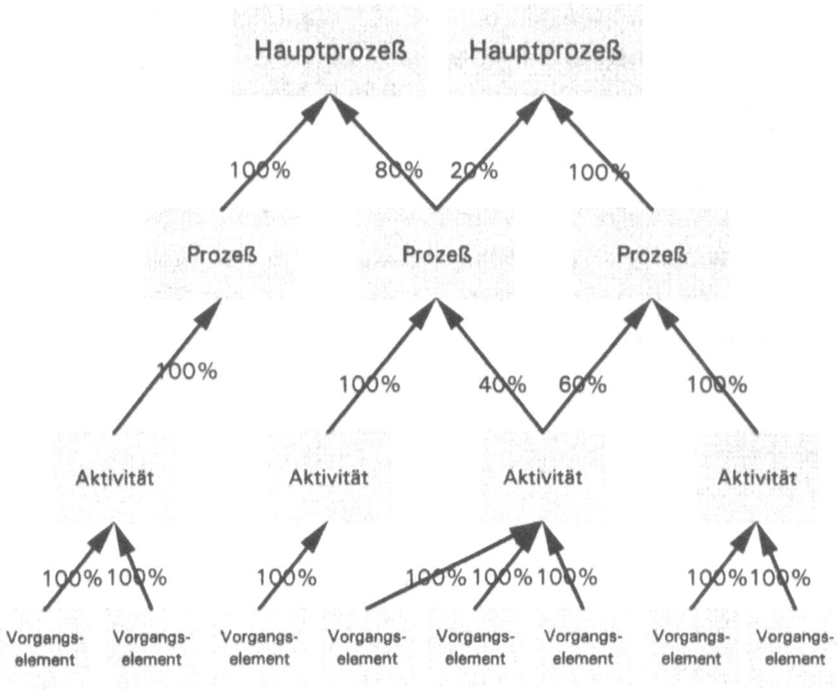

4.1.2.2.3.3 Kostenträger als Kontrollobjekte

Kostenträger werden definiert als „all jene Objekte ... deren Herstellung ... direkt und indirekt Kosten verursacht hat und für die letztlich auf den Märkten zur Deckung sämtlicher Kosten eines Unternehmens Erlöse erwirtschaftet werden müssen."[2] Ergebnisse von Produktionsfaktorkombinationen und -transformationen sind Leistungen, die die bewerteten Faktorverbräuche zu „tragen" haben. Kostenträger in

1) Ebenso wie die einzelnen Vorgangselemente zu 100% in die Aktivitäten eingehen, gehen einzelne Aktivitäten und Prozesse zu 100% in das übergeordnete Bezugsobjekt ein. Bezogen auf die Gesamtaktivitäten und -prozeßmengen sind jedoch Aufteilungen möglich und wahrscheinlich.

2) Männel, W.: Kostenträger, in: krp 1996, S. 240-242, hier S. 240.

Versicherungsunternehmen sind als Vorkostenträger[1] die sachzielbezogenen innerbetrieblich erstellten Leistungen[2] und damit letztendlich auch die sie bewirkenden Prozesse[3] sowie als End- bzw. Hauptkostenträger die auf den Märkten abgesetzten Versicherungsschutzprodukte, verstanden als Versicherungsvertragstypen („Typen von Versicherungsverträgen") sowie Versicherungsprodukttypen („Typen von Versicherungsprodukten").[4] Um die Aussagefähigkeit von Kostenträgerinformationen zu erhöhen, können die betrieblichen Leistungen auf der Basis verschiedener Merkmale zur Bildung unterschiedlicher Kostenträgerhierarchieebenen verwendet werden. Die wichtigsten sind Versicherungssparten, Versicherungszweige oder andere Produktgruppen, Kundenbeziehungen, Kundengruppen und Absatzwege, wobei diese Merkmale auch kombinativ und jeweils unter Gesichtspunkten einer regionalen Gliederung verwendet werden können.[5] Die Kostenträgerhierarchieebenen sind Objekte unterschiedlicher Leistungs- und Kostenzurechnung („Bezugsobjekte"), auf deren Basis die Ergebnisse

---

1) Vorkostenträger sind kalkulatorische oder vorläufige Kostenträger. Im internen Rechnungswesen der Versicherungsunternehmen ist es üblich, die Kosten, die nicht unmittelbar in der gleichen Periode auf Endkostenträger verrechnet werden, auf Sammelkostenträgern, die ebenfalls Vorkostenträger genannt werden, zusammenzufassen und von dort auf die Endkostenträger periodisiert zu verrechnen.

2) Unabhängig davon, ob diese intern aktiviert werden oder nicht, vgl. hierzu Farny, D. et al.: Die Behandlung ..., a.a.O., S. 19.

3) Nach FISCHER ist es ein herausragendes Merkmal der Prozeßkostenrechnung, daß einzelne Prozesse als eigenständiges Kalkulationsobjekt betrachtet werden können, vgl. Fischer, H.: Prozeßkostenrechnung und Prozeßoptimierung ..., a.a.O., S. 94.

4) Vgl. hierzu Farny, D.: Buchführung.... a.a.O., S. 80 ff.; Farny, D.: Kosten-, Leistungs- und Erfolgsrechnung in Versicherungsbetrieben, in: Handbuch Kostenrechnung, hrsg. von W. Männel, a.a.O., S. 1085-1100., hier S. 1091/1094; Farny, D.: Vorlesungsunterlagen „Internes Rechnungswesen ..., a.a.O., S. 12.

5) Vgl. Müller, W.: Kosten- und Leistungsrechnung im Versicherungsunternehmen, in: Bank- und Versicherungslexikon, hrsg. von H. Schierenbeck, 2. Auflage, München, Wien 1994, S. 408-414, hier S. 397; Schimmelpfeng, K.: Kostenträgerrechnung in Versicherungsunternehmen, Wiesbaden 1995, S. 17 ff.

der Kostenstellen- und Prozeßkontrollrechnungen nochmals unterschiedlich aufbereitet werden können.[1] Für die Betriebskostenkontrollrechnung, die andere Ziele verfolgt als die Kostenträgerrechnung (einschl. der Kalkulation), sind differenzierte Kostenträgerhierarchieebenen nur dann sinnvoll verwendbar, wenn sich hieraus ergänzende kontrollrelevante Informationen ableiten lassen.

4.1.2.2.3.4 Projekte als Kontrollobjekte

In Versicherungsunternehmen spielt die interne Aktivierung immaterieller Vermögensgegenstände eine wichtige Rolle, hier besonders die selbsterstellter Software sowie erfolgter Investitionen in die Innen- und Außenorganisation. Die aktivierten Kosten werden so interpretiert, daß Nutzungspotentiale aufgebaut werden, die es ermöglichen, die Kosten über die vermeintliche Nutzungsdauer der Potentiale in Form von Abschreibungen zu verteilen. Der Aufbau der Nutzungspotentiale kann jeweils als eigenständiges Projekt betrachtet und kontrolliert werden. Gegenstand einer Betriebskostenkontrollrechnung sind aber ausschließlich die unmittelbaren Faktorverzehre und nicht die Abschreibungen.

4.1.2.2.4 Die Bestimmung der übrigen Elemente des Kontrollfeldes

Sind die Kontrollobjekte definiert, müssen im nächsten Schritt die verbleibenden Elemente der Kontrollfelder bestimmt werden. Wir hatten bereits bei der Darstellung der verschiedenen Kontrollarten darauf hingewiesen, daß Kontrollen auch laufend von den Mitarbeitern im Rahmen eigenverantwortlicher permanenter Steuerungs- und Regelungsprozesse durchgeführt werden. Insofern mußte für die Kontrollrechnung die Einschränkung gemacht werden, daß Kontrollen oder Kontrollergebniserhebungen nur zu bestimmten Zeitpunkten durchge-

1) Vgl. Menrad, S.: Rechnungswesen, Göttingen 1978, S. 54 ff.

führt werden. Die Kontrollrechnungen im hier verstandenen Sinne sind immer „Zeitpunktkontrollen", die aber durch die Ergebnisverknüpfungen zu „Zeitraumkontrollen" erweitert werden können.[1] Aufgrund der geringeren Reagibilität der Betriebskosten sind als Kontrollhäufigkeiten die Ergebnisse einzelner Tage, einer einzelnen Woche und Wochenmehrfache, einzelner Monate und Monatsmehrfache (4, 6, ≥12) anzusehen. Die konkrete Festlegung ist von den spezifischen Kontrollfeldern abhängig, woraus dann die konkreten Zeitpunkte der Kontrolle („Kontrollzeiten") hergeleitet werden. Kontrollorte sind zunächst alle Kostenstellen im Versicherungsunternehmen, unter Einbeziehung der selbständigen Absatzorgane (als „Black-Boxes"). Die Kontrollintensität zeigt auf, welche Kostenarten, wie detailliert[2] und ab welcher prozentualen oder absoluten Abweichung der Ist- von der Sollgröße eine genauere Abweichungsanalyse vorgenommen wird. In Versicherungsunternehmen ist jedoch nicht die Kontroll-, sondern die Auswertungsintensität entscheidend. Kontrollmethode ist die EDV-gestützte Gegenüberstellung von Soll- und Istkontrollgrößen, die entsprechend der vorliegenden Belege erfaßt werden.

Bei diesen zeitpunktbezogenen Betrachtungen ist unbedingt das Kontrollverhalten der betroffenen Mitarbeiter zu beachten, da eine kontrollgerichtete Ergebnisbeeinflussung naheliegend ist.

4.1.2.2.5 Die Verteilung der Kontrollaufgaben auf die Kontrollträger

Kontrollträger (i.w.S.) sind alle die Mitarbeiter, die in irgendeiner Form in eine Kontrolldurchführung eingebunden sind. In Versicherungsunternehmen gibt es keine direkten Betriebskostenerhebungen und -messungen, so daß immer auch prozeßverbundene Personen und

---

1) Dies schließt gerade nicht aus, daß zur Interpretation der Zeitpunktergebnisse laufend erhobene Werte hinzugezogen werden.

2) Der Detaillierungsgrad gibt an, wie viele und welche Kosteneinflußgrößen betrachtet werden.

Mitarbeiter der Betriebsbuchhaltung Kontrollträger sind, die die Ergebnisse an die zuständigen dezentralen und zentralen Controller (Kontrollträger i.e.S.) weiterzuleiten haben. In bezug auf die Kontrollrechnungen sind die dezentralen Controller sowohl fachlich als auch disziplinarisch einem zentralen Controller zu unterstellen, damit jegliche Einflußnahmen durch Linienvorgesetzte ausgeschlossen sind.

4.1.2.3 Die Kontrolle der Durchführungsplanung für Betriebskostenkontrollrechnungen

Die Kontrolle der Durchführungsplanung erfolgt als Meta- und als Prämissenkontrolle sowie als Ausführungskontrolle. Die Meta- und die Prämissenkontrollen erfolgen ausschließlich als ex-post Kontrollen, die Ausführungskontrolle jedoch ex-nunc und ex-post. Wie bei allen Kontrollen dienen auch hier die Kontrollergebnisse als Grundlage für Verbesserungen zukünftiger Durchführungsplanungen der Betriebskostenkontrolle und als Interpretationshilfe für die Abweichungsanalyse, die auf den Ergebnissen der kontrollierten Durchführungsplanungen basieren.

4.1.3 Die Planung der Sollgrößen der einzelnen Kontrollobjekte

4.1.3.1 Die Ausgangslage für die Betriebskostenplanung

Die Planung ist eine originäre Führungsfunktion. Aber ebenso wie die Kontrolle können die gesamten Planungsaktivitäten nicht allein von der Unternehmensführung wahrgenommen werden. Planungen müssen daher dezentralisiert werden. Die Mitglieder der Unternehmensführung („Top-Management") sind die Träger der strategischen Planung. Träger der operativen Betriebskostenplanung sind die Mitglieder der nachgeordneten Leitungsinstanzen („Linienmanagement"), zusammen mit den betroffenen Mitarbeitern, und dem institutionalisierten

Controlling („Controller").[1] Besonders bei der Absatzplanung sind die mit dem Absatz der Versicherungsschutzprodukte betrauten Mitarbeiter in die Planungen mit einzubeziehen, was vor allem für die selbständigen Versicherungsvermittler gilt.[2] Die Planung selbst erfolgt im Gegenstromverfahren.[3] Hierdurch kann eine bestmögliche Verknüpfung von Gesamtzielerfüllung des Versicherungsunternehmens und Motivation der Mitarbeiter erreicht werden. Materielle Planungen gehören nicht zum Aufgabenfeld der Controller. Die Controller übernehmen Planungsaufgaben, indem sie die Planungsprozesse begleiten, die operativen Planungsinhalte in materielle Kostenplanungen transformieren und für eine Koordination der rekursiven Planungen auf allen Hierarchieebenen Sorge tragen.

4.1.3.1.1 Die Verknüpfung der Betriebskostenplanung mit anderen betrieblichen Teilplänen innerhalb des Internen Planungssystems

Betriebskostenplanungen, die aus den Betriebskostenzielen abgeleitet werden, sind Teil der Gewinnplanungen, die ihrerseits in einer direkten Beziehung zu den Wachstumsplanungen des Versicherungsunternehmens stehen.[4] Die Planung der Betriebskosten erfolgt als

---

1) Vgl. Steinmann, H./Schreyögg, G.: Mitwirkungsmuster an Planung, in: HWPlan, hrsg. von N. Szyperski, a.a.O., Sp. 1151-1161; Fürtjes, H.-T.: Planungsorgane, in: HWPlan, hrsg. von N. Szyperski, a.a.O., Sp. 1464-1468, hier Sp. 1465 ff.

2) Vgl. zu verschiedenen Verfahren der materiellen Absatzplanung Metternich, F. Graf W./Gratzer W.: Operative Jahresplanung - Geschäftsplan versus Planvereinbarung, in: Handbuch Management Versicherungsvertrieb, hrsg. von SCG St. Gallen Consulting Group, Wiesbaden 1995, S. 435-446.

3) Vgl. hierzu Horváth, P.: Hierarchiedynamik, in: HWPlan, hrsg. von N. Szyperski, a.a.O., Sp. 640-648, hier Sp. 642 ff.; Ennsfellner, K. C.: Absatzcontrolling ..., a.a.O., S. 100 ff.

4) Das Streben nach Wachstum, verstanden als das Streben nach Prämienwachstum oder nach einem größeren Marktanteil, ist langfristig ohne eine angemessene Gewinnerzielung nicht möglich, was vice versa ebenso für die Erfüllung von Gewinnplanungen gilt. Für unsere weiteren Überlegungen gehen wir davon (Fortsetzung...)

Instrument und Maßnahme des Betriebskostenmanagements und in unmittelbarer Abhängigkeit von den Planungen, die in bezug auf die Entwicklung des Bestandes an verwalteten („betreuten") Versicherungsverträgen gemacht werden.[1] Die Planung der Entwicklung der einzelnen Versicherungsvertragsbestände stellt damit die Grundlage der Betriebskostenplanung dar. Dabei ist die Betriebskostenplanung derart in die übrigen Teilplanungen integriert, daß die Betriebskosten(-zielsetzungen) wie ein Steuerelement und die Betriebskostenplanungen wie ein Regelelement wirken.[2]

Die Planungen der Entwicklung der Versicherungsvertragsbestände können betriebswirtschaftlich funktional verstanden werden, und zwar als Absatzplanung und als Fertigungsplanung. Die Absatzplanung stimmt überein mit der „Entwicklung des Neugeschäftes" und die Fertigungsplanung stimmt, unter Berücksichtigung der Erstbearbeitung, überein mit der „Entwicklung des Bestandsgeschäftes".[3] Die Planungen für das Neugeschäft stellen übergeordnete Planungen dar, denn

---

4) (...Fortsetzung)
aus, daß die beiden Formalziele „Gewinn" und „Wachstum" in einer Zielidentität, aber zumindest in einer Zielneutralität zueinander stehen. Vgl. hierzu auch Farny, D.: Unternehmerische ..., a.a.O., S. 143 ff.; Farny, D.: Versicherungsbetriebslehre, a.a.O., S. 285 ff., dort besonders das Beispiel auf Seite 292 ff.

1) Vgl. zum Ablauf von Betriebskostenplanungen in Versicherungsunternehmen Farny, D.: Kosten- und Ergebnisplanung, a.a.O., S. 371 ff.; Menz, W./Nausester, H.: Unternehmensplanung in einem Versicherungsunternehmen, in: Entwicklungen und Erfahrungen aus der Praxis des Controlling (II), GEBERA-Schriften Band 11, hrsg. von W. Goetzke/G. Sieben, Köln 1982, S. 221-319, hier S. 224 ff.

2) Vgl. auch die Anmerkungen von Zietsch, D./Knieschewski, J.: Gewinn- und Kostenmanagement als vertriebsorientierte Instrumente des Controlling, in: VW 1988, S.612-617, hier S. 612 f.

3) Die „Entwicklung des Neugeschäftes" bezieht sich auf alle *Bruttozugänge* an Versicherungsschutz, vgl. zu dessen Komponenten Farny, D.: Versicherungsbetriebslehre, a.a.O., S. 577. Die „Entwicklung des Bestandsgeschäftes" bezieht sich auf die „bei einem VU bereits bestehende(n) Versicherungsverträge", Stichwort: Bestandsgeschäft, in: Gabler Versicherungslexikon, hrsg. von P. Koch/W. Weiss, a.a.O., S. 142.

die Betriebskostenplanungen aller Funktionsbereiche sind direkt und indirekt abhängig von den Absatzplanungen und deren Realisierung. Für das Spannungsfeld „Absatzplanung - Betriebskostenplanung" sind in diesem Zusammenhang die Fragen, „welche" Betriebskosten „wo"[1] entstehen, im Vordergrund des Interesses. Für das Spannungsfeld „Fertigungsplanung - Betriebskostenplanung" sind neben den Fragen, „welche" Betriebskosten „wo"[2] entstehen, besonders die Fragen des „wie" und „womit", also die Mittel- und Verfahrenswahl interessant.[3] Aus den gerade dargestellten Spannungsfeldern leitet sich dann schließlich das Spannungsfeld „Kapazitätsplanung - Betriebskostenplanung" ab, das nun nicht nur Absatz und Fertigung, sondern alle betrieblichen Funktionen betrifft.

4.1.3.1.2 Die Betriebskostenplanung für Kontrollobjekte, die im Rahmen der Planungsperiode optimiert werden können

Betriebskostenplanungen sind quantitative und qualitative Kostenplanungen, mit denen Veränderungen, Verbesserungen und Optimierungen der Planobjekte gegenüber dem bisherigen Istzustand verbunden sind. Diese Überlegungen führen zur Bildung einer ersten Kategorie von Planobjekten (und damit zukünftigen Kontrollobjekten), die bis zum Beginn der Realisationsperiode und innerhalb der Realisationsperiode optimiert werden können. Wenn Betriebskostenoptimierungsprozesse überwiegend mittelfristig realisiert werden, kann von der Vorstellung ausgegangen werden, daß die Optimierungsprozesse schrittweise über mehrere Perioden ablaufen, ohne jedoch die gegebenen

---

1) Die Frage des „wo" bezieht sich hier auf die bearbeiteten Kundengruppen.

2) Die Frage des „wo" bezieht sich hier auf die Dienstleistungsgeschäfte und betrieblichen Funktionen.

3) Bei der Fertigungsplanung ist vor allem die Notwendigkeit und die Komplexität durchzuführender Erst-, Folge-, und Schadenbearbeitungen Planungsgegenstand. Auf das Erfordernis der betriebskostenoptimierenden Produktgestaltung (Konstruktion) hatten wir ja bereits hingewiesen.

Verhältnisse grundlegend zu verändern. Wir wollen hier von operativ-taktischen Betriebskostenplanungen und -kontrollen sprechen.

4.1.3.1.3 Die Betriebskostenplanung für zu revidierende Kontrollobjekte

In Ergänzung zu den operativ-taktischen Betriebskostenplanungen und -kontrollen werden Planungen und Kontrollen für zu revidierende Objekte gestellt, also Untersuchungsgegenstände, die vollständig verändert werden müssen. Betriebskostenplanungen begleiten derartige Planungen lediglich. Materiell ergibt sich kein Unterschied zu den operativ-taktischen Betriebskostenplanungen und -kontrollen, da immer die einzelnen konkreten Betriebskostenentstehungen Untersuchungsgegenstand sind. Derartige taktisch-strategische Betriebskostenplanungen sind ein wichtiger Einsatzbereich für ex-ante Kontrolle.

4.1.3.2 Die materielle Planung der Betriebskosten in Versicherungsunternehmen

4.1.3.2.1 Typen geplanter Kosten

Damit die geplanten Betriebskosten zur Erfüllung spezifischer Aufgaben geeignet sind, können verschiedene Typen geplanter Kosten (*Plankostentypen*) unterschieden werden. Als zur Lösung von Planungs- bzw. Entscheidungsfindungsaufgaben gut geeignet werden *Prognosekosten* betrachtet.[1] Prognosekosten sind die tatsächlich erwarteten Istkosten, weshalb sie auch als „Wirdkosten" bezeichnet werden.[2] *Standardkosten* hingegen dienen der Lösung von personalführungsresultierenden Lenkungsaufgaben.[3] Standardkosten sollen

---

1) Vgl. Schweitzer, M./Küpper, H.-U.: Systeme ..., a.a.O., S. 245 ff.

2) Aus diesem Grund werden Prognosekosten dazu verwendet, verschiedene zur Entscheidung anstehende Alternativen zu vergleichen.

3) Vgl. Schweitzer, M./Küpper, H.-U.: Systeme ..., a.a.O., S. 622 ff.

das Verhalten der Mitarbeiter zielgerichtet beeinflussen, so daß die Kostenvorgaben für die Mitarbeiter erreichbar sein müssen. Die Festlegung der Mengenkomponente erfolgt daher üblicherweise auf der Basis von Normal- oder Optimalkapazitätsauslastungen[1]. Soll der Aspekt der individuellen Mitarbeitermotivation stärker herausgehoben werden, kann die Sollkostenvorgabe als psychologisch fundierte Kostengröße erfolgen.[2] Standardkosten sind für die Kontrolle der Betriebskosten besonders geeignete Kostengrößen. In dem Sinne wird im folgenden der Begriff der Plankosten verwendet.

Plankosten werden oft zu einem weit vor Beginn der Realisationsperiode liegenden Zeitpunkt festgelegt. Diese *Plankosten* müssen bis zum Beginn der Realisationsperiode bzw. bis zu dem Zeitpunkt, wo die den betreffenden Mitarbeitern vorzugebenden Plangrößen feststehen, ständig auf ihre ermittlungstechnische und inhaltliche Richtigkeit hin überwacht werden. Sollte es notwendig sein die Plankosten zu verändern, bedeutet dies eine Transformation in *Sollkosten*.[3] Durch eine Gegenüberstellung von Plankosten und Sollkosten kann eine detaillierte Kontrolle des Planungsprozesses erfolgen. Da in dieser Arbeit die Kontrolle der Entscheidungsrealisationsprozesse im Mittelpunkt steht

---

1) Vgl. hierzu Layer, M.: Kapazität: Begriff, Arten und Messung, in: HWProd, hrsg. von W. Kern, a.a.O., Sp. 871-882, hier Sp. 874.

2) Vgl. Coenenberg, A. G.: Zur Bedeutung der Anspruchsniveau-Theorie für die Ermittlung von Vorgabekosten, in: DB 1970, S. 1137-1141; Macharzina, K.: Die Bedeutung verhaltenstheoretischer Aussagen für kosten- und leistungsorientierte Planungs- und Kontrollrechnungen, in: Unternehmensrechnung, hrsg. von A. G. Coenenberg, a.a.O., S. 324-344 sowie umfassend Preuß, R. K.: Gestaltung des internen Rechnungswesens zur Beeinflussung von Entscheidungsvollzug und Entscheidungsfindung aus verhaltensorientierter Sicht, Diss. Köln 1991.

3) In der Literatur werden Sollkosten üblicherweise verstanden als auf die Istbeschäftigung umgerechnete Plankosten, also um an **eine** Kosteneinflußgröße angepaßte Plangrößen, vgl. Müller, H., Der Soll-Istkosten-Vergleich, in: Plaut, H. G./Müller, H./Medicke, W.: Grenzplankostenrechnung und Datenverarbeitung, 3. Auflage, München 1973, S. 62; Ahlert, D./Franz, K.-P.: Industrielle Kostenrechnung, 3. Auflage, Düsseldorf 1984, S. 184. Vgl. ergänzend nochmals unsere Ausführungen im Kapitel 1.3.5.

und eine Kontrolle der Entscheidungsfindung innerhalb der Kostenabweichungsanalyse erfolgen soll, wird der Begriff der Sollkosten umfassend im Sinne von als der Entscheidungsrealisation vorzugebende Plankosten verwendet.[1)]

4.1.3.2.2 Variable und fixe Betriebskosten

Eine für die Kostenkontrolle besonders wichtige Kostenkategorie ist die Unterscheidung von fixen und variablen Betriebskosten. Der Ausweis und die Behandlung fixer Kosten ist ein wesentliches Kriterium, anhand dessen Kostenrechnungssysteme unterschieden werden.[2)] Für die Betriebskostenkontrolle ist die Frage, ob Kosten als variable oder fixe betrachtet werden, von entscheidender Bedeutung, da hieraus erste subjektive Schlüsse im Hinblick auf Kontrollrelevanz und Kontrollnotwendigkeit gezogen werden. Die Planungs- und die Kontrollfähigkeit variabler Kosten ist tendenziell größer als die fixer Kosten. Wenn variable Kosten bevorzugt Gegenstand von Kostenkontrollrechnungen sind, müßte die Grenzplankostenrechnung das geeignete Kostenrechnungssystem sein.

Ausgangspunkt unserer Untersuchung[3)] ist die Abgrenzung fixer und variabler Kosten. „Sachlich und zeitlich genau abgegrenzte Kosten nennt man variabel (fix) hinsichtlich einer bestimmten Einflußgröße, wenn sich die Kostenhöhe bei Variation dieser Größe innerhalb eines

---

1) Die Sollkosten im hier verstandenen Sinne enthalten ausschließlich Plangrößen, im Gegensatz zur allgemeinen Verwendung. Dort ist die Beschäftigung als Istgröße enthalten, so daß es sich tatsächlich um Soll-Istkosten handelt.

2) Ergänzend ist noch die Kategorisierung in Einzel- und Gemeinkosten heranzuziehen.

3) Es handelt sich hier um eine generelle Darstellung, die im Kern auch Gültigkeit für die flexible Plankostenrechnung hat. Beide Kostenrechnungssysteme unterscheiden sich ja lediglich in der *Behandlung* fixer Kosten

angegeben Intervalls ändert (nicht ändert)."[1] Diese Definition der Fixkosten lehnt sich an kostentheoretische Überlegungen an, so daß sie als „kostentheoretisch fundierte Definition der Fixkosten" bezeichnet werden kann. Diese Definition stellt klar heraus, daß sich das Kostenprodukt bei Variation einer Kosteneinflußgröße verändert, und zwar *ohne* daß es einer weiteren dispositiven Entscheidung bedarf. Dieser *Veränderungsautomatismus*[2] ist ein eindeutig nachvollziehbares Merkmal, so daß diese Definition ein objektives Kriterium zur Unterscheidung von fixen und variablen Kosten darstellt.[3]

In der Grenzplankostenrechnung (in Standardform) wird nur die Beschäftigung als relevante Kosteneinflußgröße betrachtet.[4] Für die Grenzplankostenrechner sind damit zunächst einmal alle Kosten fix, die nicht *beschäftigungsabhängig* sind, also alle Kosten, die auch bei einem Beschäftigungsgrad von Null entstehen.[5] Diese Kosten können auch als *absolute Fixkosten*[6] oder als *Vorleistungs(Vorlauf-)kosten* [7]

---

1) Küpper, H.-U.: Fixe ..., a.a.O., Sp. 647.

2) Vgl. hierzu auch Weber, J.: Variable und fixe Kosten, in: WiSt 1987, S. 393-398, hier S. 394.

3) Die Meinung, daß neben die Entscheidung, die zur Veränderung der Kosteneinflußgröße geführt hat, keine weitere treten soll, die dann zur Veränderung der Kosten führt, kann als allgemein anerkannte im Fixkostenmanagement gelten, vgl. Süverkrüp, F.: Die Abbaufähigkeit fixer Kosten, Berlin 1968, S. 46; Oekking, G.: Strategisches und operatives Fixkostenmanagement, München 1994, S. 10.

4) Vgl. Kloock, J.: Plankostenrechnung, a.a.O., Sp. 1558-1559.

5) Vgl. z.B. Plaut, H.-G.: Die Grenz-Plankostenrechnung, in: ZfB 1953, S. 347-363, S. 402-413, hier S. 402; Kilger, W.: Einführung ..., a.a.O., S. 35. Dieses Vorgehen entspricht der sog. „planmäßigen Kostenauflösung" in den Kostenstellen, vgl. Schubert, W.: Kostenauflösung, in: HWR, hrsg. von E. Kosiol/K. Chmielewicz/M. Schweitzer, 2. Auflage, a.a.O., Sp. 1005-1012, hier Sp. 1008 f.

6) Vgl. Wilkens, K.: Kosten- und Leistungsrechnung, 8. Auflage, München, Wien 1997, S. 66.

7) Vgl. Kilger, W.: Flexible ..., bearbeitet durch K. Vikas, a.a.O., S. 136 f.

bezeichnet werden.[1] Alle über die Betriebsbereitschaft[2] hinausgehenden Kosten sind damit als von der Beschäftigung abhängige Kosten anzusehen. Ob diese Kosten fix oder variabel sind, hängt für die Grenzplankostenrechner im weiteren davon ab, welcher *Fristigkeitsgrad* für die Kostenplanung unterstellt wird. Der Fristigkeitsgrad ist die Zeitperiode, innerhalb derer die Kosten an Änderungen des Beschäftigungsgrades angepaßt werden können.[3] Standardfristigkeitsgrad ist ein Jahr.[4] Da innerhalb eines Jahres eine Vielzahl an Kosten anpaßbar sind, weist die jahresbezogene Grenzplankostenrechnung grundsätzlich einen, in Relation zum verbleibenden Fixkostenblock, sehr hohen Anteil variabler Kosten aus. Die Variabilität von Personalkosten wird begründet mit der Möglichkeit, bei einem Rückgang der Beschäftigung Mitarbeiter zu versetzen, kurzarbeiten zu lassen, zu entlassen, die Personalfluktuation auszunutzen oder keine Neueinstellungen vorzunehmen, und der Notwendigkeit, bei einem Anstieg der Beschäftigung die

---

1) SEICHT bezeichnet „sunk costs" als „absolut fixe Kosten", Seicht, G.: Moderne Kosten- und Leistungsrechnung, 8. Auflage, Wien 1995, S. 206. Die Gleichsetzung von Fixkosten und Sunk Costs ist eigentlich nur dann zulässig, wenn die Fixkosten nicht mehr ausgabenwirksam sind. Vgl. zu dieser Thematik Funke, S.: Fixkosten und Beschäftigungsrisiko, München 1995, S. 52-54.

2) Wir hatten uns ja bereits im Kapitel 2.3 mit den Problemen von Betriebs- und Leistungsbereitschaft beschäftigt. Die Betriebsbereitschaft im hier behandelten Sinne beinhaltet immer auch eine Leistungsbereitschaft. Vgl. zu den verschiedenen in der Literatur verwendeten Begriffsumfängen der Betriebsbereitschaft Kürpick, H.: Die Lehre von den fixen Kosten, Köln, Opladen 1965, S. 15-19.

3) Diese Anpaßbarkeit kann sich eigentlich nur auf den Kostenabbau beziehen, denn Kapazitätserweiterungen sind immer und kurzfristig möglich. Aber gerade in der Gleichbehandlung positiver und negativer Veränderungen des Beschäftigungsgrades liegt ein Wesensmerkmal grenzplankostenrechnerischen Denkens. Nach KILGER determiniert der Fristigkeitsgrad der Kostenplanung sowohl den Anpassungszeitraum als auch die realisierbaren Anpassungsmaßnahmen, vgl. Kilger, W.: Flexible Plankostenrechnung und Deckungsbeitragsrechnung, 9. Auflage, Wiesbaden 1988, S. 110.

4) In einem Gutachten zur Einführung der Grenzplankosten bei der Bundespost geht KILGER von einem Fristigkeitsgrad der Kostenplanung von einem bis drei Jahren aus, vgl. Kilger, W.: Leistungs- und Kostenrechnung der Deutschen Bundespost, unveröffentlichtes Gutachten, Teil I und II, Saarbrücken 1994, S. 109 f., zitiert nach Vikas, K.: Controlling im Dienstleistungsbereich mit Grenzplankostenrechnung, Wiesbaden 1988, S. 137.

Mitarbeiter mehr und länger arbeiten zu lassen sowie weitere Mitarbeiter einzusetzen, die auch aus anderen Unternehmensbereichen kommen können.

Wird der Fristigkeitsgrad verringert, nimmt der Anteil variabler Kosten ab und der Fixkostenblock entsprechend zu. Die Grenzplankostenrechnung soll besonders kurzfristig relevante Entscheidungsdaten liefern. Dazu sind die Daten einer Jahresplanung nicht geeignet, so daß ggf. weitere kürzerfristige Planungen notwendig werden, wodurch wieder zusätzliche Planungsaktivitäten und Planungskosten entstehen.[1)] Vor allem nimmt damit der Anteil der relativen Fixkosten weiter zu. Für die Betriebskostenkontrollrechnung ist unabdingbar, daß Soll- und Istkosten nach identischen Prinzipien erhoben werden. Dazu gehört auch, daß den gegenübergestellten Kostengrößen gleiche Anpassungszeiträume zugrunde liegen.[2)] Da durch Änderung des betrachteten Fristigkeitsgrades fixe Kosten in variable (et vice versa) transformiert werden können, kann der Fristigkeitsgrad als das eigentliche Kriterium der Fixkostenbildung in der Grenzplankostenrechnung

---

1) In der Literatur werden die unterschiedlichen Fristigkeitsgrade unter den Stichwörtern „stufenweise Grenzkostenrechnung" und „dynamische Grenzplankostenrechnung" behandelt. Die von SEICHT entwickelte stufenweise Grenzkostenrechnung ergänzt die Fixkosten, die auf der Basis von Fristigkeitsgraden ermittelt wurden, um Informationen des individuellen Abbaubarkeitszeitraumes. Die Zusatzinformationen sind jedoch nur bei längeren Fristigkeitsgraden und damit bei einem relativ hohen Fixkostenanteil sinnvoll. Im Gegensatz zu SEICHT plant KILGER in der dynamischen Grenzkostenrechnung die Kosten unmittelbar auf der Basis unterschiedlicher Fristigkeitsgrade. Vgl. Seicht, G.: Die stufenweise Grenzkostenrechnung, in: ZfB 1963, S. 693-709; Kilger, W.: Flexible ..., a.a.O., S. 109 ff./364 ff.

2) Mit der Problematik der Dynamisierung der Grenzplankostenrechnung hat sich ausführlich ZIMMERMANN beschäftigt, ohne die daraus resultierenden Probleme abschließend lösen zu können. Vgl. Zimmermann, J.: Die Flexible Plankostenrechnung und Deckungsbeitragsrechnung als entscheidungs- und kontrollorientiertes System der Kosten- und Leistungsrechnung - Probleme und Entwicklungsmöglichkeiten, Diss. Würzburg 1990, S. 95-184. Für die Betriebskostenkontrolle ist besonders die Frage interessant, welchen Fristigkeitsgrad die Istkosten haben.

betrachtet werden.[1] Die beschäftigungsabhängigen Betriebskosten werden damit unterschieden in variable Betriebskosten und relative Betriebsfixkosten.[2]

Das dritte Merkmal zur Abgrenzung fixer und variabler Kosten, das teilweise sogar als alleiniges Merkmal verwendet wird, ist die unmittelbare Abhängigkeit des Güterverzehrs von der eigentlichen Leistung der Kostenstelle.[3] Hierdurch werden z.B. bei den Personalkosten die Gehälter von Sachbearbeitern, die in der Regel repetitive, nicht dispositive, quantifizierbare Tätigkeiten ausführen, als variable Kosten angesehen.

---

1) WEBER merkt zur Unterscheidung fixer und variabler Kosten an, daß fixe Kosten „Kosten pro Zeitabschnitt, also DM/Zeitabschnitt" und variable Kosten „Kosten pro Mengeneinheit, also DM/Mengeneinheit" sind. Es liegen unterschiedliche Dimensionen vor, die nicht gleichnamig gemacht werden können, vgl. Weber, H. K.: Fixe und variable Kosten, Göttingen 1972, S. 12 f.

2) Relative Betriebsfixkosten sind auch Ausdruck dafür, daß die Potentialfaktoren nicht beliebig teilbar sind und zu sog. „sprungfixen Kosten" führen.

3) „Wollen wir Kosten kontrollieren oder kalkulieren, dann müssen wir sie auf die **Leistungseinheiten der Kostenstellen** beziehen.", Plaut, H.-G.: Grenzplankosten- und Deckungsbeitragsrechnung als modernes Kostenrechnungssystem (I), (II), in: krp 1984, S. 20-26, S. 67-72, hier S. 68. [Herv. d. Verf.]. Dieser Aspekt wurde später von PLAUTs Mitarbeiter VIKAS aufgegriffen, der ihn in den Mittelpunkt seiner grenzplankostenrechnerischen Untersuchungen, vor allem zur Grenzplankostenrechnung der Dienstleistungsunternehmungen, gestellt hat. So führt VIKAS in seiner Überarbeitung der „Flexible Plankostenrechnung und Deckungsbeitragsrechnung" aus, daß man bei der planmäßigen Auflösung der Kosten einer Kostenstelle in fixe und variable als alleiniges Merkmal auch „nur die funktionale Abhängigkeit des Ressourcenverbrauchs vom Einflußfaktor „Beschäftigung" als Grundlage der Kostenauflösung gelten lassen [kann]. Erst unter Beachtung dieser These ist im Dienstleistungsbereich der Einsatz flexibler Plankostenrechnungssysteme möglich geworden.", vgl. Vikas, K., in: Kilger, W.: Flexible ..., bearbeitet durch K. Vikas, a.a.O., S. 358. Dabei soll insbesondere der Fristigkeitsgrad der Kostenplanung unberücksichtigt bleiben. „Werden ... die Probleme der Fristigkeit und insbesondere der Beeinflußbarkeit und Anpassungsmöglichkeit bei der Auflösung der Kosten nach fixen und proportionalen Bestandteilen mit in die Überlegungen eingebracht, so stellt dies eine immanente **Fehlerquelle** dar.", Vikas, K.: Probleme und Lösungsansätze bei der Kostenaufspaltung, in: Praxis des Rechnungswesens, Loseblattsammlung, Gruppe 8, Freiburg 1989, S. 347-357, hier S. 354.

Wie sind nun die Betriebskosten der Versicherungsunternehmen[1] nach dem Fixkostenverständnis der Grenzplankostenrechnung zu typologisieren? Betrachten wir zunächst die Betriebsbereitschaft. Die Betriebsbereitschaft ist eine fiktive Personal- (und Betriebsmittel)mindestausstattung, die notwendig ist, die Existenz eines Unternehmens sicherzustellen, auch wenn die Beschäftigung für einen bestimmten Zeitraum gleich null wäre oder gegen Null tendierte.[2] Hier ergibt sich nun ein deutlicher Unterschied der Versicherungsunternehmen zu den Sachgüter erstellenden Unternehmen, denn bei den Versicherungsunternehmen bedeutet eine Beschäftigung von „Null" zunächst nur ein Neugeschäft von Null, aber ein Bestandsgeschäft von annähernd konstant „Einhundert".[3] Ebenso muß bei der Bestimmung der Betriebsbereitschaft berücksichtigt werden, daß die Versicherungsunternehmen teilweise mehrere tausend Mitarbeiter und Akquisiteure im Außendienst eingesetzt haben, die jederzeit wieder Vertragsneuabschlüsse herbeiführen können. Insofern ist es aus der Sicht des Gesamtversicherungsunternehmens grundsätzlich notwendig, die Vorkombinationen der Dienstleistungsgeschäfte DG I-III annähernd unverändert aufrechtzuerhalten.

---

1) Da es sich um grundlegende Betrachtungen handelt, wollen wir sie auf die Personalkosten als wichtigste Betriebskostenartengruppe beschränken.

2) In der Grenzplankostenrechnung ist es umstritten, wie die Betriebsbereitschaft und damit der Beschäftigungsgrad „Null" zu verstehen sind. Nach KILGER muß die Betriebsbereitschaft in der Höhe vorgehalten werden, die notwendig ist, die Planbezugsgrößen realisieren zu können. Nach PLAUT ist die Betriebsbereitschaft zumindest so zu bemessen, daß längstens innerhalb eines Jahres das ursprüngliche (geplante) Beschäftigungsniveau wieder erreicht werden kann, vgl. hierzu Zimmermann, J.: Die Flexible Plankostenrechnung ..., a.a.O., S. 307.

3) Es lassen sich keine allgemeingültigen Aussagen in bezug auf das Bestandsgeschäft bei einem Neugeschäft von Null machen. Auch wenn davon auszugehen ist, daß der Bestand an verwalteten Versicherungsverträgen abnimmt, können dennoch die anfallenden Arbeitsprozesse im Vergleich zu den Vorjahren zunehmen.

Während eine Beschäftigung von Null schon über einen recht kurzen Zeitraum in der Sachgüterindustrie die Zahlungsunfähigkeit des Unternehmens nach sich zieht, besteht diese Problematik in Versicherungsunternehmen aufgrund des Bestandsgeschäftes so nicht. Allein auf der Grundlage des Merkmals „Betriebs- und Leistungsbereitschaft" sind die meisten Personalkosten der Versicherungsunternehmen als fixe Kosten zu betrachten. Bei den noch verbleibenden Personalkosten können von den Grenzplankostenrechnern Gehaltskosten nur bei einem Fristigkeitsgrad als variabel angesehen werden, der über den gesetzlichen Bestimmungen und tarifvertraglichen Vereinbarungen liegt und variabilisiert werden könne, oder die unmittelbar aus den Kostenstellenleistungen hergeleitet werden.

Zum Vorangegangen ein Beispiel: In der Erstbearbeitung eines Lebensversicherers arbeiten 20 Sachbearbeiter und 2 Schreibkräfte, die einem Abteilungsleiter unterstehen. Die 20 Sachbearbeiter policieren in der Woche X Lebensversicherungsverträge. Geht das Neugeschäft auf Null zurück, müssen zunächst alle Sachbearbeiter weiterbeschäftigt werden, da nicht bekannt ist, wie lange dieser Beschäftigungsrückgang anhält. Eine automatische Personalkostenreduktion erfolgt nicht. Es kann kurzfristig versucht werden, die Sachbearbeiter anderweitig einzusetzen, z.B. in der „Leistungsabteilung". Eine Freisetzung von Sachbearbeitern der Erstbearbeitung, und damit eine Kostenreduktion, wird erst dann möglich sein, wenn zunächst die Anzahl der Außendienstmitarbeiter reduziert worden ist.[1] Wird aber sogar die Zahl der Außendienstmitarbeiter erhöht, um dem Beschäftigungsrückgang entgegenzuwirken, kann die Zahl der Sachbearbeiter nicht reduziert

1) Die Anzahl der Sachbearbeiter der Erstbearbeitung steht in einer bestimmten Relation zu den Außendienstmitarbeitern.

werden.[1] Auch der Abteilungsleiter verbleibt in seiner Position, ebenso wie zumindest eine Schreibkraft. Die andere Schreibkraft kann, falls die Möglichkeit besteht, in einer anderen Kostenstelle eingesetzt werden, so daß deren Gehalt als (kostenstellen-)variabel angesehen werden kann, jedoch erst als Ergebnis einer spezifischen dispositiven Entscheidung.

Für die Akzeptanz der Betriebskostenkontrollrechnung ist es problematisch, wenn die Frage, ob Kosten fix oder variabel sind, in der Grenzplankostenrechnung nicht auf der Basis objektiver, einheitlicher Merkmale zu entscheiden ist, sondern erheblichen Subjektivismen unterliegt. So ist die Frage „Fix oder Variabel" 1. von der als notwendig angesehenen Betriebsbereitschaft abhängig, 2. vom Fristigkeitsgrad der Betrachtung (einschließlich der Möglichkeit Anpassungsmaßnahmen zu ergreifen) und 3. vom unmittelbaren Leistungsbezug. Der Anteil *echter variabler Kosten* sowie *echter Grenzkosten*[2] an den Gesamtbetriebskosten der Versicherungsunternehmen ist gering, auch nach der kostentheoretisch fundierten Definition der Fixkosten. Kosten, die kurzfristig als variabel angesehen werden, sind unmittelbar entscheidungsrelevant. Über deren Deckung in der Preisuntergrenze muß nicht gesondert verhandelt werden. Die Folge ist, daß Kosten in der Grenzplankostenrechnung streng genommen proportionalisiert werden, die von den Beteiligten als fixe Kosten betrachtet werden. Hierdurch sind Konflikte mit den Mitarbeitern bei der Kostenkontrolle vorprogrammiert.[3] Im Fixkostenmanagement werden die Begriffe „fi-

---

1) Es gibt für die Versicherungsunternehmen vielfältige betriebswirtschaftliche und juristische Gründe, die Erstbearbeitung zügig zu erledigen. Hier sei exemplarisch nur die Antragsbindefrist genannt.

2) Vgl. ergänzend unsere Ausführungen im Kapitel 4.1.2.1.1.

3) In der Literatur finden sich Beispiele, die die Möglichkeit der Anwendung einer flexiblen Plankostenrechnung oder Grenzplankostenrechnung in Dienstleistungsunternehmungen demonstrieren sollen. Vgl. Kleber, E.: Kostenplanung in Kreditinstituten, Diss. Göttingen 1972, hier besonders S. 77-95; Fischer, H.: Plan-
(Fortsetzung...)

xe und variable Kosten" restriktiv ausgelegt und die Frage, in welchem Ausmaß über die tatsächlichen variablen Kosten hinaus Fixkostendeckungsbeiträge erhoben werden, bleibt eine originäre unternehmerische Entscheidung. Diese Entscheidung wird der Unternehmensführung in der Grenzplankostenrechnung abgenommen, aber keineswegs auf der Basis uneingeschränkt objektiver Kriterien.[1)]

Eine Grenzplankostenrechnung ist kein für die Betriebskostenkontrolle der Versicherungsunternehmen geeignetes Kostenrechnungssystem.[2)3)] In bezug auf die Kostenkontrolle wird auch von den führenden Vertretern der Grenzplankostenrechnung eingeräumt, daß eine

---

3) (...Fortsetzung)
kostenrechnung ..., a.a.O., hier besonders S. 100 ff; 290 ff.; Vikas, K.: Controlling ..., a.a.O. KLEBER führt im Hinblick auf die Kostenrechnung aus: „Die flexible Plankostenrechnung ist nur in solchen Betrieben durchführbar, in denen veränderliche bzw. beeinflußbare Kosten vorkommen. Ist diese Voraussetzung in einem Betrieb bisher nicht gegeben, sind Überlegungen anzustellen, ob nicht durch organisatorische Maßnahmen eine Variabilität der Kosten herbeigeführt werden kann.", Kleber, E.: Kostenplanung ..., a.a.O., S. 77. Es handelt sich dabei um den betriebswirtschaftlich interessanten Fall, daß die Unternehmensrealität an ein Kostenrechnungssystem angepaßt wird, und nicht umgekehrt.

1) Indem die Grenzplankostenrechner den Begriff „variable Kosten" umfassend auslegen, erreichen sie, daß in der auf Grenzkosten (dort gleich variable Kosten) basierenden Preisuntergrenze bereits entsprechende Fixkostendeckungsbeiträge enthalten sind, so daß die Unternehmensexistenz auch in den von ihnen vertretenen kurzfristigen Zeiträume nicht gefährdet ist.

2) Die Frage, ob oder unter welchen Bedingungen die Grenzplankostenrechnung ein für Versicherungsunternehmen theoretisch und praktisch geeignetes Kostenrechnungssystem ist, wird im versicherungswissenschaftlichen Schrifttum nicht gestellt. Interessanterweise findet sich diese Diskussion auch nicht in der umfassendsten Darstellung zu diesem Thema von Fischer, H.: Plankostenrechnung im Versicherungsunternehmen unter besonderer Berücksichtigung der Grenzplankostenrechnung, 2. Auflage, Köln 1989. FISCHER folgt der Ansicht KILGERs, so daß die in einer einjährigen Planperiode anpaßbaren Personalkosten als überwiegend variabel angesehen werden.

3) Die gleiche oder eine vergleichbare Meinung vertreten Albrecht, P.: Glaubwürdige Deckungsbeiträge in der Schadenversicherung, Karlsruhe 1990, S. 10 f.; Hesberg, D.: Das Rechnungswesen im Versicherungsbetrieb I, in: Versicherungswirtschaftliches Studienwerk, hrsg. von W. Asmus/J. Gaßmann, 4. Auflage, Wiesbaden o.J., Studientext 18, Wiesbaden 1994, S. 36, jeweils mit teilweise differierenden Begründungen.

flexible Planvollkostenrechnung hierzu gut geeignet ist und eine Grenzplankostenrechnung keine zusätzlichen Informationen bereitstellt.[1)]

4.1.3.2.3 Kosteneinflußgrößen und Maßgrößen der Kostenverursachung

Eine Variation der Kosteneinflußgröße „Preis" führt ex definitione zu variablen Kosten, denn in der analytischen Betrachtung wird immer nur eine Einflußgröße verändert, und hier ändert sich auf jeden Fall das Gesamtprodukt. Anders stellt sich die Situation bei den mengenorientierten Kosteneinflußgrößen dar. Sie können verändert werden, ohne daß eine Auswirkung beim Kostenprodukt feststellbar wäre.[2)] Aus diesem Grund sind einzelne Kostenpunkte zu betrachten und keine Kostenverläufe.[3)] So sind die Gehaltskosten angestellter Mitarbeiter fixe Kosten, auch wenn z.B. die Beschäftigung (hier gemessen in ge-

---

1) „Die Aufgabe der Kostenkontrolle kann die flexible Plankostenrechnung mit Hilfe der flexiblen Vorgabe von Sollkosten in hervorragender Weise erfüllen, wenn sie auf einer fachgerecht durchgeführten Kostenplanung basiert. Auch die später entwickelte Grenzplankostenrechnung hat die Möglichkeiten der Kostenkontrolle nicht mehr verbessert.", Kilger, W.: Flexible Plankostenrechnung und Deckungsbeitragsrechnung, bearbeitet durch K. Vikas, 10. Auflage, Wiesbaden 1993, S. 46. KILGER verweist an dieser Stelle auf eine gleichlautende Ansicht von H. G. PLAUT.

2) Insofern muß daß Verständnis von Fixkosten erweitert werden. Fixkosten sind auch darauf zurückzuführen, daß sich Einflußgrößenänderungen nicht auf das Kostenprodukt auswirken und nicht nur darauf, „daß die Ausprägung bestimmter Kosteneinflußgrößen konstant ist bzw. konstant gehalten wird oder einzelne Kosteneinflußgrößen nicht explizit berücksichtigt werden und deren Wirkung (ceteris paribus) als konstant unterstellt wird.", Küpper, H.-U.: Teilkostenrechnung bei zunehmender Fixkostenbelastung, in: ZfB 1983, S. 71-75, hier S. 71.

3) Mit Hilfe der grafischen Darstellung von Kostenverläufen wird versucht, die kostenrelevanten Konsequenzen von Entscheidungen abzuleiten. Damit dies gelingt, muß genau der momentan gültige Punkt auf der Kostenfunktion ermittelt werden. Die grafische Darstellung von Kostenverläufen wird weiter mit den Argumenten abgelehnt, daß es zum einen unmöglich ist, alle relevanten Kosteneinflußgrößen zu berücksichtigen und zum anderen sehr schwierig ist, die reale Kostenwirklichkeit um einen Kostenpunkt, auf der ja zukünftige Entscheidungen basieren, hinreichend genau zu erfassen. Vgl. hierzu die Kritik bei Lassmann, G.: Die Produktionsfunktion ..., a.a.O., S. 10 f./93 ff.

leisteten Arbeitsstunden) variiert. Wird ein Beschäftigungsanstieg jedoch über einen vorher definierten Punkt hinausgeführt, also die Breite des Variationsintervalls überschritten, so können Überstundenzuschläge fällig werden und damit (über die Preiskomponente) auch bei Fixkosten automatische (= ohne erneute dispositive Entscheidung) Kostenanpassungen erfolgen.[1)]

Die Höhe der Betriebskosten ist das Ergebnis der Auswirkungen von Einflußgrößen zu einem bestimmten Zeitpunkt.[2)3)] Die „Kosteneinflußgrößen" sind in ihrer Anzahl in praxi nicht nur unbestimmt, sondern die, die als relevante angesehen werden, in ihrer allgemeinen Form oft nicht geeignet, die Höhe einer bestimmten Kostenart in einer bestimmten Kostenstelle unmittelbar auf sie zurückzuführen. Um dies zu erreichen, kann es notwendig sein, zwischen wirksamer Kosteneinflußgröße und realisierter Kostenart eine weitere Größe einzufügen, die allgemein als „Bezugsgröße" bezeichnet und als „Maßgröße der Kostenverursachung" definiert wird. Der Begriff „Bezugsgröße" ist einer der Kernbegriffe der Plankostenrechnung und wird allgemein als „Be-

---

1) Bei fixen Betriebskosten kann die Mengenkomponente autonom auf die Veränderung von Kosteneinflußgrößen reagieren und ist dann variabel im eigentlichen Sinne. Vgl. ergänzend Franz, K.-P.: Kostenmanagement, Landsberg am Lech 1994, S. 7, der wegen der unterschiedlichen Auslegungen seinen Betrachtungen zum Kostenmanagement nicht die Unterscheidung von „Einzel- und Gemeinkosten" oder „fixen und variablen Kosten" , sondern von „beeinflußbaren und nicht beeinflußbaren Kosten" zugrunde legt.

2) Vgl. zu einem generellen Überblick Haupt, R.: Kosteneinflußgrößen, in: HWB, hrsg. von W. Wittmann et al., 5. Auflage, a.a.O., Sp. 2330-2339 und zum generellen System von Kosteneinflußgrößen in Versicherungsunternehmen Kapitel 2.

3) „Kosten sind nur Symptome der sie ursächlich determinierenden Kostenbestimmungsfaktoren (Kostentreiber). Sollen Kosten effektiv beeinflußt werden, so muß auf die den Kostenanfall verursachenden Faktoren gezielt Einfluß genommen werden.", Franz, K.-P./Kajüter, P.: Proaktives Kostenmanagement als Daueraufgabe, in: Kostenmanagement, hrsg. von K.-P. Franz/P. Kajüter, Stuttgart 1997, a.a.O., S. 5-27, hier S. 11.

schäftigungsbezugsgröße" verstanden.[1] „Die B e z u g s g r ö ß e ist eine zahlenmäßig erfaßbare Leistungsgröße mit proportionalem Verhalten zum Beschäftigungsverlauf der Kostenstelle. **Sie repräsentiert die Leistung der Kostenstelle.**"[2] Kann das Verhalten aller Kostenarten in einer Kostenstelle auf der Basis nur einer Bezugsgröße erklärt werden, wird von „homogener Kostenverursachung" gesprochen. Sind jedoch zumindest zwei Bezugsgrößen dazu notwendig, liegt „heterogene Kostenverursachung"[3] vor.[4] Neben „direkten", unmittelbar aus der quantifizierbaren Leistung der Kostenstelle abgeleiteten, werden „indi-

---

1) Es ist aber durchaus verstellbar, auch andere Kosteneinflußgrößenbezugsgrößen zu verwenden. Wird z.B. ein Produktionsfaktor mit einer spezifischen Ausprägung verwendet, so kann die spezifische Ausprägung als Bezugsgröße der Kosteneinflußgröße „Qualität" verwendet werden.

2) Medicke, W.: Die Gemeinkosten in der Plankostenrechnung, Berlin 1956, S. 36. (Hervorhebung durch Fettdruck vom Verfasser). Gerade in der Betonung, daß die Bezugsgröße die Leistung einer Kostenstelle repräsentiert, kann deren eigentlicher Charakter gesehen werden, und sie ist auch als Ausgangsbasis geeignet, Bezugsgrößen einer Kostenstelle zu ermitteln. Bezugsgrößenausprägungen sind immer kostenstellenindividuell, während Kosteneinflußgrößen für das ganze Versicherungsunternehmen, zumindest aber für ganze Unternehmensbereiche einheitlich wirken.

3) Heterogene Kostenverursachung: „Verwendung mehrerer Bezugsgrößen für Kostenstellen ..., in denen unterschiedliche Kosteneinflüsse wirksam werden, die sich nicht zueinander proportional verhalten.", Kilger, W.: Flexible ..., bearbeitet durch K. Vikas, a.a.O., S. 74.

4) Bezugsgrößen sind eigentlich nichts anderes als präzisierte, in Zahlen ausdrückbare Kosteneinflußgrößen, und zwar für Kosteneinflußgrößen, die immer und unmittelbar einen Einfluß auf die Mengenkomponente der Kosten ausüben. Die „Beschäftigung" ist ein derartig unbestimmter, zu präzisierender Ausdruck. Die Beschäftigung beeinflußt die Kosten, indem es einen Unterschied darstellt *was, wann, wie* und *in welcher Menge* produziert wird. Bei der Erfassung der Beschäftigung muß berücksichtigt werden, daß z.B. Fertigungsdauern direkt vergleichbar sind, Produkte jedoch nicht. Aufgrund ihrer Meßbarkeit haben die Bezugsgrößen eine herausragende Bedeutung für die Kostenplanung. Eine Überbetonung der Bezugsgrößen kann aber dazu führen, daß die eigentlichen Wirkmechanismen nicht mehr klar erkennbar sind. Kosten können immer nur über die Variation einer Kosteneinflußgröße verändert werden, wobei die Kostenveränderung und die Bezugsgrößenveränderung proportional sind. Es ist aber grundsätzlich nicht möglich, Kosten und Kosteneinflußgrößen über eine Variation der Bezugsgröße zu verändern.

rekte“ Bezugsgrößen unterschieden, die aus der Leistung der empfangenden und nicht der leistenden Kostenstelle abgeleitet werden.[1)]

Während es in der Literatur heute unstreitig ist, auch das Entstehen von Fixkosten auf Kosteneinflußgrößen zurückzuführen,[2)] ist die Beziehung der Bezugsgrößen zu den Fixkosten nicht so eindeutig.[3)] Dies ist insofern verständlich, da die Grenzplankostenrechner von linear ansteigenden Kostenfunktionen ausgehen, deren Verlauf die Variation der betreffenden Bezugsgröße und der dahinterstehenden Kosteneinflußgröße aufzeigen soll. Dabei wird der Bezugsgröße von den (Grenz-)Plankostenrechnern idealerweise eine Doppelfunktion zugeordnet, und zwar neben Maßgröße der Kostenverursachung soll sie auch eine Größe sein, die zur Verrechnung der variablen Gemeinkosten auf die Kostenträger geeignet ist.[4)] Bezugsgrößen sind damit immer „Maßgrößen der Verursachung variabler Gemeinkosten“.[5)] Um auch die Gemeinkosten außerhalb der eigentlichen Fertigung ihrer wachsenden Bedeutung entsprechend differenzierter planen und kontrollieren zu können, wird verstärkt versucht, hier ebenfalls Maßgrößen zu verwenden. Besonders die Prozeßkostenrechnung und die Grenzplankostenrechnung

---

1) Vgl., Scherrer, G.: Kostenrechnung, a.a.O., S. 177; Kilger, W.: Flexible ..., bearbeitet durch K. Vikas, a.a.O., S. 315 f.

2) In der Literatur ist kontrovers diskutiert worden, ob fixe Kosten überhaupt Kosten sind. Vgl. hierzu Kürpick, H.: Die Lehre ..., a.a.O., S. 8 ff.

3) „Die *Bezugsgrößen gelten* nach dem Verursachungsprinzip *nur für die proportionalen Kosten.* ... Kostenstellen, in denen nur fixe Kosten anfallen ... haben streng genommen keine Bezugsgrößen der Kostenverursachung.“ Kilger, W.: Einführung ..., a.a.O., S. 164.

4) Bei den aus den Leistungen anderer Kostenstellen abgeleiteten indirekten Bezugsgrößen ist der Verrechnungscharakter konstituierend.

5) FISCHER weist zurecht darauf hin, daß die Bezugsgrößen Maßgrößen der Verursachung variabler Gemeinkosten sind, denn als Maßgrößen der Verursachung variabler Einzelkosten dienen die Kostenträgereinheiten selbst, vgl. Fischer, H.: Plankostenrechnung ..., a.a.O., S. 82.

der Dienstleistungsunternehmungen nach VIKAS[1] greifen darauf zurück. Grundlage ist immer die Unterscheidung in repetitive und nichtrepetitive Tätigkeiten.[2] Hiermit ist gemeint, daß Tätigkeiten, die in gleicher oder sehr ähnlicher Art immer wiederkehren, grundsätzlich auf der Basis der in einer Periode anfallenden Anzahl der Tätigkeiten planbar sind. Derartige Aktivitäten, die zusätzlich in direktem Zusammenhang mit der Umsetzung der eigentlichen Aufgabe einer Kostenstelle stehen, werden in der Prozeßkostenrechnung als *leistungsmengeninduzierte (lmi)* (mengenvariabel in bezug auf das Leistungsvolumen der Kostenstelle) und in der Dienstleistungsgrenzplankostenrechnung als *leistungsabhängige* bezeichnet. Ihnen stehen die *leistungsmengenneutralen (lmn)* (mengenfix in bezug auf das Leistungsvolumen der Kostenstelle) und die *leistungsunabhängigen (zeitabhängigen)* gegenüber.[3] Wie werden die leistungsmengeninduzierten und die leistungs-

---

1) Wir wollen diese Form der Grenzplankostenrechnung im folgenden als „Dienstleistungsgrenzplankostenrechnung" bezeichnen. Es sei dabei betont, daß es sich um keinen allgemein anerkannten Ansatz handelt. Allerdings ist VIKAS der einzige Autor, der sich umfassend mit dieser Problematik befaßt hat, während Fragen der Kostenplanung und Kostenkontrolle in den Veröffentlichungen zur Betriebswirtschaftslehre der Dienstleistungen keine Rolle spielen. Eine Verknüpfung von Prozeßkostenrechnung und Dienstleistungsgrenzplankostenrechnung bietet sich an, denn beide Kostenrechnungssysteme nehmen umfassende Fixkostenproportionalisierungen vor. „Legt man den gleichen theoretischen Anspruch wie die Vertreter der Prozeßkostenrechnung zugrunde und erlaubt den Ausweis proportionalisierter Fixkosten, kann mit dem Ansatz von Vikas auch in der Grenzplankostenrechnung auf vorhandene Grundlagen zurückgegriffen werden.", Franz, K.-P.: Die Prozeßkostenrechnung im Vergleich ..., a.a.O., S. 209.

2) KILGER unterscheidet zwischen *„Kostenstellen, in denen überwiegend verwaltende Tätigkeiten ausgeübt werden,* die sich häufig wiederholen" und „Kostenstellen, in denen überwiegend *dispositive, planende oder organisatorische Tätigkeiten ausgeübt werden"*, Kilger, W.: Flexible ..., bearbeitet durch K. Vikas, a.a.O., S. 326.

3) Vgl. Horváth, P./Mayer, R.: Prozeßkostenrechnung, in: Controlling 1989, S. 214-219, hier S. 216 f.; Vikas, K.: Controlling ..., a.a.O., S. 7.

mengenneutralen Tätigkeiten[1] voneinander abgegrenzt?[2] Bei REMER findet sich folgende Zusammenfassung der konstituierenden Merkmale leistungsmengeninduzierter Prozesse:[3]

„• Sie erlauben durch ihr mengenmäßiges Auftreten die Quantifizierung der Leistungen
• Sie wiederholen sich häufig und stehen in einem (annähernd) proportionalen Zusammenhang zum Leistungsvolumen als Output einer Kostenstelle
• Sie stellen weitgehend homogene, standardisierbare Leistungen mit routineartigem Wiederholcharakter dar
• Sie laufen weitgehend schematisiert bei relativ geringem Entscheidungsspielraum ab".

Sowohl in der Prozeßkostenrechnung als auch in der Dienstleistungsgrenzplankostenrechnung werden die aus leistungsmengeninduzierten Tätigkeiten resultierenden Kosten variabilisiert. Werden beide Sichtweisen miteinander verknüpft, ergibt sich, daß für die leistungsmengeninduzierten Tätigkeiten, die quantitativ erfaßbar sind,

---

1) Da das Begriffspaar „leistungsmengeninduziert (lmi)" und „leistungsmengenneutral (lmn)" in der Literatur mittlerweile etabliert ist, soll hier kein neues eingeführt werden. Allerdings benutzen wir das Begriffspaar im umfassenden Sinne, also auch die Dienstleistungsgrenzplankostenrechnung integrierend.

2) VIKAS legt seiner Abgrenzung die *funktionale Abhängigkeit* zugrunde, vgl. Vikas, K.: Leistungs- und Kostenplanung im Verwaltungsbereich, in: Praxis des Rechnungswesens, Loseblattsammlung, Gruppe 8, Freiburg 1991, S. 39-54, hier S. 44 und unsere Darstellung weiter oben Seite 164, Fußnote 3. Alle Kostenarten, die (funktional) von den zugrundeliegenden Aufgaben abhängig sind, sind leistungsabhängig. So sind die Gehälter von Sachbearbeitern funktional abhängig von der Art und der Menge der Sachbearbeiteraufgaben. Die Aufgabe „Abteilungsleitung" hingegen ist von der Art und Menge der Sachbearbeiteraufgaben (leistungs-)unabhängig. Sie ist aber funktional abhängig von der Anzahl der Sachbearbeiter, so daß sich doch eine funktionale Abhängigkeit zu den Sachbearbeiteraufgaben ergeben kann (Problem der Leitungs- bzw. Kontrollspanne). Dieses Beispiel zeigt, wie schwierig und unbefriedigend sich die Abgrenzung leistungsmengeninduzierter/leistungsabhängiger sowie leistungsmengenneutraler/leistungsunabhängiger Aufgaben darstellt.

3) Remer, D.: Einführen der Prozeßkostenrechnung, Stuttgart 1997, S. 44.

Bezugsgrößen definiert werden können.[1] Ist diese Voraussetzung nicht gegeben, sollte budgetiert werden.[2][3]

Die Höhe einer Kostenart kann von den Ausprägungen mehrerer Kosteneinflußgrößen bestimmt werden. Die Einflußgrößen können additiv oder multiplikativ verknüpft sein.[4]

4.1.3.2.4 Die Betriebskostenpläne der Versicherungsunternehmen

Der für das Versicherungsunternehmen aufgestellte Gesamtbetriebskostenplan ist eine Aggregation der einzelnen Stellenbetriebskostenplanungen. Wir hatten festgelegt, daß die Betriebskostenplanung auf der Entwicklung des Bestandes an betreuten Versicherungsverträgen aufbaut, also den Planungen für das Neugeschäft und das Bestandsgeschäft. Auf diese beiden Größen hin werden sämtliche Kapazitäten und Potentialfaktorbestände geplant. Die Betriebskostenpla-

---

1) Die Leistungs- oder Aufgabenbezogenheit ist als alleiniges Abgrenzungsmerkmal leistungsmengeninduzierter Tätigkeiten nicht geeignet, denn auch die Aktivitäten im Führungssystem, die meist als Beispiel leistungsmengenneutraler Tätigkeiten Erwähnung finden, dienen der Erfüllung einer stellenspezifischen Aufgabe. Hinzukommen muß immer die Möglichkeit, für die einzelne, immer wieder ausgeführte Tätigkeit Standardzeiten festlegen zu können. Die leistungsmengenneutralen Tätigkeiten können auch als *sekundäre* oder *abgeleitete* Tätigkeiten bezeichnet werden, da sie nicht unmittelbar mit der Umsetzung der originären Funktionen *Beschaffung*, *Fertigung* und *Absatz* befaßt sind.

2) Vom Ergebnis her wird das Vorgehen der Grenzplankostenrechner, der Prozeßkostenrechner und Dienstleistungsgrenzplankostenrechner zu einem vergleichbaren Ergebnis führen, was die jeweiligen Vertreter aber sicherlich ablehnen würden. Die Ursache für die unterschiedliche Beurteilung liegt in dem nicht hinreichend abgeklärten Verständnis des Begriffspaares „fixe-variable Kosten", denn nach unserem Verständnis werden in diesen Kostenrechnungssystemen Fixkostenproportionalisierungen vorgenommen. Die Fragen der Betriebskostenplanung und -kontrolle in Versicherungsunternehmen können nicht auf der Basis eines bestimmten Kostenrechnungssystems gelöst werden. Auch wenn ein prozeß- oder aktivitätsbasierender Ansatz verfolgt wird, kann dennoch nicht gesagt werden, daß diese Arbeit auf *der* Prozeßkostenrechnung aufbaut.

3) Vgl. zur Budgetierung Kapitel 4.1.4.

4) Vgl. Kürpick, H.: Die Lehre ..., a.a.O., S. 5.

nungen sind damit Sekundärplanungen, jedoch im Rahmen des Betriebskostenmanagements mit Rückwirkungen auf die Primärplanungen.

Basis aller konkreten Betriebskostenplanungen und untereinander abgestimmter Betriebskostenpläne sind die Festlegung von „Planungsgrundlage" und „Planungsbemessung".[1] Mit der Planungsgrundlage wird festgelegt, auf welcher Ausgangsgröße die Ausbringungsmengenplanung der Betriebskostenplanung aufbaut. Die Planbeschäftigung kann sich am Engpaßsektor, hier der Absatzplanung, orientieren, an den vorhandenen Kapazitäten (in Form einer maximalen, normalen oder kostenoptimalen Beschäftigungsauslastung) sowie einer effektiven oder durchschnittlichen Beschäftigung der Vergangenheit. Die besondere Problematik der Festlegung der Planungsgrundlage wird erst bei der Abweichungsanalyse offensichtlich. Wurde z.B. als Ergebnis einer Engpaß-Absatzplanung ein Beschäftigungsgrad von X^1 (= 100%) festgelegt, obwohl bei einer kapazitätsorientierten Planung auch ein Beschäftigungsgrad von X^2 (= 150%) auf Dauer möglich wäre, so würde bei einer Beschäftigung von 120% bereits eine Überdeckung ausgewiesen, ohne daß die Potentialfaktoren tatsächlich ausgelastet sind.

Mit der Planungsbemessung ist festzulegen, in welchem Ausmaß Unwirtschaftlichkeiten in die Betriebskostenplanungen der Kostenstellen eingeplant werden.[2] Durch die Planungsbemessung wird bestimmt, auf der Basis welchen Auslastungsgrades, oder wie es Men-

---

1) Vgl. zu diesen Begriffen Agthe, K.: Die Abweichungen in der Plankostenrechnung, Freiburg im Breisgau 1958, hier S. 42 ff.

2) Unwirtschaftlichkeiten können in Versicherungsunternehmen als Fehler betrachten werden, und diese sind unbedingt zu vermeiden. Mögliche Quellen für Fehlbearbeitungen sollen durch Kontrollrechnungen aufgedeckt werden.

schen gegenüber angemessener erscheint, welchen Anspruchsniveaus[1] die Betriebskostenplanung erfolgen soll.

Produktionen in Versicherungsunternehmen sind ein sehr komplexes Zusammenspiel von Mensch-Maschine-Systemen, wobei die Maschinen den Menschen unterstützende, aber auch substituierende Aufgaben haben. Soweit den Maschinen, wie z.B. Computern, eine eigene Kapazität zugesprochen werden kann, ist diese möglichst vollständig auszulasten. Probleme wie erhöhter Ausschuß bei technischen Aggregaten aufgrund von intensitätsmäßigen Anpassungen gibt es keine. Bezogen auf die Planungsbemessung für die Mitarbeiter müssen zwei Betrachtungsebenen unterschieden werden. Hierbei handelt es sich zum einen um das Anspruchsniveau, das von Seiten der Unternehmensleitung an das gesamte Versicherungsunternehmen gestellt wird und mit dem das Versicherungsunternehmen auch auf dem Markt auftritt. Dieses Anspruchsniveau wird den Versicherungsnehmern quasi mit dem Produkt Versicherungsschutz verkauft und soll dementsprechend auch von den Versicherungsnehmern an das Versicherungsunternehmen gestellt werden. Von diesem *unternehmensexternen* Anspruchsniveau muß das *unternehmensinterne* Anspruchsniveau unterschieden werden.[2] Dieses wird von der Unternehmensleitung an die Mitarbeiter gestellt (= unternehmensinternes extrinsisches Anspruchsniveau) und soll idealerweise mit deren Anspruchsniveau(= unternehmensinternes intrinsisches Anspruchsniveau) übereinstimmen.

---

1) „Das Anspruchsniveau läßt sich allgemein als ein Ziel deuten, das ein subjektives Gefühl des Erfolges erzeugt, wenn es erreicht worden ist, das aber ein subjektives Gefühl des Mißerfolges entstehen läßt, wenn es nicht realisiert wurde.", Coenenberg, A. G.: Zur Bedeutung ..., a.a.O., S. 1138.

2) Vgl. ähnlich auch Ennsfellner, I. A./Ennsfellner, K. C.: Grundlagen des prozeßorientierten Qualitätsmanagements im Versicherungsunternehmen, in: Versicherung, Risiko und Internationalisierung, Festschrift für Heinrich Stremitzer zum 60. Geburtstag, hrsg. von J. Mugler/M. Nitsche, Wien 1996, S. 113-129, hier S. 118.

Auf der Basis der Planungsgrundlage und der Planungsbemessung werden auch die beeinflußbaren Kosteneinflußgrößen festgelegt, wobei diese Vorgehensweise umfassender ist, als über die Planbeschäftigung. In Versicherungsunternehmen lassen sich Planungsgrundlage und Planungsbemessung nicht strikt voneinander trennen, denn die Festlegung der Planungsgrundlage orientiert sich ja bereits daran, daß die Leistungen fehlerfrei auf Dauer erbracht werden können.

4.1.4 Die Planung der Betriebskosten im Dienstleistungsgeschäft DG I

Das Dienstleistungsgeschäft DG I ist die Basis der gesamten Betriebsbereitschaft der Versicherungsunternehmen und erste Vorkombination der Produktion von Versicherungsschutz. Intern betrachtet stellt das Dienstleistungsgeschäft DG I den Service-Bereich des Versicherungsunternehmens dar, denn alle hier erbrachten Leistungen sind rein interne, also Leistungen, die in Kostenstellen des betrachteten oder anderer Dienstleistungsgeschäfte eingesetzt werden.

Bei der Betriebskostenplanung sollen zwei grundsätzliche Vorgehensweisen unterschieden werden: Die analytische, detaillierte Betriebskostenplanung[1)] und die Betriebskostenbudgetierung.[2)] Betriebskostenplanungen und -kontrollen müssen einen Nutzen bringen, der größer bewertet wird als die dafür eingesetzten und verbrauchten Güter. Vor allem muß es aber möglich und sinnvoll sein, Kostenoptimie-

---

1) Da wir die Betriebskosten immer nach Preis- und Mengenkomponente getrennt betrachten, ist unser Vorgehen „produktionsanalytisch", im Gegensatz zum „kostenanalytischen", wo vom Kostenprodukt ausgegangen wird. Analytische Kostenplanung im hier verstandenen Sinne bedeutet ein detailliertes, aus der Analyse der Mengen- und Preiskomponente der einzelnen Kostenart begründetes Vorgehen. Da die Personalkosten im Vordergrund stehen, spielen arbeitswissenschaftliche Funktionsanalysen, mit deren Hilfe Tätigkeiten und Zeitbedarfe untersucht werden, eine bedeutende Rolle.

2) Vgl. zur Budgetierung in Versicherungsunternehmen Ulrich, R.: Gemeinkostenmanagement im Versicherungsunternehmen, in: Festschrift für Dieter Farny, hrsg. von H.-P. Mehring/V. Wolff, a.a.O., S. 121-132, hier S. 125 f.

rungs- und Kosteneinsparungspotentiale aufdecken zu können. Es ist daher nicht immer gerechtfertigt oder auch überhaupt umsetzbar, sehr detaillierte Betriebskostenplanungen vorzunehmen. In derartigen Fällen sollte eine Betriebskostenbudgetierung vorgenommen werden. Als generelle Unterscheidung von Betriebskostenplanung und Betriebskostenbudgetierung soll zunächst festgelegt werden, daß mit der Betriebskostenplanung für die Mitarbeiter verbunden ist, das Planziel möglichst genau zu erreichen, während das Betriebskostenbudget eine Obergrenze vorgibt, die möglichst unterschritten werden sollte.[1)]

Es macht im Hinblick auf die Betriebskosten der Versicherungsunternehmen allerdings keinen Sinn, strikt zwischen Betriebskostenplanung und Betriebskostenbudgetierung trennen zu wollen.[2)] In beiden Fällen müssen die Betriebskosten geplant und kontrolliert werden, so daß die Methoden und Verfahren der anderen Vorgehensweise synergetisch zu berücksichtigen sind.[3)] Besonders die Gemeinkosten werden immer wieder als zentraler Gegenstand der Budgetierung betrach-

---

1) Vgl. hierzu auch Eisenführ, F.: Budgetierung, in: HWO, hrsg. von E. Frese, 3. Auflage, a.a.O., Sp. 363-373, hier Sp. 364. Bei den Provisionen würde das Budget eine möglichst zu überschreitende Untergrenze darstellen.

2) Die Abgrenzung von Kostenplanung und Kostenbudgetierung ist auch in der Literatur nicht einheitlich. So ist nach KLOOCK ein *Budget* „eine Dokumentation periodenbezogener ... geplanter oder realisierter, monetärer Rechnungsgrößen" und die *Budgetierung* „die Umsetzung von Planungen in zu realisierende Planerergebnisse ... Planung und Budgetierung ergänzen sich somit, so daß die Steuerung der Realität einen PB-Prozeß erfordert.", Kloock, J.: Budgetsysteme, in: HWO, hrsg. von E. Grochla, 2. Auflage, a.a.O., Sp. 379-386, hier Sp. 379 f.

3) „Auch bei den methodisch sehr ausgefeilten Budgetierungstechniken ... bleibt eine fundierte Kostenplanung für Sekundärleistungen der schwierigste Schritt.", Troßmann, E.: Gemeinkosten-Budgetierung als Controlling-Instrument in Bank und Versicherung, in: Controlling, hrsg. von K. Spremann/E. Zur, a.a.O., S. 511-539. Das Verhalten gegenüber den Vorgabewerten kann damit als kleinster gemeinsamer Nenner von Planung und Budgetierung angesehen werden.

tet.[1] Ein wesentliches Hindernis für eine analytisch basierte Kostenplanung ergibt sich aus der Unmöglichkeit, die Betriebskosten auf der Basis technischer Verbrauchsfunktionen zu planen. Dies hat fundamentale Auswirkungen auf die Betriebskostenkontrollrechnung, denn es ist kaum möglich, die Leistungsbeziehungen zwischen Kostenstellen zu quantifizieren, jedenfalls nicht auf der Basis von Verbrauchsmengen.[2] Dies führt schließlich dazu, daß die Betriebskostenkontrollrechnung in das Betriebskostenmanagement integriert sein muß, und zwar weniger im Sinne eines Kostenverlaufs- oder Kostenstruktur-Managements, sondern vielmehr als Kostenniveau-Management. Betriebskostenkontrollen basieren damit in erheblichem Maße auf Ergebnisinterpretationen der Kontrollträger sowie der Mitwirkung der Kontrollierten. Insofern kann und darf sich die Betriebskostenkontrollrechnung nicht auf die im unmittelbaren Einflußbereich eines Verantwortlichen entstehenenden, kurzfristig veränderlichen Kostenarten beschränken. Auch dürfen nicht nur quantifizierte Kosteneinflußgrößen (Bezugsgrößen) verwendet werden, sondern der Einfluß anderer Einflußgrößen ist interpretativ zu berücksichtigen. Bereits hier zeigt sich die Subjektivität der Betriebskostenkontrollrechnung der Versicherungsunternehmen, die von allen Beteiligten Augenmaß und Fingerspitzengefühl erfordert.

Da die Betriebskostenkontrolle Ursachen für Abweichungen zwischen Planung und Realität aufdecken soll, ist es unbedingt notwendig, daß nicht bereits in den Kostenbegriff Subjektivismen einbezogen

---

1) So sind die Erkenntnisse der Gemeinkosten-Wertanalyse und des Zero-Base-Budgeting, daß die einzelnen Leistungen immer auf ihre Wertigkeit zur Gesamtzielerfüllung hin zu betrachten sind, auch unablässig für jede Kostenplanung.

2) Die in der betriebswirtschaftlichen Produktions- und Kostentheorie so wichtigen Direkt- und Gesamtbedarfskoeffizienten können in der versicherungswirtschaftlichen Produktions- und Kostentheorie nicht verwandt werden. Für die Sekundärkostenrechnung der versicherungswirtschaftlichen Kostenrechnung bedeutet dies die Unmöglichkeit, die Leistungsbeziehungen genau zu quantifizieren.

werden, so daß entgegen der allgemeinen Definition[1] keine *Normalisierung* der Betriebskosten vorgenommen werden darf.[2] Dies führt dazu, daß keine Verrechnung von Betriebskosten auf die versicherungstechnischen Vorkostenträger erfolgt. Zu planende und zu kontrollierende Betriebskosten sind damit grundsätzlich alle sachzielbezogenen Güterverzehre einer Periode.[3]

Die Planung der Kostenträgereinzelkosten erfolgt in den jeweiligen Kostenstellen. Begonnen wird mit der Planung der Hilfskostenstellen. Hilfskostenstellen (= Vorkostenstellen) erbringen ihre Leistungen ausschließlich für andere Kostenstellen. Dies trifft, funktionsunabhängig, für alle Kostenstellen des Dienstleistungsgeschäftes DG I zu.[4] Die nachfolgende Planung der Betriebskosten der Hauptkostenstellen stimmt mit der Planung für die Dienstleistungsgeschäfte DG II und DG III überein.

---

1) Vgl. Mellerowicz, K.: Kosten und Kostenrechnung, Band 2, 2. Teil, 5. Auflage, Berlin, New York 1980, S. 155 ff.:

2) Gegen eine Normalisierung sprechen sich ebenfalls aus Kosiol, E.: Kritische Analyse ..., a.a.O., S. 28; Franke, G.: Kalkulatorische Kosten: Ein funktionsgerechter Bestandteil der Kostenrechnung?, in: WPg 1976, S. 185-194, hier S. 186; Heinen, E.: Betriebswirtschaftliche Kostenlehre, a.a.O., S. 73 f.

3) Streng genommen stellt die Periodisierung ebenfalls eine Normalisierung dar. Im Gegensatz zur Periodisierung führt die Normalisierung der Güterverzehre meist zu einer Nichtberücksichtigung derselben.

4) Die industrielle Kostenrechnung umgeht die Problematik der Unmöglichkeit verursachungsgerechter Kostenverrechnung auf Kostenstellen dadurch, daß z.B. die Verwaltungs- und Vertriebskostenstellen als Hauptkostenstellen betrachtet werden, die ihre Kosten unmittelbar auf die absatzbestimmten Kostenträger verrechnen.

4.1.4.1 Die Planung kostenstelleninterner Betriebskosten im Dienstleistungsgeschäft DG I

4.1.4.1.1 Die Planung von Betriebskosten der Beschaffungsfunktion

Beschaffungskosten sind Kosten, „die sich aus dem Tätigwerden der Beschaffung zur Erfüllung ihrer Versorgungsaufgaben ohne das Entgelt für das Beschaffungsobjekt ergeben."[1] Im Hinblick auf die Betriebskostenkontrollrechnung als Bestandteil des Betriebskostenmanagements sind die Beschaffungsobjektkosten jedoch als eigenständiges Planungs- und Kontrollobjekt zu berücksichtigen.[2] Kontrollorte sind dabei die Stellen, die für die konkrete Beschaffungsentscheidung verantwortlich sind.

Beschaffungsaufgaben in den Versicherungsunternehmen beziehen sich auf die Bereitstellung von Personal und Betriebsmitteln sowie Dienstleistungen Dritter.[3] Grundlage der Beschaffungskostenplanung ist die Festlegung der zu beschaffenden Mengen der verschiedenen Betriebsmittel und Dienstleistungen sowie der neu einzustellenden Mitarbeiter.[4] Als Resultat der unterschiedlichen Beschaffungsinhalte, sind Personal- und Betriebsmittelbeschaffungen voneinander zu trennen. Personalbeschaffungen sind Teil des Tätigkeitsfeldes der Personalabteilung, während Betriebsmittelbeschaffungen zum Tätigkeitsfeld der allgemeinen Verwaltung zählen.[5] Hierdurch bleibt es möglich, die Beschaffungskostenplanung kostenstellenbezogen vorzunehmen. In

---

1) Pampel, J.: Erfassung und Kalkulation der Beschaffungskosten, in: Handbuch Kostenrechnung, hrsg. von W. Männel, a.a.O., S. 810-819, hier S. 813.

2) Vgl. auch Piontek, J.: Planung und Kontrolle von Kostensenkungen im Beschaffungsbereich, in: ZP 1993, S. 115-126.

3) Vgl. zur Beschaffungsplanung Farny, D.: Versicherungsbetriebslehre ..., a.a.O., S. 398/551 f. Nicht zur Beschaffung wird hier die Bereitstellung von Vermittler-Dienstleistungen gezählt.

4) Diese Informationen werden aus der Gesamtplanung abgleitet und liegen zum Beginn der Kostenplanung bereits vor.

5) Bei der Planung der Betriebskosten der Beschaffungsfunktion, handelt es sich um die Planung der im Beschaffungssystem entstehenden Kosten.

bezug auf die Dienstleistungen Dritter soll festgelegt werden, daß die Beschaffungsausführung ebenfalls der Verwaltung obliegt, die Beschaffungsverantwortung aber bei der anfordernden Stelle verbleibt.

Die Menge und die Art der zu beschaffenden Produktionsfaktoren legt fest, wie viele Mitarbeiter hiermit befaßt sein müssen, woraus sich dann die Menge der eingesetzten sachlichen Betriebsmittel ableiten läßt. Damit ergeben sich als primäre Kostenartengruppen Personalkosten, Betriebsmittelkosten, kalkulatorische Abschreibungen und Zinsen sowie die mit der Beschaffung verbundenen Dienstleistungskosten. Zusätzlich sind gegebenenfalls noch sekundäre Kostenarten zu berücksichtigen.[1)] Die allgemeine Sollkostenfunktion der Kostenstelle „i" im Beschaffungsbereich[2)] des Dienstleistungsgeschäftes DG I lautet damit:

$$K^{S}_{i,DG_I} = f(K_{Pe};\ K_{BM};\ K_{Kalk};\ K_{DL};\ (K_{Sek}))$$

4.1.4.1.1.1 Die Planung von Personalkosten

Die Personalkosten stellen die Kostenartengruppe dar, denen in den Versicherungsunternehmen die größte Bedeutung zukommt und die daher den Kern eines jeden funktionalen Abschnittes einer jeden Betriebskostenkontrollrechnung der Versicherungsunternehmen darstel-

---

1) In die Betriebskostenplanung einbezogen werden nur in der Kostenstelle verbrauchte Kostengüterarten, die für die dortige Leistungserstellung notwendig sind. Die vom Rechenzentrum erbrachten EDV-Leistungen können bei der Beschaffung weitgehend vernachlässigt werden, da davon ausgegangen wird, daß die notwendigen Beschaffungsabwicklungen nicht über das Rechenzentrum erfolgen.

2) Die angegebene Kostenfunktion ist für alle Funktionsbereiche in Versicherungsunternehmen gültig, so daß auf die Angabe des Funktionsbereiches verzichtet wird.

len.[1] Begründet ist dies durch die Dominanz der Personalkosten an den Betriebskosten.[2] Die Planung der Personalkosten erfolgt immer bezogen auf die Gesamtheit der jeweiligen Mitarbeiter und getrennt nach Mengen- und Preiskomponente unter Berücksichtigung bestehender Interdependenzen. Die Mengenkomponente ist identisch mit der Anzahl der Mitarbeiter, wobei jeder Mitarbeiter ein bestimmtes qualitatives und quantitatives Arbeits- oder Leistungsvolumen repräsentiert. Je größer die individuelle Leistungsqualität und/oder -quantität ist, desto höher werden (ceteris paribus) die individuellen Arbeitskosten sein.[3]

Die allgemeine Kostenfunktion der Personalkosten ist folgendermaßen darstellbar:[4]

---

1) Vgl. zur Personalkostenplanung in Versicherungsunternehmen auch die Ausführungen von Fischer, H.: Plankostenrechnung ..., a.a.O., S. 222-243.

2) „Über 70% der Bruttobetriebskosten sind Personalaufwand", O.V.: Personalaufwand in der Versicherungswirtschaft, hrsg. vom Arbeitgeberverband der Versicherungsunternehmen in Deutschland, Karlsruhe 1995, S. 5. Wird von dieser Basis ausgegangen, dann ist anzunehmen, daß der Anteil der Personalkosten an den Betriebskosten, ohne variable Vergütungen einschließlich aller tarifvertraglich und freiwillig vereinbarter Vergütungen, im Durchschnitt bei ca. 50 % liegt.

3) Gerade hierin sind die angesprochenen Interdependenzen von Preis- und Mengenkomponente begründet.

4) Die einzelnen Komponenten werden im folgenden Kapitel genauer besprochen. Aufgrund der herausragenden Bedeutung der Weiterbildungskosten, die in der internen Kostenrechnung als immaterielle Investitionen aktiviert und mittels Abschreibungen auf die „Nutzungsdauer" verteilt werden, werden sie aus den Sozialkosten ausgegliedert. In der Literatur wird empfohlen, für die Aus- und Weiterbildung der Mitarbeiter ein eigenes Controlling-Subsystem zu implementieren, vgl. O.V.: Controllingaufgaben und -inhalte im Versicherungsunternehmen, in: Vahlens Großes Controllinglexikon, hrsg. von P. Horváth/T. Reichmann, a.a.O., S. 127-129, hier S. 128. Insofern ist immer darauf zu achten, ob die Sozialkosten mit oder ohne Weiterbildungskosten angesprochen sind.

$$K^{S,Pe}_{i,DG_l} = \sum_{h=1}^{H} Mi^{h} \cdot (Lohn_{EZK} + \text{gesetzliche } Sozial_{EZK} + \text{tarifliche } Sozial_{EZK} + \text{freiwillige } Sozial_{EZK} + Weiterbildungs_{EZK}) + Sozial_{GMK} + Weiterbildungs_{GMK}$$

mit: Mi^{h} = Mitarbeiter einer Qualifikationsstufe h[1)]

$$\forall \quad h = 1, ..., H$$

Die Mitarbeiter der Beschaffung werden in den Gehaltsstufen III-VI[2)] einzuordnen sein, wobei keine Verantwortungszulagen anfallen. Lohn-, gesetzliche, tarifliche und freiwillige Sozial- und Weiterbildungseinzelkosten sind an die Person des Mitarbeiters im Sinne des Verursachungsprinzips gebunden. Die Sozialgemeinkosten entstehen für alle Beschaffungsmitarbeiter und die Weiterbildungsgemeinkosten für die jeweils betroffenen Mitarbeitergruppen und werden daher als Wertgrößen betrachtet.

4.1.4.1.1.1.1 Die Planung der Preiskomponente

Bei der Preiskomponente können die einzelnen Bestandteile danach gegliedert werden, ob es sich um Entgelt mit unmittelbarem oder mit mittelbarem Bezug zur Arbeitsleistung handelt.[3)] Das Entgelt mit unmittelbarem Bezug zur Arbeitsleistung kann aufgespalten werden in das Grundentgelt sowie die Entgelte für besondere Leistungen, Zeiten und/oder Arbeitsumstände, wobei in der Beschaffung nur Entgelte für besondere Zeiten, und zwar in Form von Mehrarbeits- und Überstun-

---

1) Die Qualifikationsstufe „H" ergibt sich z.B. auf der Basis von Berufsjahren, Gehaltsgruppe und Verantwortungsübernahme.

2) Gemäß den Bestimmungen der Tarifverträge für das Versicherungsgewerbe.

3) Vgl. Müller-Kemler, B.: Behandlung des Arbeitsentgelts im betrieblichen Rechnungswesen, Bergisch Gladbach, Köln 1995, S. 24 ff.

denzuschlägen, zu berücksichtigen sind. Das Grundentgelt bezieht sich ausschließlich auf die geleistete Tätigkeitszeit und ist insofern nicht mit dem Bruttolohn identisch.

Die Entgelte mit mittelbarem Bezug zur Arbeitsleistung gliedern sich in Entgelte für mittelbare Tätigkeiten bei Anwesenheit im Versicherungsunternehmen (z.B. sachlich bedingte Verteilzeiten, Rüstzeiten), arbeitsfreie Zeiten bei Anwesenheit im Versicherungsunternehmen (z.B. Erholungszeiten, persönlich bedingte Verteilzeiten, Wartezeiten, Aus- und Weiterbildungsmaßnahmen, Betriebsversammlungen etc.), Entgelte für arbeitsfreie Zeiten bei Abwesenheit vom Versicherungsunternehmen (z.B. für Feiertage (≠ generell arbeitsfreie Tage), Urlaube, Krankheit, Wahrnehmung staatsbürgerlicher Pflichten etc.), Entgelte in Form sozialer Leistungen (soziale Abgaben für Renten-, Kranken-, Pflege-, Arbeitslosen- und gesetzliche Unfallversicherung), betriebliche Altersversorgung, sonstige soziale Leistungen („alle Leistungen ... die sozialen Charakter haben, deren Zahlungen zweckgebunden sind und die keine sozialen Abgaben oder betriebliche Alterversorgung darstellen."[1]), Entgelte in Form der Nutzungsmöglichkeit sozialer Einrichtungen, Entgelte in Form von Aus- und Weiterbildungsmöglichkeiten und

1) Müller-Kemler, B.: Behandlung ..., a.a.O., S. 41 f.

Entgelte in Form von Sonderzahlungen (z.B. vermögenswirksame Leistungen, Jubiläen und erfolgsabhängige Vergütungen).[1]

Eine etwas einfachere Einteilung, der grundsätzlich auch die oben dargestellte Kostenfunktion folgt, differenziert zwischen direktem und indirektem Lohn, wobei bei den indirekten Lohnbestandteilen zwischen gesetzlichen, tarifvertraglichen und freiwilligen unterschieden werden kann. Der direkte Lohn entspricht dem Entgelt, das die tariflich und außertariflich entlohnten Mitarbeiter für die von ihnen bereitgestellte und vom Versicherungsunternehmen genutzte Arbeitsleistung erhalten.[2] Für diese Größe können, basierend auf den Erfahrungen der Vergangenheit, den Forderungen der Gewerkschaften sowie der aktuellen einzel- und gesamtwirtschaftlichen Situation prozentuale Lohnsteigerungen prognostiziert werden. Planungszeitraum ist ein Jahr, wobei der Gehaltstarifvertrag zu einem bestimmten Zeitpunkt eines Jahres in Kraft tritt. Erst ab diesem Zeitpunkt müssen die neuen Löhne in der Planung und der Kontrollrechnung berücksichtigt werden, es erfolgt

---

1) Nicht alle Entgeltarten führen auch zu Personalkosten, sondern nur diejenigen, die in einer engen Beziehung zu den Arbeitsleistungen der Mitarbeiter der Versicherungsunternehmen stehen. So sollen nach unserem Verständnis indirekte Entgelte in Form von Büchereinutzungen sowie Ferien- und Erholungsheimen als Personalaufwand und nicht als Personalkosten betrachtet werden. In der Literatur wird eine Abgrenzung der Personalkosten sehr unterschiedlich vorgenommen. So geht GAUGLER z.B. von einem allumfassenden Personalkostenbegriff aus, vgl. Gaugler, E.: Personalkosten, in: HWR, hrsg. von K. Chmielewicz/M. Schweitzer, 3. Auflage, a.a.O., Sp. 1525-1537, hier Sp. 1526. Vgl. auch die inhaltlich ebenfalls weite Abgrenzung des Personalkostenbegriffs bei Mann, G./Pugell, B.: Die Problematik der traditionellen Personalkostenrechnung, in: DBW 1985, S. 657-665, hier S. 658/662 f. sowie die Darstellung von Müller-Kemler, B.: Behandlung ..., a.a.O., S. 167 ff.

2) Der direkte Lohn entspricht dem Bruttogehalt des Gehaltstarifvertrages oder einer vergleichbaren Größe. Grundsätzlich müßten nicht geleistete Arbeitszeiten, z.B. aufgrund von Urlaub oder Krankheit, beim direkten Lohn ausgegliedert und bei den Sozialleistungen berücksichtigt werden. Hierdurch würde die Rechnung jedoch unnötig verkompliziert, da die erwartete tatsächliche Arbeitszeit Gegenstand der Mengenkomponentenplanung ist.

also keine Durchschnittsbildung.[1] Bei den gesetzlichen Personalzusatzkosten stehen die Entwicklungen der Beitragsbemessungsgrenzen langfristig fest, und auch die Beitragssatzänderungen können rechtzeitig berücksichtigt werden. Bei den tarifvertraglichen Personalzusatzkosten muß vor allem darauf geachtet werden, inwieweit strukturelle Veränderungen erwartet werden können.[2] Bei den freiwilligen Personalzusatzkosten ist zu planen, inwieweit Veränderungen zugelassen werden. Insgesamt stellt die Planung der Preiskomponente der Personalkosten keine besondere Problematik dar. Im Hinblick auf das Betriebskostenmanagement sind die Variationsparameter gering.

---

1) Gleiches gilt für Zusatzentgelte, die zu feststehenden Zeitpunkten anfallen, wie Urlaubs- oder Weihnachtsgeld. Auch diese werden für die konkreten Zeitpunkte geplant, es werden keine Durchschnitte gebildet.

2) Die strukturelle Veränderung ist immer ein Problem von Personalzusatzkosten, deren Anfall nicht zum autonomen Entscheidungsfeld des einzelnen Versicherungsunternehmens gehört, wie z.B. die Einführung der Pflegeversicherung.

Tabelle 2: Die Entwicklung der Personal- und Personalzusatzkosten im deutschen Versicherungsgewerbe von 1960 - 1998

	1960	1970	1974	1978	1982	1984	1986	1988	1990	1992	1994	1996	1998
Entgelt für geleistete Arbeit pro Mitarbeiter/DM (ID + AD)	5.010	11.235	17.950	25.050	31.970	34.680	37.910	40.730	43.370	48.160	50.592	52.291	55.189
Personalzusatzleistungen pro Mitarbeiter/DM	3.510	7.710	15.500	21.445	28.460	33.250	38.575	39.960	42.500	46.960	50.162	56.001	58.797
Personalzusatzleistungen in % des Entgelts für geleistete Arbeit	70,1%	68,6%	86,4%	85,6%	89,0%	95,9%	101,8%	98,1%	98,0%	97,5%	99,2%	107,1%	106,5%
Prozentualer Anteil des Entgelts für geleistete Arbeit am Einkommen	58,8%	59,3%	53,7%	53,9%	52,9%	51,1%	49,6%	50,5%	50,5%	50,6%	50,2%	48,3%	48,4%
Prozentualer Anteil der Personalzusatzleistungen am Einkommen	41,2%	40,7%	46,3%	46,1%	47,1%	48,9%	50,4%	49,5%	49,5%	49,4%	49,8%	51,7%	51,6%

(Ab 1990 einschließlich neue Bundesländer). Der Arbeitgeberverband der Versicherungsunternehmen in Deutschland (AGV) gibt zu dieser Tabelle folgende Erläuterung: „In Betriebswirtschaftslehre, Personalpraxis und amtlicher Statistik gliedert man die gesamten Personalkosten in Entgelt für geleistete Arbeit ("Direktentgelt") und Personalzusatzleistungen. In der rechnerischen Größe Entgelt für geleistete Arbeit wird lediglich diejenige Zeit berücksichtigt, die der Arbeitnehmer an seinem Arbeitsplatz tätig ist. Bei den Arbeitern ergibt sich das Entgelt für geleistete Arbeit durch Multiplikation der geleisteten Arbeitsstunden mit dem Bruttostundenlohn. Bei den Angestellten werden vom Bruttojahresverdienst die Sonderzahlungen (Gratifikationen, Urlaubsgeld, vermögenswirksame Leistungen) und das Entgelt für arbeitsfreie Tage (Urlaub, Krankheit, gesetzliche Feiertage usw.) abgezogen."

Abbildung 11: Die Entwicklung der Personal- und Personalzusatzkosten im deutschen Versicherungsgewerbe von 1960 - 1998[1)]

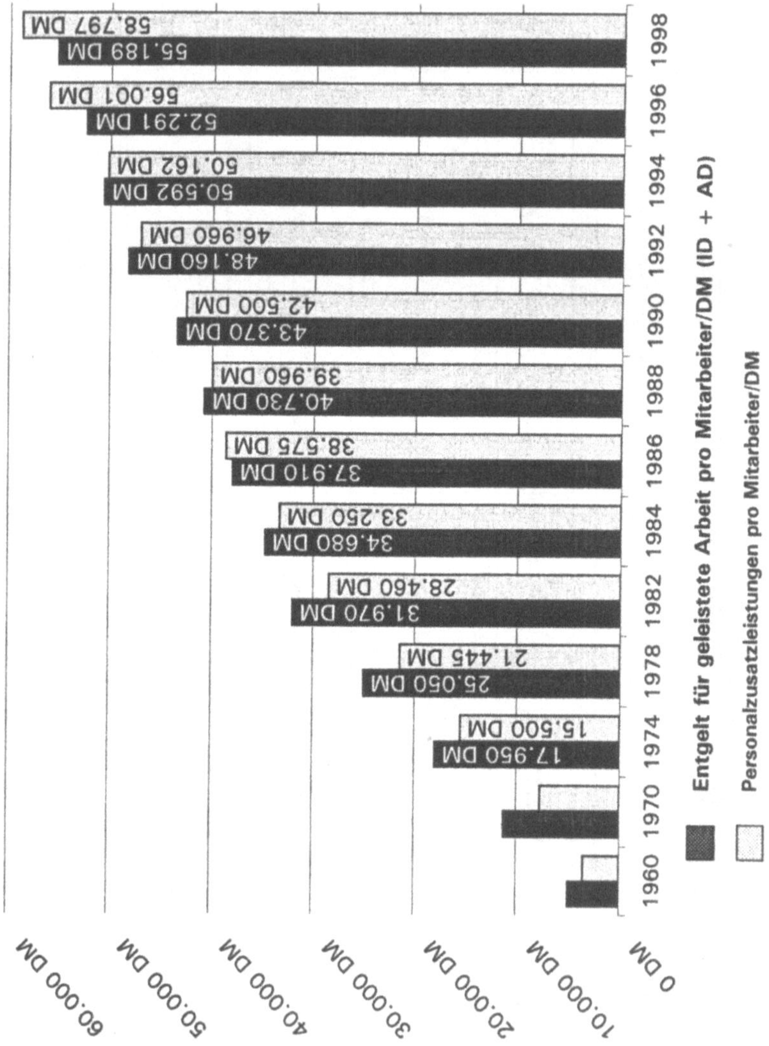

1) Quelle der Tabelle und der Grafik: O.V.: Personalaufwand..., a.a.O., S. 6 (hier in aktualisierter Fassung).

4.1.4.1.1.1.2 Die Planung der Mengenkomponente

Die Planung der Mengenkomponente steht im Mittelpunkt der Personalkostenplanung, denn Art und Menge des eingesetzten Personals werden von den Versicherungsunternehmen individuell bestimmt.[1] Sie gestaltet sich aber schwierig, da unterschiedliche Aspekte, die sich auf die Quantität und die Qualität der zu erfüllenden Aufgaben sowie der dazu notwendigen Mitarbeiter beziehen, miteinander verknüpft werden müssen.

Unter Berücksichtigung des unternehmensinternen und -externen Anspruchsniveaus kann ein Wirkungszusammenhang abgeleitet werden, und zwar zwischen den Größen „Anzahl der eingesetzten Mitarbeiter", „Qualität der Leistungserstellung" und „Belastung der Mitarbeiter". Wird innerhalb der Planung eine dieser Größen verändert, so hat dies zwangsläufig Auswirkung auf mindestens eine weitere, und ein neuer Gleichgewichtszustand ist zu definieren.

---

1) In der Literatur wird deshalb auch von einer Dominanz der Mengenplanung gesprochen. Vgl. Müller, H.: Prozeßkonforme Grenzplankostenrechnung, a.a.O., S. 188; Schierenbeck, H.: Prozessorientierte Standard-Einzelkostenrechnung und Produktivitätssteuerung im Kundengeschäft der Banken, in: Neuere Entwicklungen im Kostenmanagement, hrsg. von K. Dellmann/K. P. Franz, a.a.O., S. 647-679, hier S. 649.

Abbildung 12: Wirkungsausgleich[1)]

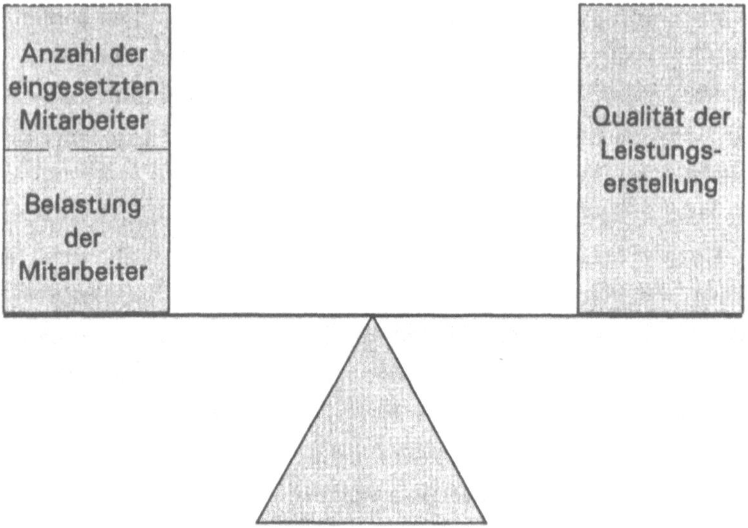

Die Anzahl der Mitarbeiter (Mengenkomponente) wird auf der Basis folgender Kriterien geplant: geplante Tätigkeits*artenmengen* (mit den beiden Planungsvariablen Tätigkeits*arten* und Tätigkeitsarten*menge*) · geplante Tätigkeitsarten*zeiten*, woraus sich die Gesamttätigkeitszeitmengen pro Jahr ergeben.[2)] Die Tätigkeitszeitmengen müssen mit den geplanten tatsächlichen Arbeitszeitmengen der Mitarbeiter in Übereinstimmung gebracht werden, wobei auf eine möglichst gleichmäßige

---

1) Zeichnung in Anlehnung an Burkhardt, C.: Probleme der Personalbemessung im Dienstleistungsbereich, Köln 1971, S. 12. Um Mißverständnisse zu vermeiden, ist die Zeichnung wie folgt zu interpretieren: Eine Veränderung der Anzahl der Mitarbeiter wirkt sich zunächst nur auf die Qualität der Leistungserstellung aus (et vice versa); die Belastung ist eine Konstante. In einem zweiten Schritt kann dann ein neues Gleichgewicht zwischen der Anzahl der eingesetzten Mitarbeiter und deren Belastung gefunden werden.

2) Vgl. zur Personalbedarfsplanung und -rechnung in Versicherungsunternehmen: O.V.: Methoden der Personalbedarfsrechnung, hrsg. vom Verband der Lebensversicherungsunternehmen e.V., Ausschuß für Betriebstechnik, 79. Folge, o. O. 1985 sowie ausführlich Kazmierczak, R.: Personalwirtschaft in privaten Versicherungen, Berlin 1987, S. 115-195.

Arbeitsverteilung im Sinne einer gleichmäßigen Kapazitätsauslastung zu achten ist. Flexibilitäten können durch vor- und nachgetragene Arbeitszeiten erreicht werden. Die tatsächlichen (Netto-)Arbeitszeiten, die bei den Planungen angesetzt werden müssen, ergeben sich aus den vertraglich vereinbarten Arbeitszeiten unter Berücksichtigung von internen und externen Ausfallzeiten (Pausen, Krankheit, Urlaub, Feiertage, Fortbildung, Mutterschutz etc.).[1)]

Um die gesamten Arbeitszeitmengen der Beschaffung planen zu können, sind in einem ersten Schritt die Ist-Tätigkeiten mit den aufgewendeten Tätigkeitszeiten zu erfassen, woraus dann in einem weiteren Schritt die Soll-Tätigkeiten und Soll-Zeiten hergeleitet werden können.[2)] Ziel ist dabei, durch die Zusammenfassung annähernd einheitlicher Tätigkeiten mit ungefähr gleichen Zeitbedarfen Tätigkeitskomplexe oder Prozesse zu definieren, für die sowohl die notwendigen Zeiten als auch die damit verbundenen Betriebskosten geplant und kontrolliert werden können.

Bei der Erfassung der Ist-Tätigkeiten muß unterschieden werden, ob ausschließlich die Tätigkeiten oder gleichzeitig auch die aufgewendeten Zeiten ermittelt werden. Eine ausschließliche Tätigkeitserfassung kann z.B. basierend auf Arbeitsplatzbeschreibungen, mittels Interviews mit den betroffenen Mitarbeitern und deren Vorgesetzten erfol-

---

1) Vgl. zu dieser gesamten Problematik auch die Ausführungen von Baier, H.: Die organisatorische Systemanalyse von Bürobetrieben insbesondere Versicherungsunternehmen unter spezieller Berücksichtigung der Stab-Linie-Problematik, Karlsruhe 1972, S. 56 ff.

2) Es ist üblich, zwischen einer Neuplanung und einer Erweiterungs- oder Fortführungsplanung zu unterscheiden. Um die Möglichkeiten der Betriebskostenabweichungsanalyse genauer herausarbeiten zu können, gehen wir von einer Neuplanung aus, wobei die Neuplanung weitgehend auf den momentanen Ist-Zuständen aufbaut und sich schrittweise als Ergebnis einer Kostenabweichungsanalyse dem Idealzustand nähern soll. Vollständige Neuorganisationen wie beim Reengineering oder dem Zero-Base-Budgeting werden also zunächst nicht unterstellt, da deren Planungen und Realisationen nur mehrperiodisch geschehen können. Die Ausführungszeiten werden jedoch als Soll-Zeiten geplant.

gen. Sollen gleichzeitig auch die verbrauchten Zeiteinheiten ermittelt werden, bieten sich besonders die Verfahren der Selbstaufschreibung[1] und das Multimoment-Verfahren[2] an.[3]

1) Vgl. hierzu exemplarisch Sadler, G./Leimbach, C.: Personalbemessung nach dem Verfahren der Selbstaufschreibung, in: Personalbemessung, hrsg. von G. Schmidt, Gießen 1980, S. 15-64.

2) Beim Multimoment-Verfahren werden die Arbeitsplätze zu festgelegten Zeitpunkten aufgesucht und die gerade ausgeführte Tätigkeit schriftlich festgehalten. Vgl. Arbeitsmessung und Zeitvorgabe im Büro, hrsg. vom Verband der Lebensversicherungsunternehmen e.V., Ausschuß für Betriebstechnik, 38. Folge, o.O. 1971, hier S. 12-15; O.V.: Methoden der Personalbedarfsrechnung, a.a.O., S. 11-14.; Bender, E.: Personalbemessung durch Multimomentstudien mit Fremdbeobachtern, in: Personalbemessung, hrsg. von G. Schmidt, a.a.O., S. 65-113. Vgl. zur immer noch gegebenen Aktualität von Zeiterfassungen O.V.: Die Refa-Zeiterfassung ist tot, in: Frankfurter Allgemeine Zeitung vom 18. Januar 1997, S. 41.

3) Vgl. zu den Vor- und Nachteilen beider Verfahren auch Höher, K. et al.: Der Einsatz von Selbstaufschreibungsmethoden auf Stichprobenbasis bei Verwaltungsuntersuchungen, in: ZfB 1983, S. 551-570, hier S. 551-555.

Tabelle 3: Der Vergleich von Selbstaufschreibung und Multimoment-Verfahren

	Selbstaufschreibung	Multimoment-Verfahren
Vorteile	- ist für alle, auch nicht-repetitive Tätigkeiten geeignet,[1)] - grundsätzlich gute Akzeptanz, da keine Beobachtung von außen, - Zeiten werden explizit erfaßt	- führt zu objektiveren Ergebnissen als die Selbstaufschreibung, - der Beobachtete kann sich auf seine Aufgabenerfüllung konzentrieren, - Zeiten werden auf der Basis der gezählten Tätigkeiten ermittelt, - gute Wiedergabe des Ist-Zustandes, - eignet sich für innerbetriebliche Vergleiche

1) Vgl. O.V.: Methoden der Personalbedarfsrechnung ..., a.a.O., S. 23-24.

	Selbstaufschreibung	Multimoment-Verfahren
Nachteile	- Gefahr der Ergebnismanipulation,[1] - Unterbrechung der eigentlichen Aufgabenerfüllung, - Ergebnis ist vom individuellen Leistungsgrad des Aufschreibers abhängig	- nur für repetitive, eindeutig erkenn- und zählbare Tätigkeiten geeignet, - Ergebnisgenauigkeit korreliert positiv mit dem Erfassungsaufwand und den Erfassungskosten, - Ergebnis ist vom individuellen Leistungsgrad des Beobachteten abhängig, - muß gegebenenfalls mehrfach ausgeführt werden, um detailliertere Ergebnisse zu erhalten, - ist ein reines Feststellungsverfahren, das keine Aussagen über Ergebnisqualitäten zuläßt

Mit Hilfe der gerade dargestellten Verfahren können die Ist-Tätigkeiten und direkt/indirekt die Zeitverbräuche ermittelt werden; sie sind auch zur Bestimmung der Soll-Tätigkeiten geeignet, ihre Eignung zur Soll-Zeitenbestimmung ist aber eingeschränkt. Eine Soll-Zeitenbestimmung kann auf einer direkten Zeitmessung der Isttätigkeiten und an-

1) „Jede Arbeit nimmt so lange Zeit in Anspruch, wie zu ihrer Erledigung zur Verfügung steht.", Birn, S. A.: Kosten sparen in Büro und Verwaltung, o.O. o.J. [1977], S. 19.

schließenden Zeiten- und Tätigkeitenanalyse beruhen.[1] Da die genannten Vorgehensweisen sehr aufwendig sind, wurden seit Mitte der zwanziger Jahre Systeme vorbestimmter Zeiten entwickelt.[2] Hierbei werden Tätigkeiten in ihre einzelnen Elemente zerlegt, für die verbrauchte Zeiteinheiten gemessen werden. Das in der Praxis wichtigste System vorbestimmter Zeiten ist das „Methods-Time-Measurement-Verfahren" (MTM)[3] sowie die daraus abgeleiteten, für Bürotätigkeiten optimierten Verfahren „Master-Clerical-Data" und MTM-BDS (MTM-Bürodatensystem).[4] Da diese Verfahren Zeiten für ausgeführte Bewegungen ermitteln, sind sie nur für Tätigkeiten geeignet, bei denen zum einen verschiedene Bewegungsabläufe stattfinden, die einen wesentlichen Teil der Arbeitszeit bestimmen, und zum anderen inhaltlich vergleichbare, geistige (mentale) Prozesse erfolgen, für die einheitliche Soll-Bearbeitungszeiten festgelegt werden können. Grundsätzlich ist davon auszugehen, daß eine weitgehende Übereinstimmung zwischen den leistungsmengeninduzierten Tätigkeiten der Prozeß- und Dienstleistungsgrenzplankostenrechnung und den Tätigkeiten, für die vorbestimmte Vorgabezeiten bereitgestellt werden können, besteht. Bei der Vorgabezeit handelt es sich um eine Soll-Zeit, die dem Mitarbeiter für die Erbringung einer vorher festgelegten Arbeitseinheit zur Verfü-

---

1) Neben dem Erfassungsaufwand liegt die Problematik dieser Methode vor allem darin begründet, daß der jeweilige persönliche Leistungsgrad des Mitarbeiters bei der allgemeinen Vorgabezeitermittlung berücksichtigt werden muß. Vgl. auch die Ausführungen bei Fischer, H.: Plankostenrechnung ..., a.a.O., S. 233-236.

2) Brink, H.-J.: Vorgabezeitermittlung mit Systemen vorbestimmter Zeiten, in: HWProd, hrsg. von W. Kern, a.a.O., Sp. 2186-2202, hier Sp. 2188-2190.

3) Eine ausführliche Darstellung dieses Systems findet sich bei Heinz, K./Olbrich, R.: Zeitdatenermittlung in indirekten Bereichen, Köln 1989, S. 16 ff.

4) Vgl. Birn, S. A./Crossan, R. M./Eastwood, R. W.: Wege zur Senkung und Kontrolle der Verwaltungskosten, Berlin 1964, S. 5-8; Brink, H.-J.: Vorgabezeitermittlung ..., a.a.O., Sp. 2196.

gung steht. Die Soll-Zeit wird in die Grund- und die Verteilzeit aufgespalten.[1)]

Die Grundzeit, die noch in Tätigkeits- und Wartezeit differenziert wird, umfaßt regelmäßig anfallende Zeiten, die bei jeder Zeitaufnahme oder Berechnung ermittelt werden können. Bei Verteilzeiten handelt es sich dagegen um nicht regelmäßig ermittelbare Zeiten. Während die persönlich bedingten Verteilzeiten (z.B. das Aufsuchen der Waschräume) noch unproblematisch abzugrenzen sind, gilt dies für die ablaufbedingten Warte- und sachlich bedingten Verteilzeiten[2)] in den Versicherungsunter nehmen nicht.[3)] Dies ist darauf zurückzuführen, daß es nur wenige fest einplanbare Unterbrechungen des Arbeitsablaufes gibt, wie z.B. Bildschirmwartezeiten oder die Integration eines von einem anderen Mitarbeiter ausgeführten Arbeitschrittes. Verteilzeiten, die immer auch als „Pufferzeiten" verstanden werden, sind gegebenenfalls

---

1) Vgl. zu diesen Begriffen: O.V.: Heinz, K.: Vorgabezeitermittlung, in: HWProd, hrsg. von W. Kern/H.-H. Schröder/J. Weber, 2. Auflage, a.a.O., Sp. 2213-226. Rüstzeiten fallen bei Bürotätigkeiten für das Vorbereiten und Aufräumen der Arbeitsplätze sowie die Einarbeitung in die und die Vorbereitung von Arbeitsaufgaben an, vgl. Reichwald, R./Bellmann, K.: Optimale Arbeitsteilung in Büroorganisationen, in: ZfB 1991, S. 621-639, hier S. 626. Nach REFA wird die Erholungszeit in die Grundzeit eingerechnet. Wir gehen aber in Übereinstimmung mit §11 Ziffer 1 Absatz 1 des Manteltarifvertrages für das Versicherungsgewerbe von bestimmten, arbeitstäglichen Erholungszeiten aus, so daß diese nicht bei den Ausführungszeiten berücksichtigt werden müssen.

2) Sachlich bedingte Verteilzeiten sind alle unregelmäßig und unvorhersehbar auftretenden Unterbrechungen des Arbeitsablaufes, die nicht persönlicher Natur sind, z.B. Zwischenfragen von Kollegen, Telefonate, Beschaffung von Arbeitsmaterialien etc.

3) So unterscheidet der Ausschuß für Betriebstechnik auch nur zwischen Grundzeiten, Verteilzeiten und Arbeitsablaufunterbrechungen, vgl. O.V.: Methoden der Personalbedarfsrechnung, a.a.O., S. 9-10.

Abbildung 13: Arbeitzeitbestandteile[1])

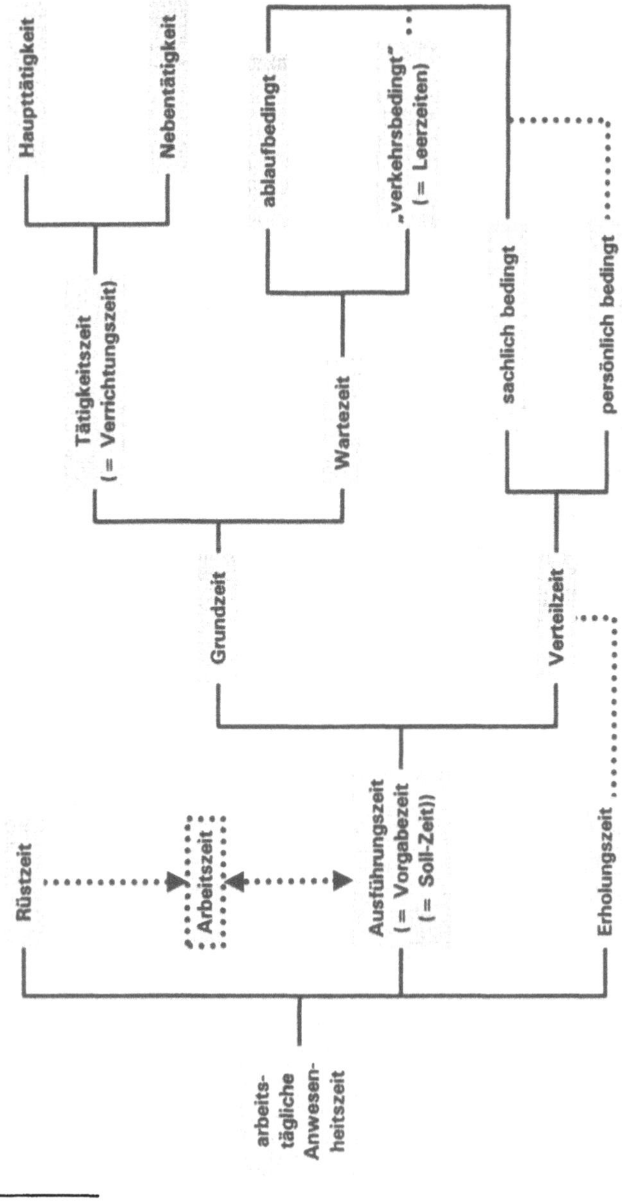

1) Vgl. Burkhardt, C.: Probleme ..., a.a.O., S. 14 ff.; Kirchner, S.: Vorgabezeitenermittlung ..., a.a.O., Sp. 2205-2210; Wäscher, G.: Zeitkomponenten, faktor- und auftragsbezogene, in: HWProd, hrsg. von W. Kern/H.-H. Schröder/J. Weber, 2. Auflage, a.a.O., Sp. 2288-2306, hier Sp. 2291 ff.

bei den Erholungszeiten zu berücksichtigen.[1] Leerzeiten ergeben sich als Bestandteil der Grundzeiten in der Beschaffung, wenn Zeiten eingeplant werden, in denen nicht die gesamten Beschaffungskapazitäten ausgelastet sein werden.[2] Solche Zeiten können durch Übernahme von Nebentätigkeiten (Nebenzeiten), z.B. aus der Personalverwaltung, überbrückt werden.[3]

Sofern es möglich ist, Soll-Arbeitszeiten mit Hilfe eines Systems vorbestimmter Zeiten zu planen, soll dies unter Anwendung des MTM-Verfahrens erfolgen.[4] In den Versicherungsunternehmen lassen sich für viele Tätigkeitskomplexe oder Prozesse MTM-Bausteine festlegen, die die praktische Soll-Zeitenermittlung erheblich erleichtern.[5] Durch die detaillierte Tätigkeitsanalyse und -synthese, die gleichzeitig auch der Bestimmung der MTM-Zeiteinheiten (*T*ime *M*easurement *U*nits)[6] dient, können bereits Unwirtschaftlichkeiten und Unproduktivitäten

---

1) Um diese Pufferfunktion wahrnehmen zu können, kann es als angemessen gelten, wenn die Verteilzeit 15%-10% der Grundzeit ausmacht, vgl. Birn, S. A.: Kosten sparen ..., a.a.O., S. 28; O.V.: Methoden der Personalbedarfsrechnung, a.a.O., S. 10/23. Selbstverständlich liegt dieser Wert immer im Ermessen des Versicherungsunternehmens.

2) Hier zeigt sich sehr deutlich die Problematik der Abgrenzung von Grund- und Verteilzeit. Ist die „Leerzeit" nicht vorhersehbar, so ist sie als Verteil- und nicht als Grundzeit zu verstehen.

3) Oder andere, sofern Mitarbeiter qualifiziert sind und sich Bedarfe ergeben. In der Grenzplankostenrechnung stellt die Übernahme von Nebentätigkeiten eine bedeutende Personalkostenvariabilisierungsmöglichkeit dar.

4) „Die analytische Personalbedarfsrechnung nach MTM stellt eine erprobte Vorgehensweise mit einem praxisgerechten Instrumentarium dar. Sie kann in allen Bereichen eines Betriebs und einer Verwaltung angewendet werden.", Helms, W.: Personalbemessung mit MTM im administrativen Bereich, in: Personal 1993, S. 426-430, hier S. 426.

5) Vgl. hierzu Kuhlmann, W.: DV-gestützte Ablaufgestaltung und Personalbedarfsrechnung mit MTM- Sachbearbeiterdaten bei der Versicherungsgruppe Hannover, in: Personal 1988, MTM-Report ´88, S. 26-28.

6) 1 TMU entspricht 0,036 Sekunden, so daß 1 Stunde 100.000 TMU umfaßt.

(z.B. Doppelarbeiten oder unnötige Kontrollen)[1], aufgedeckt werden, worin auch einer der Hauptmotivationspunkte für die Einführung von Plankostenrechnungen gesehen wird.

Auch wenn durch die MTM-Soll-Zeitenermittlung die Problematik des unternehmensinternen Anspruchsniveaus scheinbar objektiviert ist, bleibt die Festlegung des unternehmensexternen Anspruchsniveaus davon unberührt. Es ist grundsätzlich davon auszugehen, daß, je höher das unternehmensexterne Anspruchsniveau[2] ist, desto mehr Mitarbeiter benötigt werden; desto großzügiger müssen Verteilzeiten bemessen sein, desto kürzer werden die Durchlaufzeiten sein und desto größer wird die Zufriedenheit interner und externer Leistungsabnehmer sein.

Wie die Ausführungen gezeigt haben, ist die Anzahl der mit Beschaffungsaufgaben betrauten Mitarbeiter abhängig von den errechneten Soll-Tätigkeitszeitmengen:

$$\sum_{i=1}^{I} Mi_{KS_i}^{Be} = f(\sum_{a=1}^{A} xz_a^s) \quad \text{mit } xz_a^s = \text{Soll-Tätigskeitszeitmenge der Tätigkeit a}$$

Die Soll-Tätigkeitszeitmengen selbst ergeben sich dabei aus der Multiplikation der fortgeschriebenen Ist-Tätigkeiten mit den jeweiligen Soll-Zeiten:

1) Vgl. Birn, S. A.: Kostensparen ..., a.a.O., S. 22.

2) Unternehmensinternes und -externes Anspruchsniveau sind als nicht quantifizierbare Kosteneinflußgrößen bei der Planung und damit auch bei Betriebskostenkontrollrechnungen zu berücksichtigen.

$$\sum_{a=1}^{A} xz_a^s = \sum_{a=1}^{A} x_a^{sr} \cdot z_a^s \quad \text{mit } x_a^{sr} = \text{Menge der Soll-Ist-Tätigkeit a}^{1)}$$

$$z_a^s = \text{Sollzeit der Tätigkeit a}$$

Die Soll-Tätigkeitszeitmenge ist im nächsten Schritt mit der maximal zur Verfügung stehenden Plan-Arbeitszeitmenge[2] pro Jahr in Übereinstimmung zu bringen. Zur Berechnung der Plan-Arbeitszeitmenge sind zunächst die Plan-Arbeitstage eines Jahres zu ermitteln: Tage eines Jahres - Wochenenden - Feiertage - Urlaube - Krankheitstage - sonstige persönlich und sachlich bedingte bezahlte arbeitsfreie Tage = Arbeitstage. Die Plan-Arbeitstage sind dann mit den Plan-Tätigkeitszeiten zu multiplizieren, wobei die Tätigkeitszeiten aus den Arbeitszeiten hergeleitet werden:

Tätigkeitszeit (T_T) = Arbeitszeit (T_A) - Rüstzeiten (T_R) - Erholungszeiten (T_E) - Wartezeiten (T_W) - Verteilzeiten (T_V).

Die einzelnen von der Arbeitszeit zu subtrahierenden Größen werden als absolute Größen geplant und nicht als relative Werte, wie es bei der Arbeitszeitenermittlung nach REFA teilweise geschieht.[3] Die Vergleichbarkeit der Tätigkeiten in Versicherungsunternehmen macht es nicht notwendig, die Arbeitszeitelemente prozentual auf die Tätigkeitszeiten zu berechnen. Auch sollen die Verteilzeiten als „Flexibilitätspuffer" zur Verfügung stehen. Eine multiplikative Erfassung der

1) Dies entspricht der fortgeschriebenen Ist-Tätigkeit.

2) Die Plan-Arbeitszeitmenge ist eine Plan-Istgröße, da die Anzahl der Jahrestage, Wochenenden und Feiertage als Istgrößen berücksichtigt werden. Darüber hinaus ist sie eine Plangröße im Sinne einer die Realität prognostizierenden Größe und keine Lenkungsgröße.

3) Vgl. z.B. O.V.: Ausgewählte Methoden des Arbeitstudiums, hrsg. von REFA - Verband für Arbeitsstudien und Betriebsorganisation e.V., 2. Auflage, München 1994, S. 223 ff.

Zeitelemente gestaltet die Kontrollrechnung unnötigerweise kompliziert.

Wurde z.B. eine Soll-Tätigkeitszeitmenge von 3.000 Stunden errechnet und wird die arbeitstägliche Soll-Tätigkeitszeit mit 6,46 Stunden berechnet[1], so sind bei einer Planarbeitszeit von 200 Tagen oder 1292 Stunden im Jahr pro Mitarbeiter insgesamt 2,32 Mitarbeiter notwendig. Um eine „glatte" Mitarbeiteranzahl zu erhalten, können alle Größen (bis auf die tägliche Arbeitszeit) variiert werden. Darüber hinaus müssen noch die Durchlaufzeit und die Übernahme von Nebentätigkeiten als Variationsparameter berücksichtigt werden.

Die geplanten Personalkosten sind damit das Ergebnis der Multiplikation aus den Soll-Ist-Arbeitszeitmengen (fortgeschriebene Ist-Tätigkeiten auf der Basis von Soll-Zeiten) und Soll-Preisen unter Berücksichtigung des internen und externen Anspruchsniveaus.

4.1.4.1.1.2 Die Planung von Betriebsmittelkosten

Bei den Betriebsmittelkosten handelt es sich um die bewerteten Verbräuche von Büromaterial (BüM) und Energie (En), also von Verbrauchsgütern.[2]

$$K_{BM}^{S} = \sum_{m_1=1}^{M_1} K_{BüM_{m_1}} + \sum_{m_2=1}^{M_2} K_{En_{m_2}}$$

1) Bei einer Arbeitszeit von 38 Wochenstunden ohne Erholungszeiten (Pausen) und einer Verteilzeit von 15% ergibt sich der Wert von 6,46 Stunden als arbeitstägliche Tätigkeitszeit (38:5 = 7,6; 7,6 x 0,85 = 6,46).

2) Die Verwendung eines Summanden bedeutet, daß die jeweiligen Kostenarten differenziert geplant werden müssen.

Die Betriebsmittelkosten K_{BM} sind unmittelbar abhängig von der Anzahl der Mitarbeiter[1], damit auch von der Arbeitsleistungsmenge, und werden kostenstellenweise geplant bzw. budgetiert.[2] Büromaterial wird eingesetzt in Form von Mikrofilmen, Versandmaterial, Formularen, Papier, Schreibmaterial, Schreibmaschinen- und Druckerzubehör, Ordnern, Heften, Disketten.[3] Diese Verbrauchsmaterialen werden von jeder räumlichen Organisationseinheit auf der Basis von Rahmenverträgen zentral beschafft.[4] Bei der konkreten Planung wird bei den Mengenkomponenten von Durchschnittswerten der Vorjahre ausgegangen, die sich auf die Mitarbeiteranzahl, den Büromaschinenbestand sowie das Aufgabenvolumen beziehen und für die Planperiode angepaßt werden.[5] Dabei sollten die relativen Planwerte möglichst geringer ausfallen als die Vorjahreswerte. Die Preiskomponenten können sich an den aktuellen Werten orientieren.

---

1) Die Anzahl der Mitarbeiter ist eine unmittelbare Funktion des externen Anspruchsniveaus. Dies wäre für die Betriebsmittelausstattung ebenfalls vorstellbar, wird jedoch abgelehnt und dementsprechend als davon unabhängig betrachtet.

2) Vgl. Kilger, W.: Flexible ..., bearbeitet durch K. Vikas, a.a.O., S. 435. Die Verbräuche verschiedener Büromaterialien wie Formulare ließen sich als leistungsabhängige Prozeßeinzelkostenarten planen. Dies wird jedoch als unverhältnismäßig angesehen.

3) Vgl. Brachmann, H.: Kosten- und Leistungsrechnung des Kompositversicherers, 4. Auflage, Frankfurt/Main 1993, S. 81. Diese Aufzählung erhebt keinen Anspruch auf Vollständigkeit. Es kann auch allgemein von Büro- und EDV-Material gesprochen werden, vgl. Farny, D. et al.: Die Behandlung ..., a.a.O., S. 46/54.

4) In Versicherungsunternehmen können folgende unterschieden werden: Hauptverwaltung (Direktion), Zweigniederlassungen, Landesdirektionen, Filialdirektionen, Bezirksdirektionen, Geschäftsstellen.

5) Wobei auch Substitutionen und veränderte Einsatzverhältnisse zu berücksichtigen sind.

Energiekosten entstehen in Form von Strom- und Wasserkosten und gegebenenfalls in Form von Heizkosten (Fernwärme).[1] In allen Fällen ist ein Jahreswert zu budgetieren, denn eine monatliche Planung muß die Jahreszeiteneffekte möglichst genau berücksichtigten.[2] Die zukünftigen Preise sind ex-ante bekannt oder werden im Realisationszeitraum nur einmal geändert. Eine Trennung in fixe und variable Kosten kann entsprechend der Bezugsabhängigkeit und der Bezugsunabhängigkeit der Verbräuche erfolgen.

4.1.4.1.1.3 Die Planung von kalkulatorischen Kosten

Die zu planenden kalkulatorischen Betriebskostenarten sind die kalkulatorischen Abschreibungen (Afa) und kalkulatorische Zinsen (Zi).[3] Sie ergeben sich unmittelbar aus den vorhandenen und geplanten Betriebsmittelbeständen.

$$K^S_{Kalk} = \sum_{m_3=1}^{M_3} K_{Afa_{m_3}} + \sum_{m_4=1}^{M_4} K_{Zi_{m_4}} \quad ^{4)}$$

Bei der Planung der kalkulatorischen Abschreibungen sind der abzuschreibende Betrag, die Nutzungsdauer, die Abschreibungsmethode

---

1) Sofern in Versicherungsunternehmen Brennstoffe in Heizenergie umgewandelt werden, sind diese Energiekosten sekundäre Kosten. Vgl. Kilger, W.: Flexible ..., bearbeitet durch K. Vikas, a.a.O., S. 398 ff.; Fischer, H.: Plankostenrechnung ..., a.a.O., S. 252 f.

2) Bei der Planung der Stromkosten ist von den vorhandenen Stromverbrauchsquellen und deren geplanter arbeitstäglicher Nutzungsdauer auszugehen.

3) Die grundsätzliche Problematik kalkulatorischer Kosten liegt darin, daß sie zum einen subjektivierte Größen sind und das zum anderen eine bloße Berücksichtigung bei der Selbstkostenermittlung nicht ausreicht, da sie vom Markt auch vergütet werden müssen. Der Verzicht auf den Einbezug immaterieller Vermögensgegenstände in die Betriebskosten*kontroll*rechnung drückt lediglich aus, daß deren zeitliche Verteilung keine Kontrollrelevanz besitzt. In der Betriebskostenrechnung sind sie jedoch unbedingt zu berücksichtigen.

4) Der Summand gibt hier das einzelne Abschreibungsgut an. Die kalkulatorischen Zinsen werden auf das gesamte kontrollrelevante betriebsnotwendige Vermögen berechnet, so daß auf ein Summenzeichen verzichtet werden kann.

sowie die relevanten Abschreibungsursachen festzulegen.[1] Die Abschreibungsbeträge sollen die tatsächlichen Werteverzehre möglichst genau wiedergeben. Da sich aber verschiedene Verzehrsursachen[2] überlagern, sind sie letztendlich Schätzbeträge.[3] Bei der Festlegung des abzuschreibenden Betrages geht die Kostenrechnung meist von einem *Wiederbeschaffungswert* aus.[4] Abschreibungsbeträge sind als Kosten Wertgrößen, wobei als Mengenkomponente die Wert- bzw. Leistungseinheitenverzehre und als Preiskomponente der Abschreibungsfaktor angesehen wird.[5]

Mit Hilfe der kalkulatorischen Zinsen wird dem Umstand Rechnung getragen, daß auch die Vorrätigkeit einen Produktionsfaktor darstellt, der im Zeitablauf verbraucht wird. Die Mengenkomponente ist jeweils das reale materielle Vermögen einer Kostenstelle (beim Anlagevermögen in jeder Periode vermindert um die Abschreibungen, bei den Vorrä-

---

1) Vgl. hierzu Farny, D. et al.: Die Behandlung ..., a.a.O., S. 45/54; Fischer, H.: Plankostenrechnung ..., a.a.O., S. 246-249. Vgl. auch nochmals unsere Ausführungen im Kapitel 4.1.2.2.3.1.2.

2) Vgl. Kloock, J./Sieben, G./Schildbach, T.: Kosten- und Leistungsrechnung, a.a.O., S. 85 f.

3) Die Verzehrsursachen, die auf dem Zeitablauf beruhen, führen zu Fixkosten, die auf dem tatsächlichen Verbrauch beruhen, zu variablen Kosten, vgl. Scherrer, G.: Kostenrechnung, a.a.O., S. 250 f. Da der Gebrauchsverschleiß im Höchstfalle gleich dem Zeitverschleiß sein kann, ist die Differenz zwischen beiden Abschreibungsbeträgen als variable Kostengröße anzusehen. Auch wenn in Versicherungsunternehmen bei bestimmten Büromaschinen Gebrauchsverzehre unterstellt werden können (z.B. *M*ean*T*ime *B*etween *F*ailure bei Festplatten, Blattzahlen bei Druckern), wird grundsätzlich ausschließlich von zeitlichen Verzehrsursachen ausgegangen.

4) Durch den Wiederbeschaffungswert soll die Substanzerhaltung sichergestellt werden. Intensiv beschäftigt hat sich MEHRING mit dieser Frage, wobei er aber keine allgemeingültige Lösung bereitstellen kann, denn die beiden Effekte der Preisveränderung und der technischen Leistungssteigerung sind simultan zu berücksichtigen, vgl. Mehring, H.-P.: Substanzerhaltung von Versicherungsunternehmen, Berlin 1989, hier besonders S. 60-62.

5) Vgl. Scherrer, G.: Kostenrechnung, a.a.O., S. 330 ff. Vgl. zur „Bewertung" bei Abschreibungen auch ausführlich Kosiol, E.: Kritische Analyse ..., a.a.O., S. 31 ff.

ten als Durchschnittswert), das mit einem Zinssatz als Preiskomponente verknüpft wird.[1)]

4.1.4.1.1.4 Die Planung von Dienstleistungskosten

Bei den Dienstleistungskosten ist zu unterscheiden zwischen speziellen Beschaffungs-Dienstleistungskosten K_{DL}^{Be} und generellen Dienstleistungskosten K_{DL}. Die zuerst genannten sind von der Menge und der Art der zu beschaffenden Mitarbeiter und Betriebsmittel abhängig, also leistungsmengenbezogen. Die Entscheidungen für den Kostenanfall liegen hier im autonomen Bereich der Versicherungsunternehmen. Nicht im autonomen Bereich der Versicherungsunternehmen liegen die Nullbeschaffungen.

$$K_{DL}^{S,Be} = \sum_{m_5=1}^{M_5} K_{Pd_{m_5}}^{Be} + \sum_{m_6=1}^{M_6} K_{Tk_{m_6}}^{Be} + \sum_{m_7=1}^{M_7} K_{Tr_{m_7}}^{Be} + \sum_{m_8=1}^{M_8} K_{PersB_{m_8}}^{Be} \quad ^{2)}$$

$$K_{DL}^{S} = \sum_{m_9=1}^{M_9} K_{Insth_{m_9}} + \sum_{m_{10}=1}^{M_{10}} K_{Insts_{m_{10}}} + \sum_{m_{11}=1}^{M_{11}} K_{Rei_{m_{11}}} + \sum_{m_{12}=1}^{M_{12}} K_{ZeitlÜ_{m_{12}}} \quad ^{3)}$$

Bei den K_{DL}^{Be} ist von den geplanten Beschaffungen auszugehen, wobei die Entscheidungen über den Einsatz von externen Personalberatern gesondert zu treffen sind. Bei den K_{DL} muß in bezug auf Instandhaltung und Instandsetzung von Erfahrungswerten der Vergangenheit und vom Bestand der verbliebenen sachlichen Potentialfaktoren ausgegangen werden. Bei den Instandsetzungen ist auch zu planen, ob statt

---

1) Vgl. zur Planung der kalkulatorischen Zinsen Fischer, H.: Plankostenrechnung ..., a.a.O., S. 258 ff.; Farny, D.: Buchführung ..., a.a.O., S. 69 f. Vgl. zur Ermittlung des sachzielnotwendigen Vermögens exemplarisch Kilger, W.: Einführung ..., a.a.O., S. 133 ff.

2) Pd = Postdienste; Tk = Telekommunikationsdienste; Tr = Transportdienste; PersB = (externe) Personalberatungsdienste.

3) Insth = Instandhaltung; Insts = Instandsetzung; Rei = Reinigung; ZeitlÜ = zeitliche Überlassung, deren Kosten in Form von Mieten („Mietzins") und Leasingraten berücksichtigt werden.

einer derartigen erhaltenden Maßnahme das Betriebsmittel nicht besser ersetzt wird, was für bereits abgeschriebene Betriebsmittel sinnvoll ist. Die zeitlich überlassenen bzw. zu überlassenen Objekte sind bekannt.

Die Kostenbeträge aller Plangrößen lassen sich leicht in ihre jeweiligen Preis- und Mengenkomponenten aufspalten.

4.1.4.1.1.5 Die Planung sekundärer Beschaffungskosten

Bei den Beschaffungsstellen handelt es sich um sekundäre Kostenstellen, die ihre Leistungen, bis auf den Eigenbedarf, für andere Kostenstellen erbringen.[1] Sofern sie auch Leistungen anderer sekundärer Kostenstellen erhalten, sind neben den primären auch sekundäre Beschaffungskosten zu berücksichtigen. Sekundäre Kosten entstehen in Form von Raumkosten, die aber als fixe Kosten betrachtet werden, Sozialkosten,[2] Verwaltungskosten und sonstigen internen Dienstleistungskosten. Gegebenenfalls können auch Leistungen der EDV-Stelle, z.B. bei Software-Wartungen, erfolgen. In der Grenzplankostenrechnung werden ausschließlich die variablen Kosten in die innerbetriebliche Leistungsverrechnung einbezogen. Eine derartige innerbetriebliche Leistungs- und Kostenverrechnung gibt es in der Prozeßkostenrechnung nicht, denn die leistungsmengeninduzierten Prozeßkosten werden auf Prozeßaggregate verrechnet, die nicht mehr einer Kostenstelle

---

1) FISCHER weist in seinem Kostenstellenplan keine Beschaffungsstellen aus. Es ist jedoch davon auszugehen, daß er sie den Verwaltungsstellen zuordnen würde. Vgl. Fischer, H.: Plankostenrechnung ..., a.a.O., S. 134 f. VIKAS rechnet die Beschaffungsstellen den Vorkostenstellen zu, vgl. Vikas, K.: Controlling ..., a.a.O., S. 124. In der Grenzplankostenrechnung werden sie aber als primäre Kostenstelle (= Endkostenstellen) behandelt.

2) Wir hatten die Sozialkosten bereits bei der Preiskomponente berücksichtigt. Dies entspricht der Vorgehensweise KILGERs, vgl. Kilger, W.: Flexible ..., a.a.O., S. 436 ff. VIKAS hingegen verrechnet die Kosten der Sozialkostenstellen als sekundäre Kosten, vgl. Kilger, W.: Flexible ..., bearbeitet durch K. Vikas, a.a.O., S. 463.

zugeordnet sind. Als Kostenstellenrechnung wird dort mitunter die Verrechnung leistungsmengenneutraler Kosten auf die leistungsmengeninduzierten angesehen.

Grundsätzlich ist für die Betriebskostenkontrollrechnung festzuhalten, daß nicht die Frage der Kostenweiterverrechnung, sondern die der Entstehungsverantwortung relevant ist. Das können auch die Mitarbeiter einer vor- oder nachgelagerten Kostenstelle sein. Ist beispielsweise die Fluktuation in einer Kostenstelle höher als geplant, entstehen mehr Beschaffungs-Betriebskosten, und die Fluktuationsursachen müssen im Rahmen der Kostenabweichungsanalyse ergründet werden.

Wir werden uns im folgenden auf eine Kontrolle primärer Kostenarten in den Kostenstellen im Sinne einstufiger Produktionen[1)] beschränken, da die immateriellen Produktionen in und der Leistungsaustausch zwischen den Kostenstellen der Versicherungsunternehmen nicht auf der Basis von Produktionskoeffizienten nachgewiesen werden können. Eine indirekte Mehrstufigkeit wird jedoch über die bereits angesprochenen induzierten Prozesse und über den Ausweis von kostenstellen- und dienstleistungsgeschäftsübergreifenden Prozessen hergestellt.[2)]

---

1) Vgl. hierzu Kloock, J./Dierkes, S.: Prozeßkostenkontrolle, Betriebswirtschaftliche Diskussionsbeiträge der Martin-Luther-Universität Halle-Wittenberg, Wirtschaftwissenschaftliche Fakultät, Beitrag Nr. 96/02, Halle (Saale) 1996, S. 10 f.

2) Weiterverrechnungen lassen sich nur auf Basis von Prozessen durchführen, da nur diese und nicht die tatsächlichen Leistungsbeziehungen quantitativ erfaßbar sind. Inhaltlich entspricht dieses Vorgehen dem von Teilkostenrechnungssystemen und wird für alle Kostenstellen als gültig angesehen. Die Betriebskostenkontrollrechnung ist in erster Linie eine Produktivitäts- und Wirtschaftlichkeitskontrolle des Gebarens in den Kostenstellen, so daß die Fragen der Belastung der Stellen mit Kosten wenig Bedeutung besitzt. Die Problematik der induzierten Kosten, also der durch andere Stellen verursachten Produktionsfaktorverbräuche, wird hierdurch nicht berührt.

4.1.4.1.1.6 Die Beschaffungsprozeßkosten

Sind alle Kostenarten der Beschaffung geplant, bietet es sich zur Erhöhung der Kostentransparenz in Versicherungsunternehmen an, Beschaffungsprozesse abzugrenzen und für die Prozesse Kosten zu ermitteln. Die Abgrenzung möglicher Prozesse basiert auf der Zusammenfassung annähernd einheitlicher Tätigkeiten in Abhängigkeit von der eigentlichen Kostenstellenleistung. Dies führt zu der bereits mehrfach dargestellten Unterscheidung von leistungsmengeninduzierten (lmi-) und leistungsmengenneutralen (lmn-) Prozessen.

Bei der Personalbeschaffung ist zwischen interner und externer Personalbeschaffung zu differenzieren, wobei für die interne Personalbeschaffung die Abgrenzung eines Prozesses ausreichend ist. In bezug auf die externen Personalbeschaffungen sollten fünf Prozesse unterschieden werden:[1)]

- die Beschaffung von Auszubildenden
- die Beschaffung von Fachkräften (Sachbearbeitern, Sekretärinnen, Außendienstmitarbeitern usw.)
- die Beschaffung von Führungskräften
- die Beschaffung sonstiger Mitarbeiter
- Nullbeschaffungsprozesse

Die Betriebsmittelbeschaffung kann auf der Basis von Rahmenverträgen oder individuell erfolgen. Insgesamt lassen sich acht Beschaffungsprozesse unterscheiden, für die Personaleinsatzmengen festzulegen sind:

---

1) Es handelt sich hierbei um die Zusammenfassung von Teilprozessen zu Prozessen. Ob diese dann als Hauptprozesse bezeichnet werden sollten, sei dahingestellt.

Abbildung 14: Beschaffungsprozesse

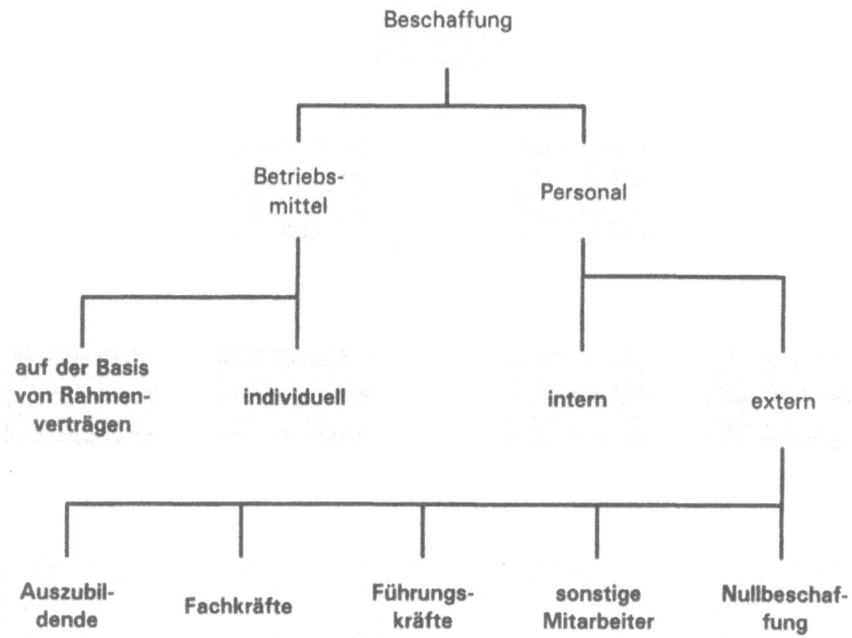

Ausschlaggebend für die hier verwendete Prozeßabgrenzung ist die Annahme, daß für jede der genannten Gruppen ähnlich dimensionierte Beschaffungsprozesse notwendig sind, aus denen dann die Beschaffungskosten resultieren. Insofern ist es auch nicht möglich, eine für alle Beschaffungsprozesse einheitliche Maßgröße zu verwenden. Bei der Maßgröße handelt es sich um eine Meßgröße eines lmi-Teilprozesses im Sinne einer individuellen Kosteneinflußgröße oder eines Kostentreibers.[1)] Mit Hilfe der Kostentreiber sollen die Gemeinkostenplanung

1) Vgl. Horváth, P./Mayer, R.: Prozeßkostenrechnung ..., a.a.O., S. 217. Üblicherweise wird in der Prozeßkostenrechnung von Kostentreiber oder Cost Driver gesprochen, die HORVÁTH aber auf Hauptprozesse bezieht.

und -kontrolle *verursachungsgerechter* gestaltet werden.[1] Eigentlicher Kostentreiber eines Prozesses ist immer dessen Komplexität, verbunden mit der Notwendigkeit, den Prozeß in der angetroffenen bzw. in der zunächst geplanten Form überhaupt durchführen zu müssen. Da diese Faktoren nicht meßbar sind, eignen sie sich als Maßgrößen der Kostenverursachung nicht.

Die Durchführung eines Prozesses dauert immer eine bestimmte Zeitspanne, so daß die Prozeßausführungszeit, besonders bei personalkostenintensiven Prozessen, eine gute Maßgröße eines Prozesses darstellt. Benötigen bestimmte Prozesse immer annähernd die gleiche Zeit, so können sie zusammengefaßt und der Kostentreiber auf die Anzahl der Prozeßdurchführungen bzw. der Prozeßergebnisse reduziert werden.[2][3] Aufgrund der Heterogenität der Kostenverursachung in der Kostenstelle „Beschaffung" ist der erste Kostentreiber die Durchführungsanzahl der jeweiligen Beschaffungsprozesse. Bei den Personalbeschaffungen ist zusätzlich noch zu berücksichtigen, daß die Prozesse nicht immer aus einer gleichen Anzahl an Teilprozessen bestehen, so daß deren Durchführungszeiten nicht immer identisch sind. Als weiterer Kostentreiber muß daher für die Teilprozesse, die sich mit der Bearbeitung der Reaktionen auf eine Personalsuche befassen, die An-

---

1) Vgl. hierzu unsere Ausführungen im Kapitel 4.1.3.2.3. Ergänzend sei nochmals darauf hingewiesen, daß wir auch die Kostenträgereinzelkosten in den Kostenstellen planen.

2) Vgl. Cooper, R.: Activity-Based Costing - Wann brauche ich ein Activity-Based-Cost-System und welche Kostentreiber sind notwendig?, in: krp 1990, S. 271-279, hier S. 277.

3) In der Literatur werden die Kostentreiber grundsätzlich in der Anzahl der Prozeßdurchführungen gesehen, da sie eine leicht zu handhabende Größe ist. Eine vergleichbare Vorgehensweise findet sich auch schon in der Grenzplankostenrechnung, vgl. hierzu Kilger, W.: Flexible ..., a.a.O., S. 336-340. Grundsätzlich ist die Vorgehensweise auch richtig, denn wie unsere Ausführungen zur Personaleinsatzmengenplanung gezeigt haben, wird die Personaleinsatzmenge von der Menge der Aktivitäten bestimmt. Allerdings darf diese Vereinfachung nicht dazu führen, die Faktoren *Zeit*, *Komplexität* und *Notwendigkeit* nicht in die Analyse einzubeziehen.

zahl der zugegangenen Reaktionen berücksichtigt werden. Damit ist auch festgelegt, daß alle Beschaffungsprozesse leistungsmengeninduzierte Prozesse sind.

Die Abgrenzung leistungsmengenneutraler Prozesse kann zunächst offen gelassen werden, da sie im wesentlichen Residualgrößen darstellen, die jene Kostenarten aufnehmen, die den leistungsmengeninduzierten Prozessen nicht zugerechnet werden konnten. Hier kommen besonders wertmäßige Prozesse in Betracht, wie z.B. Betriebsmittelverbräuche in Form von Abschreibungen und Energienutzung.[1)]

Leistungsmengeninduzierte Prozeßkosten müssen sich in der Kostenstelle mit der Bezugsgröße verändern. Da die Personalkosten die wichtigste Kostenartengruppe sind, sind sie möglichst genau zuzurechnen, wobei dies bei Vorlage einer analytischen Kostenplanung, wie oben dargestellt, nicht problematisch ist.[2)] Da Preis- und Mengenkomponenten bekannt sind, können personalkostenresultierende Prozeßkostensätze ermittelt werden. Die Prozeßkostensätze ergeben sich, indem die Verbrauchsmengen/Zeitmengen[3)], die für einen Prozeß in der betreffenden Periode geplant wurden, mit dem Preis je Verbrauchs-/Zeiteinheit multipliziert werden. Die Multiplikation der (Personal-)Prozeßkostensätze mit den Prozeßmengen ergibt die Personal-Prozeßkosten:

---

1) Vgl. Horváth, P./Mayer, R.: Prozeßkostenrechnung ..., a.a.O., S. 216.

2) Damit kein Mißverständnis entsteht, sei noch ausdrücklich daraufhin gewiesen, daß auch die Verbräuche von Mitarbeiterleistungen leistungsmengenneutrale Prozesse sein können, und zwar in den Fällen, in denen sie sich auf nicht repetitive Prozesse beziehen. Damit lassen sich nicht immer alle Personalkosten leistungsmengeninduzierten Prozessen zurechnen, auch wenn gerade die Beschaffung diesbezüglich eine Ausnahme darstellt.

3) In der Planung sind es Mitarbeiterminuten, -stunden oder -tage.

Zeiteinheiten je (Teil-)Prozeß · Preis je Zeiteinheit · Prozeßmengen

Prozeßkostensatz

Prozeßkosten

Hierbei handelt es sich immer um Vollkostensätze. Aus diesen Vollkostensätzen der leistungsmengeninduzierten Prozesse, können die Sozial- und Weiterbildungsgemeinkosten der Kostenstellen ausgegrenzt und als leistungsmengenneutrale Prozeßkosten erfaßt werden.

Schwieriger ist die Zurechnung weiterer Beschaffungsbetriebskosten. Die Entstehung von kalkulatorischen Kosten, generellen Dienstleistungskosten und Betriebsmittelkosten in Form von Energie sind jeweils für sich gesehen als leistungsmengenneutrale Prozesse zu verstehen. Die bewerteten Verbräuche von Büromaterial sind entsprechenden leistungsmengenneutralen Prozessen als *unechte lmn-Prozeßkosten* zuzurechnen. Lediglich die speziellen Beschaffungs-Dienstleistungskosten wären als leistungsmengeninduziert zu berücksichtigen. Allerdings erscheint es gerechtfertigt, auch diese Kostenarten, mit Ausnahme der Kosten für Personalberatungsdienste, die ja immer originäre Prozeßeinzelkosten sind, als unechte lmn-Prozeßkosten zu behandeln.

Ergebnisse sind immer Kostensätze je Prozeß, in denen die betreffenden Kostenarten additiv enthalten sind. Da nur die lmi-Prozeßkosten auf der Basis von Bezugsgrößen geplant werden (können), sind die lmn-Prozeßkostensätze ex definitione prozeßmengenunabhängige Gesamtprozeßkosten. Aus diesem Grund erfolgt der Ausweis von lmn- und lmi-Prozeßkosten, bei denen es sich überwiegend um Personalkosten handelt, getrennt, und nur die lmi-Prozeßkosten werden weiterverrechnet.[1] Üblich ist aber auch der Ausweis eines mitgeführten Prozeßvollkostensatzes, wobei die Imn-Prozeßkosten den gesamten Imi-Prozeßkosten meist auf Basis der Mitarbeiter-Tätigkeitszeiten oder der Imi-Prozeßkosten selbst zugerechnet werden. Damit lassen sich die Sollbetriebskosten der Imi-, unechten Imn- und echten Imn-Beschaffungsprozesse wie folgt darstellen:

$$K_{ui}^{S,Be} = w_{ui}^{s} \cdot x_{ui}^{s} = \sum_{a=1}^{A(u)} x_{ai}^{s} \cdot q_{a}^{s} \cdot x_{ui}^{s}$$

$$\forall \quad u = 1, \ldots, U_{Be}$$

für alle analytisch zu planenden Kostenarten, vor allem Imi-Personalkosten, Betriebsmittelverbräuche, Dienstleistungskosten und zusätzliche Prozeßeinzelkosten, soweit deren differenzierte Erfassung als nutzenbringend erachtet wird,

1) Die leistungsmengeninduzierten Personalgemeinkosten stehen im Mittelpunkt aller prozeßorientierten Kostenrechnungssysteme und werden daher weniger konsequent behandelt. So läßt KLOOCK die Verrechnung aller leistungsmengeninduzierten (Personal)Kosten, unabhängig von deren kurzfristiger Beeinflußbarkeit, über eine Kostenstellenrechnung auf die Kostenträger zu, vgl. Kloock, J./Dierkes, S.: Prozeßkostenkontrolle, a.a.O., S. 1 f./16 f./24. HORVÁTH et al. führen zur gleichen Problematik aus: „Um diesen immer größer werdenden Block [der Personalkosten (Gehälter)] mengenabhängig zu planen und auch den Kostenträgern zurechnen zu können, ist eine Proportionalisierung von angeblich fixen Personalkosten notwendig.", Horváth, P. et al.: Prozeßkostenrechnung - oder wie die Praxis die Theorie überholt, in: DBW 1993, S. 609-628, hier S. 619. Wie bereits mehrfach erwähnt, nimmt die Variabilisierung der Personalkosten auch in der Dienstleistungsgrenzplankostenrechnung eine wichtige Rolle ein.

$$K^{S,Be}_{\not{v}i} = x^{s}_{\not{v}i} \cdot q^{s}_{\not{v}} = \sum_{a=1}^{A(\not{v})} x^{s}_{ai} \cdot q^{s}_{a} \text{ 1)} \qquad \forall \quad \not{v} = 1, \ldots, \not{V}_{Be}$$

für alle kostenstellenbezogen zu planenden unechten leistungsmengenneutralen Prozeßkostenarten,

$$K^{S,Be}_{vi} = x^{s}_{vi} \cdot q^{s}_{v} = \sum_{a=1}^{A(v)} x^{s}_{ai} \cdot q^{s}_{a} \qquad \forall \quad v = 1, \ldots, V_{Be}$$

für alle kostenstellenbezogen zu planenden echten leistungsmengenneutralen Prozeßkostenarten,[2)]

$$\forall \quad i = 1, \ldots, I_{BE}$$

---

1) Ein einzelner lmi-Prozeß besteht aus einer Menge an Aktivitäten x_a (= Teilprozesse), die sich additiv in dem betreffenden Prozeß wiederfinden. Die Kosten einer Prozeßdurchführung sind gleich dem *Prozeßkostensatz* und die Prozeßkosten, als Kosten aller Prozeßdurchführungen, ergeben sich aus der Multiplikation des Prozeßkostensatzes mit der Prozeßdurchführungsmenge. Eine gleiche Betrachtung ergibt sich für die nicht-lmi-Prozesse. Da hier jedoch keine Prozeßmengen, und damit keine Bezugsgrößen abgegrenzt werden, ergeben sich die Gesamtkosten eines nicht-leistungsmengeninduzierten Prozesses aus der Addition aller bewerteten nicht-leistungsmengeninduzierten Faktorverbräuche. In der Literatur wird eine derartige differenzierte Erfassung teilweise abgelehnt, vgl. z.B. Betz, S.: Gemeinkostencontrolling auf Basis der Prozeßkostenrechnung, in: krp 1995, S. 135-144. Wir gehen aber in jedem Fall davon aus, daß eine Mengen- und eine Preiskomponente einer Kostengröße immer unterschieden werden können, was durch $x_{\not{v}}$, x_v und $q_{\not{v}}$, q_v ausgedrückt wird. Ein nicht-lmi-Prozeß ist z.B. der Anfall kalkulatorischer Zinsen und x_v bezieht sich auf die gesamte Verbrauchsmenge aller Güter, die in die Berechnung der kalkulatorischen Zinsen einfließen, multipliziert mit dem Zinssatz (= $x_{vi} \cdot q_v$).

2) Es sei nochmals darauf hingewiesen, daß auch Personalkosten leistungsmengenneutral geplant werden, wenn keine repetitiven Prozesse abgegrenzt werden können.

mit:	x_a, x_t	=	Menge einer Aktivität oder Tätigkeit (oder Produktionsfaktorverbrauchs) der a-ten (t-ten) Art[1]
	x_u	=	Menge des u-ten (lmi-) Prozesses
	x_v	=	Menge des v-ten (lmn-) Prozesses
	$x_{\not v}$	=	Menge des $\not v$ -ten (unechten lmn-) Prozesses
	q_a	=	Preiskomponente[2] der a-ten Art
	$q_{v\,(\not v)}$	=	Preiskomponente des v-ten ($\not v$ -ten) Prozesses
	w_u	=	Prozeßkostensatz des u-ten (lmi-)Prozesses
	Be, BE	=	Beschaffung
	S, s	=	Soll-Größe
	m	=	Kostenart
	i	=	Kostenstellenindex
	a	=	Aktivität oder allgemein, Produktionsfaktorverbrauch der a-ten Art[3]
	t	=	Tätigkeit oder allgemein, Produktionsfaktorverbrauch der t-ten Art
	u	=	leistungsmengeninduzierter Prozeß
	$\not v$	=	unechter leistungsmengenneutraler Prozeß
	v	=	leistungsmengenneutraler Prozeß

---

1) Die Größe x_a^s ist dabei im Sinne von $x_t^s(a_t^s)$ zu verstehen. Grundsätzlich müssen die einzelnen Aktivitäten „a" nicht über einen weiteren Index, hier „t", differenziert werden. Die Möglichkeit der Unterscheidung ist jedoch notwendig, um auszudrücken, daß sowohl die einzelne Aktivitätsart als auch deren Menge geplant werden müssen, woraus dann in der Kostenabweichungsanalyse Aktivitäts*arten*- und Aktivitätsarten*mengen*abweichungen resultieren können.

2) Die Preiskomponenten für die Arbeitsleistungen der Mitarbeiter enthalten ausschließlich die dem Mitarbeiter zurechenbaren Einzelkosten.

3) Aktivitäten sind zumeist identisch mit verbrauchten Zeiteinheiten, also dem Verbrauch eines Anteils der gesamten Lebensarbeitszeit eines Mitarbeiters, vgl. hierzu Mann, G./Pugell, B.: Die Problematik ..., a.a.O., S. 659 f. Hieraus folgernd, kann „a" auch allgemein als Produktionsfaktorverbrauch verstanden werden, so daß eben auch andere Produktionsfaktoreinsätze, außer der menschlichen Arbeitsleistung, bei den Prozeßkosten berücksichtigt werden können.

4.1.4.1.2 Die Planung von Betriebskosten der Verwaltungsfunktion

4.1.4.1.2.1 Vorbemerkungen

Entstanden ist die Verwaltungsfunktion durch Zusammenfassung von Teilaufgaben in neuen Organisationseinheiten, die aus den Kern- oder primären Funktionen Beschaffung, Fertigung und Absatz als Ergebnis deren ständigen Wachstums ausgegliedert wurden.[1)] Die Verwaltung umfaßt damit jene Aufgaben und Tätigkeiten, die für alle anderen Funktionsbereiche im Versicherungsunternehmen erbracht werden und die deren wirtschaftliches Handeln erst ermöglichen.[2)] Die „Bestandsverwaltung" der Versicherungsunternehmen ist nicht Gegenstand der hier betrachteten Verwaltung, sondern von Fertigung und Absatz geblieben.[3)] Aufgrund der Heterogenität der Verwaltung bezieht sich die Verwaltungsbetriebskostenplanung auf unterschiedliche Aufgabenfelder. Zunächst sind zu nennen die Erfassung und Betreuung aller Produktionsfaktoren in Form der Personal-, Material- und Betriebsmittelverwaltung.[4)] Hierbei handelt es sich um Verwaltungen im eigentlichen Sinne. Als klassische Verwaltungsaufgabe zählt ebenso die Abbildung des realen Geschehens im Versicherungsunternehmen

---

1) Vgl. zur Verwaltungsfunktion in den Versicherungsunternehmen Farny, D.: Produktions- und Kostentheorie der Versicherung, a.a.O., S. 46 ff.; Müller, W.: Verwaltung, in: HdV, hrsg. von D. Farny, et al., a.a.O., S. 1287-1289; Farny, D.: Grundfragen ..., a.a.O., S. 65 f.; Farny, D.: Versicherungsbetriebslehre, a.a.O., S. 752 ff.

2) „'Verwaltung als ... Inbegriff all der Leistungen ..., durch welche die anderen Leistungen im Betrieb gesichert, geschützt, betreut, geordnet, überwacht und geprüft werden'. Verwaltung hat also die Funktion, die verschiedenen Betriebsleistungen zu verbinden.", Nagel, R.: Probleme, Strategien und Grenzen der Rationalisierung in industriellen Verwaltungen, Frankfurt/Main 1987, S. 49.

3) In jeder betrieblichen Funktion des Versicherungsunternehmens finden sich nicht ausgegliederte, weil stellenspezifische Verwaltungstätigkeiten. Vgl. hierzu den Zusammenhang von Büro- und Verwaltungsarbeiten bei Szyperski, N.: Analyse der Merkmale und Formen der Büroarbeit, in: Bürowirtschaftliche Forschung, hrsg. von E. Kosiol, Berlin 1961, S. 77-132, hier S. 89 f.

4) Diese Einteilung folgt der in der Literatur üblichen. Grundsätzlich müßte nur zwischen Personal- und Betriebsmittelverwaltung differenziert werden.

durch das Rechnungswesen, der Rechnungsverwaltung.[1] In den letzten Jahrzehnten hat sich der Funktionsumfang der Verwaltung durch das Hinzukommen betriebswirtschaftlicher Aufgabenfelder (Controlling und Revision) und die wachsende Bedeutung von Informationsverarbeitungstechnologien erweitert und gewandelt.[2]

Es lassen sich damit folgende Verwaltungskostenstellen unterscheiden:[3]

1) Verwaltungsstellen im eigentlichen Sinne:
   Personal-, Material- und Betriebsmittelverwaltung
2) Allgemeine Kostenstellen:
   Volks- und betriebswirtschaftliche Kostenstellen (z.B. Statistik, Controlling, Revision, Organisation, Steuern), Rechtswesen, Rechnungswesen, Schreibdienste, Sekretariate, Public Relations, Raumdienste, Fuhrpark, Druckerei, Post- und Telekommunikationskostenstellen
3) Sozialkostenstellen:
   z.B. Kantine (*Casino*), Arzt, Sportstätten
4) EDV-Kostenstellen:
   Rechenzentrum, Systemanalyse und -entwicklung, Programmierung.

---

1) Vgl. Bloy, H.: Verwaltung, Stuttgart 1962, S. 63 ff.

2) „Eine der bedeutendsten Aufgaben der Verwaltung ist die Beschaffung sowie die Be- und Verarbeitung von Informationen. Nur durch diese Tätigkeit ergibt sich überhaupt die Realisierbarkeit der Unternehmensexistenz. ... Die Verwaltung steht ... sinngemäß nicht neben Bereichen wie Beschaffung, Absatz, Finanzierung usw., sondern sie umfaßt und durchdringt sie.", Kraus, H.: Grundriß einer Theorie der Verwaltung, Wien 1969, S. 17/95.

3) In Anlehnung an die Kostenstellenpläne bei Farny, D. et al.: Die Behandlung ..., a.a.O., S. 62 ff.; Fischer, H.: Plankostenrechnung ..., a.a.O., S. 134; Wieder, B.: Grenzkosten- ..., a.a.O., S. 136 f.; Farny, D.: Vorlesungsunterlagen „Internes Rechnungswesen ..., a.a.O., S. 11 f.

4.1.4.1.2.2 Die Verwaltungsbetriebskostenplanung

Die Betriebskostenplanung der Versicherungsunternehmen ist in erster Linie eine Personalkostenplanung, genauer eine Personaleinsatzmengenplanung.[1] Erster Schritt der Betriebskostenplanung ist, in Abhängigkeit von der Engpaß-/Absatzplanung, die zukünftigen Tätigkeitsmengen zu ermitteln.[2] Wir hatten bereits festgelegt, daß die damit verbundenen Schritte auf der Basis der Isttätigkeiten erfolgen. Zusätzlich zu den Solltätigkeiten (= fortgeschriebene Isttätigkeiten) sind deren Ausführungszeiten (= Sollzeiten) zu bestimmen, woraus sich dann die Personaleinsatzmengen ermitteln lassen. Die Sollzeiten sind möglichst objektiv auf der Basis Systeme vorbestimmter Zeiten zu planen. Ist dies nicht möglich, so sind subjektive Methoden, wie Selbstaufschreibungen, Zeitaufnahmen oder Multimoment-Studien heranzuziehen. Im ungünstigsten Fall sind die Zeiten aufgrund von Erfahrungswerten zu schätzen. Neben den Personal- sind auch die anderen Kostenstellenkostenarten zu planen.

Aufgrund des gerade dargestellten Verständnisses von Verwaltung als für das gesamte Versicherungsunternehmen zuständiger und die anderen Aufgabenbereiche begleitender Funktion, wäre davon auszugehen, daß es sich bei den Verwaltungsprozessen um leistungsmengenneutrale (lmn-) Prozesse handelt. Dem widersprechen aber zwei Sachverhalte: Zum einen *(Fall 1)* gibt es Verwaltungsprozesse, die unmittelbar von den Leistungsmengen in den abnehmenden Kostenstellen abhängig sind, die also in einer bestimmten Menge in einzelne Prozesse eingehen. Hier ist vor allem an die EDV-Leistungen zu denken. Zum anderen *(Fall 2)* muß aber auch das Verständnis leistungs-

---

1) Nachdem im vergangenen Kapitel die Betriebskostenplanung sehr detailliert dargestellt worden ist, kann hier und in den folgendenden Kapiteln kompakter vorgegangen werden.

2) Es handelt sich hierbei um eine allgemeine Aussage, die nicht so zu interpretieren ist, daß die Planung der Verwaltungsbetriebskosten in unmittelbarer Abhängigkeit von der Absatzplanung erfolgt.

mengeninduzierter Prozesse erweitert werden. In der Literatur findet sich die Ansicht, daß, wenn repetitive Prozesse in einer Kostenstelle identifiziert werden können, für die Prozeßmengen als Bezugsgrößen festgestellt und auch geplant werden können, diese Prozesse als leistungsmengeninduzierte Prozesse zu betrachten sind.[1] Hierdurch sind (in annähernd gleicher Form) immer wiederkehrende Prozesse, für die Standardzeiten geplant und ermittelt werden, z.B. in der Personal- oder Betriebsmittelverwaltung, als leistungsmengeninduzierte zu verstehen. Die Abgrenzung leistungsmengeninduzierter und leistungsmengenneutraler Verwaltungsprozesse kann daher nicht funktionsresultierend, sondern ausschließlich individuell erfolgen. Allerdings ist zu beachten, daß die leistungsmengeninduzierten Verwaltungsprozesse im *Fall 2* von der Leistungsmenge der erbringenden (also der betrachteten) Verwaltungskostenstelle abhängen, während sie im *Fall 1* von der Leistung der abnehmenden (oder der auslösenden) Kostenstelle *induziert* werden. Diese leistungsmengeninduzierten Verwaltungsprozesse sind damit indirekte oder mittelbare oder *sekundäre leistungsmengeninduzierte Prozesse*.[2] Sie werden im folgenden mit *slmi* abgekürzt.[3]

Bei der Planung der Betriebskosten der Verwaltungsfunktion[4] ist demnach zuerst festzustellen, ob Tätigkeiten zu leistungsmengenindu-

---

1) Vgl. exemplarisch Betz, S.: Gemeinkostencontrolling ..., a.a.O., S. 136. Entscheidend ist allein die Möglichkeit der Bezugsgrößenidentifikation.

2) Eigentlich wären sie als *induzierte leistungsmengeninduzierte Prozesse* zu bezeichnen.

3) Durch die Kennzeichnung als slmi-Prozesse wird auch deutlich, daß es sich hierbei um eine der Sekundärkostenrechnung vergleichbare Vorgehensweise handelt. Es ist bei einer Abgrenzung der beiden Prozeßtypen davon auszugehen, daß slmi-Prozesse im Vergleich zu den lmi-Prozessen weniger umfangreich sein werden, so daß sie mit einzelnen Aktivitäten vergleichbar sind. Da die slmi-Prozesse als Sonderfall der lmi-Prozesse zu verstehen sind, kann in der praktischen Betriebskostenplanung durchaus auf ihren gesonderten Ausweis verzichtet werden. Wir gehen im folgenden davon aus, daß lediglich in der EDV slmi-Prozesse abgegrenzt werden.

4) Dies gilt grundsätzlich für alle Funktionen.

zierten Prozessen zusammengefaßt und die Prozeßdurchführungen als Bezugsgrößen erfaßt werden können. Ist dies nicht der Fall, so ist im nächsten Schritt festzustellen, ob sekundäre leistungsmengeninduzierte Prozesse identifiziert werden können. Die Bezugsgrößen der sekundären leistungsmengeninduzierten Prozesse sind *indirekte*[1], da es die Prozeßdurchführungen (die Bezugsgrößen) in den empfangenden Kostenstellen sind.[2] Die dann noch verbleibenden Tätigkeiten sind zu leistungsmengenneutralen Prozessen zusammenzufassen, da sie entweder zu selten und/oder inhaltlich zu heterogen anfallen. Bei den zuletzt genannten Prozessen kann aufgrund der sehr großen inhaltlichen und zeitlichen Spannbreiten, mit denen sie entstehen, lediglich gesagt werden, daß es diese Prozesse gibt, sofern überhaupt eine Vergleichbarkeit gegeben ist.[3]

Diesen drei Prozeßtypen sind alle Personalkosten zuzuordnen. Bei den verbleibenden Kostenarten ist zu entscheiden, ob es sich um (primäre und sekundäre) leistungsmengeninduzierte Betriebskosten handelt, die auch als solche behandelt und verrechnet werden, oder ob es sich um unechte oder echte leistungsmengenneutrale Betriebskosten handelt. Für alle leistungsmengenneutralen Prozesse gilt, daß weitgehend auf eine differenzierte Planung verzichtet wird und auch immer nur eine Plankostenfunktion für jede Kostenart dargestellt wird, also z.B. die Plankostenfunktion leistungsmengenneutraler Personalkosten oder die Plankostenfunktion leistungsmengenneutraler Zinskosten (in

---

1) Der Begriff der indirekten Bezugsgröße stammt aus der Grenzplankostenrechnung. Dort sollen die Bezugsgrößen möglichst eine doppelte Funktion erfüllen, und zwar die der Kostenkontrolle und die der Kalkulation. Sind Bezugsgrößen nur zur Kostenplanung und -kontrolle, nicht jedoch zur Weiterverrechnung und Kalkulation geeignet, erfolgt die Weiterverrechnung mit Hilfe indirekter Bezugsgrößen, die aus den Leistungen der empfangenden Kostenstellen hergeleitet werden. Vgl. hierzu Ewert, R./Wagenhofer, A.: Interne Unternehmensrechnung, a.a.O., S. 650-652.

2) Bei den leistungsmengeninduzierten Prozessen sind die Bezugsgrößen direkte, also in der leistenden Kostenstelle selbst zu finden.

3) Typische Beispiele sind alle Führungstätigkeiten.

der die kalkulatorischen Zinskosten der einzelnen Objekte additiv enthalten sind).

Bei den Personal-, Material- und Betriebsmittelverwaltungsstellen ist davon auszugehen, daß überwiegend Prozesse anfallen, für die Bezugsgrößen ermittelt werden können. Es handelt sich um leistungsmengeninduzierte Prozesse, die von der Leistung der eigenen Kostenstelle abhängen. Kostentreiber dieser Prozesse sind die Anzahl der verwalteten Objekte sowie die geplanten Verwaltungsprozesse je Objekt. Hierbei ist zu beachten, daß Entscheidungen bezüglich der Personal-, Material- und Betriebsmittelverwaltung nur unvollständig zum autonomen Entscheidungsbereich der Versicherungsunternehmen gehören.[1)]

Die Betriebskosten der leistungsmengeninduzierten, unechten und echten leistungsmengenneutralen Prozesse werden auf Basis der bekannten Kostenfunktionen geplant:[2)]

$$K_{ui}^{S,Ve} = w_{ui}^{s} \cdot x_{ui}^{s} = \sum_{a=1}^{A(u)} x_{ai}^{s} \cdot q_{a}^{s} \cdot x_{ui}^{s} \qquad \forall \quad u = U_{Be}+1, \ldots, U_{Ve_1}$$

$$K_{\not{v}i}^{S,Ve} = x_{\not{v}i}^{s} \cdot q_{\not{v}}^{s} = \sum_{a=1}^{A(\not{v})} x_{ai}^{s} \cdot q_{a}^{s} \qquad \forall \quad \not{v} = \not{V}_{Be_1}+1, \ldots, \not{V}_{Ve_1}$$

$$K_{vi}^{S,Ve} = x_{vi}^{s} \cdot q_{v}^{s} = \sum_{a=1}^{A(v)} x_{ai}^{s} \cdot q_{a}^{s} \qquad \forall \quad v = V_{Be}+1, \ldots, V_{Ve_1}$$

$$\forall \quad i = I_{BE}+1, \ldots, I_{VE_1}$$

---

1) Verwaltungsproduktionen, die nicht zum autonomen Entscheidungsfeld der Versicherungsunternehmen gehören, führen zu „sozialrechtsbedingten Kosten der Bürokratieüberwälzung", vgl. Hamer, E./Schierbaum, W.: Personalzusatzkosten - der unsichtbare Lohn, Bonn 1991, S. 38 f. Gerade die eingeschränkte Autonomie macht es aber notwendig, diese Verwaltungsprozesse detailliert zu planen, um sie so kostengünstig wie möglich erbringen zu können.

2) Vgl. hierzu nochmals die Ausführungen auf Seite 215 ff.

Bei den allgemeinen Verwaltungskostenstellen gibt es nur wenige, die einer Leistungsmessung so zugänglich sind, daß deren Kosten analytisch geplant werden können. Hier sind vor allem Schreibdienste (Bezugsgröße: geschriebene Seiten), Poststellen (Bezugsgrößen: empfangene/versendete Güter), Raumdienste (Bezugsgröße: betreute Raumfläche), Druckerei (Bezugsgröße: Anzahl Druckstücke) und das Rechnungswesen (Bezugsgröße: ausgeführte Buchungen) zu nennen. Gerade bei den Post- und Raumstellen[1] erscheint eine kostenstellenbezogene Planung als ausreichend, so daß die überwiegende Anzahl der Kostenstellen als leistungsmengenneutral zu betrachten ist, in denen die Kosten überwiegend budgetiert werden.[2] Um jedoch in den allgemeinen Verwaltungskostenstellen die Kostenplanung zu objektivieren, wird vor allem auf die Möglichkeiten der Selbstaufschreibung verwiesen, um die Menge der notwendigen Mitarbeiter und Betriebsmittel ermitteln zu können. Problematisch für die Betriebskostenplanung ist besonders, daß der Wert der erbrachten Leistungen nur unzureichend über die Kostengrößen berücksichtigt werden kann.

Die Planung erfolgt wieder auf der Basis der bekannten Betriebskostenfunktionen:

---

1) Wir hatten im Kapitel 4.1.4.1.1.2 die Budgetierung von Energiekosten vorgestellt. Die Energiekosten werden in Kostenstellen verursacht. Allerdings lassen sich die Energiekosten nur in Ausnahmefällen, wenn entsprechende Meßvorrichtungen vorhanden sind, auch in den Stellen erfassen. Üblicherweise werden in der Kostenrechnung die Energiekosten in der Stelle „Raumdienste“ erfaßt und von dort, zusätzlich mit den resultierenden Dienstleistungskosten, Hausmeister- und Bewachungskosten, Reinigungskosten sowie den Kosten der Raumstelle selbst, verrechnet. Dadurch dürfen die Energiekosten aber nicht als Betriebskosten dieser Stelle verstanden werden. Vgl. hierzu auch die Ausführungen von Gürtler, F.: Die periodische Kostenrechnung im Versicherungsbetrieb, Berlin 1964, S. 59 f./86/ 112 f.

2) Der Postversand stellt einen hohe Betriebskosten verursachenden Bereich dar, der Betriebskostenoptimierungspotentiale bietet. Um diese aufzudecken, ist er zu revidieren und zu reorganisieren. Vgl. hierzu das Beispiel bei Oberländer, H.: Jetzt geht die Post ab, in: vb 1/2 1993, S. 16-21.

$$K_{ui}^{S,Ve} = w_{ui}^{s} \cdot x_{ui}^{s} = \sum_{a=1}^{A(u)} x_{ai}^{s} \cdot q_{a}^{s} \cdot x_{ui}^{s} \qquad \forall \quad u = U_{Ve_1}+1, \ldots, U_{Ve_2}$$

$$K_{\not v i}^{S,Ve} = x_{\not v i}^{s} \cdot q_{\not v}^{s} = \sum_{a=1}^{A(\not v)} x_{ai}^{s} \cdot q_{a}^{s} \qquad \forall \quad \not v = \not V_{Ve_1}+1, \ldots, \not V_{Ve_2}$$

$$K_{vi}^{S,Ve} = x_{vi}^{s} \cdot q_{v}^{s} = \sum_{a=1}^{A(v)} x_{ai}^{s} \cdot q_{a}^{s} \qquad \forall \quad v = V_{Ve_1}+1, \ldots, V_{Ve_2}$$

$$\forall \quad i = I_{VE_1}+1, \ldots, I_{VE_2}$$

Bei den Sozialkostenstellen kann ausschließlich kostenstellenbezogen geplant werden, wobei als grundlegende Bezugsgröße die Anzahl der Mitarbeiter im betrachteten Einzugsbereich gilt. Bei der Kantine können zusätzlich die selbsterstellten Speisen- und Getränkearten als Bezugsgrößen herangezogen werden. Hierbei ist jedoch zu beachten, daß die Mitarbeiter einen Teil der Kantinenkosten selbst tragen, so daß eine detaillierte Planung wenig Sinn macht. Bei dieser Kostenstelle kann die ansonsten als Planungsinstrument umstrittene Kostenschätzung herangezogen werden.

Die Planung erfolgt wieder auf der Basis der bekannten Betriebskostenfunktionen, wobei jedoch zu beachten ist, daß keine leistungsmengeninduzierten Betriebskostenarten geplant werden:

$$K_{\not v i}^{S,Ve} = x_{\not v i}^{s} \cdot q_{\not v}^{s} = \sum_{a=1}^{A(\not v)} x_{ai}^{s} \cdot q_{a}^{s} \qquad \forall \quad \not v = \not V_{Ve_2}+1, \ldots, \not V_{Ve_3}$$

$$K_{vi}^{S,Ve} = x_{vi}^{s} \cdot q_{v}^{s} = \sum_{a=1}^{A(v)} x_{ai}^{s} \cdot q_{a}^{s} \qquad \forall \quad v = V_{Ve_2}+1, \ldots, V_{Ve_3}$$

$$\forall \quad i = I_{VE_2}+1, \ldots, I_{VE_3}$$

Die EDV-Kostenstellen erbringen alle informationstechnologischen Leistungen, die in Versicherungsunternehmen benötigt werden. Die

Prozeßabgrenzungen beziehen sich zunächst darauf, daß derartige Leistungserbringungen überhaupt möglich sind und bleiben, so daß sich folgende Prozeßgruppen ergeben:

- Neuentwicklung von Softwareapplikationen
- Installation verschiedener Hardwareprodukte
- Implementierung von Software
- Weiterentwicklung von Software
- Wartung von Hardware

Die weiteren Prozeßabgrenzungen beziehen sich auf die eigentlichen Leistungserbringungen, die zu folgenden Prozeßgruppen führen:[1)]

- Abwickeln von Transaktionen
- Bereitstellung von Speicherkapazitäten
- Druckausgaben
- Versand von Druckausgaben
- Archivierung.

Bei den leistungsunterstützenden Prozessen sowie den Prozeßgruppen „Druck", „Versand" und „Archivierung" können Bezugsgrößen abgegrenzt werden, die auf der Anzahl der Prozeßdurchführungen (wie z.B. die Menge der gedruckten Seiten, die Menge der versendeten Druckstücke je Portokategorie und die Menge der zu archivierenden Druckstücke), aber z.T. auch genauer auf den Mitarbeiter- und Rechnertätigkeitszeiten aufbauen. In bezug auf diese Prozesse kann von primären leistungsmengeninduzierten Prozessen ausgegangen werden.[2)]

---

1) Vgl. Fürer, P. J.: Prozesse und EDV-Kostenverrechnung, Diss. St. Gallen 1993, S. 5/120 ff.

2) Eine umfassende Übersicht der möglichen Kostenarten findet sich bei Herrmann, M.: EDV-Kosten, Entstehung und Verrechnung, in: cm 1989, S. 268-280/302- 310, hier S. 273 ff.

Für die Planung der Betriebskosten leistungsmengeninduzierter Prozesse kann die bisherige Kostenfunktion weiter verwendet werden:[1)]

$$K_{ui}^{S,Ve} = w_{ui}^{s} \cdot x_{ui}^{s} = \sum_{a=1}^{A(u)} x_{ai}^{s} \cdot q_{a}^{s} \cdot x_{ui}^{s} \qquad \forall \quad u = U_{Ve_3}+1, \ldots, U_{Ve_4}$$

Die verbleibenden leistungserbringenden Prozesse hatten wir bereits als sekundäre leistungsmengeninduzierte typologisiert. Der Grund für deren Sonderbehandlung ist darin zu sehen, daß sie unmittelbar Bestandteil von Teilprozessen der empfangenen Kostenstellen werden und damit auch ausschließlich durch diese hervorgerufen werden. Als Kostenfunktion ergibt sich:

$$K_{\breve{u}i}^{S,Ve} = w_{\breve{u}i}^{s} \cdot x_{\breve{u}}^{s} = \sum_{a=1}^{A(\breve{u})} x_{ai}^{s} \cdot q_{a}^{s} \cdot x_{\breve{u}i}^{s} \cdot x_{ui}^{s} \qquad \forall \quad \breve{u} = 1, \ldots, \breve{U}$$

$$\forall \quad u = 1, \ldots, U$$

mit $\breve{u}$ = sekundärer leistungsmengeninduzierter Prozeß

für alle analytisch zu planenden Kostenarten, vor allem slmi-Personalkosten, slmi-Abschreibungen und Zinsen, Betriebsmittelverbräuche, Dienstleistungskosten und zusätzliche Prozeßeinzelkosten, soweit deren Zurechnung als nutzenbringend erachtet wird.

Die Größen x_{ai}^{s} sind hier die CPU-Zeiten, differenziert nach Auslastungszeiträumen, und die Speicherbelegungsmengen. Die Größen $x_{\breve{u}i}^{s}$ sind die Transaktionsmengen je empfangendem Teilprozeß.[2)] Das eigentliche Problem dieser Kostenfunktionen liegt in der Bestimmung der

---

1) Bei den leistungserbringenden Prozessen kann die Kostenfunktion vereinfacht werden, indem die Größe x_{ai}^{s} gleich eins gesetzt wird. Damit verbleiben in der Kostenfunktion die Preise je Mengeneinheit und die Gesamtmengeneinheiten.

2) Vgl. zu den CPU-Zeiten und zum Begriff Transaktion Mai, J.: Konzeption einer controllinggerechten Kosten- und Leistungsrechnung für Rechenzentren, Frankfurt/Main 1996, S. 182/266/299 f. und 110/219.

Preisgröße q, denn die bestimmenden Kostenarten sind hier die Hardwarekosten, also die Sachkosten und kalkulatorischen Zinsen, die bisher als leistungsmengenneutrale angesehen wurden. Nun stellt die Variabilisierung dieser Kostenarten für sich bereits ein Problem dar, schwierig wird aber besonders die Festlegung der Höhe der anzusetzenden Abschreibungen und kalkulatorischen Zinsen.[1] Die Rechnerkapazitäten werden sowohl im Jahres- als auch im Tagesverlauf unterschiedlich ausgenutzt. Je höher der Auslastungsgrad ist, desto mehr Anwender greifen gleichzeitig auf die Rechner zu, desto länger werden die Wartezeiten der Leistungsempfänger sein. Aus diesem Grund werden die Kapazitäten üblicherweise am Jahresspitzenbedarf und nicht am Durchschnittsbedarf ausgerichtet.[2] Hierdurch wird unternehmenspolitisch bewirkt, daß die Hardwarekosten höher sind als im eigentlichen Sinne notwendig. Ferner ist zu berücksichtigen, daß zusätzliche Hardwarekosten entstehen durch Sicherheitseinrichtungen und Redundanzen für den täglichen Betrieb sowie den möglichen Notfallbetrieb. Für die Planung kommt erschwerend hinzu, daß die Hardwarekosten im Laufe der Planungsperiode sinken werden, was sich entweder in einem niedrigeren Preis bei gleicher Leistung (sofern das Produkt nicht vorher vom Markt genommen wird) und/oder in einem gleichen Preis bei höherer Leistung niederschlägt.[3]

Die Preisgröße q, die bei der Festlegung der Transaktionskosten je Teilprozeß Verwendung findet, ist damit eine nur eingeschränkt objek-

---

1) FÜRER sieht diese Probleme so nicht, denn nach seiner Einschätzung sind „die Hard- und Software determinierten Wartungs- und Abschreibungskosten und deren derivative Personalaufwendungen ... eindeutig den Prozessoren, den Speichermedien oder Druckmaschinen zuweisbar.", Fürer, P. J.: Prozesse ..., a.a.O., S. 123.

2) Vgl. Spuckti, Ch.: Effiziente Planung und Verrechnung von EDV-Leistungen, in: Rechnungswesen und EDV, 16. Saarbrücker Arbeitstagung 1995, hrsg. von A. W. Scheer, Heidelberg 1995, S. 233-245, hier S. 237.

3) Auf die hieraus resultierende Planungsproblematik hatten wir bereits hingewiesen.

tive Größe, die den Mitarbeitern der Versicherungsunternehmen sicherlich nicht ohne Widerstand zu vermitteln sein wird.[1] Die gesamten EDV-Kosten, in denen die Personal- und Hardwarekosten ca. 70-75%[2] ausmachen, sind damit ausschließlich unter Berücksichtigung ihrer qualitativen Komponente zu betrachten und insofern einer Betriebskostenkontrollrechnung wenig zugänglich.[3]

Die verbleibenden unechten und echten leistungsmengenneutralen Betriebskosten werden auch in den EDV-Kostenstellen wieder wie bisher geplant:

$$K_{\not{v}i}^{S,Ve} = x_{\not{v}i}^{s} \cdot q_{\not{v}}^{s} = \sum_{a=1}^{A(\not{v})} x_{ai}^{s} \cdot q_{a}^{s} \qquad \forall \quad \not{v} = \not{V}_{Ve_3}+1, \ldots, \not{V}_{Ve_4}$$

$$K_{vi}^{S,Ve} = x_{vi}^{s} \cdot q_{v}^{s} = \sum_{a=1}^{A(v)} x_{ai}^{s} \cdot q_{a}^{s} \qquad \forall \quad v = V_{Ve_3}+1, \ldots, V_{Ve_4}$$

$$\forall \quad i = I_{VE_3}+1, \ldots, I_{VE_4}$$

4.1.4.1.3 Die Planung von Betriebskosten der Führungsfunktion

Die Führung[4] als Funktion wird, ebenso wie die Verwaltung, begründet durch die Ausgliederung bestimmter Aufgaben, hier nament-

---

1) Anders ist dies bei externen Leistungsempfängern, die auch die Schnelligkeit und Sicherheit der Leistungserbringung vergüten müssen.

2) Vgl. exemplarisch Mai, J.: Konzeption ..., a.a.O., S. 166.

3) Hierin wird auch der Grund zu suchen sein, warum Planung und Kontrolle von EDV-Kosten in der Literatur wenig Beachtung finden, im Gegensatz zu deren möglicher Verrechnung.

4) Vgl. hierzu Schreiber, H.: Personal- und Führungswesen, in: Versicherungsenzyklopädie, hrsg. von W. Große/H. L. Müller-Lutz/R. Schmidt, Band 2, 4. Auflage, Wiesbaden 1991, S. 563-590.

lich der Entscheidungsfindung und -umsetzung[1] sowie der daraus resultierenden hierarchisch übergeordneten Kontrolle.[2] Kostenstellenorientiert können *Führungskostenstellen* als Bereichskostenstellen verstanden werden.[3] Sofern Mitarbeiter, wie z.B. Gruppenleiter, neben Führungs- auch andere, wie z.B. ausführende Aufgaben übernehmen, sind ausschließlich die Führungskosten hier zu erfassen. Führungsprozesse sind mengenunabhängig (mengenfix) von der Leistung der Kostenstelle(n), für die sie erbracht werden. Sie werden daher in der Literatur als ***die*** Beispiele für leistungsmengenneutrale Prozesse angegeben. Da die verschiedenen Typen von Führungsprozessen unregelmäßig und ungleichmäßig anfallen, so daß keine Standardzeiten ermittelt werden können, lassen sich für sie keine Bezugsgrößen finden, was ihre Leistungsmengenneutralität unterstreicht.[4] Die der Führungskostenplanung zugrundeliegenden Personalmengenplanungen werden in der Praxis oftmals aus (internen und externen) Vergleichszahlen hergeleitet.[5]

---

1) Zur Planung und Realisation gehören in führungsorientierter Sichtweise auch das Informieren, Delegieren, Koordinieren, Motivieren und Repräsentieren, vgl. Pack, L.: Unternehmungsführung ..., a.a.O., Sp. 4084.

2) Vgl. Farny, D.: Versicherungsbetriebslehre, a.a.O., S. 546.

3) Vgl. hierzu unsere Ausführungen im Kapitel 4.1.2.2.3.2.1.

4) Die Führungskostenstellen zeigen nochmals, daß die Abgrenzung leistungsmengeninduzierter und leistungsmengenneutraler Prozesse nicht ganz eindeutig und unproblematisch ist. So sind sie zwar direkt unabhängig von der Leistung der Kostenstellen, für die sie erbracht werden. Indirekt aber nicht, denn je größer deren Aufgabenumfang, desto mehr Mitarbeiter sind notwendig, desto mehr Führungsaufgaben entstehen und damit wachsen sowohl die Führungsleistungsmengen als auch die Führungskosten. Insofern wären, wenn repetitive Prozesse abgrenzbar wären, diese als sekundäre leistungsmengeninduzierte zu verstehen. Vgl. zu der damit verbundenen Problematik der Kontroll- oder Leitungsspanne Laux, H./Liermann, F.: Grundlagen ..., a.a.O., S. 203 f.; Korndörfer, W.: Unternehmensführungslehre, a.a.O., S. 168 f.

5) Vgl. Kazmierczak, R.: Personalwirtschaft ..., a.a.O., S. 148.

In prozeßorientierter Sicht ergibt sich damit für alle Kostenarten:[1]

$$K_{vi}^{S,Fü} = x_{vi}^{s} \cdot q_{v}^{s} = \sum_{a=1}^{A(v)} x_{ai}^{s} \cdot q_{a}^{s} \qquad \forall \quad v = V_{Ve_4}+1, \ldots, V_{Fü}$$

$$\forall \quad i = I_{VE_4}+1, \ldots, I_{Fü}$$

4.1.4.1.4 Die Planung von Betriebskosten innerhalb der Absatzfunktion

Der Absatz ist die einzige betriebliche Funktion in Versicherungsunternehmen, die sich über zwei Dienstleistungsgeschäfte erstreckt. Im Dienstleistungsgeschäft DG I werden ausschließlich unterstützende Tätigkeiten für die mit direkten Absatzaufgaben befaßten Organe erbracht. Derartige unterstützende Prozesse beziehen sich auf die generelle Absatzvorbereitung durch Absatzmarktforschung,[2] die strategische und operative Absatzplanung, die Absatzwerbung, die Absatzförderung sowie die Absatzkontrolle.[3] Da sich die einzelnen Prozesse in ähnlicher Form immer wiederholen, teilweise ergänzt durch neu hinzugekommene, ist davon auszugehen, daß sowohl gemessene als auch synthetisch ermittelte Zeitwerte vorhanden sind. Der Anteil leistungsmengeninduzierter Prozesse kann daher als hoch angesehen werden, was jedoch eine weitgehende Prozeßdifferenzierung voraus-

---

1) Wenn davon ausgegangen wird, daß in den Führungskostenstellen die Personalkostenentstehungen als leistungsmengenneutrale Prozesse zu verstehen sind, können auch keine unechten leistungsmengenneutralen Prozeßkosten entstehen, da ja keine leistungsmengeninduzierten Prozesse vorhanden sind.

2) Vgl. Farny, D.: Absatz und Absatzpolitik des Versicherungsunternehmens, Karlsruhe 1971, S. 12 ff.; Bastam, I./Nauerz, B.: Marktforschung und Marketinganalysen - Voraussetzung für ein professionelles Marketing, in: Handbuch Management Versicherungsvertrieb, hrsg. von SCG St. Gallen Consulting Group, a.a.O., S. 37-54; Kasten, H.-H.: Marktforschung in der Versicherungswirtschaft, in: ZfV 1997, S. 30-39.

3) Vgl. Farny, D.: Versicherungsbetriebslehre, a.a.O., S. 578 ff. Hier findet sich auch eine detaillierte Darstellung möglicher Prozesse. Es sei nochmals betont, daß die Aufgabenerfüllungen immer für die einzelnen Gruppen vorhandener Absatzorgane bzw. deren Gesamtheiten erfolgen.

setzt.[1] Insoweit die Erkenntnisse externer Informationsanbieter verwendet werden, sind zusätzlich zu den entstehenden Betriebskosten der betrachteten Kostenstellen individuelle Absatzdienstleistungskosten in die Planung mit einzubeziehen.

In prozeßorientierter Sicht ergeben sich wieder die bekannten Sollbetriebskostenplanungen:

$$K_{ui}^{S,Ab_{DG_I}} = w_{ui}^{s} \cdot x_{ui}^{s} = \sum_{a=1}^{A(u)} x_{ai}^{s} \cdot q_{a}^{s} \cdot x_{ui}^{s} \qquad \forall \quad u = U_{Ve_4}+1, \ldots, U_{Ab_1}$$

$$K_{\not{v}i}^{S,Ab_{DG_I}} = x_{\not{v}i}^{s} \cdot q_{\not{v}}^{s} = \sum_{a=1}^{A(\not{v})} x_{ai}^{s} \cdot q_{a}^{s} \qquad \forall \quad \not{v} = \not{V}_{Ve_4}+1, \ldots, \not{V}_{Ab_1}$$

$$K_{vi}^{S,Ab_{DG_I}} = x_{vi}^{s} \cdot q_{v}^{s} = \sum_{a=1}^{A(v)} x_{ai}^{s} \cdot q_{a}^{s} \qquad \forall \quad v = V_{Fü}+1, \ldots, V_{Ab_1}$$

$$\forall \quad i = I_{Fü}+1, \ldots, I_{AB_1}$$

4.1.4.1.5 Die Planung von Betriebskosten innerhalb der Fertigungsfunktion

Die Aufgaben der Fertigungsfunktion im Dienstleistungsgeschäft DG I beziehen sich auf alle Fragen, die aus dem konkreten Produktdesign, also der materiellen und der formalen Produktgestaltung resultieren.[2] Die materielle Produktgestaltung bezieht sich auf alle Fragen der

---

1) Wie weit diese Differenzierung geführt wird, liegt immer im Ermessen des Versicherungsunternehmens. Aus Sicht des Betriebskostenmanagements scheint eine zu weitgehende Differenzierung nicht sinnvoll zu sein, da die Höhe der Betriebskosten bzw. die Genauigkeit ihrer prozeßbezogenen Ermittlung nichts über ihren *Wert* für die gesamtunternehmensbezogenen Zielerfüllungen aussagt.

2) Zur Fertigungsfunktion des Dienstleistungsgeschäftes DG I gehört ebenso der Aufgabenbereich der produkt- und risikogeschäftbezogenen Forschung, der hier nicht näher betrachtet wird. Vgl. Gerathewohl, K.: Forschung in der Versiche-
(Fortsetzung...)

inhaltlichen Ausgestaltung[1] eines jeden Versicherungsschutzproduktes, während die formale Produktgestaltung die äußere Erscheinungsform eines Versicherungsschutzproduktes betrifft. Materielle und formale Produktgestaltung können damit als „Konstruktion von Versicherungsschutz" verstanden werden.[2] Für die Betriebskostenplanung und das Betriebskostenmanagement ergeben sich erstmalig zwei Ansatzpunkte. Zum einen müssen die Betriebskosten der Fertigung im Dienstleistungsgeschäft DG I selbst geplant werden. Der formale Aufbau dieser Betriebskostenplanung unterscheidet sich nicht vom bisherigen Vorgehen. Zum anderen muß aber nun berücksichtigt werden, daß sämtliche Betriebskostenentstehungen in den nachfolgenden Funktionen durch die hier erbrachten Tätigkeiten maßgeblich determiniert werden.[3] Bisher waren alle Leistungen interne, ohne direkte Außenwirkung, und die maßgeblichen Kosteneinflußgrößen waren implizit mitberücksichtigt worden. Nun muß aber auch der Außenwirkung der mit den Versicherungsschutzprodukten erbrachten Leistungen der Dienstleistungsgeschäfte DG II und DG III auf die Versiche-

---

2) (...Fortsetzung)
rungswirtschaft - Probleme bei der Arbeitsteilung, in: ZfV 1975, S. 569-573. Produkt- und dienstleistungsgeschäftbezogene Forschungen finden sich als Marktforschung in der Absatzfunktion.

1) Zur inhaltlichen Gestaltung gehört auch die juristische Produktgestaltung. Jedes Versicherungsschutzprodukt bedarf zur Formulierung seiner Leistungsaspekte vertraglich vereinbarter Versicherungsbedingungen, die in der überwiegenden Anzahl nicht so formuliert werden können, daß nicht bestimmte Interpretations- und Auslegungsspielräume im konkreten Versicherungsfall verbleiben. Für die internen Bearbeitungszwecke ist es notwendig, die Ansichten des Versicherungsunternehmens festzulegen, die damit auch den Handlungsrahmen der Mitarbeiter aufzeigen.

2) Es wird grundsätzlich zwischen Neu- und Weiterentwicklung unterschieden, die damit auch als Basis für die Abgrenzung möglicher leistungsmengeninduzierter Prozesse dienen.

3) In der sachgüterproduzierenden Industrie wird davon ausgegangen, daß bis zu 70% der Produktkosten durch Entwicklung und Konstruktion festgelegt werden, vgl. Ehrlenspiel, K.: Frühzeitige Kostenbeeinflussung durch Produktkosten-Controlling und Simultaneous Engineering, in: krp 1995, S. 313-320, hier S. 315. Somit ist nicht nur die *Produkt-*, sondern auch die *Prozeßentwicklung* Gegenstand der Fertigung im Dienstleistungsgeschäft DG I.

rungsnehmer Rechnung getragen werden. Für die Planung der Betriebskosten der Fertigung im Dienstleistungsgeschäft DG I ergeben sich hieraus zwei Problemkreise. Der eine Problemkreis bezieht sich auf die Bedürfnisse der verschiedenen Versicherungsnehmer auf den von den Versicherungsunternehmen bearbeiteten Absatzmärkten, die möglichst umfassend zu erfüllen sind.[1)] Der andere Problemkreis bezieht sich darauf, daß die Produkte so gestaltet sein müssen, daß sie in der betreffenden Kundengruppe leicht verkaufbar, gut verständlich[2)] und unproblematisch zu bearbeiten sind.[3)]

Da die Betriebskostenplanungen der Absatz- und Fertigungskostenstellen der Dienstleistungsgeschäfte DG II und DG III durch die Tätigkeiten, die in der Fertigung des Dienstleistungsgeschäftes DG I erbracht werden, unmittelbar beeinflußt werden, sind die jeweils betroffenen Kostenstellenleiter in die Produktgestaltungen mit einzubeziehen.

---

1) Die materielle Produktgestaltung mündet hier in die (unternehmensinitiierte) Produkt- und die (versicherungsnehmerinitiierte) Marktdifferenzierung. Vgl. hierzu ausführlich Wolff, V.: Marktbearbeitungsstrategien des Versicherungsunternehmens, Berlin 1979, S. 56 ff.

2) Eine mangelhafte Verständlichkeit führt bei den Versicherungsnehmern zu auf das Versicherungsunternehmen projektierten Unzufriedenheiten und zu Mißverständnissen, die sich in zusätzlichen und unnötigen Arbeitsprozessen niederschlagen. Vgl. hierzu auch die Ausführungen von Obenaus, K. F.: Serviceleistungen und Vertragsannahme- und -kontrollprozesse in der Versicherungswirtschaft, Frankfurt/Main et al. 1996, S. 40/95/125.

3) BIERMANN erweitert die ansonsten übliche Sichtweise der „Leistungserstellungsfunktion" in der Literatur um die „vorbereitenden Tätigkeiten zur Herstellung der Betriebsbereitschaft". Diese Betriebsbereitschaft, die auch die konkrete Leistungsbereitschaft beinhaltet, umfaßt *„vorbereitende Maßnahmen"* im Sinne von Formulierung von Versicherungsbedingen, Richtlinien für fallweise Entscheidungen, Einrichtung der technischen Systeme „und alle organisatorischen Festlegungen ..., die eine Bearbeitung des Produktes Versicherungsschutz in den Bereichen Antrags-, Vertrags- und Schadenbearbeitung und im Inkasso ermöglichen.", Biermann, K.: Leistungserstellung, a.a.O., S. 439/442. Die vorbereitenden Maßnahmen können als Teilmenge der hier dargestellten Fertigung im Dienstleistungsgeschäft DG I verstanden werden. Die von uns bereits mehrfach erwähnte Leistungs- und Betriebsbereitschaft wird jedoch nicht nur durch die Fertigung bewirkt.

Die Planung erfolgt wieder auf der Basis der bekannten Betriebskostenfunktionen:

$$K_{ui}^{S,Fe_{DG_I}} = w_{ui}^{s} \cdot x_{ui}^{s} = \sum_{a=1}^{A(u)} x_{ai}^{s} \cdot q_{a}^{s} \cdot x_{ui}^{s} \qquad \forall \quad u = U_{Ab_1}+1, \ldots, U_{Fe_1}$$

$$K_{\not{v}i}^{S,Fe_{DG_I}} = x_{\not{v}i}^{s} \cdot q_{\not{v}}^{s} = \sum_{a=1}^{A(\not{v})} x_{ai}^{s} \cdot q_{a}^{s} \qquad \forall \quad \not{v} = \not{V}_{Ab_1}+1, \ldots, \not{V}_{Fe_1}$$

$$K_{vi}^{S,Fe_{DG_I}} = x_{vi}^{s} \cdot q_{v}^{s} = \sum_{a=1}^{A(v)} x_{ai}^{s} \cdot q_{a}^{s} \qquad \forall \quad v = V_{Ab_1}+1, \ldots, V_{Fe_1}$$

$$\forall \quad i = I_{AB_1}+1, \ldots, I_{FE_1}$$

4.1.4.2 Die Planung kostenstellenübergreifender Prozeßbetriebskosten innerhalb des Dienstleistungsgeschäftes DG I

Kostenstellenübergreifende Prozesse, die im Dienstleistungsgeschäft DG I verbleiben und die als eigenständige Planungs- und Kontrollobjekte im Sinne von Hauptprozessen betrachtet werden, sind sinnvoll nicht abzugrenzen, so daß sich entsprechende Planungsschritte erübrigen.[1] Auch wenn keine Hauptprozesse im Dienstleistungsgeschäft DG I identifiziert werden, sei nochmals auf die vielfältigen

1) PELIZÄUS schlägt für die Funktionen des Dienstleistungsgeschäftes DG I vor, „diese Aufgabenbereiche zu zwei bis drei Hauptprozessen (etwa Verwaltung und Steuerung o. ä.) zusammenzufassen und diese dann einzeln der Analyse und ggf. Reorganisation zu unterziehen.“, Pelizäus, R.: Prozeßmanagement in Versicherungsunternehmen, in: VW 1996, S. 558- 561, hier S. 559. Wie dies genau zu erfolgen hat, wird nicht ausgeführt.

Verflechtungen verwiesen.[1] Gerade die Funktionen des Dienst-leistungsgeschäftes DG I üben die Servicefunktion für alle Kostenstellen im Versicherungsunternehmen aus. Dadurch, daß keine Hauptprozesse festgelegt werden, kann die „funktionale Exzellenz", also die isolierte optimale Erbringung der eigenen Kostenstellenleistung, im Rahmen der hier vertretenen Planungskonzeption doch zu gesamtbetrachteten positiven Ergebnissen führen.[2]

4.1.5 Die Planung der Betriebskosten im Dienstleistungsgeschäft DG II

4.1.5.1 Die Planung kostenstelleninterner Betriebskosten im Dienstleistungsgeschäft DG II

4.1.5.1.1 Die Planung von Betriebskosten innerhalb der Absatzfunktion

Bei der Betriebskostenplanung der Absatzfunktion des Dienstleistungsgeschäftes DG II muß zunächst unterschieden werden, ob die Arbeitsleistungen der Absatzorgane[3] ausschließlich über Zeitlöhne oder erfolgsbasierend vergütet werden. Zwischen diesen beiden Polen

---

1) Bei FISCHER findet sich das Beispiel des Prozesses „Büromaterialanforderung", vgl. Fischer, H.: Prozeßkostenrechnung im Versicherungsunternehmen, a.a.O., S. 80, wobei allerdings nicht ganz klar ist, ob FISCHER diesen kostenstellenübergreifenden Prozeß als Hauptprozeß betrachtet. Da Hauptprozessen ebenfalls Kostentreiber zugrunde liegen, müssen sie die Zusammenfassung leistungsmengeninduzierter (Teil-)Prozesse sein. Das bloße Erfüllen des Merkmales „kostenstellenübergreifend" ist nicht ausreichend.

2) Vgl. Gaitanides, M./Scholz, R./Vrohlings, A.: Prozeßmanagement - Grundlagen und Zielsetzungen, in: Prozeßmanagement, hrsg. von M. Gaitanides et al., München, Wien 1994, S. 1-19, hier S. 11.

3) Vgl. zu einer Systematisierung der Absatzorgane Farny, D.: Versicherungsbetriebslehre, a.a.O., S. 622 ff.

gibt es eine Vielzahl an Abstufungen, wobei die erfolgsbasierenden Vergütungen um „Zuschüsse"[1] ergänzt werden.[2]

Die Absatzplanung, die bereits vorliegt und Grundlage aller Betriebskostenplanungen ist, muß für die Absatzfunktion des Dienstleistungsgeschäftes DG II unmittelbar in eine Mitarbeitereinsatzplanung umgesetzt werden.[3] Bei den zeitentlohnten Mitarbeitern bedeutet dies, daß deren Anzahl wieder aus den Tätigkeitszeiten und den Prozeßdurchführungen (jeweils differenziert für die einzelnen Versicherungsvertragstypen) ermittelt wird. Als Kostentreiber der leistungsmengeninduzierten Prozesse sind hier die Zeiten der Beratungsgespräche je Versicherungsvertragstyp[4] zu verwenden, wodurch die Anzahl der Beratungsgesprächstypen aufgrund der zur Verfügung stehenden Arbeits-

---

1) Hierbei handelt es sich z.B. um Zuschüsse zur Kranken-, Alters- und Hinterbliebenenversorgung, Vermögensbildung oder zu den Bürokosten.

2) Die Abstufungen beginnen damit, daß die Gehälter um Provisionen ergänzt werden. Sobald aber die Provisionen dominante Einkommensart sind, können sie um Zuschüsse ergänzt werden.

3) Vgl. hierzu die Darstellung bei Rex, R.-D.: Bereitstellung und Führung der Absatzorgane im Aussendienst des Versicherungsunternehmens, Diss. Köln 1978, S. 225-232.

4) In der Absatzfunktion, oder generell, wenn es um die konkrete Zurechnung von Betriebskosten geht, ist genau zwischen Versicherungsvertrag und Versicherungsschutzprodukt zu differenzieren. Einem Versicherungsvertrag liegen die seinen Leistungsumfang ausdrückenden AVB zugrunde und er wird durch einen Versicherungsschein dokumentiert. Gebündelte Versicherungen werden ebenfalls durch einen Versicherungsschein dokumentiert, in ihnen sind aber verschiedene AVB zusammengefaßt, so daß das Versicherungsschutzprodukt mehrere rechtlich selbständige Versicherungsverträge umfaßt. Gekoppelte Versicherungen („Koppelung von Versicherungsanträgen") werden zwar in einem Formular mit einer Unterschrift beantragt, es handelt sich aber wiederum um jeweils eigene Versicherungsverträge. In den beiden zuletzt genannten Fällen haben die Versicherungsnehmer Wahlrechte im Hinblick auf die abzuschließenden bzw. zu kündigenden Bestandteile. Bei verbundenen (kombinierten) Versicherungen handelt es sich um Versicherungsverträge mit einheitlichen AVB und einem Versicherungsschein und damit auch keiner Wahlmöglichkeit in bezug auf die beinhalteten Versicherungsschutzarten. Vgl. hierzu Rittner, F.: Koppelung, Bündelung und Verwandtes aus vertragsrechtlicher Sicht, in: ZVersWiss 1991, S. 145-153. Zur Vereinfachung wird im folgenden von einer Gleichsetzung von Versicherungsvertrag und Versicherungsschutzprodukt ausgegangen.

zeiten implizit berücksichtigt wird. Durch die unmittelbare Beteiligung abgeleiteter externer Faktoren in Form von Humanaktivitäten und Informationen sind die Einsatzplanmengen schwierig zu bestimmen. Diesem Umstand ist über die Berücksichtigung als angemessen angesehener Verteilzeitenzuschläge Rechnung zu tragen.

Bei den Absatzorganen, die erfolgsbasierend entlohnt werden, sind die einzelnen Tätigkeiten nicht Gegenstand der übergeordneten Betriebskostenplanung,[1)] so daß sich die Kostenfunktionen auf die Vergütungssätze und die Bezugsgrößen (Erfolgsmengen, also abgesetzte[2)] Versicherungsschutzprodukte und betreute Versicherungsverträge, differenziert nach unterschiedlichen Kriterien beschränken. Bei diesen direkten Absatzkosten handelt es sich um variable Kostenträgereinzelkosten und damit um *die* leistungsmengeninduzierten Kosten sui generis.[3)] Kostentreiber sind die abgesetzten Versicherungsschutzprodukte und betreuten Versicherungsverträge.[4)] Die Zuschüsse werden ebenfalls leistungsmengeninduziert auf der Basis „Anzahl abgesetzter/be-

---

1) Was nicht für die individuelle Arbeitsplanung der Absatzorgane gilt.

2) Die abgesetzten Versicherungsschutzprodukte umfassen nicht nur das Neukunden-/Neugeschäft, sondern ebenfalls das auf Absatzprozesse der Absatzorgane zurückzuführende Bestandskunden-/Verlängerungs- und/oder Änderungsgeschäft, sofern diese Absatzprozesse gesondert vergütet werden, vgl. Farny, D.: Versicherungsbetriebslehre, a.a.O., S. 577.

3) Vgl. zur Behandlung der Abschlußprovisionen in der Grenzplankostenrechnung Fischer, H.: Plankostenrechnung ..., a.a.O., S. 200 ff.

4) Bezüglich der Schadenregulierungsprovisionen ist auf die Kostentreiber des Dienstleistungsgeschäftes DG III zurückzugreifen. Vgl. hierzu Kapitel 4.1.6.

treuter Versicherungsverträge"[1] geplant.[2] Sofern Zuschüsse erfolgsabhängig gestaltet sind, müssen die verschiedenen Leistungsstufen separat erfaßt werden, so daß es zumindest hier zu keiner Durchschnittsbildung kommt. Die besondere Problematik der erfolgsbasierenden Betriebskostenplanung liegt darin, daß das Verhalten des externen Faktors bezüglich seines Abschlußverhaltens sich, im Gegensatz zu dem bei den zeitentlohnten Absatzorganen, direkt als Betriebskosten und als Einkommen ausdrückt, so daß die Absatzorgane verleitet sein können, jegliches Geschäft zu akquirieren. Um der gerade genannten Korrelation und damit der qualitativen Komponente Rechnung zu tragen, müssen die Provisionssätze zielentsprechend gestaltet sein. Unter dieser Prämisse sind sämtliche positiven Realisationsmengenabweichungen ausdrücklich erwünscht.

Für die Betriebskostenplanungen ergeben sich wieder die bekannten Sollbetriebskostenfunktionen:[3]

---

1) Gegebenenfalls auch noch differenziert nach Versicherungsschutzprodukten.

2) Die Behandlung der Zuschüsse als leistungsmengeninduzierte Kosten ist nicht unumstritten. Für eine solche Behandlung spricht vor allem die Beibehaltung der bisherigen Systematik, da sie nicht anders als die Gehälter der angestellten Mitarbeiter aufzufassen sind. Auch ist es möglich, für sie Bezugsgrößen zu definieren. Gegen eine derartige Behandlung und damit für einen Ausweis als leistungsmengenneutrale Kosten spricht vor allem, daß die Zuschüsse nicht mit den verschiedenen Provisionen als Kostenträgereinzelkosten gleichgesetzt werden dürfen. Es zeigt sich hier wieder eine der Schwierigkeiten, die eine Proportionalisierung auch der Personalkosten mit sich bringt. Es erscheint uns in diesem speziellen Fall zulässig auch dem einzelnen Absatzorgan zurechenbare Gemeinkosten als leistungsmengenneutrale auszuweisen.

3) Vgl. zu den einzelnen Elementen der Vergütung der Absatzorgane die Übersicht bei Farny, D.: Versicherungsbetriebslehre, a.a.O., S. 652. Sofern sich der Zusammenhang auf die multiplikative Verknüpfung von Provisionssatz und Provisionssatzmengeneinheit reduzieren läßt, ist die vereinfachte Kostenfunktion zu verwenden.

$$K_{ui}^{S,Ab_{DG_{II}}} = w_{ui}^{s} \cdot x_{ui}^{s} = \sum_{a=1}^{A(u)} x_{ai}^{s} \cdot q_{a}^{s} \cdot x_{ui}^{s}$$ [1)2)] bzw. in vereinfachter

Form:

$$K_{ui}^{S,Ab_{DG_{II}}} = w_{ui}^{s} \cdot x_{ui}^{s} = \sum_{a=1}^{A(u)} x_{ui}^{s} \cdot q_{a}^{s} \qquad \forall \quad u = U_{Fe_1}+1, \ldots, U_{Ab_2}$$

$$K_{\not{v}i}^{S,Ab_{DG_{II}}} = x_{\not{v}i}^{s} \cdot q_{\not{v}}^{s} = \sum_{a=1}^{A(\not{v})} x_{ai}^{s} \cdot q_{a}^{s} \qquad \forall \quad \not{v} = \not{V}_{Fe_1}+1, \ldots, \not{V}_{Ab_2}$$

$$K_{vi}^{S,Ab_{DG_{II}}} = x_{vi}^{s} \cdot q_{v}^{s} = \sum_{a=1}^{A(v)} x_{ai}^{s} \cdot q_{a}^{s} \qquad \forall \quad v = V_{Fe_2}+1, \ldots, V_{Ab_2}$$

$$\forall \quad i = I_{Fe_1}+1, \ldots, I_{AB_2}$$

---

1) Die differenzierte Kostenplanungsfunktion kann auch Verwendung finden, wenn überwiegend leistungsbasiert entlohnte Absatzorgane zusätzliche funktionale Aufgaben anderer Dienstleistungsgeschäfte übernehmen, wie z.B. in der Schadenregulierung und die Entlohnung nicht stück-, sondern zeitbezogen erfolgt.

2) Eine mögliche Erweiterung der Absatzkostenplanung ergibt sich z.B. für den Fall, daß Vertragsabschlüsse unterschiedlich gewichtet werden, so daß unterschiedliche Provisionszahlungen erfolgen. Zur besseren Darstellung bietet sich die Integration einer weiteren Einflußgröße an. Bei JÄNSCH findet sich das Beispiel des Faktors λ_j^i „der die unterschiedlichen Provisionen in Abhängigkeit des Mikrotyps i bestimmt.", Jänsch, N.: Mikrogeographische Marktsegmentierung in der Versicherungswirtschaft, Wiesbaden 1995, S. 143. Die sog. „Incentive-Vergütungen" und „Prämien für überdurchschnittliche Erfolge" („Bonifikationen", „Vergütungsprämien") lassen sich jeweils als das Ergebnis eines eigenen leistungsmengeninduzierten Prozesses oder als Prozeßeinzelkosten einer absatzorganbezogenen Prozeßzusammenfassung interpretieren. Bezogen auf die einzelnen Absatzorgane lassen sich deren Aktivitäten durchaus in einem individuellen Hauptprozeß zusammenfassen. Vgl. zu den Incentive-Vergütungen Kiencke, J: Incentives - Notwendigkeit und Problematik, in: Handbuch Management Versicherungsvertrieb, hrsg. von SCG St. Gallen Consulting Group, a.a.O., S. 509-523 sowie zu den Bonifikationen Reime, R.: Provisionen auf neuen Wegen, in: ZfV 1996, S. 414-417, hier S. 415.

4.1.5.1.2 Die Planung von Betriebskosten innerhalb der Fertigungsfunktion

Die Fertigungsfunktion des Dienstleistungsgeschäftes DG II umfaßt die Leistungen, die im Schrifttum im allgemeinen als „Leistungserstellung" bezeichnet werden, genauer die Vor-, Erst-, Folge- und Schlußbearbeitung.[1)] Herausragend ist hier, daß der externe Faktor in seinen Ausprägungen Humanaktivitäten und Informationen in die Fertigung mit einbezogen werden muß. Eine direkte Berücksichtigung ist nicht durchführbar, da sie einer auf den einzelnen externen Faktor bezogenen Planung gleichkommt. Das Verhalten der externen Faktoren ist durch die Bildung verschiedener Kundengruppentypen[2)] zu systematisieren und in der Kostenplanung zunächst über die Kombination „Anzahl der Mitarbeiter" sowie „kundengruppenspezifische Verteilzeitenzuschläge" zu berücksichtigen und über die konkrete Ausgestaltung der relevanten Faktoren der Kostenfunktionen umzusetzen.[3)]

Die Tätigkeiten, die in den genannten funktionalen Teilbereichen anfallen, sind, da sie alle von abzusetzenden bzw. abgesetzten Versicherungsschutzprodukten ausgelöst werden, leistungsmengeninduziert, so daß, bezogen auf die einzelnen Versicherungsschutzprodukte, entsprechende leistungsmengeninduzierte kostenstelleninterne Prozes-

---

1) SCHLÜTER bezieht eine zentrale Arbeitsvorbereitung mit in die Fertigung ein. Deren Aufgaben sind die Arbeitsverteilung und die Archivierung, so daß derartige Verwaltungsaufgaben nicht von den Gruppenleitern und Sachbearbeitern vorgenommen werden müssen, vgl. Schlüter, H. G.: Organisation der Vertrags- und Schadenbearbeitung in Kompositversicherungsunternehmungen, Bergisch Gladbach, Köln 1990, S. 57 ff.

2) Vgl. zur Bildung verschiedener Kundengruppen, die jeweils auch typische absatz- und fertigungsbezogene Merkmale aufweisen Farny, D.: Versicherungsbetriebslehre, a.a.O., S. 346 ff., hier besonders S. 352 ff.; Mertens, M.: Kundentypen im deutschen Versicherungsmarkt, in: Festschrift für Dieter Farny, hrsg. von H.-P. Mehring/V. Wolff, a.a.O., S. 45-54; Helten, E.: Außendienststeuerung mit Hilfe der mikrogeographischen Regionalanalyse, in: Reader zum Thema Controlling in Versicherungsunternehmen, hrsg. von W. Kirchner, a.a.O., S. 212-218.

3) In diesen Zusammenhang sei nochmals auf unsere Ausführungen zu den Humanaktivitäten erster und zweiter Ordnung im Kapitel 2.3.3 verwiesen.

se abgegrenzt werden können. Bei den eigentlichen Fertigungstätigkeiten werden in der Praxis vier Fälle zu unterscheiden sein:

- Spezialisierung: Ein Sachbearbeiter ist nur für eine Fertigungsstufe eines Versicherungsschutzproduktes verantwortlich.

- Horizontale Aggregation: Ein Sachbearbeiter ist für eine Fertigungsstufe mehrerer Versicherungsschutzprodukte verantwortlich.

- Vertikale Aggregation: Ein Sachbearbeiter ist für mehrere Fertigungsstufen eines Versicherungsschutzproduktes verantwortlich (Rundum-Sachbearbeitung).[1)]

- Horizontal-vertikale Aggregation: Ein Sachbearbeiter ist für mehrere Fertigungsstufen mehrerer Versicherungsschutzprodukte verantwortlich.[2)]

---

1) Die Probleme, die sich beim Übergang von der Spezialisierung zur Rundum-Sachbearbeitung für die Mitarbeiter und im Hinblick auf die betriebliche Organisation ergeben, werden ausführlich dargestellt bei Staiger, R./Münster, G.: Neugestaltung von Arbeitsorganisation und Technikeinsatz im versicherungstechnischen Bereich der Lebensversicherung mit dem Ziel der Rundumsachbearbeitung, Bundesministerium für Forschung und Technologie, Forschungsbericht Humanisierung des Arbeitslebens, Bonn 1986. Mit in die Rundum-Sachbearbeitung einbezogen sind „Assistenten", die, zusammen mit den Sachbearbeitern/Gruppenleitern, eine wie von SCHLÜTER beschriebene Arbeitsvorbereitung ausüben, vgl. Staiger, R./Münster, G.: Neugestaltung ..., a.a.O., S. 70 ff./120 f. Vgl. zu diesem Projekt bei der „Aachener und Münchener Lebensversicherung AG" auch: Müller, F.-J./Münster, G./Nocker, P.: Organisation, Technik und Qualifizierung der Mitarbeiter, in: OM 6/1990, S. 14-21.

2) Die vertikale und die horizontal-vertikale Aggregation können hier nicht abschließend beschrieben werden, da sie grundsätzlich auch die Schadenbearbeitung enthalten.

Die Kostenplanung erfolgt für die einzelnen, in sich abgeschlossenen Fertigungsstufen separat auf der Basis von Prozeßmengen. Alle Bearbeitungsschritte, auch die, die am Bildschirm erfolgen, beruhen auf einzelnen, additiv erfaßten Bewegungselementen, die sich gut mit Hilfe der MTM-Daten planen lassen. Die Zeitdauer zwischen den Bewegungselementen, die mit dem Abschluß einer Eingabe enden, wird maßgeblich durch die EDV-Zugriffs- und Verarbeitungszeiten bestimmt, die damit eine wichtige Bezugsgröße bei der Ermittlung der Prozeßgesamtzeiten darstellen. Bis auf die Spezialisierung liegen den Prozessen, von denen mehrere in einer Kostenstelle erbracht werden können, verschiedene Bezugsgrößen zugrunde, was damit der heterogenen Kostenverursachung der Grenzplankostenrechnung entspricht.

Eine Vorbearbeitung ist in den Fällen notwendig, in denen die Absatzorgane ein gewünschtes Versicherungsschutzprodukt nicht auf Basis der vorhandenen Informationen vermitteln konnten, ohne dem möglichen Versicherungsnehmer sicherstellen zu können, daß der Antrag zu ex-ante bekannten Konditionen angenommen wird. Vorbearbeitungen sind durch die Absatzorgane ausgelöste Fertigungsschritte. Eine Vorbearbeitung ist vor Ende des Absatzvorganges abgeschlossen.[1] Derartige Vorbearbeitungen können sehr komplex sein oder aber beinahe standardmäßig durchgeführt werden, wie z.B. die Probeanträge bei Krankheitskostenversicherungen.[2] Die Sollkostenfunktion der Imi-Prozesse ergibt sich damit wie auch bisher in der folgenden Form:

$$K_{ui}^{S,Fe_{DG_{II}}} = w_{ui}^{s} \cdot x_{ui}^{s} = \sum_{a=1}^{A(u)} x_{ai}^{s} \cdot q_{a}^{s} \cdot x_{ui}^{s} \quad \forall \quad u = U_{Ab_2}+1, \ldots, U_{Fe_2}$$

1) Durch die Vorbearbeitung werden alle „Zweifelsfälle" vor der eigentlichen Erstbearbeitung geklärt, so daß zur Vorbearbeitung auch die Fälle gerechnet werden, in denen ein Versicherungsunternehmen ein bestimmtes Risiko nicht zeichnen möchte.

2) Typische Teilprozesse (Aktivitäten) der Vorbearbeitung sind Risikobesichtigung, Risikoanalyse, Risikoprüfung und Risikotarifierung.

Die Prozeßmengen x_u^s können auf ein bestimmtes Portefeuille angegeben werden. Für die spätere Auswertung ist es praxisnäher, die Menge der Vorbearbeitungen im Verhältnis zu der gesamten abgesetzten Menge eines bestimmten Versicherungsschutzproduktes darzustellen. Dazu werden die Prozeßmengen durch einen Anteilskoeffizienten *c* und die Absatzmengen eines Versicherungsschutzproduktes dargestellt, so daß sich die folgende Soll-Kostenfunktion für alle analytisch zu planenden Kostenarten, vor allem Imi-Personalkosten, Betriebsmittelverbräuche, Dienstleistungskosten und zusätzliche Prozeßeinzelkosten, soweit deren differenzierte Erfassung als nutzenbringend erachtet wird, ergibt:

$$K_{ui}^{S,Fe_{DG_{II}}} = w_{ui}^s \cdot x_{p,ui}^s = \sum_{a=1}^{A(u)} \sum_{n=1}^{N(i)} x_{ai}^s \cdot q_a^s \cdot c_{uin}^s \cdot xa_n^s$$

$$\forall \quad u = U_{Ab_2}+1, \ldots , U_{Fe_2}$$

mit: c_{uin} = Anteilskoeffizient eines Imi-Prozesses *u* der Vorbearbeitung, der in einer Kostenstelle *i* bezogen auf ein Versicherungsschutzprodukt *n* erbracht wird

xa_n = Absatzmenge eines Versicherungsschutzproduktes *n* (in einer Periode)

$$\forall \quad i = I_{AB_2}+1, \ldots, I_{FE_2}$$

Die genaue Festlegung der geplanten Vorbearbeitungsprozesse muß unternehmensindividuell erfolgen. Sofern für ein Versicherungsschutzprodukt unterschiedliche Imi-Vorbearbeitungsprozesse notwendig sind, variiert *c* mit dem Index *u*, ansonsten mit *n*. Bei Vorbearbeitungen ist es sehr verbreitet, daß Gutachterkosten als echte Prozeßeinzelkosten entstehen, aber wieder nur mit einem bestimmten Anteilskoeffizienten. Um nun nicht noch einen weiteren Anteilskoeffizienten in die Kostenfunktion einzubeziehen, wird davon ausgegangen, daß Vorbearbeitungsprozesse mit externer Gutachteneinbindung als eigenständige Prozesse betrachtet werden.

Die Ermittlung der Bezugsgrößen ist gemäß der möglichen Komplexität der Vorbearbeitungen nicht unproblematisch. Zunächst bietet es sich an, wie es grundsätzlich auch für die anderen lmi-Prozesse gemacht wurde, die Durchführungsmengen der erbrachten Leistungen in der Kostenstelle, die ja auf dem Anteilskoeffizienten und der Absatzmenge basieren, zu wählen.[1)] Dies setzt die Bildung annähernd gleicher Vorbearbeitungstypen voraus. Sollten die Bildung derartiger mengenmäßiger Bezugsgrößen nicht möglich sein, so ist auf die Prozeßzeiten, in Sonderfällen auf die Arten und Mengen der verbrauchten Prozeßaktivitäten zurückzugreifen.

Die eigentliche Erstbearbeitung, die zum Abschluß des Versicherungsvertrages führt, gestaltet sich von der Kostenplanung her einfacher, denn zum einen sind mögliche Problemfälle der Vorbearbeitung zuzuordnen und zum anderen ist die Erstbearbeitungsprozeßmenge gleich der Absatzmenge.[2)] Damit ergibt sich wieder die bekannte lmi-Sollkostenfunktion:

$$K_{ui}^{S,Fe_{DG_{II}}} = w_{ui}^{s} \cdot x_{ui}^{s} = \sum_{a=1}^{A(u)} x_{ai}^{s} \cdot q_{a}^{s} \cdot x_{ui}^{s} \qquad \forall \quad u = U_{Fe_2}+1, \ldots, U_{FE_3}$$

Zur genaueren Auswertung der entstandenen Betriebskosten ist es notwendig, einen stärkeren Produktbezug herzustellen. Auch wenn die Erstbearbeitung aufgrund der eventuell vorgelagerten Vorbearbeitung

---

1) FRENKEL sieht für derartige Prozesse die „Offertanfragen" oder „erfolgreiche Vertreterkontakte" als Cost Driver (Bezugsgrößen) an, vgl. Frenkel, W.: Aspekte beim Einsatz der Prozeßkostenkalkulation am Beispiel Versicherung, in: cm 1995, S. 162-166, hier S. 164.

2) Typische Teilprozesse der Erstbearbeitung sind formelle und materielle Prüfung des Antrages, Tarifierung, Prämienberechnung, Ausfertigung und Versand des Versicherungsscheines, Provisionsberechnung und -anweisung (nach Einlösung).

auf der Basis der vorhandenen Informationen erbracht werden sollte, müssen dennoch zwei Besonderheiten berücksichtigt werden: Zum einen kann es notwendig sein, daß ein Antrag auf Versicherungsschutz nicht korrekt ausgefüllt wurde. Obwohl hier grundsätzlich die Rechtsfolgen des § 5 VVG zum Tragen kommen, sollte dennoch im Hinblick auf die Kundenbeziehung eine Einigung vor dem formellen Versicherungsbeginn herbeigeführt werden. Eine weitere Aktivität läßt sich in die obige Kostenfunktion unproblematisch integrieren. Weil derartige Abweichungen von der Standard-Erstbearbeitung unerwünscht sind, sind sie notwendigerweise gesondert zu planen. Eine zweite Abweichung von der Standard-Erstbearbeitung ergibt sich dadurch, daß die Versicherungsscheine nicht eingelöst werden. Die Nicht-Einlösungen sind ebenfalls unerwünscht und gesondert auszuweisen. Daher ist die Imi-Sollkostenfunktion der Erstbearbeitung wie folgt zu erweitern:

$$K_{ui}^{S,Fe_{DG_{II}}} = w_{ui}^{s} \cdot x_{ui}^{s} = \sum_{a=1}^{A(u)} \sum_{n=1}^{N(i)} x_{ai}^{s} \cdot q_{a}^{s} \cdot d_{uin}^{s} \cdot xa_{n}^{s}$$

$$\forall \quad u = U_{Fe_2}+1, \ldots, U_{Fe_3}$$

mit: d_{uin} = Anteilskoeffizient eines Imi-Prozesses *u* der Erstbearbeitung, der in der Kostenstelle *i* für das Versicherungsschutzprodukt *n* erbracht wird

$$\forall \quad i = I_{FE_2}+1, \ldots, I_{FE_3}$$

Bei der Folgebearbeitung ist zu unterscheiden, ob diese für alle Verträge eines Portefeuilles erfolgen (z.B. die Euro-Umstellung, Inkasso), nur für eine bestimmte Gesamtheit (z.B. das Wirksamwerden von Anpassungsklauseln, Beitragsrückerstattungen, Überschußzuweisungen) oder für einzelne Verträge (z.B. Adressenänderungen, Tarifumstellungen, Mahnungen). Ausgelöst werden Folgebearbeitungen entweder vom Versicherungsnehmer oder vom Versicherungsunternehmen als

Ergebnis der materiellen Produktgestaltung sowie der laufenden Kundenbetreuung.[1] Die verschiedenen Prozeßtypen der Folgebearbeitung, die für Gesamtheiten durchgeführt werden, sind abhängig von der materiellen Produktgestaltung. Sie lassen sich automatisieren, so daß den gesamten Änderungen nur jeweils ein leistungsmengeninduzierter Prozeß zugrunde liegt. Auch lassen sich diese grundsätzlich langfristig planen. Den Folgebearbeitungen, die sich auf einzelne Versicherungsverträge beziehen, liegt ebenfalls ein einzelner Prozeß zugrunde. Da Folgebearbeitungen zum Wesen eines permanent produzierten Gutes gehören und die Alternative Änderungskündigung mit höheren Betriebskosten und höherer Kundenunzufriedenheit verbunden ist, scheint ein detaillierter Bezug zur Menge der vorhandenen Versicherungsverträge zunächst wenig Sinn zu machen. Eine derartige absolute Prozeßdurchführungsmenge wird aus dem jeweiligen Versicherungsbestand hergeleitet, so daß für die tatsächliche Betriebskostenplanung wiederum ein Anteilskoeffizient zu verwenden ist:

$$K_{ui}^{S,Fe_{DG_{II}}} = w_{ui}^{s} \cdot x_{ui}^{s} = \sum_{a=1}^{A(u)} \sum_{n=1}^{N(i)} x_{ai}^{s} \cdot q_{a}^{s} \cdot e_{uin}^{s} \cdot xb_{n}^{s}$$

$$\forall \quad u = U_{Fe_3}+1, \ldots, U_{Fe_4}$$

mit: e_{uin} = Anteilskoeffizient eines Imi-Prozesses *u* der Folgebearbeitung, der in der Kostenstelle *i* für das Versicherungsschutzprodukt *n* erbracht wird

xb_n = Vorhandener Bestand eines Versicherungsschutzproduktes *n*

$$\forall \quad i = I_{FE_3}+1, \ldots, I_{FE_4}$$

1) Hier ergibt sich nun eine Zuordnungsproblematik. Die Außendienstmitarbeiter sind verpflichtet, die Risikosituation ihrer Versicherungsnehmer ständig mit den von ihnen vermittelten Versicherungsschutzprodukten abzugleichen. Insofern können Folgebearbeitungen vom Versicherungsnehmer auf Hinweis des Außendienstmitarbeiters ausgelöst werden.

Die Planung der Betriebskosten der Schlußbearbeitung gestaltet sich ebenfalls unproblematisch, da sie sich aus einer immer gleichen Anzahl an Aktivitäten zusammensetzt.[1] Zu unterscheiden ist lediglich der Auslöser, ob also der Vertrag von seiten des Versicherungsnehmers, des Versicherungsunternehmens, wegen Wegfall der Geschäftsgrundlage oder wegen Ablauf beendet wird.[2] Damit können insgesamt vier Schlußbearbeitungsprozesse unterschieden werden, wobei die geplanten Prozeßdurchführungsmengen die jeweiligen Bezugsgrößen darstellen:

$$K_{ui}^{S,Fe_{DG_{II}}} = w_{ui}^{s} \cdot x_{ui}^{s} = \sum_{a=1}^{A(u)} \sum_{n=1}^{N(i)} x_{ai}^{s} \cdot q_{a}^{s} \cdot f_{uin}^{s} \cdot xa_{n}^{s}$$

$$\forall \quad u = U_{Fe_4}+1, \ldots, U_{FE_5}$$

mit: f_{uin} = Anteilskoeffizient eines lmi-Prozesses *u* der Schlußbearbeitung, der in der Kostenstelle *i* für das Versicherungsschutzprodukt *n* erbracht wird.

$$\forall \quad i = I_{FE_4}+1, \ldots, I_{FE_5}$$

4.1.5.2 Die Planung kostenstellenübergreifender Prozeßbetriebskosten innerhalb des Dienstleistungsgeschäftes DG II

In Abhängigkeit vom Komplexitätsgrad der einzelnen Prozesse kann es notwendig sein, daß mehrere Kostenstellen in die Leistungserstel-

1) Typische Teilprozesse der Schlußbearbeitung sind Erhalt der Kündigung, ggf. Information des Außendienstmitarbeiters zur Vornahme eines Halteversuchs, Ermittlung der Vertragsdaten und Prüfung der materiellen Richtigkeit der Prüfung, Änderung der vorhandenen Vertragsdatenbestände, Bestätigung der Kündigung, ggf. Provisionsrückbelastung bei noch bestehender Stornohaftungsdauer.

2) Die Frage, warum ein Versicherungsvertrag gekündigt wird, ist eine generelle, das Betriebskostenmanagement betreffende, und nicht die Kostenrechnung.

lungen eingebunden sind. Durch die Zusammenfassung der jeweiligen fertigungsbezogenen kostenstelleninternen Prozesse entstehen kostenstellenübergreifende Prozesse. Diese Prozesse werden benannt nach der Fertigungsstufe des betreffenden Versicherungsschutzproduktes. Die Kostentreiber sind identisch mit denen der Teilprozesse und Prozesse. Die genaue Prozeßabgrenzung muß unternehmensindividuell erfolgen, wobei aber davon ausgegangen werden kann, daß nicht nur immer ein Prozeß Vor-, Erst-, Folge- und Schlußbearbeitung je Versicherungsschutzprodukt definiert wird. Konkret mündet dies in die Aufstellung verschiedener Prozeßtypen.

Die Betriebskosten der kostenstellenübergreifenden Prozesse ergeben sich, indem die einzelnen bewerteten kostenstelleninternen Prozesse, die für die einmalige Durchführung eines kostenstellenübergreifenden, aber dienstleistungsgeschäftsinternen Prozesses notwendig sind, addiert werden und mit der geplanten Durchführungsmenge multipliziert werden. Diese Zahlen lassen sich ermitteln, sind aber für eine Kontrolle nicht relevant, weil immer auf die kostenstelleninterne Betrachtung zurückgegangen werden muß. Da die Kostentreiber dieser Prozesse auf einer gleichen Bezugsbasis beruhen wie die der kostenstelleninternen, stellen die kostenstellenübergreifenden Prozesse keinen eigenen Planungsgegenstand dar.[1)]

Das bisher Ausgeführte sei anhand eines einfachen Beispiels erläutert:

Für ein Versicherungsschutzprodukt *n* können zwei verschiedene Vorbearbeitungsprozesse anfallen. Es wird davon ausgegangen, daß in Relation zur Bezugsbasis (2000 Stück) für 25% aller abgeschlossenen

---

1) Mit Hinweis auf einen erhöhten Abstimmungsaufwand zwischen den Kostenstellen ließen sich die übergreifenden Prozesse als eigenständige Planungsgegenstände rechtfertigen. Allerdings ist der Abstimmungsaufwand zwischen Kostenstellen nicht zwangsläufig höher als innerhalb von Kostenstellen, wenn gleiche Arbeitsinhalte und -mengen verarbeitet werden.

Versicherungsverträge eine Vorbearbeitung notwendig ist, wobei 10%-Punkte auf den Vorbearbeitungsprozeß 1 und 15%-Punkte auf den Vorbearbeitungsprozeß 2 entfallen. Die gesamten Teilprozesse und deren Zusammenfassung zu kostenstelleninternen Prozessen werden in 5 Kostenstellen erbracht, wobei in einer Kostenstelle maximal 2 Prozesse entstehen. Es wird weiterhin angenommen, daß kostenstelleninterne Prozesse in beide kostenstellenübergreifende Vorbearbeitungsprozesse eingehen können.[1)]

Die Gesamtmengen der Teilprozesse der näher dargestellten Kostenstelle 3 ergeben sich nach folgender Formel:[2)]

$$\sum_{a=1}^{A(u_1)} x_{a3} \cdot c_{131} \cdot xa_1 + \sum_{a=1}^{A(u_2)} x_{a3} \cdot c_{131} \cdot xa_1$$ für den Vorbearbeitungsprozeß 1

und

$$\sum_{a=1}^{A(u_1)} x_{a3} \cdot c_{231} \cdot xa_1 + \sum_{a=1}^{A(u_2)} x_{a3} \cdot c_{231} \cdot xa_1$$ für den Vorbearbeitungsprozeß 2[3)]

---

1) Dies dürfte auch der Praxis entsprechen, wenn gleiche Arbeitsschritte für mehrere Versicherungsschutzprodukte erbracht werden. In dem oben dargestellten Fall wäre z.B. die formale Prüfung eines jeden gestellten Antrages jeweils identisch.

2) Auf den Einbezug der Kostengröße q_a wurde verzichtet.

3) Die Mengen der in Abbildung 15 dargestellten Prozesse u_{13} bzw. u_{23} der Vorbearbeitungskostenstelle 3, ergeben sich gemäß der folgenden Beziehung:

$$\sum_{a=1}^{A(u_1)} x_{a3} \cdot c_{131} \cdot xa_1 + \sum_{a=1}^{A(u_1)} x_{a3} \cdot c_{231} \cdot xa_1$$ für u_{13} bzw.

$$\sum_{a=1}^{A(u_2)} x_{a3} \cdot c_{131} \cdot xa_1 + \sum_{a=1}^{A(u_2)} x_{a3} \cdot c_{231} \cdot xa_1$$ für u_{23}.

Abbildung 15: Vorbearbeitungsprozesse

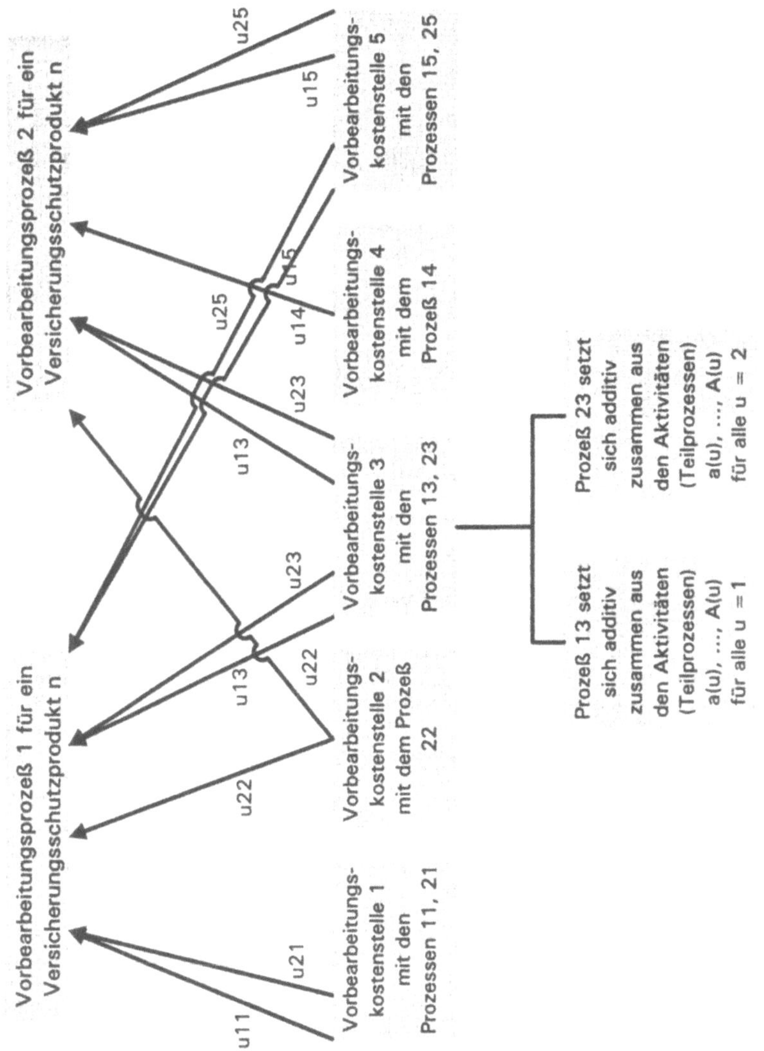

Nicht in jeder Kostenstelle werden Prozeßleistungen für alle Versicherungsschutzprodukte erbracht. Wir hatten dies in der Soll-Kostenfunktion der Vorbearbeitung über die funktionale Beziehung n, ..., N(i) ausgedrückt. In die Planung und damit in die Kontrolle werden nicht einbezogen die Aufteilung der kostenstelleninternen Prozesse auf die kostenstellenübergreifenden Prozesse.[1)] Die Begründung hierfür liegt darin, daß der eigentliche Kostenanfall durch die Aufteilung nicht beeinflußt wird, sondern ausschließlich durch die Prozeßgestaltung sowie die Anteilskoeffizienten und die Bezugsbasismenge. Eine Abweichung der Aufteilungssätze kann auch nicht autonom eintreten, da ihr entweder eine Abweichung der gerade genannten Größen oder eine Prozeßreorganisation zugrunde liegt.[2)]

---

1) So gehen die Prozesse u_{22}, u_{13}, u_{23}, u_{15} und u_{25} in beide Vorbearbeitungsprozesse ein.

2) Der Zurechnung der (Teil-)Prozesse ((Teil-)Prozeßkosten) auf Aggregate wird im Schrifttum wenig Aufmerksamkeit gewidmet. „Die Zuordnung der Teilprozesse auf die Hauptprozesse erfolgt im Verhältnis der beanspruchten Teilprozeßmengen einer Kostenstelle durch den Hauptprozeß.", Horváth, P./Gaiser, B.: Aufgaben ..., a.a.O., S. 56. REMER geht davon aus, daß (Teil-)Prozesse auf der Basis von prozentual aus Kostentreibermengen errechneten Zuschlagssätzen in Aggregate eingehen, vgl. Remer, D.: Einführen ..., a.a.O., S. 135. WEBER spricht den Kostentreibern immer eine derartige Doppelfunktion der Planung und Weiterverrechnung zu, vgl. Weber, L.: Integriertes Leistungsmanagement in der Versicherung, Bern, Stuttgart, Wien 1995, S. 186. Generell sollte die Zurechnung auf Aggregate anhand der Kostentreiber erfolgen, allerdings nicht zwingend in der gleichen Form wie die verwendeten Kostentreiber, so daß sowohl Stückzahlen, Zeiten als auch andere Maßgrößen Verwendung finden können, denn eine Doppelfunktion von Bezugsgrößen ist schon in der Grenzplankostenrechnung als nicht unproblematisch angesehen worden, vgl. Haberstock, L.: Kostenrechnung II, 7. Auflage, Hamburg 1986, S. 56 ff.; Kilger, W.: Flexible ..., a.a.O., S. 337. Die Problematik wird besonders deutlich, wenn die Hauptprozeßkosten auf Basis ihrer Kostentreiber auf die absatzbestimmten Kostenträger verrechnet werden. So findet sich bei WEBER das Beispiel eines Versicherungsunternehmens, in dem die Produktentwicklung (= Hauptprozeß) für 54 Produkte (= Kostentreiber) erfolgt. Auf jedes einzelne der Produkte werden nun in der Kalkulation 1/54 der Produktentwicklungskosten verrechnet, unabhängig von der aufgewendeten Zeit oder sonstigen tatsächlichen Produktionsfaktorverbräuchen, vgl. Weber, L.: Integriertes Leistungsmanagement ..., a.a.O., S. 193 f.

In alle Fertigungsschritte (in die Folgebearbeitung nur teilweise) können die Absatzorgane einbezogen sein, so daß entsprechende Prozeßleistungen bei einer Gesamtbetrachtung zusätzlich zu berücksichtigen sind. Kostenstellenübergreifende Prozesse sind damit der Normalfall des Dienstleistungsgeschäftes DG II.

4.1.5.3 Die Planung dienstleistungsgeschäftsübergreifender Prozeßbetriebskosten von Dienstleistungsgeschäft DG I und Dienstleistungsgeschäft DG II

Zwischen Absatzorgan und Fertigungsmitarbeiter ist in der Regel noch eine weitere Verwaltungsstelle (meist die Poststelle) geschaltet. Bei der Vorbearbeitung kann auch ein Rückgriff auf die Fertigung im Dienstleistungsgeschäft DG I notwendig sein. Durch die Zusammenfassung von Absatz-, Verwaltungs- und Fertigungsprozessen wird in der Literatur grundsätzlich die Hauptprozeßbildung herbeigeführt. Die verschiedenen Vor-, Erst- und Schlußbearbeitungen sind demnach immer Teil eines kostenstellen- und funktionsübergreifenden Hauptprozesses. Bei der Folgebearbeitung ist dies vom konkreten Anlaß abhängig zu machen. Allerdings bleiben die Fertigungsprozesse in dieser Bündelung dominant. Der dienstleistungsgeschäftsübergreifende Prozeß ist damit im Dienstleistungsgeschäft DG II der Normalfall.

Weitere dienstleistungsgeschäftsübergreifende Prozesse, die ebenso wie die übrigen in den Kostenstellen geplant und kontrolliert werden, ergeben sich im Hinblick auf einen Hauptprozeß „Produktweiterentwicklung", der sich auf die Fertigungsfunktion der Dienstleistungsgeschäfte DG I und DG II bezieht, sowie absatzunterstützende Prozesse, die durch die Absatzfunktionen der Dienstleistungsgeschäfte DG I und DG II ausgelöst werden.

4.1.6 Die Planung der Betriebskosten im Dienstleistungsgeschäft DG III

Das Dienstleistungsgeschäft DG III ist identisch mit der Schadenbearbeitung (Versicherungsfallbearbeitung), innerhalb derer unterschiedliche Teilprozesse, Prozesse und Hauptprozesse unterschieden werden.[1)] Da in eine vollständige Schadenbearbeitung immer mehrere Kostenstellen mehrerer Dienstleistungsgeschäfte eingebunden sind, ist die jeweilige Schadenbearbeitung ein Hauptprozeß sui generis.[2)] Entscheidend für die Anzahl der zu planenden Schadenbearbeitungen ist die Gesamtschadenverteilung eines Kollektivs. Die Schadenbearbeitungen selbst sind zunächst abhängig von der Schadenzahlverteilung. Erst durch die Berücksichtigung weiterer Teilprozesse (Bearbeitungsschritte), die in Abhängigkeit von der Schadenhöhe ausgelöst werden,

---

1) Typische Prozesse der Schadenbearbeitung sind die Deckungsprüfung, Anspruchsablehnungen, Anlage der Schadenakte, die materielle Bearbeitung durch Feststellung der Schadenhöhe, Ermittlung der Versicherungsfalleistung, Rückfragen bei Schadenverursachern/Leistungsempfängern, Einschaltung von internen Rechtsexperten und Sachverständigen sowie externen Gutachtern, Anweisung von Abschlagszahlungen bzw. der vollständigen nominalen Versicherungsfalleistung, Änderung der Vertragsdaten, Anweisungen an Rechnungswesen und Rückversicherungsbearbeitung. Vgl. Wrieske, U.-A.: Schaden-Management (I), (II), (III), (IV), in: VW 1980, S. 1216-1224, 1279-1286, 1334-1341, 1407-1411.

2) Die Schadenbearbeitung ist in der Literatur auch der bevorzugte Darstellungsbereich der Anwendung einer Prozeßkostenrechnung in Versicherungsunternehmen, vgl. Fischer, H: Prozeßkostenrechnung und Prozeßoptimierung ..., a.a.O., S. 97; Klenger, F./Andreas, Ch.: Prozeßkostenrechnung im Versicherungsunternehmen, in: krp 1994, S. 401-406, hier S. 402 ff.; Wiesehahn, A.: Ausgestaltung der Prozeßkostenrechnung in Versicherungsunternehmen (I), (II), in: VW 1996, S. 1559-1562/1644-1649, hier S. 1560 ff. WIESEHAHN stellt exemplarisch die Teilprozesse dar, die sich aus dem kostenstelleninternen Prozeß der Schadenbearbeitung „Zahlung durchführen" ergeben. Hier zeigt sich wieder deutlich die Komplexität prozeßorientierter Betriebskostenplanungen, die sogar einem derart einfachen Prozeß zugrunde liegt. Um auf die Ebene der einzelnen Tätigkeiten (nach WIESEHAHN) zu gelangen, ist es notwendig, weitere Prozeßschritte einer zusätzlichen Prozeßebene („Zahlung anweisen", „Zahlung verbuchen", „Versicherungsvertreter benachrichtigen", „Versicherungsnehmer benachrichtigen") einzufügen.

ist auch die Schadensummenverteilung des Kollektivs heranzuziehen.[1] Hierdurch ergibt sich, daß die Planung der gesamten Teilprozesse, die für einen kostenstelleninternen Schadenbearbeitungsprozeß notwendig sind, allein von der Schadensummenverteilung abhängig ist, denn bestimmte Schadensummen bzw. -summenintervalle lösen festgelegte Schadenregulierungsprozesse aus. Die Planung der gesamten Prozeßmengen hingegen ist abhängig von der Schadenzahlverteilung.[2] Der Komplexität der Schadenbearbeitungen wird über die Abgrenzung entsprechend detaillierter Schadenbearbeitungsprozesse Rechnung getragen.

Für die Sollkostenfunktion der analytisch zu planenden Betriebskostenarten ergibt sich damit:

$$K_{ui}^{S,Fe_{DG_{III}}} = w_{ui}^{s} \cdot x_{ui}^{s} = \sum_{a=1}^{A(u)} \sum_{n=1}^{N(i)} x_{ai}^{s} \cdot q_{a}^{s} \cdot g_{uin}^{s} \cdot xb_{n}^{s}$$

$$\forall \quad u = U_{Fe_5}+1, \ldots, U$$

mit: g_{uin} = Eintrittskoeffizient eines Imi-Prozesses *u* der Schadenbearbeitung, der in der Kostenstelle *i* für das Versicherungsschutzprodukt *n* erbracht wird

Das Produkt $g_{uin}^{s} \cdot xb_{n}^{s}$ kann wieder als die Planbezugsgröße angesehen werden. Die Größe g_{uin} muß noch weiter aufgespalten werden, denn es ist ja sowohl die Schadenzahlwahrscheinlichkeit als auch die Wahrscheinlichkeit, daß mit den Schäden eine bestimmte Schaden-

---

1) „Um die Schadenproduktion zu charakterisieren, wurden die beiden Merkmale „Anzahl der Schäden" (Schadenzahl) und „Höhe des Schadens" (Schadensumme) eingeführt.", Helten, E.: Risikotheorie - Grundlagen der Risikopolitik von Versicherungsunternehmen?, in: ZVersWiss 1975, S. 75-92, hier S. 78.

2) Insofern werden hier Schadenzahl- und Schadensummenverteilung multiplikativ verknüpft.

summe verbunden ist, zu berücksichtigen, so daß $g_{uin} = (g_{on} \cdot g_{jn})$ ist.[1] Damit ergibt sich dann:

$$K_{ui}^{S,Fe_{DG_{III}}} = w_{ui}^{s} \cdot x_{ui}^{s} = \sum_{a=1}^{A(u)} \sum_{n=1}^{N(i)} \sum_{o=1}^{O(n)} \sum_{j=1}^{J(n)} x_{ai}^{s} \cdot q_{a}^{s} \cdot (g_{on}^{s} \cdot g_{jn}^{s}) \cdot xb_{n}^{s}$$

$$\forall \quad u = U_{Fe_5}+1, \dots, U$$

$$\forall \quad i = I_{FE_5}+1, \dots, I$$

mit: g_{on} = Eintrittskoeffizient einer Schadenzahl O eines Versicherungsschutzproduktes *n*

g_{jn} = Eintrittskoeffizient einer Schadensumme J eines Versicherungsschutzproduktes *n*

für alle analytisch zu planenden Kostenarten, vor allem Imi-Personalkosten, Betriebsmittelverbräuche, Dienstleistungskosten (wie Gutachterkosten, Kosten für Schadenbesichtigungen) und zusätzliche Prozeßeinzelkosten, soweit deren differenzierte Erfassung als nutzenbringend erachtet wird.

Die Betriebskosten der unechten und echten leistungsmengenneutralen Prozesse der Fertigung der Dienstleistungsgeschäfte DG II und DG III, werden wieder auf der Basis der bekannten Sollkostenfunktionen geplant:

---

1) Für die Planung wäre es eigentlich nicht notwendig, g_{uin} weiter zu differenzieren. Für die Kontrolle ist dies aber unbedingt notwendig, denn eine Mengenabweichung kann sowohl darauf zurückgeführt werden, daß die Anzahl der Schäden (bei gleicher Schadensumme) als auch die Schadensumme (bei gleicher Anzahl der Schäden) variiert. Ebenfalls ist eine Variation beider Größen möglich. Auf den Index für den Prozeß kann verzichtet werden, da der Prozeß von der Schadensumme eines Versicherungsschutzproduktes abhängig ist. Ebenso kann davon ausgegangen werden, daß bestimmte Prozesse in bestimmten Kostenstellen erbracht werden, so daß auf den Kostenstellenindex verzichtet werden kann.

$$K_{\not{v}i}^{S,Fe_{DG_{III}}} = x_{\not{v}i}^{s} \cdot q_{\not{v}}^{s} = \sum_{a=1}^{A(\not{v})} x_{ai}^{s} \cdot q_{a}^{s} \qquad \forall \; \not{v} = \not{V}_{Ab_2}+1, \ldots, \not{V}$$

$$K_{vi}^{S,Fe_{DG_{III}}} = x_{vi}^{s} \cdot q_{v}^{s} = \sum_{a=1}^{A(v)} x_{ai}^{s} \cdot q_{a}^{s} \qquad \forall \; v = V_{Ab_2}+1, \ldots, V$$

$$\forall \; i = I_{AB_2}+1, \ldots, I$$

4.1.7 Die Planung der Betriebskosten von Prozessen, die alle Dienstleistungsgeschäfte betreffen

Hauptprozesse, die alle Dienstleistungsgeschäfte betreffen, lassen sich sinnvoll nur für individuelle Versicherungsschutzprodukte (= individueller Versicherungsvertrag) abgrenzen, denn während die gesamten Schadenregulierungskosten generell für einen Versicherungsvertrag als Prozeßkosten erfaßbar sind, sind die Betriebskosten des Dienstleistungsgeschäftes DG I nur für Versicherungsschutzprodukte erfaßbar. Eine Verteilung auf einzelne Verträge ist wegen der Unbestimmtheit der gesamten Outputmenge nicht möglich.

4.1.8 Die Planung der kostenträgerweise zu kontrollierenden Betriebskosten

Ausschließlich kostenträgerweise zu kontrollierende Betriebskosten fallen keine an, da sowohl die Kostenträgereinzel- als auch die -gemeinkosten in den Kostenstellen geplant und kontrolliert werden.

4.1.9 Die Kontrolle der Planung der Sollgrößen

Die Sollgrößen, seien es Mengen, Preise, Kosten, sind die Größen, die den Mitarbeitern tatsächlich vorgegeben werden, die damit also für die Realisationsperiode feststehen. Die Planungskontrolle hat sicherzustellen, daß Planungsfehler vermieden werden, die dadurch entstehen können, daß die vorgesehenen Planungsmethoden nicht ordnungsgemäß angewandt wurden, daß aber ebenso die verwendeten Planungsprämissen noch realitätskonform sind. Eine derartige Planungskontrolle sollte immer ex-nunc, und nicht ex-post ausgeführt werden.

4.2 Die Ausführung der Kontrollrechnungen der Betriebskosten

4.2.1 Die Bestimmung der Betriebskosten in den Kostenstellen der Dienstleistungsgeschäfte

4.2.1.1 Vorbemerkungen

Nach Abschluß der Realisationsperiode sind für die tatsächlich angefallenen Betriebskostenarten Mengen und Preise zu bestimmen.[1] Die Istbetriebskostenarten sind so zu erfassen, daß sie geeignet sind, den Sollbetriebskostenarten gegenübergestellt zu werden. Hierbei sind besonders die Fälle zu beachten, bei denen eine Erfassung im Ist nicht ebenso detailliert erfolgt wie die Planung. Die Gründe liegen darin, daß es entweder nicht möglich oder nicht sinnvoll ist, Preis- und Mengengrößen wie geplant zu erfassen. Als Beispiel lassen sich die Stromkosten anführen. Die Stromkosten können in den Kostenstellen auf der Basis der arbeitstäglichen Verbrauchszeiten, der Energieaufnahmewerte sowie der Strompreise geplant werden. Die Kontrolle der Strompreise ist unproblematisch, während die planungskonforme Feststellung der Verbrauchsmengen entsprechende Erfassungsgeräte voraussetzt und damit unwirtschaftlich ist, denn es ist davon auszugehen, daß die Ergebnisse einer Abweichungsanalyse hier in keiner ausreichenden Relation zu den gesamten Kontrollkosten stehen.

Für die praktische Istbetriebskostenerfassung sollen vier Fälle unterschieden werden:

---

1) Vgl. zur „Ist-Erfassung" Vormbaum, H./Rautenberg, H. G.: Kostenrechnung III, Baden-Baden, Bad Homburg vor der Höhe 1985, S. 219 ff.; Kilger, W.: Flexible ..., a.a.O., S. 541 ff.; Scherrer, G.: Kostenrechnung, a.a.O., S. 316 ff.; Hoitsch, H.-J.: Kosten- und Erlösrechnung, Berlin et al., 1995, S. 338 ff.; Müller, H.: Prozeßkonforme Grenzplankostenrechnung, a.a.O., S. 257 ff.

1) Kostenarten, die im Soll und Ist mit identischen Werten angesetzt werden, wie z.B. die gesamten kalkulatorischen Kosten[1].
2) Kostenarten, die für das gesamte Versicherungsunternehmen geplant und kontrolliert werden, wie z.B. sämtliche Energiekosten (Kosten der Kostenstelle „Raumdienste").
3) Kostenarten, die in den Kostenstellen budgetiert werden, deren Verbrauch/Entstehung aber kostenstellenweise nachzuvollziehen ist, wie z.B. Sozial- und Weiterbildungsgemeinkosten, Büromaterial (auf der Basis der Liefer- und Verteilscheine), Reparaturen, Beschaffungsobjektkosten, Kommunikationskosten.
4) Kostenarten, die detailliert erfaßt werden, wie die Personaleinsatzmengen und Dienstleistungskosten im Sinne von Prozeßeinzelkosten.

Wir hatten dieser abgestuften Erfassung bereits dadurch Rechnung getragen, daß wir bei der Betriebskostenplanung zwischen Planung und Budgetierung sowie zwischen leistungsmengeninduzierten, echten und unechten leistungsmengenneutralen Prozessen unterschieden hatten.

4.2.1.2 Die Erfassung leistungsmengeninduzierter Betriebskostenarten

Der Schwerpunkt der Isterfassung liegt auf den leistungsmengeninduzierten Kosten, und hier besonders auf den Personalkosten, genauer gesagt auf der Erfassung der Isteinsatz- und -verbrauchsmengen. Die Kontrolle der einzelnen Elemente der Preiskomponente stellt kein Problem dar. Die Personaleinsatzmengen hingegen hängen sowohl von der Zeitdauer des einzelnen Prozesses ab als auch von der gesamten Prozeßmenge. Die Personaleinsatzmengen müssen genau erfaßt wer-

---

1) Sofern bei den Abschreibungen auf einen gesonderten Ausweis leistungsmengenabhängiger Bestandteile verzichtet wird.

den,[1] und dies bedeutet eine lückenlose Erfassung ex-nunc, entweder über Aufschreibungen, durch den Einsatz entsprechender Datenerfassungsgeräte oder durch geeignete Software.[2] Eine derartige Erfassung kann nicht in jeder Periode erfolgen, so daß die Prozeßkostenrechnung kein Instrument permanenter (Gemein-)Kostenkontrolle sein kann.[3]

Wir gehen im folgenden davon aus, daß die Zeitwerte der einzelnen Prozeßausführungen mit hinreichender Genauigkeit erfaßt werden.[4]

Die sekundären leistungsmengeninduzierten Prozeßkosten, die einen wichtigen eigenständigen Optimierungssektor darstellen, werden als Prozeßkosten innerhalb der EDV erfaßt, wobei die jeweiligen Mengen von anderen Prozessen induziert werden. Die verbleibenden Prozeß- und Prozeßaggregateinzelkosten lassen sich ebenfalls für die notwendigen Detaillierungsgrade erfassen.

4.2.1.3 Die leistungsmengeninduzierten Istbetriebskostenfunktionen

Gegenüber der Sollkostenfunktion weist die Istkostenfunktion eine Besonderheit auf. Die einzelnen Aktivitäten/Tätigkeiten/Teilprozesse können im Ist nicht nur hinsichtlich der Menge, sondern auch hinsicht-

---

1) Die Gesamtprozeßmengen, bzw. deren Faktoren, müssen ebenfalls direkt erfaßt werden und dürfen nicht retrograd aus den Einsatzzeiten abgeleitet werden.

2) Vgl. hierzu Gehart, T.: Rechnergestütztes Zeitmanagement, in: Personal 1991, MTM-Report '91/92, S. 18-20.

3) In der Prozeßkostenrechnung wird der Planung und der Erfassung der einzelnen Kostenarten nur wenig Aufmerksamkeit gewidmet. Auch wenn die Personalkosten möglichst analytisch geplant werden sollen, so werden Schätzgrößen doch oftmals anerkannt.

4) Vgl. ergänzend Tanski, J.: Kostenplanung und Kostenkontrolle im Forschungs- und Entwicklungsbereich industrieller Unternehmungen, Bern, Stuttgart 1984, S. 141 ff., der jedoch von einer Stundenaufschreibung ausgeht, während wir eine Minutenerfassung unterstellen.

lich der Art gegenüber den Plangrößen abweichen. Derartige Artabweichungen[1)] können nicht geplant werden, die Möglichkeit ihres Ausweises ist aber notwendig, um die Produktionsfaktorverbräuche vollständig zu erfassen. Es ist lediglich möglich, eine Artabweichung zu ermitteln, die aber wegen fehlender Plangrößen nicht weiter aufgespalten werden kann. Die Artabweichung stellt eine Residualgröße dar, die im Rahmen der Kostenabweichungsanalyse gesondert betrachtet werden muß, denn es ist nicht klar, ob es sich um einen Planungsfehler handelt, dann wurde(n) die entsprechende(n) Aktivität(en) zu Recht ausgeführt, oder um einen Realisationsfehler, dann wurde(n) sie nicht zu Recht ausgeführt. Zur Erfassung der Artabweichung, ist jede Istkostenfunktion um den Ausdruck $[\sum_{t=1}^{T(u)} a_{ti}^{r} \cdot q_{t}^{r} \cdot x_{ui}^{r}]$[2)] bzw. in der Fertigung des Dienstleistungsgeschäftes DG II um $[\sum_{t=1}^{T(u)} \sum_{n=1}^{N(i)} a_{ti}^{r} \cdot q_{t}^{r} \cdot \psi_{uin}^{r} \cdot xa_{n}^{r}]$, mit ψ als Platzhalter für die Eintrittskoeffizienten c, ..., f, und in der Fertigung des Dienstleistungsgeschäftes DG III um $[\sum_{t=1}^{T(u)} \sum_{n=1}^{N(i)} \sum_{o=1}^{O(n)} \sum_{j=1}^{J(n)} a_{ti}^{r} \cdot q_{t}^{r} \cdot (g_{on}^{r} \cdot g_{jn}^{r}) \cdot xb_{n}^{r}]$ additiv zu erweitern.[3)]

---

1) Als Istbetriebskostenfunktionsbestandteile sind die Artabweichungen [...] wegen fehlender Plangrößen Abweichungen sui generis.

2) Für die sekundären leistungsmengeninduzierten Prozesse ist statt „u" der Index ü zu verwenden.

3) Für die verkürzte Absatzbetriebskostenfunktion $Ab_{DG_{II}}$ ist wegen des fehlenden Aktivitätsmengenfaktors keine Artabweichung ausweisbar.

4.2.1.4 Die Erfassung und Darstellung leistungsmengenneutraler Betriebskostenarten

Eine Erfassung leistungsmengenneutraler Prozeßkosten erfolgt auf Kostenstellen- oder höherer Bezugsobjektebene.[1] Es ergeben sich jeweils die Istkostenfunktionen für die unechten und echten leistungsmengenneutralen Betriebskostenarten. Sofern eine höhere Bezugsobjektebene als die Kostenstelle gewählt wird, entfällt der Kostenstellenindex. Auf einen Ausweis der Kostenfunktionen wird an dieser Stelle verzichtet, da lediglich die Soll- durch die entsprechenden Istgrößen zu ersetzen sind.

4.2.1.5 Die Kontrolle der Erfassung der Istbetriebskostenarten

Die Einhaltung der vorgeschriebenen Kontrollmaßnahmen sowie die Sicherstellung der vorgesehenen Erfassungsgenauigkeit ist zu überwachen.

4.2.2 Die Gegenüberstellung von Soll- und Istbetriebskosten

In die Kostenkontrolle der Kostenstellen werden meist nicht alle Kostenarten einbezogen, sondern lediglich die als kontrollrelevant angesehenen, was sich im wesentlichen auf die leistungsmengeninduzierten sowie ausgewählte leistungsmengenneutrale bezieht.[2] Die leistungsmengenneutralen Kostenarten werden oft auf höheren Bezugsebenen kontrolliert. Sofern nicht alle Kostenarten der Kostenstel-

---

1) Vgl. zur Erfassung von Istkostenarten auch die ausführliche Darstellung von Mittendorf, Ch.: Industrielle Verwaltungskostenrechnung, Northeim 1996, S. 68 ff.

2) Die Kontrollrelevanz wird in der Literatur meist von der personalen Verantwortungszurechnung abhängig gemacht. Eine personale Verantwortungszurechnung ist nur dann möglich, wenn der Entscheidungsträger den Umfang der Entstehung einer Kostenart beeinflussen kann, vgl. Scherrer, G./Wimmer, K.: Kostenabweichungsanalyse, Regensburger Diskussionsbeiträge zur Wirtschaftswissenschaft Nr. 246, Regensburg 1992, S. 7, 9-11.

len auch kontrolliert werden, liegt ein sog. *partieller Soll-Ist-Kostenvergleich* vor.

4.2.2.1 Die Kostenabweichungsanalyse

4.2.2.1.1 Probleme der Kostenabweichungsanalyse

Der erste Problemkreis der Kostenabweichungsanalyse[1)] resultiert aus der multiplikativen Verknüpfung der Faktoren einer Kostenfunktion. Solange Größen additiv verknüpft sind, lassen sie sich problemlos separieren und auswerten.[2)] Bei multiplikativen Verknüpfungen ist es nur unter Zugrundelegung bestimmter Annahmen möglich, eine Gesamtabweichung in Teilabweichungen aufzuspalten. Die beiden wichtigsten Methoden zur Teilabweichungsermittlung werden in den folgenden Kapiteln vorgestellt.[3)]

---

1) Eine gute allgemeine Darstellung der Kostenkontrolle und der Kostenabweichungsanalyse auf der Basis traditioneller Vorgehensweisen findet sich bei Hänichen, T./Nagel, T.: Stellung und Aussagefähigkeit der Abweichungsanalyse im System der Kostenkontrolle, in: Systemmanagement und Managementsysteme, Festgabe für Gert v. Kortzfleisch zum 70. Geburtstag, hrsg. von P. Milling, Berlin 1991, S. 243-298.

2) Vgl. Streitferdt, L.: Entscheidungsregeln zur Abweichungsauswertung, Würzburg, Wien 1983, S. 41. Beispiel für eine additive Verknüpfung ist der Gesamtdeckungsbeitrag eines Unternehmens, der sich additiv aus den Produktdekkungsbeiträgen zusammensetzt, vgl. Kloock, J.: Kontrollmanagement ..., a.a.O., S. 35 f.

3) Eine knappe Darstellung aller in dieser Arbeit behandelten Methoden der Kostenabweichungsanalyse findet sich bei Brühl, R.: Methoden der Kostenkontrollrechnung, Diskussionspapier 169, hrsg. von der Wirtschaftswissenschaftlichen Dokumentation Technische Universität Berlin, Berlin 1993, S. 7 ff.; Ossadnik, W./ Maus, S.: Operatives Controlling mittels Kontrollrechnungen, Diskussionsbeiträge der Wirtschaftswissenschaftlichen Fakultät Ingolstadt Nr. 48, Eichstätt o.J. [1994], S. 3 ff.

4.2.2.1.2 Traditionelle Methoden der Kostenabweichungsanalyse

4.2.2.1.2.1 Vorbemerkungen

Zunächst ist zu unterscheiden, ob die Abweichungsanalyse als Soll-Ist- oder Ist-Soll-Vergleich erfolgt (*Basisansatz der Gesamtabweichung*). Bei einem Soll-Ist-Vergleich werden Abweichungen, bei denen der Istwert größer als der Sollwert ist, mit einem negativen Vorzeichen ausgewiesen, was unmittelbar zur Interpretation „Unerwünschte Abweichung" führt. Bis auf die Provisionen ist es bei allen Betriebskostenarten zunächst erwünscht, daß die tatsächlich erreichten Größen die tatsächlichen unterschreiten. Insofern bietet sich ein Soll-Ist-Vergleich hier an.

Ferner ist festzulegen, ob die in einer Kostenfunktion isolierten Teilabweichungen mit Ist- oder mit Sollgrößen verknüpft werden. Dies wird als *Basisbezug der Teilabweichungen einer Gesamtabweichung* bezeichnet. Der Vorteil eines Ausweises von Teilabweichungen mit identischen Bezugsbasen, liegt in der Akzeptanz und den damit verbundenen Lern- und Motivationseffekten.[1] Der Ausweis auf Sollbasis (Istbasis) bedeutet die Messung der Veränderung von Kosteneinflußgrößen an den geplanten (realisierten) Einflußgrößen sowie die Messung der Kostenabweichung an den geplanten (realisierten) Kosten.[2] Dem Ausweis auf Istbasis wird gegenüber dem Ausweis auf Sollbasis ein geringeres Lernpotential zugesprochen, da in den Istwerten Unwirtschaftlichkeiten anderer Mitarbeiter enthalten sein können, die der

---

1) Vgl. zu den Basisansätzen und Basisbezügen Kloock, J.: Kostenkontrolle ..., a.a.O., S. 8. Weiter unten wird eine Methode mit dem Ausweis gemischter Bezugsbasen vorgestellt.

2) Vgl. Bommes, W.: Darstellung und Beurteilung von Verfahren der Kostenabweichungsanalyse bei ein- und mehrstufigen Fertigungsprozessen, Essen 1984, S. 42 f. Vereinfacht läßt sich sagen, daß die Sollbasis (Istbasis) ausdrückt, welche Auswirkungen die einzelnen Einflußgrößenabweichungen (= realisierten Ursachen) auf die Sollkosten (Istkosten) hatten.

einzelne Verantwortliche sich nicht zurechnen lassen möchte.[1] Andererseits liegen die Vorteile von Istbezugsbasen in der positiven Umsetzung jeglicher lenkungsorientierter Kontrollaufgaben.[2]

Der Zusammenhang von Basisansatz und Basisbezugsgrößen sei anhand eines einfachen Beispiels erläutert:

Der Provisionssatz eines Versicherungsschutzproduktes sei q_1 und die Absatzmenge sei xa_1.[3] Die Abschlußprovisionskosten ergeben sich als q_1xa_1, so daß sich die folgende Tabelle ergibt:

Tabelle 4: Bezugsbasen und Basisansätze der Betriebskostenartenabweichungen[4]

---

1) Vgl. Kloock, J.: Neuere Entwicklungen des Kostenkontrollmanagements, in: Neuere Entwicklungen im Kostenmanagement, hrsg. von K. Dellmann/K. P. Franz, a.a.O., S. 607-644, hier S. 636.

2) Dabei werden unterschieden die eigenständige Motivation der Mitarbeiter, Störungen der betrieblichen Zielerreichung bereits im Vorfeld zu vermeiden (unmittelbare Lenkung = Lenkungsfunktion i.S.d. Motivationsaufgaben der Kontrolle) und die Motivation der Mitarbeiter zur betrieblichen Zielerreichung, die auf der Möglichkeit beruht, daß das eigene Verhalten Gegenstand einer Kontrolle ist (mittelbare Lenkung = Prophylaxefunktion von Kontrollen), vgl. Kloock, J.: Kontrollmanagement, a.a.O., S. 11.

3) Der Absatz eines Versicherungsschutzproduktes ist als leistungsmengeninduzierter Prozeß zu verstehen, so daß $xa_n = x_{ui}$ ist.

4) Vgl. hierzu auch Glaser, H.: Zur Relativität von Kostenabweichungen, in: BFuP 1999, S. 21-32, hier S. 22 f.

		Bezugsgrößen der Teilabweichungen	
		Sollgrößen	Istgrößen
Basisansätze der Gesamtabweichung	Soll-Ist	$\Delta K = q_1^s xa_1^s - q_1^r xa_1^r \Rightarrow q_1^r xa_1^r = q_1^s xa_1^s - \Delta K$ $= q_1^s xa_1^s - (q_1^s - \Delta q_1) \cdot (xa_1^s - \Delta xa_1)$ $= \Delta q_1 xa_1^s + q_1^s \Delta xa_1 - \Delta q_1 \Delta xa_1$	$\Delta K = q_1^s xa_1^s - q_1^r xa_1^r \Rightarrow q_1^s xa_1^s = q_1^r xa_1^r + \Delta K$ $= (q_1^r + \Delta q_1) \cdot (xa_1^r + \Delta xa_1) - q_1^r xa_1^r$ $= \Delta q_1 xa_1^r + q_1^r \Delta xa_1 + \Delta q_1 \Delta xa_1$
	Ist-Soll	$\Delta K = q_1^r xa_1^r - q_1^s xa_1^s \Rightarrow q_1^r xa_1^r = q_1^s xa_1^s + \Delta K$ $= (q_1^s + \Delta q_1) \cdot (xa_1^s + \Delta xa_1) - q_1^s xa_1^s$ $= \Delta q_1 xa_1^s + q_1^s \Delta xa_1 + \Delta q_1 \Delta xa_1$	$\Delta K = q_1^r xa_1^r - q_1^s xa_1^s \Rightarrow q_1^s xa_1^s = q_1^r xa_1^r - \Delta K$ $= q_1^r xa_1^r - (q_1^r - \Delta q_1) \cdot (xa_1^r - \Delta xa_1)$ $= \Delta q_1 xa_1^r + q_1^r \Delta xa_1 - \Delta q_1 \Delta xa_1$

Bei Δq_1 bzw. Δxa_1 handelt es sich um Kosteneinflußgrößenabweichungen 1. Ordnung.[1] Bei $\Delta q_1 \Delta xa_1$ handelt es sich um die multiplikative Verknüpfung zweier Einflußgrößenabweichungen und damit um eine Abweichung höherer Ordnung, hier 2. Ordnung.[2]

Sofern die einzelnen Kosteneinflußgrößenabweichungen Δ mit Kosteneinflußgrößen einer einheitlichen Basisbezugsgröße verknüpft sind, liegt folgender Zusammenhang vor: Soll-Ist-Vergleich = -(Ist-Soll-Vergleich).[3] Das vorangegangene Beispiel zeigt auch, daß aus rechentechnischen Gründen Soll-Ist-Vergleiche auf Istbasis und Ist-Soll-Vergleiche auf Sollbasis positiver zu beurteilen sind als deren Komplementärvorgehensweisen. Der Grund hierfür liegt darin, daß in den Klammerausdrücken, in denen die Differenz Δ enthalten ist, nur positive Rechenzeichen enthalten sind, so daß eine negative Differenz Δ auch zunächst eine negative Differenz bleibt und nicht bereits durch das Rechenzeichen eine Umwidmung erfährt.[4]

Die konzeptionellen Anforderungen an die Methoden der Kostenabweichungsanalyse sind in Tabelle 5 dargestellt:[5]

---

1) Von Abweichungen erster Ordnung wird gesprochen, wenn eine Kostenabweichung auf die Veränderung nur einer Kosteneinflußgröße in einer Kostenfunktion gegenüber der Bezugsbasis (d.h. die Abweichung ist mit Einflußgrößen verknüpft, die denen der Bezugsbasis entsprechen) zurückgeführt werden kann. M.a.W.: Wäre die betrachtete Kosteneinflußgröße im Soll- und Istwert gleich, wäre die betrachtete Kostenteilabweichung nicht entstanden.

2) Von Abweichungen zweiter Ordnung wird gesprochen, wenn genau zwei Kosteneinflußgrößen in einer Kostenfunktion gegenüber der Bezugsbasis abweichende Werte annehmen.

3) Vgl. Bommes, W.: Darstellung ..., a.a.O., S. 44 ff.

4) Dies wird auch als „Kompensationseffekt des Basisansatzes" bezeichnet, vgl. Wilms, S.: Abweichungsanalysemethoden der Kostenkontrolle, Bergisch Gladbach, Köln 1988, S. 60 ff./75/89.

5) Vgl. Kloock, J./Bommes, W.: Methoden der Kostenabweichungsanalyse, in: krp 1982, S. 225-237, hier S. 230-232; Bommes, W.: Darstellung ..., a.a.O., S. 87; Wilms, S.: Abweichungsanalysemethoden ..., a.a.O., S. 13 ff.

Tabelle 5: Konzeptionelle Anforderungen an die Methoden der Kostenabweichungsanalyse

Vollständigkeit	Die Summe der Teilabweichungen muß gleich der Gesamtabweichung sein, um nicht bestimmte Teilabweichungen, ohne sie kontrolliert zu haben, auszuschließen.
Invarianz	Die Höhe der Teilabweichungen darf nicht von der Reihenfolge ihrer Ermittlung abhängen.
Willkürfreiheit	Die Teilabweichungen müssen auf eine eindeutig zu identifizierende Ursache zurückgeführt werden können.
Koordinationsfähigkeit	Die Teilabweichungen müssen geeignet sein, weiter analysiert werden zu können.
Wirtschaftlichkeit	Bezieht sich auf die Kosten für die Ermittlung der Teilabweichungen. In bezug auf dieses Kriterium gibt es keinen Unterschied der einzelnen Methoden.

4.2.2.1.2.2 Die differenziert-kumulative Kostenabweichungsanalysemethode

Die differenziert-kumulative Abweichungsanalysemethode[1)] ist eine Kombination der alternativen und der kumulativen Abweichungsanaly-

1) Vgl. zu dieser Methode Streitferdt, L.: Entscheidungsregeln ..., a.a.O., S. 49 f.; Kloock, J.: Kontrollmanagement ..., a.a.O., S. 44 ff.; Kloock, J.: Erfolgskontrolle mit der differenziert-kumulativen Abweichungsanalyse, in: ZfB 1988, S. 423-434, hier S. 425 f.; Kloock, J./Bommes, W.: Methoden ..., a.a.O., S. 229; Bommes, W.: Darstellung ..., a.a.O., S. 53 ff.; Wilms, S.: Abweichungsanalysemethoden ..., a.a.O., S. 69 ff.

semethode. Die alternative Abweichungsanalysemethode[1] beruht darauf, daß alle Teilabweichungen formal als Abweichungen 1. Ordnung ausgewiesen werden.[2] Bei der kumulativen Abweichungsanalysemethode[3] werden die jeweiligen Einflußgrößenabweichungen höherer Ordnung kumuliert in den einzelnen Teilabweichungen ausgewiesen, und zwar solange, bis in der zuletzt ausgewiesenen Teilabweichung keine Einflußgrößenabweichungen höherer Ordnung mehr enthalten sind.[4][5]

---

1) Vgl. zu dieser Methode Kilger, W.: Der theoretische Aufbau der Kostenkontrolle, in: ZfB 1959, S. 457-468, hier S. 463 f.; Kilger, W.: Flexible ..., a.a.O., S. 171 ff.; Kloock, J./Bommes, W.: Methoden ..., a.a.O., S. 228; Kloock, J.: Erfolgskontrolle ..., a.a.O., S. 424 ff.; Kloock, J.: Kontrollmanagement ..., a.a.O., S. 40.

2) Ein Beispiel für die Anwendung der alternativen Kostenabweichungsanalysemethode (als Ist-Soll-Vergleich auf Soll-Bezugsbasis) in Versicherungsunternehmen, findet sich bei Brachmann, H.: Kostenkontrolle im Kompositversicherungsbetrieb, Karlsruhe 1998, S. 20.

3) Vgl. zu dieser Methode Kilger, W.: Der theoretische Aufbau ..., a.a.O., S. 464 ff.; Kilger, W.: Flexible ..., a.a.O., S. 173 f.; Kloock, J./Bommes, W.: Methoden ..., a.a.O., S. 227 f.; Kloock, J.: Erfolgskontrolle ..., a.a.O., S. 425 f.; Kloock, J.: Kontrollmanagement ..., a.a.O., S. 40 f.

4) Üblicherweise wird die kumulative Abweichungsanalysemethode so angewendet, daß die zuletzt ausgewiesene Teilabweichung keine Abweichungen höherer Ordnung mehr enthält. Da diese Abweichungsanalysemethode jedoch das Kriterium der Invarianz nicht erfüllt, ist sie ebensogut in der Form anwendbar, daß die zuerst ausgewiesene Teilabweichung keine Abweichungen höherer Ordnung enthält und die zuletzt ausgewiesene Teilabweichung alle von einer Einflußgrößenveränderung hervorgerufenen Abweichungen erster und höherer Ordnung enthält. Erkennbar ist die Teilabweichung, die keine Abweichungen höherer Ordnung mehr enthält, am Basisbezug. Wird also ein Soll-Ist-Vergleich auf Sollbasis durchgeführt und wird eine Einflußgrößenabweichung mit Sollgrößen gewichtet zuerst ausgewiesen, dann kumulieren sich die Abweichungen höherer Ordnung in den folgenden Teilabweichungen. Zum Nachweis sei auf das oben genannte Schrifttum verwiesen.

5) Ein Beispiel für die Anwendung der kumulativen Kostenabweichungsanalysemethode in Versicherungsunternehmen, findet sich bei Fischer, H.: Plankostenrechnung ..., a.a.O., S. 292 ff.

Die differenziert-kumulative Abweichungsanalysemethode geht für jede Teilabweichung folgendermaßen vor:

alternative AM + [{kumulative AM} - {alternative AM}].

Wir wollen das konkrete Vorgehen anhand der oben auf Seite 215 ff. entwickelten allgemeinen Kostenfunktion der leistungsmengeninduzierten Prozesse darstellen: $x_{ai} \cdot q_a \cdot x_{ui}$.[1)2)]

$$\Delta K^{SI/I} = K^S - K^R$$

$$= x_{ai}^s \cdot q_a^s \cdot x_{ui}^s - x_{ai}^r \cdot q_a^r \cdot x_{ui}^r$$

Nach der alternativen Abweichungsanalysemethode ergeben sich folgende Teilabweichungen:

$$x_{ai}^s \cdot q_a^r \cdot x_{ui}^r - x_{ai}^r \cdot q_a^r \cdot x_{ui}^r$$

$$= \Delta x_{ai} q_a^r x_{ui}^r = \text{Verbrauchsabweichung}$$

$$+$$

$$x_{ai}^r \cdot q_a^s \cdot x_{ui}^r - x_{ai}^r \cdot q_a^r \cdot x_{ui}^r$$

---

1) Eine derartige Kostenfunktion kann verstanden werden als das Produkt aus einer Aktivität x_{ai} im Sinne eines MTM-Elementes bzw. dessen Zeitdauer, des Preises q_a je Mengen- bzw. Zeiteinheit und der Anzahl x_{ui} der Aktivitätsdurchführungen je lmi-Teilprozeß. Sie läßt sich ebenso gröber differenzierend interpretieren, und zwar als Menge der Zeiteinheiten eines Teilprozesses x_{ai}, der in einen übergeordneten Prozeß eingeht, des Preises q_a je Zeiteinheit und der Menge x_{ui} des übergeordneten lmi-Prozesses.

2) Ein anderes Beispiel für eine dreidimensionale Kostenfunktion im Versicherungsunternehmen ist die Funktion der Provisionskosten. Diese werden oftmals ermittelt durch die Multiplikation von Jahresprämie und Laufzeit (dieses Produkt wird auch als Wertungssumme bezeichnet) mit dem jeweiligen Provisionssatz.

$$= x^r_{ai} \Delta q_a x^r_{p,ui} \quad = \quad \text{Preisabweichung}$$

+

$$x^r_{ai} \cdot q^r_a \cdot x^s_{ui} - x^r_{ai} \cdot q^r_a \cdot x^r_{ui}$$

$$= x^r_{ai} q^r_a \Delta x_{ui} \quad = \quad \text{Beschäftigungsabweichung}$$

Es handelt sich hierbei formal ausschließlich um Abweichungen erster Ordnung.[1)]

Nach der kumulativen Abweichungsanalysemethode ergeben sich folgende Teilabweichungen:

$$x^s_{ai} \cdot q^s_a \cdot x^s_{ui} - x^r_{ai} \cdot q^s_a \cdot x^s_{ui}$$

$$= \Delta x_{ai} q^s_a x^s_{ui} \quad = \quad \text{Verbrauchsabweichung}$$

$$= \Delta x_{ai} q^r_a x^r_{ui} + \Delta x_{ai} q^r_a \Delta x_{ui} + \Delta x_{ai} \Delta q_a x^r_{ui} + \Delta x_{ai} \Delta q_a \Delta x_{ui}$$

+

$$x^r_{ai} \cdot q^s_a \cdot x^s_{ui} - x^r_{ai} \cdot q^r_a \cdot x^s_{ui}$$

$$= x^r_{ai} \Delta q_a x^s_{ui} \quad = \quad \text{Preisabweichung}$$

$$= x^r_{ai} \Delta q_a x^r_{ui} + x^r_{ai} \Delta q_a \Delta x_{ui}$$

+

---

1) Die alternative Abweichungsanalysemethode entspricht den Forderungen nach Invarianz, Willkürfreiheit und Koordinationsfähigkeit und widerspricht der Vollständigkeit.

$$x^r_{ai} \cdot q^r_a \cdot x^s_{ui} - x^r_{ai} \cdot q^r_a \cdot x^r_{ui}$$

$$= x^r_{ai} q^r_a \Delta x_{ui} \quad = \quad \text{Beschäftigungsabweichung}$$

Da die Verbrauchsabweichung auf Sollbasis ausgewiesen wird, sind in ihr alle Abweichungen höherer Ordnung enthalten, in denen die Einflußgrößenabweichung Δx_{ai} enthalten ist.[1] Die Preisabweichung wird mit einer Mischbasis ausgewiesen. Durch die enthaltene Sollgröße wird bewirkt, daß hier alle Abweichungen höherer Ordnung ausgewiesen werden, in denen Δq_a und Δx_{ui} enthalten sind. Die Beschäftigungsabweichung wird auf Istbasis ausgewiesen und enthält formal nur die Abweichung 1. Ordnung.[2] Die Teilabweichungen lassen sich nach der differenziert-kumulativen Abweichungsanalysemethode auch dadurch bestimmen, daß in der Gesamtabweichung in einem ersten Schritt die nicht zur Bezugsbasis gehörenden Faktoren durch die korrespondierenden Größen ersetzt werden und nach erfolgter Ausmultiplikation die Einflußgrößenabweichungen höherer Ordnung in einem zweiten Schritt den Abweichungen 1. Ordnung, entsprechend der gewünschten Reihenfolge des Ausweises, zugewiesen werden. Hierbei ist grundsätzlich so vorzugehen, daß die Teilabweichung, der die größte Kontrollrelevanz zugesprochen wird, keine Abweichungen höherer Ordnung zugeordnet bekommt, damit das Analyseergebnis nicht verfälscht wird. Neben der differenzierten Zuweisung ist auch ein Blockausweis der Abweichungen höherer Ordnung möglich.[3]

---

1) Zum besseren Verständnis wurden die Ersetzungen der nicht zur gewünschten Bezugsbasis gehörenden Sollgrößen durch die korrespondierenden Istgrößen exemplarisch vorgenommen.

2) Die kumulative Abweichungsanalysemethode entspricht der Forderung nach Vollständigkeit, teilweise der Koordinationsfähigkeit und widerspricht der Invarianz und der Willkürfreiheit.

3) Vgl. Kloock, J.: Kontrollmanagement ..., S. 45 f.; Wilms, S.: Abweichungsanalysemethoden ..., a.a.O., S. 73 ff.

Es zeigt sich, daß der Zusammenhang alternative Abweichungsanalysemethode + [{kumulative Abweichungsanalysemethode} - {alternative Abweichungsanalysemethode}] bedeutet, daß der Klammerausdruck [...] immer nur die Abweichungen höherer Ordnung enthält, während die Abweichung 1. Ordnung von diesen getrennt ausgewiesen wird.

Nach der differenziert-kumulativen Abweichungsanalysemethode ergeben sich folgende Teilabweichungen:

$$\Delta x_{ai} q_a^r x_{ui}^r + [\{\Delta x_{ai} q_a^r x_{ui}^r + \Delta x_{ai} q_a^r \Delta x_{ui} + \Delta x_{ai} \Delta q_a x_{ui}^r + \Delta x_{ai} \Delta q_a \Delta x_{ui}\} - \{\Delta x_{ai} q_a^r x_{ui}^r\}]$$

$$= \Delta x_{ai} q_a^r x_{ui}^r + [\Delta x_{ai} q_a^r \Delta x_{ui} + \Delta x_{ai} \Delta q_a x_{ui}^r + \Delta x_{ai} \Delta q_a \Delta x_{ui}]$$

= Verbrauchsabweichung + [Abweichungen höherer Ordnung]

+

$$x_{ai}^r \Delta q_a x_{ui}^r + [\{x_{ai}^r \Delta q_a x_{ui}^r + x_{ai}^r \Delta q_a \Delta x_{ui}\} - \{x_{ai}^r \Delta q_a x_{ui}^r\}]$$

$$= x_{ai}^r \Delta q_a x_{ui}^r + [x_{ai}^r \Delta q_a \Delta x_{ui}]$$

= Preisabweichung + [Abweichungen höherer Ordnung]

+

$$x_{ai}^r q_a^r \Delta x_{ui} + [\{x_{ai}^r q_a^r \Delta x_{ui}\} - \{x_{ai}^r q_a^r \Delta x_{ui}\}]$$

$$= x_{ai}^r q_a^r \Delta x_{ui}$$

= Beschäftigungsabweichung

4.2.2.1.3 Das Verständnis der ausgewiesenen Teilabweichungen

Die ermittelten Teilabweichungen sollen für verschiedene Unternehmensführungsaufgaben, besonders die der Abweichungsursachenermittlung und -beseitigung, die auch eine bestimmte Verantwortungszuweisung impliziert, verwendet werden. Als besonders sensibel sind immer die Höhen der ausgewiesenen Teilabweichungen zu betrachten, auch wenn sie bei der eigentlichen Auswertung nicht-personifiziert im Mittelpunkt stehen. Zweifel an der Höhe einer verantworteten Abweichung liefern immer (unnötigen) Diskussionsstoff und beinhalten erhebliche Spannungspotentiale im betrieblichen Arbeitsumfeld. Aus diesem Grund ist es notwendig, die Überschneidungsfreiheit bzw. das Überschneidungsausmaß und damit die subjektive und objektive Richtigkeit der einzelnen Teilabweichungsbeträge näher zu untersuchen.

Kern möglicher Interpretationen sind die Ergebnisse der alternativen Abweichungsanalysemethode, die ja auch in der differenziert-kumulativen Abweichungsanalysemethode Verwendung finden und immer nur eine Einflußgrößenabweichung enthalten. Konstituierendes Merkmal dieser Methode ist, daß die Summe der Teilabweichungen niemals identisch mit der Gesamtabweichung ist. Dies läßt den Schluß zu, daß entweder keine Abweichungen höherer Ordnung ausgewiesen werden oder die Abweichungen höherer Ordnung mehrfach enthalten sind.

Wir wollen die Problematik mit Hilfe der Absatzkostenfunktion untersuchen:

Abbildung 16: Soll- und Istkosten[1]

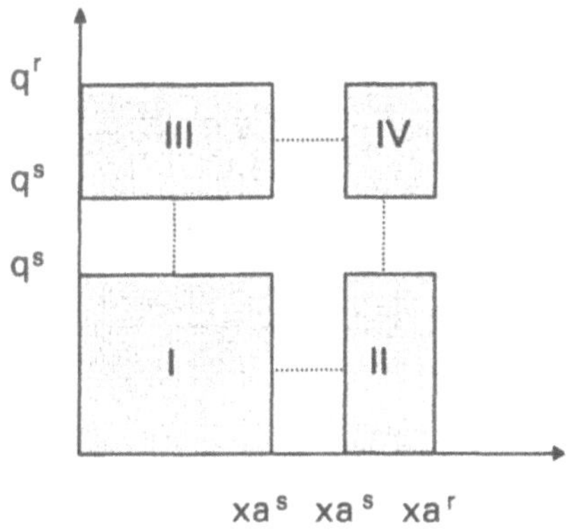

Fall I

$\triangle q$ und $\triangle x$ = negativ

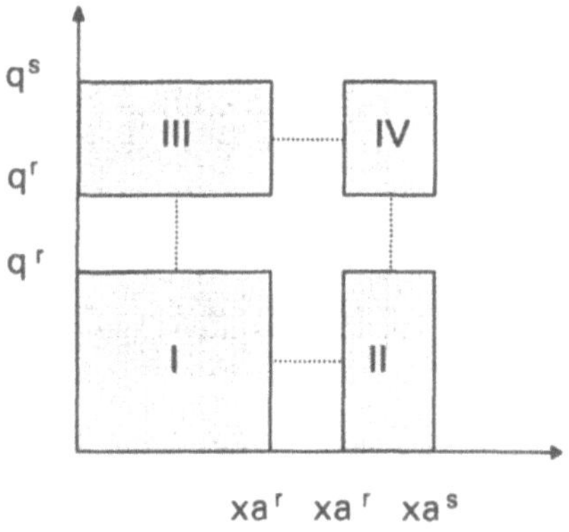

Fall II

$\triangle q$ und $\triangle x$ = positiv

Fall I:

$K^S - K^R = q^s xa^s - q^r xa^r$

= I - (I + II + III + IV)[2]

= - (II + III + IV)

Fall II:

$K^S - K^R = q^s xa^s - q^r xa^r$

= (I + II + III + IV) - (I)

= (II + III + IV)

---

1) Die Fälle III mit $q^s > q^r$, $xa^s < xa^r$ und IV mit $q^s < q^r$, $xa^s > xa^r$ werden an dieser Stelle nicht dargestellt, da die mit ihnen verbunden Aussagen erst bei der Diskussion der verallgemeinerten differenziert-kumulativen Kostenabweichungsanalysemethode von Bedeutung sind.

2) Die römischen Buchstaben im Zusammenhang mit Teilabweichungen, beziehen sich immer auf die entsprechenden Felder in den zugehörigen Zeichnungen.

1) Ausweis der Teilabweichungen nach der alternativen Abweichungsanalysemethode

1a) Provisionssatzabweichung

$\Delta K^{Q}_{\{A\}} = \Delta q x a^{r} = III + IV$ $\qquad$ $\Delta K^{Q}_{\{A\}} = \Delta q x a^{r} = III$

1b) Absatzmengenabweichung (= Beschäftigungsabweichung)

$\Delta K^{XA}_{\{A\}} = q^{r} \Delta x a = II + IV$ $\qquad$ $\Delta K^{XA}_{\{A\}} = q^{r} \Delta x a = II$

2) Ausweis der Teilabweichungen nach der kumulativen Abweichungsanalysemethode

2a) Provisionssatzabweichung

$\Delta K^{Q}_{\{K\}} = \Delta q x a^{s} = III$ $\qquad$ $\Delta K^{Q}_{\{K\}} = \Delta q x a^{s} = III + IV$

$= \Delta q \Delta x a + \Delta q x a^{r}$ $\qquad$ $= \Delta q \Delta x a + \Delta q x a^{r}$

$= IV + (III + (-)IV)$ $\qquad$ $= IV + III$

2b) Absatzmengenabweichung (Beschäftigungsabweichung)

$\Delta K^{XA}_{\{K\}} = q^{r} \Delta x a = II + IV$ $\qquad$ $\Delta K^{XA}_{\{K\}} = q^{r} \Delta x a = II$

3) Ausweis der Teilabweichungen nach der differenziert-kumulativen Abweichungsanalysemethode

3a) Provisionssatzabweichung

$$\Delta K^{Q}_{\{DK\}} = \Delta K^{Q}_{\{A\}} + [\Delta K^{Q}_{\{K\}} - \Delta K^{Q}_{\{A\}}]$$
$$= \Delta qxa^{r} + [\Delta q\Delta xa + \Delta qxa^{r} - \Delta qxa^{r}]$$
$$= \Delta qxa^{r} + [\Delta q\Delta xa]$$
$$= (III + (-)IV) + IV^{1)}$$

$$\Delta K^{Q}_{\{DK\}} = \Delta K^{Q}_{\{A\}} + [\Delta K^{Q}_{\{K\}} - \Delta K^{Q}_{\{A\}}]$$
$$= \Delta qxa^{r} + [\Delta q\Delta xa + \Delta qxa^{r} - \Delta qxa^{r}]$$
$$= \Delta qxa^{r} + [\Delta q\Delta xa]$$
$$= III + IV$$

3b) Absatzmengenabweichung (= Beschäftigungsabweichung)

$$\Delta K^{XA}_{\{DK\}} = \Delta K^{XA}_{\{A\}} + [\Delta K^{XA}_{\{K\}} - \Delta K^{XA}_{\{A\}}]$$
$$= q^{r}\Delta xa + [q^{r}\Delta xa - q^{r}\Delta xa]$$
$$= q^{r}\Delta xa$$
$$= II + IV$$

$$\Delta K^{XA}_{\{DK\}} = \Delta K^{XA}_{\{A\}} + [\Delta K^{XA}_{\{K\}} - \Delta K^{XA}_{\{A\}}]$$
$$= q^{r}\Delta xa + [q^{r}\Delta xa - q^{r}\Delta xa]$$
$$= q^{r}\Delta xa$$
$$= II$$

Die grafische Darstellung zeigt, daß im Fall I alle Teilabweichungen nach der alternativen Abweichungsanalysemethode die Abweichung höherer Ordnung enthalten und daher in der Summe ungleich der Ge-

1) Da $q^{s} < q^{r}$ ist Δq negativ, so daß das Feld IV einmal mit negativem und einmal mit positivem Vorzeichen enthalten ist. Die Abweichung höherer Ordnung übt damit einen „Kompensationseffekt der Einflußgrößenentwicklung" aus, durch den bewirkt wird, daß die Summe der Teilabweichungen gleich der Gesamtabweichung ist, vgl. hierzu Wilms, S.: Abweichungsanalysemethoden ..., a.a.O., S. 87 ff. Das Vorhandensein von Kompensationseffekten stellt die Koordinationsfähigkeit der von einer Abweichungsanalysemethode bereitgestellten Teilabweichungen in Frage.

samtabweichung sind. Im Fall II werden nach der alternativen Abweichungsanalysemethode keine Abweichungen höherer Ordnung ausgewiesen, so daß die Summe der Teilabweichungen wegen des Nichtausweises ungleich der Gesamtabweichung sind. Bei der kumulativen Abweichungsanalysemethode wird die Abweichung höherer Ordnung im Fall I (real !) in der Beschäftigungsabweichung und im Fall II in der Provisionssatzabweichung ausgewiesen. Entsprechend ist das Ergebnis in der Kombination der Methoden: Die differenziert-kumulative Abweichungsanalysemethode weist im Fall I die Abweichung höherer Ordnung formal in der Provisionssatzabweichung aus, die real jedoch in der Absatzmengenabweichung enthalten ist. Im Fall II ist das Ergebnis formal und materiell richtig.

Entscheidend für die Frage, ob eine Abweichung erster Ordnung betragsmäßig Abweichungen höherer Ordnung enthält, ist die Entwicklung der Soll- zur Istgröße, also der Einflußgrößendifferenz, in Abhängigkeit vom zugrundeliegenden Basisansatz:[1)]

---

1) Vom betragsmäßigen Ausweis muß strikt die Möglichkeit getrennt werden, daß eine Abweichung erster Ordnung einer bestimmten Bezugsbasis auch auf der Basis des komplementären Bezugssystems, dann einschließlich der ausgewiesenen Abweichungen höherer Ordnung, dargestellt werden kann. Vgl. hierzu auch Glaser, H.: Zur Relativität ..., a.a.O., S. 25.

Tabelle 6: Betragsgleiche und betragsungleiche Abweichungen erster Ordnung

Basisansätze der Gesamtabweichung		Bezugsgrößen der Teilabweichungen: Soll	Bezugsgrößen der Teilabweichungen: Ist
	Soll-Ist	Einflußgrößenentwicklung negativ: Abweichungen erster Ordnung enthalten betragsmäßig *keine* Abweichungen höherer Ordnung	Einflußgrößenentwicklung negativ: Abweichungen erster Ordnung enthalten betragsmäßig Abweichungen höherer Ordnung
	Soll-Ist	Einflußgrößenentwicklung positiv: Abweichungen erster Ordnung enthalten betragsmäßig Abweichungen höherer Ordnung	Einflußgrößenentwicklung positiv: Abweichungen erster Ordnung enthalten betragsmäßig *keine* Abweichungen höherer Ordnung
	Ist-Soll	Einflußgrößenentwicklung negativ: Abweichungen erster Ordnung enthalten betragsmäßig Abweichungen höherer Ordnung	Einflußgrößenentwicklung negativ: Abweichungen erster Ordnung enthalten betragsmäßig *keine* Abweichungen höherer Ordnung
	Ist-Soll	Einflußgrößenentwicklung positiv: Abweichungen erster Ordnung enthalten betragsmäßig *keine* Abweichungen höherer Ordnung	Einflußgrößenentwicklung positiv: Abweichungen erster Ordnung enthalten betragsmäßig Abweichungen höherer Ordnung

4.2.2.1.4 Die Interpretation entstandener Abweichungen

Die Analyse der entstandenen Teilabweichungen wird grundsätzlich von den Controllern in Zusammenarbeit mit den Kostenstellen- und/oder Prozeßverantwortlichen durchgeführt. Die vorangegangenen Ausführungen haben gezeigt, daß die differenziert-kumulative Abweichungsanalysemethode nicht geeignet ist, Verantwortungszuweisungen im Hinblick auf die Höhe der entstandenen Teilabweichungen vorzunehmen, da ohne weiteres nicht ersichtlich ist, inwieweit in einer Teilabweichung Abweichungen höherer Ordnung enthalten sind.[1)] Verschärft wird diese Problematik noch durch die verschiedenen Kompensationseffekte, die u.a. auch dazu führen, daß zwei Kosteneinflußgrößen, die sich kostensteigernd entwickelt haben (also mit negativem Vorzeichen ausgewiesen werden), als Abweichung zweiter Ordnung durch ihr positives Vorzeichen kostenminimierend wirken.[2)]

Der Nutzen einer differenziert-kumulativen Abweichungsanalysemethode liegt darin, daß die formalen Abweichungen 1. Ordnung getrennt von dem einzelnen oder dem Blockausweis der formalen Abweichungen höherer Ordnung erfolgt. Die formalen Abweichungen 1. Ordnung lassen sich eindeutig auf eine Abweichungsursache zurückführen und damit eindeutig einem Verantwortlichen zurechnen.[3)] Der Ausweis der einzelnen differenzierten Teilabweichungen wird ferner als Informationsquelle benötigt, auf deren Basis festgestellt werden kann, welche Änderungspotentiale sich ergeben, wenn die Werte der Kosteneinflußgrößen sich ändern, wodurch die primären Ansatzpunkte einer Einflußgrößenabweichungsbeseitigung identifiziert werden kön-

1) Diese Aussage gilt ebenso für andere *traditionelle* Methoden der Kostenabweichungsanalyse wie z.B. die symmetrische, da die Methoden sich ausschließlich im Hinblick auf die Behandlung der Abweichungen höherer Ordnung unterscheiden.

2) Auch die Abweichungen 1. Ordnung, die zwar formal als eindeutig kostensteigernd bzw. kostensenkend interpretierbar sind, sind hiervon betroffen. Vgl. Wilms, S.: Abweichungsanalysemethoden ..., a.a.O., S. 90-95.

3) Vgl. Kloock, J.: Neuere Entwicklungen ..., a.a.O., S. 627.

nen.[1] Hierbei lassen sich zwei grundlegende Fälle unterscheiden, und zwar zum einen, wenn Einflußgrößen, die in der Bezugsbasis enthalten sind, variiert werden, und zum anderen, wenn Einflußgrößen, die nicht in der Bezugsbasis enthalten sind, variiert werden.

Betrachten wir zunächst den ersten Fall, also die Ersetzung einer Istgröße (y^r) durch ihren Sollwert ($y^s = y^{r\#}$).[2] Der allgemeine Zusammenhang lautet dabei:

$$
\begin{aligned}
K^S - K^R - (K^S - K^{R\#}) &= K^{R\#} - K^R \\
&= y_1^{s\,(=r\#)}\, y_2^r \dots y_n^r - y_1^r\, y_2^r \dots y_n^r \\
&= \Delta y_1\, y_2^r \dots y_n^r \\
&= \text{Abweichung 1. Ordnung.}^{3)}
\end{aligned}
$$

Die Abweichung erster Ordnung gibt damit genau den Betrag an, um den sich die Gesamtkostenabweichung verändert, wenn eine Einflußgröße, die zur Bezugsbasis gehört, den Wert der Nicht-Bezugsbasis annimmt.[4] Wenn mehr als eine Einflußgröße verändert wird, so ergibt sich der Änderungsbetrag aus der Addition genau der Teilabweichungen, in denen ausschließlich die betreffenden Einflußgrößen ent-

---

1) Die generelle Fragestellung lautet: Wie ändert sich die Kostengesamtabweichung, wenn ein Istwert durch den Sollwert (et vice versa) vollständig oder teilweise ersetzt wird?

2) Ausgangspunkt ist wieder der Soll-Ist-Vergleich auf Istbezugsbasis.

3) Auf die genaue Herleitung und den Beweis der Richtigkeit wird hier verzichtet. Eine ausführliche Darstellung findet sich bei Wilms, S.: Abweichungsanalyse ..., a.a.O., S. 178 ff.

4) Sofern der Ausweis auf Istbasis (Sollbasis) erfolgt, geben alle Teilabweichungen auf Sollbasis (Istbasis), in denen die betrachtete Einflußgrößendifferenz enthalten ist, ebenfalls den Änderungsbetrag an, vgl. Kloock, J.: Kostenkontrolle ..., a.a.O., S. 19.

halten sind.[1] Die neue Gesamtabweichung ergibt sich dann entweder über die Änderungsgröße, oder indem die verbleibenden (= nicht entscheidungsrelevanten) Teilabweichungen addiert werden.

Betrachten wir nun den zweiten Fall, also die Ersetzung einer Sollgröße (y^s) durch ihren Istwert ($y^r = y^{s\#}$).[2] Der allgemeine Zusammenhang lautet dabei:

$$K^S - K^R - (K^{S\#} - K^R) = K^S - K^{S\#}$$

$$= y_1^s \, y_2^s \ldots y_n^s - y_1^{r\,(=s\#)} \, y_2^s \ldots y_n^s$$

$$= \Delta y_1 \, y_2^s \ldots y_n^s$$

$$= \Delta y_1 \, (\Delta y_2 + y_2^s) \ldots (\Delta y_n + y_n^s)$$

Damit ergibt sich der Änderungsbetrag aus der Addition aller Teilabweichungen, in denen die geänderte Einflußgröße (= Einflußgrößenabweichung) enthalten ist, oder anders ausgedrückt, von den ursprünglichen Teilabweichungen erster und höherer Ordnung entfallen alle, in denen die geänderte Einflußgröße enthalten ist. Sofern mehrere Einflußgrößen derart ersetzt werden, müssen ebenfalls alle Teilabweichungen, in denen die geänderten Einflußgrößen enthalten sind, berücksichtigt werden.[3]

---

1) Das bedeutet, wenn 2 Einflußgrößen verändert werden, so ergibt sich der Änderungsbetrag aus der Addition der beiden Teilabweichungen 1. Ordnung und der Abweichung 2. Ordnung in der beide Einflußgrößenabweichungen enthalten sind. Bei drei Einflußgrößen aus den drei Teilabweichungen 1. Ordnung, den 3 Teilabweichungen 2. Ordnung, in denen jeweils nur die betroffenen Einflußgrößenabweichungen enthalten sind, und der Abweichung 3. Ordnung.

2) Ausgangspunkt ist wieder der Soll-Ist-Vergleich auf Istbezugsbasis.

3) Auf den Beweis und die genaue Herleitung wird hier verzichtet und auf das Schrifttum, besonders die Ausführungen von Wilms, S.: Abweichungsanalysemethoden ..., a.a.O., S. 174 ff. verwiesen.

Der entscheidende Unterschied zwischen den beiden Fallbetrachtungen ergibt sich durch die Bezugsbasis. Im ersten Fall wurde die Bezugsbasis geändert, die ja in allen Teilabweichungen enthalten ist. Hier reicht es nicht aus, einzelne Teilabweichungen zu eliminieren, sondern es müßten alle Teilabweichungen neu berechnet werden. Der Änderungsbetrag ist aber gleich der Abweichung 1. Ordnung bzw. unter Berücksichtigung bestimmter Abweichungen höherer Ordnung.[1)] Im zweiten Fall hingegen wurde die Bezugsbasis nicht geändert und damit auch nicht die einzelnen Teilabweichungen an sich. Hier reicht es aus, die entsprechenden Teilabweichungen zu eliminieren.

Zum besseren Verständnis soll ein Beispiel anhand der allgemeinen Kostenfunktion der Imi-Prozesse dienen: $x_{ai} \cdot q_a \cdot x_{ui}$

x_{ai} = Zeit je Teilprozeß
q_a = Geldeinheiten je Zeiteinheit eines Teilprozesses
x_{ui} = Anzahl der Teilprozeßdurchführungen

$x_{ai}^s = 5$	$x_{ai}^r = 7$	$\Delta x_{ai} = -2$
$q_a^s = 2$	$q_a^r = 2{,}2$	$\Delta q_a = -0{,}2$
$x_{ui}^s = 300$	$x_{ui}^r = 280$	$\Delta x_{ui} = 20$

$\Delta K = 3000 - 4312 = -1312$. Das negative Vorzeichen zeigt eine unerwünschte Abweichung an, die insgesamt 1312 GE beträgt.[2)]

1) Unter Konstanz der verbliebenen Einflußgrößenwerte. Die Erfüllung dieser ceteris paribus-Bedingung der Bezugsbasis wird in der Realität für die Ergebnisentwicklung in zukünftigen Perioden nicht immer erfüllbar sein.

2) Werden in einer Kostenfunktion konkrete Werte angegeben, handelt es sich um Geldeinheiten (GE), sofern keine reale Währung verwendet wurde.

mit: $\Delta x_{ai} q^r_a x^r_{ui} = -1232$; $x^r_{ai} \Delta q_a x^r_{ui} = -392$; $x^r_{ai} q^r_a \Delta x_{ui} = 308$

$\Delta x_{ai} \Delta q_a x^r_{ui} = 112$; $\Delta x_{ai} q^r_a \Delta x_{ui} = -88$; $x^r_{ai} \Delta q_a \Delta x_{ui} = -28$

$\Delta x_{ai} \Delta q_a \Delta x_{ui} = 8$

Betrachten wir zuerst den Fall, daß ein Wert der Bezugsbasis, z.B. $x^r_{ai} = 7$, durch den korrespondierenden Wert, der nicht zur Bezugsbasis gehört, ersetzt wird, so gibt die Abweichung 1. Ordnung den Änderungsbetrag an, hier gleich -1232.[1] Die Gesamtabweichung sinkt also um 1232 GE auf -80 GE.[2]

Im zweiten Fall wird ein Wert, der nicht zur Bezugsbasis gehört, z.B. $x^s_{ai} = 5$, ersetzt, eben durch den Wert der Bezugsbasis. Die Veränderung der Gesamtabweichung ergibt sich durch die Addition aller Teilabweichungen, in denen Δx enthalten ist, also (-1232) + 112 +

---

1) Das negative Vorzeichen ist anders zu interpretieren als bei der Kostenabweichungsanalyse. Beim Soll-Ist-Vergleich ist ein negatives Vorzeichen bezogen auf die ausgewiesene Größe zu verstehen, also als unerwünschte, als *negative* Abweichung. Im hier dargestellten Fall geht es um die Veränderung einer vorhandenen Kostendifferenz. Bei einer negativen Ausgangsgröße bedeutet eine negative Änderungsgröße eine Gesamtveränderung in Richtung auf den Nullpunkt. Bei einer positiven Ausgangsgröße bedeutet eine positive Änderungsgröße die Bewegung in Richtung auf den Nullpunkt. Wird die Beziehung $K^{\#} - K = \Delta$ nach $K^{\#} = K + \Delta$ aufgelöst, so gibt das Vorzeichen die Veränderung der bisherigen Bezugsbasis zur neuen Bezugsbasis an, ohne daß Interpretationsprobleme wegen vorhandener Rechenzeichen aufkommen.

2) Zur Kontrolle die Neuberechnung: $K^S - K^{R\#} = 3000 - 3080 = 80$. Die Gesamtabweichung sinkt, weil es zu einer Verminderung der Istkosten kommt. Das Zahlenbeispiel zeigt auch, daß wenn x^r_{ai} und q^r_a ersetzt werden, es zu einer positiven (= erwünschten) Kostenabweichung kommt ((-1232 + (-392) + 112 = -1512, die Gesamtabweichung sinkt um 1512 GE auf +200; Neuberechnung: 3000 - 2800 = 200). Werden dagegen alle Basiswerte ersetzt, so sinkt die Gesamtabweichung lediglich um 1312 GE, eben auf die Abweichung null. Das scheinbar bessere Ergebnis bei der Ersetzung von nur zwei Einflußgrößen ist jedoch verbunden mit einem Rückgang der Gesamtprozeßdurchführungen von 20 Einheiten. Während eine Zeiten- und eine Preisreduktion als erwünscht angesehen werden können, ist dies bei einer Beschäftigungsreduktion immer im Einzelfall zu prüfen.

(-88) + 8 = -1200. Die Gesamtabweichung wird also um 1200 GE sinken, und zwar auf -112 GE.[1]

Abschließend ist noch der Fall zu behandeln, daß die Einflußgrößenwerte nicht vollständig (= nicht-identisch) durch ihre korrespondierenden Werte substituiert werden.[2]

Die Veränderung einer bestehenden Einflußgrößendifferenz bedeutet formal gesehen nichts anderes als die Multiplikation der Einflußgrößendifferenz mit einer Veränderungsgröße μ bzw η. Die vollständige Substitution, und damit der Wegfall der betrachteten Einflußgrößendifferenz, kann dabei als ein Sonderfall der relativen Änderung der Einflußgrößendifferenz mit $\mu = 0$ ($\eta = 0$) angesehen werden. Allgemein ergibt sich die Veränderungsgröße gemäß folgender Beziehung:
$\frac{y^s - y^{r\#}}{y^s - y^r} = \frac{\Delta^\# y}{\Delta y} = \mu \Rightarrow \Delta^\# y = \mu \Delta y$, sofern eine zur Bezugsbasis gehörende Einflußgrößendifferenz verändert wird bzw. bei Änderung einer Einflußgröße, die nicht zur Bezugsbasis gehört: $\frac{y^{s\#} - y^r}{y^s - y^r} = \frac{\Delta^\# y}{\Delta y} = \eta$

$\Rightarrow \Delta^\# y = \eta \Delta y$.

Bei der *vollständigen Ersetzung* von Einflußgrößen, die zur Bezugsbasis bzw. die nicht zur Bezugsbasis gehören, gelten die folgenden Beziehungen:

---

1) Die Kontrolle läßt sich leicht durch eine Neuberechnung der Gesamtabweichung erreichen: 4200 - 4312 = -112. Die Gesamtabweichung sinkt, weil es zu einer Erhöhung der Sollkosten kommt. Wird die Beziehung $K - K^\# = \Delta$ nach $K = K^\# + \Delta$ aufgelöst, so gibt das Vorzeichen die Veränderung der neuen Bezugsbasis zur bisherigen Bezugsbasis an, ohne daß Interpretationsprobleme wegen vorhandener Rechenzeichen aufkommen.

2) Vgl. Wilms, S.: Abweichungsanalysemethoden ..., a.a.O., S. 190 ff.

a) Änderungsbetrag: Entscheidungsrelevante ursprüngliche Teilabweichungen multipliziert mit $(1 - \mu)/$[1]$(1 - \eta)$, wobei $\mu/\eta = 0$; übrige Teilabweichungen multipliziert mit μ/η.

b) Neue Gesamtabweichung: Entscheidungsrelevante ursprüngliche Teilabweichungen multipliziert mit μ/η, wobei $\mu/\eta = 0$; übrige Teilabweichungen multipliziert mit $(1 - \mu)/(1 - \eta)$.

Bei der *nicht-identischen Ersetzung* könnte in Analogie zur vollständigen Ersetzung davon ausgegangen werden, daß der Änderungsbetrag von der bisherigen zur neuen Gesamtabweichung sich dadurch ergibt, daß die entscheidungsrelevanten ursprünglichen Teilabweichungen mit der Größe $(1 - \mu)/(1 - \eta)$ multipliziert und addiert werden. Die verbleibenden Teilabweichungen dürfen nicht berücksichtigt werden, sie werden mit dem Faktor null multipliziert. Es läßt sich jedoch zeigen, daß diese Vorgehensweise nur für Einflußgrößen gilt, die zur Bezugsbasis gehören, nicht jedoch für solche, die nicht zur Bezugsbasis gehören. In diesem Fall ist der Änderungsbetrag nicht direkt ermittelbar.

Wenn nun die neue Gesamtabweichung ermittelt werden soll, so ist gegenüber der vollständigen Ersetzung zu beachten, daß die entscheidungsrelevanten ursprünglichen Teilabweichungen nicht entfallen, also nicht mit dem Faktor null multipliziert, sondern lediglich reduziert werden. In Analogie zur vollständigen Ersetzung müßten demnach die entscheidungsrelevanten Teilabweichungen mit μ/η multipliziert und zusammen mit den verbleibenden Teilabweichungen addiert werden. Hier läßt sich nun zeigen, daß diese Vorgehensweise nur anwendbar

---

1) Der Schrägstrich „/" steht hier in diesem Zusammenhang für beziehungsweise.

ist bei Einflußgrößen, die **nicht zur** Bezugsbasis gehören. Die neue Gesamtabweichung bei Einflußgrößen, die zur Bezugsbasis gehören, ist somit nur indirekt ermittelbar.[1)2)]

Bei der nicht-identischen Ersetzung gelten die folgenden Beziehungen:

c) Nicht-identische Ersetzung von Einflußgrößen, die zur Bezugsbasis gehören:
Änderungsbetrag: Entscheidungsrelevante ursprüngliche Teilabweichungen multipliziert mit $(1 - \mu)/(1 - \eta)$; übrige Teilabweichungen multipliziert mit dem Faktor null.

d) Nicht-identische Ersetzung von Einflußgrößen, die nicht zur Bezugsbasis gehören:
Neue Gesamtabweichung: Entscheidungsrelevante ursprüngliche Teilabweichungen multipliziert mit μ/η; übrige Teilabweichungen multipliziert mit dem Faktor eins.

Zum besseren Verständnis wollen wir diese Sachverhalte nochmals anhand des bekannten Beispiels erläutern:

---

1) Es handelt sich hier um allgemeingültige Aussagen, die auch die Fälle mit einschließen, daß die bisherigen Soll- und Istgrößen über- und unterschritten werden sowie die Variation mehrerer Einflußgrößen. In Einzelfällen, besonders wenn μ/η zwischen 0 und 1 variiert und lediglich eine Einflußgröße verändert wird, können bezogen auf die Bezugsbasis/Nicht-Bezugsbasis durchaus die neue Gesamtkostenabweichung **und** der Änderungsbetrag ermittelbar sein.

2) Die entscheidende Problematik liegt in der Interpretation und Anwendung der Veränderungsgrößen. Soll bspw. eine bestehende Einflußgrößendifferenz um 40% (= 0,4) vermindert werden, so bedeutet dies eine Multiplikation dieser Einflußgrößendifferenz mit der Änderungsgröße 0,6 (also 1- 0,4).

Die Kostenfunktion eines Imi-Prozesses lautet: $x_{ai} \cdot q_a \cdot x_{ui}$[1)]

x_{ai} = Zeit je Teilprozeß
q_a = Geldeinheiten je Zeiteinheit eines Teilprozesses
x_{ui} = Anzahl der Teilprozeßdurchführungen

I) Änderung von Einflußgrößen, die zur Bezugsbasis gehören:[2)]

$x^s_{ai} = 5$ $\quad x^r_{ai} = 7$ $\quad x^{r\#}_{ai} = 6{,}6$ $\quad \mu_1 = 0{,}8$ $\quad 1 - \mu_1 = 0{,}2$

$q^s_a = 2$ $\quad q^r_a = 2{,}2$ $\quad q^{r\#}_a = 1{,}8$ $\quad \mu_2 = -1$ $\quad 1 - \mu_2 = 2$

$x^s_{ui} = 300$ $\quad x^r_{ui} = 280$ $\quad x^r_{ui} = 280$

$\Delta K^{Alt} = 3000 - 4312 = -1312;$

$\Delta K^{Neu} = 3000 - 3326{,}4 = -326{,}4$

$\Delta \text{Änderung} = -1312 - -326{,}4 = -985{,}6$

1) Neue Gesamtabweichung:

$\mu_1 \Delta x_{ai} q^r_a x^r_{ui} = -985{,}6; \; x^r_{ai} \mu_2 \Delta q_a x^r_{ui} = 392; \; x^r_{ai} q^r_a \Delta x_{ui} = 308$

$\mu_1 \Delta x_{ai} \mu_2 \Delta q_a x^r_{ui} = -89{,}6; \; \Delta x_{ai} q^r_a \Delta x_{ui} = -88; \; x^r_{ai} \Delta q_a \Delta x_{ui} = -28$

$\Delta x_{ai} \Delta q_a \Delta x_{ui} = 8 \Rightarrow = -483{,}2 \neq -326{,}4$

2) Änderungsbetrag:

$(1 - \mu_1) \Delta x_{ai} q^r_a x^r_{ui} = -246{,}4; \; x^r_{ai} (1 - \mu_2) \Delta q_a x^r_{ui} = -784$

$(1 - \mu_1) \Delta x_{ai} (1 - \mu_2) \Delta q_a x^r_{ui} = 44{,}8 \Rightarrow = -985{,}6 = -985{,}6$

---

1) Vgl. zur Herleitung unsere Ausführungen auf Seite 215 ff.

2) Zur Vereinfachung werden lediglich zwei Einflußgrößen verändert.

II) Änderung von Einflußgrößen, die nicht zur Bezugsbasis gehören:

$x^s_{ai} = 5 \quad x^r_{ai} = 7 \quad x^{s\#}_{ai} = 6{,}6 \quad \eta_1 = 0{,}2 \quad 1 - \eta_1 = 0{,}8$

$q^s_a = 2 \quad q^r_a = 2{,}2 \quad q^{s\#}_a = 3 \quad \eta_2 = -4 \quad 1 - \eta_2 = 5$

$x^s_{ui} = 300 \quad x^r_{ui} = 280 \quad x^s_{ui} = 300$

$\Delta K^{Alt} = 3000 - 4312 = -1312; \ \Delta K^{Neu} = 5940 - 4312 = 1628$

$\Delta \text{Änderung} = -1312 - 1628 = -2940$

1) Neue Gesamtabweichung:

$\eta_1 \Delta x_{ai} q^r_a x^r_{ui} = -246{,}4; \ x^r_{ai} \eta_2 \Delta q_a x^r_{ui} = 1568; \ x^r_{ai} q^r_a \Delta x_{ui} = 308$

$\eta_1 \Delta x_{ai} \eta_2 \Delta q_a x^r_{ui} = -89{,}6; \ \eta_1 \Delta x_{ai} q^r_a \Delta x_{ui} = -17{,}6;$

$x^r_{ai} \eta_2 \Delta q_a \Delta x_{ui} = 112$

$\eta_1 \Delta x_{ai} \eta_2 \Delta q_a \Delta x_{ui} = -6{,}4 \Rightarrow = 1628 = 1628$

2) Änderungsbetrag:

$(1 - \eta_1) \Delta x_{ai} q^r_a x^r_{ui} = -985{,}6; \ x^r_{ai} (1 - \eta_2) \Delta q_a x^r_{ui} = -1960$

$(1 - \eta_1) \Delta x_{ai} (1 - \eta_2) \Delta q_a x^r_{ui} = 448; \ (1 - \eta_1) \Delta x_{ai} q^r_a \Delta x_{ui} = -70{,}4$

$x^r_{ai} (1 - \eta_2) \Delta q_a \Delta x_{ui} = -140; \ (1 - \eta_1) \Delta x_{ai} (1 - \eta_2) \Delta q_a \Delta x_{ui} = 32$

$\Rightarrow = -2676 \neq -2940$

Aufgrund der Komplexität der Feststellung der Änderungsergebnisse und der nicht unerheblichen Gefahr, Fehlberechnungen vorzunehmen, sind in der Praxis komplexe Änderungsrechnungen ausschließlich rechnerbasiert vorzunehmen. Die hier dargestellten Zusammenhänge sind jedoch notwendig, um zum einen die entstandenen Abweichungen situationsgerecht interpretieren zu können, und zum anderen auf der Basis der Ergebnisse der Kostenabweichungsanalyse Auswertungsentscheidungen treffen zu können.

4.2.2.1.5 Die verallgemeinerte differenziert-kumulative Kostenabweichungsanalysemethode[1)]

4.2.2.1.5.1 Einleitung

Ein wichtiger Kritikpunkt an den traditionellen Methoden der Kostenabweichungsanalyse ist darin zu sehen, daß sie zwar formal Abweichungen erster und höherer Ordnung ausweisen, es sich aber nicht zweifelsfrei feststellen läßt, ob nicht weitere Teilabweichungen höherer Ordnung in ihnen enthalten sind. Den Ausgangspunkt der Entwicklung der verallgemeinerten differenziert-kumulativen Abweichungsanalysemethode stellt die Unterscheidung in faktisch existente und faktisch nicht existente Teilabweichungen dar.[2)] Faktisch nicht existente Abweichungen werden nicht zum Ausweis der Gesamtabweichung benötigt.[3)] Sie erfüllen kompensatorische Aufgaben, was

---

1) Diese Methode wurde als Zusammenfassung der in der Literatur vereinzelt geäußerten Kritik an den traditionellen Methoden der Kostenabweichungsanalyse in ihrer Grundkonzeption erstmals von WILMS dargestellt. Aus diesem Grund wird an der von ihm gewählten Begriffsbezeichnung festgehalten.

2) Die Methode der verallgemeinerten differenziert-kumulativen Abweichungsanalyse und die Ermittlung faktisch existenter Abweichungen höheren Grades setzt konkrete Zahlenwerte, zumindest aber die Einflußgrößenentwicklungsrichtung vom Soll- zum Istwert voraus, da ansonsten nicht bekannt ist, ob die einzelnen Einflußgrößenausprägungen als MIN- oder als MAX-Werte Verwendung finden.

3) WILMS definiert die faktisch existenten Teilabweichungen wie folgt: „ ... Kostenteilabweichungen, die mindestens auf eine Kosteneinflußgrößenänderung zurückgeführt werden können und Teilmenge der realisierten oder geplanten Kostenblöcke sind, ..., wenn sie gleichzeitig "Grundbaustein" der Gesamtabweichung sind. Grundbausteine stellen überschneidungsfreie Bestandteile der Gesamtabweichung dar und lassen sich bei der alleinigen Einbeziehung von Soll- und Isteinflußgrößen und deren Differenzen nicht in weitere Bestandteile zerlegen.", Wilms, S.: Abweichungsanalysemethoden ..., a.a.O., S. 98.

ihre Interpretation und die Vermittlung ihrer Ergebnisse erheblich erschwert.[1)] Werden z.B. für die Abschlußprovisionskosten eines Mitarbeiters folgende Werte geplant: $q_1 = 20$ und $xa_1 = 50$, so ergeben sich die geplanten Abschlußprovisionskosten mit $q_1^s xa_1^s = 1000$. Als Istwerte sollen sich folgende Werte ergeben: $q_1^r = 21$; $xa_1^r = 48$; $K^R = 1008$. $\Delta K^S - \Delta K^R = -8$

Die Gesamtkostenabweichung ist folgendermaßen aufzuspalten:

$\Delta K_{\{DK\}}$ = $\Delta q xa^s = \Delta q xa^r + \Delta q \Delta xa$ = Provisionssatzabweichung[2)]

+

$q^r \Delta xa$ = Absatzmengenabweichung

= (III + -IV) + (II + IV)

1) Faktisch nicht existente Abweichungen bezeichnet KLOOCK „als informationslos, bzw. teilweise als informationsverfälschend, da sie rein kompensatorische und damit überflüssige Teilabweichungsbeträge darstellen.", Kloock, J.: Kostenkontrolle ..., a.a.O., S. 12. GLASER weist jedoch zu Recht daraufhin, daß zumindest in einer Abweichungen erster Ordnung ein zu kompensierender Betrag enthalten sein muß, so daß die Aussage der Informationslosigkeit zu relativieren ist, vgl. Glaser, H.: Zur Relativität ..., a.a.O., S. 28.

2) Bzw. Provisionssatzabweichung plus Provisionssatz-Absatzmengenabweichung.

Abbildung 17: Faktisch nicht existente Abweichungen

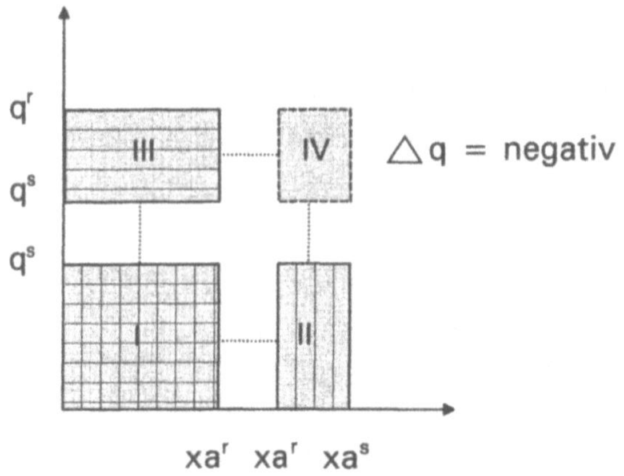

Die Abweichung 2. Ordnung ist in den Teilabweichungen einmal mit positivem und einmal mit negativem Vorzeichen enthalten und damit zum Ausweis der Gesamtabweichung nicht notwendig. Das Feld I ist sowohl Bestandteil der Soll- als auch der Istkosten, so daß sich die Gesamtabweichung auch aus der Gegenüberstellung der Felder II und III ergibt. Feld II (= $q^s \Delta xa$) ist mit 40 GE kostensenkend, Feld III (= $\Delta q xa^r$) ist mit 48 GE kostensteigernd.[1] Feld IV ist weder Bestandteil der Soll- noch der Istkosten und auch nicht zum Ausweis der Gesamtabweichung notwendig, es ist damit faktisch nicht existent.

Um die Gesamtzusammenhänge vollständig darstellen zu können, wird zur Erläuterung die bereits bekannte allgemeine Kostenfunktion der Imi-Prozesse ($x_{ai} \cdot q_a \cdot x_{ui}$) herangezogen.[2] Dabei wird von den folgenden Soll- zu Istgrößenentwicklungen ausgegangen:

---

1) Interessant ist auch der Vergleich mit dem Ergebnis der differenziert-kumulativen Abweichungsanalysemethode, welcher ja nicht zur Übereinstimmung führt. Wäre jedoch die Absatzmengenabweichung zuerst ermittelt worden, würden beide Vorgehensweisen zu gleichen Ergebnissen führen. Die faktisch existente Teilabweichung 2. Ordnung wäre zunächst nicht, sondern erst bei der Herstellung des identischen Basisbezugs ausgewiesen worden.

2) Vgl. nochmals unsere Ausführungen auf Seite 215 ff.

$x^s_{ai} < x^r_{ai}$ ⇨ $-\Delta x_{ai}$ ⇨ kostensteigernd
$q^s_a < q^r_a$ ⇨ $-\Delta q_a$ ⇨ kostensteigernd
$x^s_{ui} > x^r_{ui}$ ⇨ Δx_{ui} ⇨ kostensenkend

Nach der differenziert-kumulativen Abweichungsanalysemethode läßt sich die Gesamtabweichung $\Delta K = K^S - K^R$ in folgende Teilabweichungen aufspalten:

$\Delta x_{ai} q^r_a x^r_{ui}$; $x^r_{ai} \Delta q_a x^r_{ui}$; $x^r_{ai} q^r_a \Delta x_{ui}$ ⇨ Abweichungen 1. Ordnung

$\Delta x_{ai} \Delta q_a x^r_{ui}$; $\Delta x_{ai} q^r_a \Delta x_{ui}$; $x^r_{ai} \Delta q_a \Delta x_{ui}$ ⇨ Abweichungen 2. Ordnung

$\Delta x_{ai} \Delta q_a \Delta x_{ui}$ ⇨ Abweichung 3. Ordnung.

Abbildung 18a - 18j: Die Aufspaltung der Differenz zwischen Soll- und Istkosten in einzelne Teilabweichungen[1]

1) Jeweils ausgewiesen auf Istbasis.

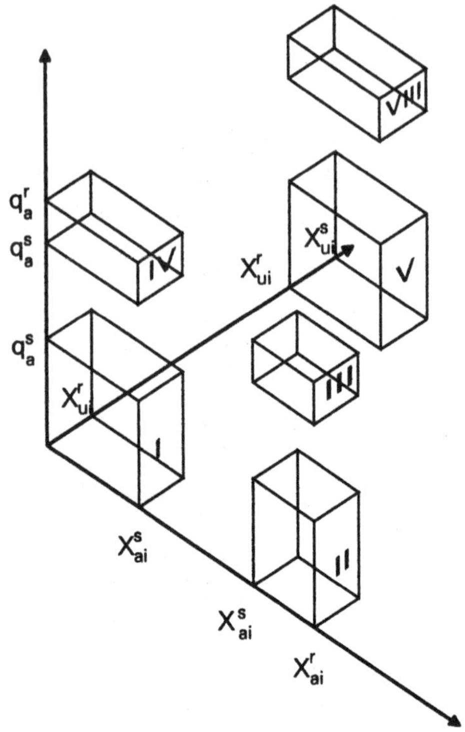

q_a^r
q_a^s
q_a^s
X_{ui}^r
X_{ui}^r
X_{ui}^s
X_{ai}^s
X_{ai}^s
X_{ai}^r
I
II
III
IV
V
VI
VII
VIII

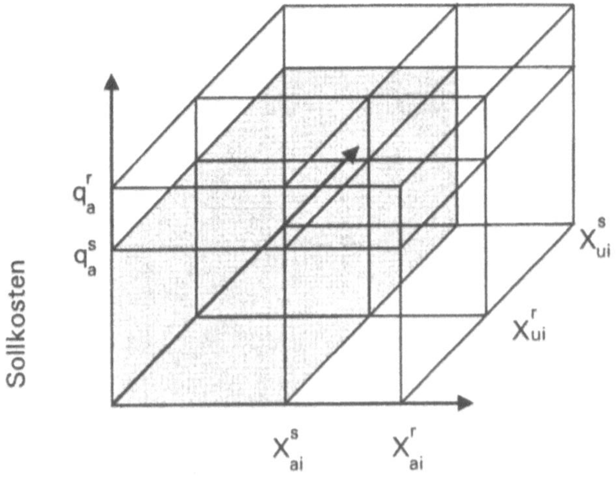

Sollkosten
q_a^r
q_a^s
X_{ui}^s
X_{ui}^r
X_{ai}^s
X_{ai}^r

Verbrauchsabweichung

Beschäftigungsabweichung

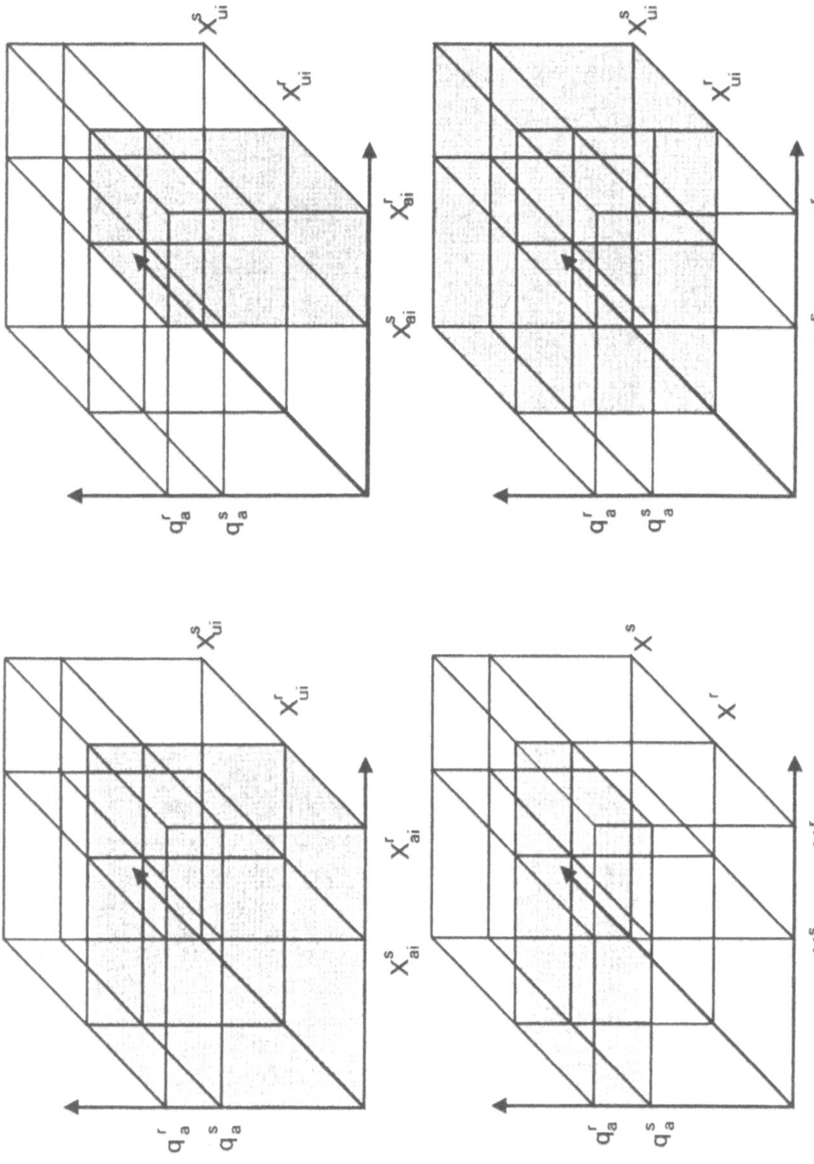

Istkosten

Preisabweichung

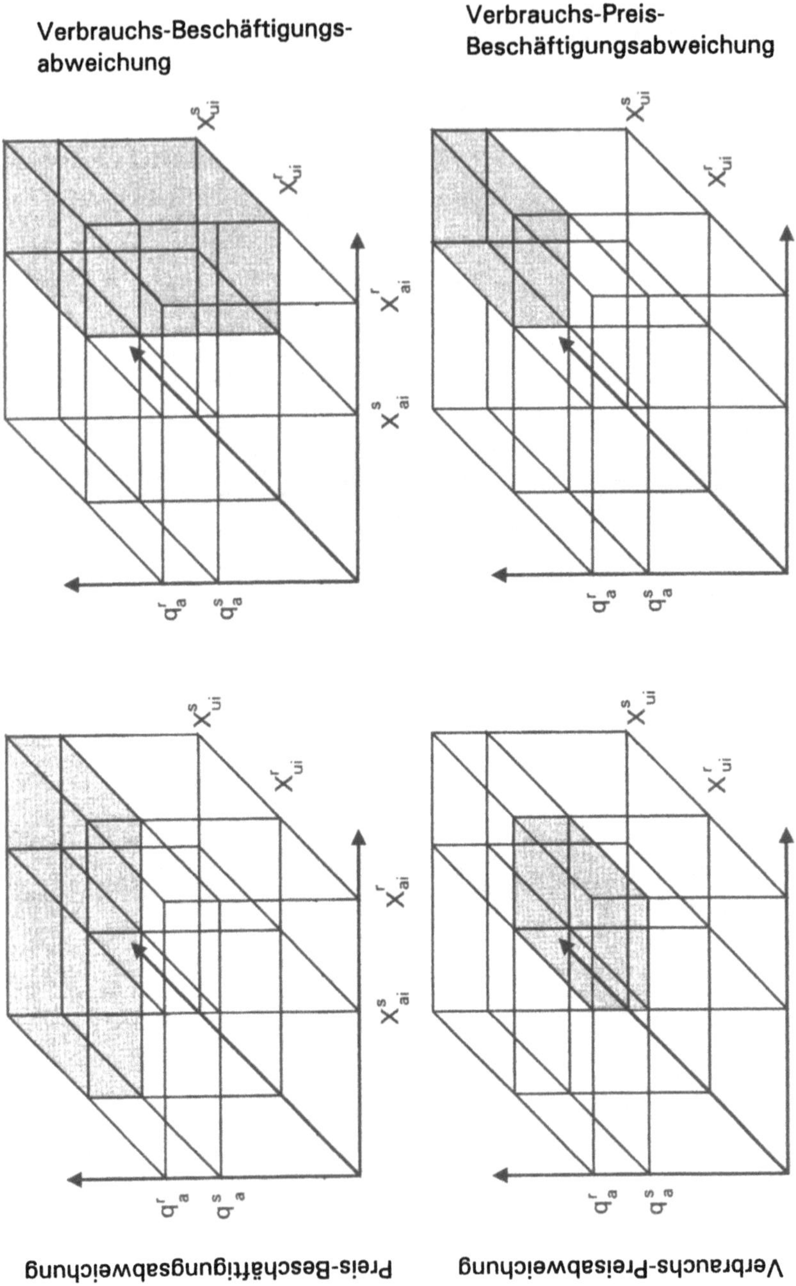
Verbrauchs-Beschäftigungs-abweichung
Verbrauchs-Preis-Beschäftigungsabweichung
Preis-Beschäftigungsabweichung
Verbrauchs-Preisabweichung
X^s_{ui}
X^r_{ui}
X^s_{ai}
X^r_{ai}
q^r_a
q^s_a

Wie die Zeichnungen zeigen, ist der Quader I Bestandteil der Soll- und Istkosten, der Quader V Bestandteil der Sollkosten und die Quader II, III und IV sind Bestandteile der Istkosten. Eine Gesamtkostenabweichung müßte sich demnach auf die Gegenüberstellung der Quader II, III, IV und V reduzieren lassen.[1)] Zur Verdeutlichung wollen wir nochmals das Beispiel von Seite 288 ff. aufgreifen:

$$x_{ai}^{s} = 5 \qquad x_{ai}^{r} = 7$$

$$q_{a}^{s} = 2 \qquad q_{a}^{r} = 2{,}2$$

$$x_{ui}^{s} = 300 \qquad x_{ui}^{r} = 280$$

$\Delta K = 3000 - 4312 = -1312$. Für die entscheidungsrelevanten Quader ergeben sich die folgenden Werte:

Quader II:	$\Delta x_{ai} q_{a}^{s} x_{ui}^{r}$	=	-1120
Quader III:	$\Delta x_{ai} \Delta q_{a} x_{ui}^{r}$	=	112
Quader IV:	$x_{ai}^{s} \Delta q_{a} x_{ui}^{r}$	=	-280
Quader V:	$x_{ai}^{s} q_{a}^{s} \Delta x_{ui}$	=	200
Ergebnis:			-1088

Das Ergebnis stimmt also nicht mit der Gesamtabweichung überein. Der Grund hierfür liegt darin, daß nach der verallgemeinerten differenziert-kumulativen Abweichungsanalysemethode die Vorzeichen nicht als Rechenergebnisse, sondern als Interpretationsergebnisse zu verstehen sind. Den Quadern II, IV und V liegt jeweils eine Einfluß-

1) Quader I ist der Basisbaustein, und die Quader II, III, IV und V sind die Grundbausteine. Die übrigen Quader sind Abweichungsbausteine. Zur besseren Unterscheidung haben wir eine etwas abweichende Terminologie zu der von WILMS gewählt, da bei ihm auch die Grundbausteine faktisch nicht existent sein können. Demnach wären alle acht Quader Grundbausteine.

größenabweichung zugrunde, dem Quader IV jedoch zwei, und zwar der Größen x_{ai} und q_a, die sich beide kostensteigernd vom Soll- zum Istwert entwickelt haben. Der Quader IV ist demnach mit einem negativen Interpretationsvorzeichen in die Ergebnisrechnung einzubeziehen: $-1120 + |-112| - 280 + 200 = -1312$. Im Vergleich zur bisherigen Vorgehensweise wird jeder einzelne Baustein, der nicht zu den Ist- **und** den Sollkosten gehört, als eigene Abweichung betrachtet, unabhängig von seinem Basisbezug.

Grundlage der verallgemeinerten differenziert-kumulativen Abweichungsanalysemethode ist die Festlegung des Bezugssystems. Bezugssystem ist die Schnittmenge von Soll- und Istkosten, also die Kostenfunktion $K_{\{VDK\}} = y_1^1 y_2^1 ... y_\alpha^1$, mit $y^1 = y^r$, falls $y^r < y^s$ bzw. $y^1 = y^s$, falls $y^s < y^r$, im hier angegebenen Beispiel also $K_{\{VDK\}} = x_{ai}^s q_a^s x_{ui}^r$. Alle Abweichungen, die sich unmittelbar aus dem Bezugssystem herleiten lassen, sind faktisch existente Abweichungen der verallgemeinerten differenziert-kumulativen Abweichungsanalysemethode. Dies sind zunächst alle Teilabweichungen 1. Grades[1)], also

$$\Delta x_{ai} q_a^s x_{ui}^r \quad = \quad \text{Quader II}$$

$$x_{ai}^s \Delta q_a x_{ui}^r \quad = \quad \text{Quader IV}$$

$$x_{ai}^s q_a^s \Delta x_{ui} \quad = \quad \text{Quader V.}$$

Zusätzlich sind als weitere faktisch existente Abweichungen noch die Teilabweichungen höheren Grades des Bezugssystems zu berücksichtigen, in denen sich alle Einflußgrößen gleichgerichtet entwickelt

---

1) „Eine Abweichung 1. Grades wird definiert als die Teilabweichung, die durch das alleinige Abweichen einer Kosteneinflußgröße von der Schnittmenge ... der beiden Kostenquader [Soll- und Istkosten, Anm. d. Verf.] hervorgerufen wird.", Wilms, S.: Abweichungsanalysemethoden ..., a.a.O., S. 107.

haben.[1] Dies sind im obigen Beispiel die Einflußgrößen x_{ai} und q_a, die sich beide kostensteigernd entwickelt haben, und daher mit einem negativen Inter-pretationsvorzeichen berücksichtigt werden müssen:

$$\Delta x_{ai} \Delta q_a x^r_{ui} \quad = \quad |\text{- Quader III}|.$$ [2]

Die Abweichungen 1. und höheren Grades geben an, welche Kostensteigerungen[3] bzw. Kostenminderungen[4] gegenüber dem Aus-

---

1) Nur Einflußgrößen, die sich gleichgerichtet entwickelt haben, können eine faktisch existente Abweichung begründen, vgl. Wilms, S.: Abweichungsanalysemethoden ..., a.a.O., S. 100. Im Umkehrschluß folgt hieraus, daß nur Einflußgrößendifferenzen, die sich gegenläufig entwickelt haben, zu kompensierende faktisch nicht existente Abweichungen bilden können, vgl. Glaser, H.: Zur Relativität ..., a.a.O., S. 30.

2) Der allgemeine Ansatz der verallgemeinerten differenziert-kumulativen Abweichungsanalysemethode ist wie folgt aufgebaut:
„$K_{mi}(y^s_1, y^s_2, \ldots, y^s_Z) - K_{mi}(y^r_1, y^r_2, \ldots, y^r_Z) = K^s_{mi} - K^r_{mi}$
$= \Delta K_{mi} = \Delta y_1 \cdot y_2^{Min} \cdot y_3^{Min} \cdot \ldots \cdot y_Z^{Min} + y_1^{Min} \cdot \Delta y_2 \cdot y_3^{Min} \cdot \ldots \cdot y_Z^{Min} + \ldots$
$+ y_1^{Min} \cdot y_2^{Min} \cdot \ldots \cdot y_{Z-1}^{Min} \cdot \Delta y_Z$
+ Teilabweichungen höherer Ordnung
[für alle kostensenkenden Kombinationen von Δy_z-Grössen mit $\Delta y_z = y^s_z - y^r_z > 0$ und der restlichen y_Z^{MIN} = Minimum von (y^s_z, y^r_z) als Bezugsbasen $(1 \le z \le Z)$]
- Teilabweichungen höherer Ordnung
[für alle (kostensteigernden) Kombinationen von $\bar{\Delta} y_z$-Grössen mit $\bar{\Delta} y_z = y^r_z - y^s_z > 0$ und der restlichen y_Z^{MIN} als Bezugsbasen $(1 \le z \le Z)$]", Kloock, J.: Neuere Entwicklungen ..., a.a.O., S. 630. Bei dem hier dargestellten Ansatz handelt es sich um eine „differenzierte Abweichungsanalysemethode auf MIN-Basis". Die MIN-Werte werden gewählt, weil sie in der Praxis üblicherweise mit den Sollwerten übereinstimmen. Hat ein Entscheidungsträger z.B. neben Plan- auch Istwerte zur Verfügung, aber keine ausreichenden Informationen über die ihm vorgegebenen Werte, so wird er im Zweifelsfall die Minimalwerte anstreben. Für die Beschäftigung kann diese pauschale Aussage nicht gelten. Der MIN-Ansatz wird in dieser Arbeit immer unterstellt.

3) In der verallgemeinerten differenziert-kumulativen Abweichungsanalysemethode sind Kostensteigerungen immer Bestandteile der Istkosten, im obigen Beispiel die Quader II, III und IV.

4) In der verallgemeinerten differenziert-kumulativen Abweichungsanalysemethode sind Kostensenkungen Bestandteile der Sollkosten, im obigen Beispiel der Quader V.

gangswert der Kostenfunktion von den entscheidungsrelevanten Einflußgrößenveränderungen hervorgerufen wurden.[1)]

4.2.2.1.5.2 Ergebnisverwendung entstandener Abweichungen

Ebenso wie bei der differenziert-kumulativen Abweichungsanalysemethode soll untersucht werden, inwieweit die verallgemeinerte differenziert-kumulative Abweichungsanalysemethode Aussagen über die Abweichungsentwicklung bei Veränderung von Einflußgrößen gegenüber dem Ausgangswert zuläßt. Zunächst muß wieder unterschieden werden, ob Einflußgrößen der Bezugsbasis oder nicht zur Bezugsbasis gehörende geändert werden.[2)]

Werden Einflußgrößen, die nicht zur Bezugsbasis gehören, durch den entsprechenden Bezugsbasiswert ersetzt, so entfallen alle faktisch existenten Abweichungen, in denen mindestens eine der betrachteten Einflußgrößendifferenzen enthalten ist.[3)] Das entspricht dem Wegfall aller betroffenen Abweichungsbausteine.[4)] Bei den hier gewonnenen Differenzen handelt es sich um solche, die sich auf die Veränderung der Abweichung zwischen Soll- und Istkosten beziehen. Es ist ferner darauf zu achten, daß die Vorzeichen als Interpretationsvorzeichen in bezug auf die Veränderungsdifferenz zu berücksichtigen sind.

---

1) Vgl. Wilms, S.: Abweichungsanalysemethoden ..., a.a.O., S. 119/121.

2) Wir wollen hier nur den Fall der vollständigen Ersetzung betrachten.

3) Vgl. Wilms, S.: Abweichungsanalysemethoden ..., a.a.O., S. 177 f./183 f.

4) Gehen wir z.B. davon aus, daß der Nicht-Basiswert x_{ui}^{s} seinen Basiswert x_{ui}^{r} annimmt, so bedeutet dies, daß die Quader V - VIII entfallen. Da lediglich der Quader V faktisch existent ist, ist dessen Berücksichtigung ausreichend. Wird hingegen der Nicht-Basiswert x_{ai}^{r} durch seinen Basiswert ersetzt, so entfallen die faktisch existenten Teilabweichungen (= Quader) II und III. Es wird auch deutlich, daß bezogen auf x_{ui} nur die Sollkosten betroffen sind, während es bezogen auf x_{ai} und q_{a} ausschließlich die Istkosten sind, was deutlich macht, daß sich die Einflußgrößen vom Soll- zum Istwert in unterschiedliche Richtungen entwickelt haben.

Um die Vorgehensweise der verallgemeinerten differenziert-kumulativen Abweichungsanalysemethode nochmals zu verdeutlichen, wollen wir das gerade Ausgeführte wieder anhand unseres Beispiels umsetzen:

Die Größen q_a und x_{ui} sollen in der nächsten Realisationsperiode ihre Basiswerte annehmen:

$$K^{S^{Alt}} = x^s_{ai}q^s_a x^s_{ui} = 3000;\; K^{R^{Alt}} = x^r_{ai}q^r_a x^r_{ui} = 4312;\; \Delta K^{Alt} = -1312$$

$$K^{S^{Neu}} = x^s_{ai}q^s_a x^{s\#}_{ui} = 2800;\; K^{R^{Neu}} = x^r_{ai}q^{r\#}_a x^r_{ui} = 3920;\; \Delta K^{Neu} = -1120$$

$\Delta K^{Alt} - \Delta K^{Neu} = -192$, die Differenz zwischen Soll- und Istkosten wird sich also verringern.

Von den bisherigen faktisch existenten Abweichungen

$\Delta x_{ai}q^s_a x^r_{ui}$	=	Quader II	=	-1120
$x^s_{ai}\Delta q_a x^r_{ui}$	=	Quader IV	=	-280
$x^s_{ai}q^s_a\Delta x_{ui}$	=	Quader V	=	200
$\Delta x_{ai}\Delta q_a x^r_{ui}$	=	|- Quader III|	=	-112

entfallen

$x^s_{ai}\Delta q_a x^r_{ui}$	=	Quader IV
$x^s_{ai}q^s_a\Delta x_{ui}$	=	Quader V
$\Delta x_{ai}\Delta q_a x^r_{ui}$	=	|- Quader III|

Das Ergebnis der entfallenen Quader beträgt -192.

Werden hingegen Einflußgrößenwerte der Bezugsbasis durch ihre Nicht-Bezugsbasiswerte ersetzt, ergibt sich der Änderungsbetrag zwischen den beiden Bezugsbasen nach folgender Formel:

$\Delta K^{Neu}_{\{VDK\}} - \Delta K^{Alt}_{\{VDK\}} = y_1^2 y_2^2 ... y_n^2 - y_1^1 y_2^1 ... y_n^1$, wobei $y^2 = y^1 + \Delta$, wegen $y^2 > y^1$.[1)]

Da wir von einer „MIN-Bezugsbasis" ausgehen, bedeutet eine Bezugsbasisänderung den Ersatz einer Einflußgröße durch deren größeren Soll- oder Istwert, was wiederum dazu führt, daß der neue Bezugsbasiswert betragsmäßig größer als der Ausgangswert sein muß, so daß den Vorzeichen keine Bedeutung zukommt. Wir wollen auch dies wieder anhand unseres Beispiels darstellen:

Die Größen q_a und x_{ui} sollen in der nächsten Realisationsperiode ihre Nicht-Basiswerte annehmen:

Bisherige Bezugsbasis: $K^{Alt}_{\{VDK\}} = x^s_{ai} q^s_a x^r_{ui} = 2800$

Neue Bezugsbasis: $K^{Neu}_{\{VDK\}} = x^s_{ai} q^r_a x^s_{ui} = 3300$

$$K^{Neu}_{\{VDK\}} - K^{Alt}_{\{VDK\}} = 500$$

$$= x^s_{ai}(\Delta q_a + q^s_a)(\Delta x_{ui} + x^r_{ui}) - x^s_{ai} q^s_a x^r_{ui}$$

$$= x^s_{ai} \Delta q_a x^r_{ui} + x^s_{ai} q^s_a \Delta x_{ui} + x^s_{ai} \Delta q_a \Delta x_{ui} = |-280| + 200 + |-20|$$

$$= 500.$$

1) Für alle y, die gegenüber der bisherigen Bezugsbasis geändert werden sollen.

Ein direktes Vorgehen über die faktisch existenten Abweichungen ist nicht möglich, so daß eine Neuberechnung unumgänglich ist.[1,2]

Aufgrund der unterschiedlichen Bezugspunkte - einmal die Entwicklung der Soll-Ist-Kostendifferenz und zum anderen die Entwicklung der Bezugsbasen (Bezugssysteme) - sowie der unterschiedlichen Behandlung der negativen Vorzeichen erscheint es für die praktische Anwendung sinnvoller, bei Szenariooperationen Neuberechnungen, die immer auch Kontrollrechnungen enthalten, durchzuführen. Das gilt besonders auch für alle Fälle der nicht vollständigen Ersetzung vorhandener Wer-

---

1) So gehört die Abweichung $x^s_{ai}\Delta q_a \Delta x_{ui}$ nicht zu den faktisch existenten Abweichungen der ursprünglichen Bezugsbasis. Indirekt ist ein Vorgehen über die betroffenen Abweichungen 1. Grades möglich, und zwar unter Anwendung des jeweiligen Komplementärbezugssystems. „Als komplementäres Bezugssystem wird das Bezugssystem bezeichnet, in dem jene Soll- und Ist-Einflußgrößenausprägungen enthalten sind, die nicht Bestandteil des Ausgangs-Bezugssystems sind. Der Korrekturbetrag wird bei einer explizit berücksichtigten Einflußgröße y_u eines vorgegebenen Bezugssystems sowohl über die Abweichung 1. Grades des Bezugssystems, als auch über die Abweichungen ersten Grades zuzüglich höheren Grades des komplementären Bezugssystems, in die die korrigierte Einflußgrößendifferenz $\Delta\ y_u$ eingegangen ist, abgebildet.", Wilms, S.: Abweichungsanalysemethoden ..., a.a.O., S. 181. Diesen Zusammenhang hatten wir bereits mehrfach verwendet, denn bspw. entsprechen die Istkosten genau den Sollkosten, zuzüglich aller Abweichungen erster und höherer Ordnung. Im hier behandelten Fall kann der Korrekturbetrag auch über die faktisch existenten Abweichungen 1. Grades der ursprünglichen Bezugsbasis ermittelt werden, die dann in ihr jeweiliges Komplementärbezugssystem transformiert werden, unter Berücksichtigung aller Abweichungen höheren Grades, in die die betrachteten Einflußgrößendifferenzen eingegangen sind, jedoch ohne Doppelerfassungen. Die Ergebnisse sind, unabhängig vom Vorzeichen der ermittelten Komplementärergebnisse, entsprechend dem Basissystem zu interpretieren. Da der Umrechnungsaufwand erheblich ist, denn die Einflußgrößen müssen durch ihre Komplementärausdrücke ($y^s = (y^r + \Delta)$ bzw. $y^r = (y^s - \Delta)$) ersetzt werden, sei hier nur auf diese Möglichkeit hingewiesen. Vgl. zu den Komplementärbezugsbasen ergänzend Kloock, J.: Neuere Entwicklungen ..., a.a.O., S. 19.

2) Die Veränderung nur einer Einflußgröße der Bezugsbasis stellt immer einen unproblematischen Sonderfall dar, der über die vorhandenen Abweichungen 1. Ordnung (Grades) beantwortet werden kann.

te.[1] Für einen ersten Überblick bezogen auf die Ersetzung eines Einflußgrößenwertes lassen sich die angegebenen Vorgehensweisen gut verwenden. Sind jedoch mehrere Einflußgrößenwerte zu ändern, sollte neu berechnet werden.

4.2.2.1.6 Vergleich der Methoden der Kostenabweichungsanalyse

Die Teilabweichungen, die mit Hilfe der verallgemeinerten differenziert-kumulativen Abweichungsanalysemethode gewonnen werden, sind als faktisch existente Abweichungen frei von anderen Teilabweichungen. Die Abweichungen 1. Grades sind auf eine einzelne Entstehungsursache zurückzuführen, und alle Abweichungen höheren Grades werden eindeutig als kostensteigernd oder kostensenkend ausgewiesen. Den Mitarbeitern schwierig zu vermitteln wird die Mischbezugsbasis sein, in der ideale Planwerte und von anderen Mitarbeitern beeinflußte Istwerte enthalten sind. Hierzu wird es notwendig sein, den Entscheidungsträgern zumindest die Grundlagen der Probleme der Kostenabweichungsanalyse zu vermitteln.[2]

Der entscheidende Vorteil der differenziert-kumulativen Abweichungsanalysemethode liegt darin, daß die einzelnen Teilabweichungen formal in Abweichungen erster und höherer Ordnung getrennt und auf einheitlicher Bezugsbasis, entweder den realisierten Istgrößen oder den geplanten Sollgrößen, ausgewiesen werden. Jeder Verantwortli-

---

1) Es sei hier nur auf die Problematik der gegenseitigen direkten und indirekten Beeinflussung von Einflußgrößenkorrekturentscheidungen auf Abweichungen anderer Kostenstellen verwiesen, vgl. Wilms, S.: Abweichungsanalysemethoden ..., a.a.O., S. 166 ff.

2) „Der Entscheidungsträger muß erkennen, daß die parallele Verwendung von Soll- und Ist-Einflußgrößen eine detaillierte Aufspaltung der Gesamtabweichung ermöglicht, die die Grenzen seiner Einwirkungsmöglichkeiten in Verbindung mit den anderen Entscheidungsträgern aufzeigt. Der Entscheidungsträger wird bei keiner Einflußgrößenentwicklung gegenüber einer anderen Analysemethode benachteiligt, aber auch nicht unbegründet entlastet.“, Wilms, S.: Abweichungsanalysemethoden ..., a.a.O., S. 321.

che wird damit mit einem einheitlichen Anspruchsniveau konfrontiert. Allerdings kann auch die verallgemeinerte differenziert-kumulative Abweichungsanalysemethode nicht das Zuordnungsproblem lösen, wenn für eine Abweichung höherer Ordnung mehrere Personen verantwortlich sind. Ein möglicher Vorschlag wäre, vergleichbar der symmetrischen Abweichungsanalysemethode, eine prozentuale Aufteilung. Es zeigt sich aber wieder das ständige Problem, daß der Zuordnung von Abweichungshöhen weniger Aufmerksamkeit gewidmet werden sollte, als der eigentlichen Problemlösungsfindung und -vermeidung.

Mit Hilfe des Ansatzes der verallgemeinerten differenziert-kumulativen Abweichungsanalysemethode läßt sich die Frage beantworten, ob in einer mit Hilfe der differenziert-kumulativen Abweichungsanalysemethode gewonnenen Teilabweichung Abweichungen höherer Ordnung enthalten sind. Nur für die Teilabweichungen, die nach der verallgemeinerten differenziert-kumulativen Abweichungsanalysemethode und nach der differenziert-kumulativen Abweichungsanalysemethode identisch sind, gilt, daß keine Abweichungen höherer Ordnung darin enthalten sind. Im oben dargestellten Beispiel werden die Abweichungen 1. Grades auf Misch- und auf Sollbasis ausgewiesen. Da wir bei der differenziert-kumulativen Abweichungsanalysemethode von einer Istbasis ausgehen, sind hier in allen Teilabweichungen Abweichungen höherer Ordnung enthalten.[1] Lediglich die Verbrauchs-Preisabwei-

---

1) Das Konzept der faktisch existenten Abweichungen zum Ausweis der Gesamtabweichung darf grundsätzlich nur im System der verallgemeinerten differenziert-kumulativen Abweichungsanalysemethode verwendet werden. Übertragen auf die traditionellen Methoden sind faktisch existente Teilabweichungen als „Abweichungsbestandteile" aufzufassen, die durchaus mit „traditionellen" Teilabweichungen identisch sein können. Eine solche Übereinstimmung ergibt sich im obigen Beispiel für die Verbrauchs-Preisabweichung. Sie ist, bezogen auf die Abweichungen der differenziert-kumulativen Abweichungsanalysemethode, die einzige faktisch existente Teilabweichung, aber nicht der einzig faktisch existente Abweichungsbestandteil und damit auch nicht mit der Gesamtabweichung identisch.

chung wird nach beiden Methoden identisch ausgewiesen und enthält damit keine weiteren Teilabweichungen.[1)]

4.2.2.2 Die Kontrolle der Kostenabweichungsanalyse

Mit Hilfe von ex-nunc- und ex-post-Kontrollen wird die Einhaltung der vorgeschriebenen Kontrollmethoden und -tätigkeiten sichergestellt.

4.3 Durchzuführende Maßnahmen als Ergebnis der Kostenabweichungsanalyse

4.3.1 Die Ergebnisauswertung der Kostenabweichungsanalyse

Nachdem die methodischen Fragen abschließend behandelt worden sind, befaßt sich der nächste Schritt der Kostenabweichungsanalyse mit der Auswertungsentscheidung. An dieser Stelle seien nur einige Hinweise gegeben, da die Fragen der Auswertungsentscheidung als nicht generell klärbar angesehen werden können, somit die Entscheidungsträger in den Versicherungsunternehmen immer im Hinblick auf ihre individuellen Informationsbedürfnisse entscheiden müssen.[2)]

Das erste Merkmal zur Auswertungsentscheidung sind die einzelnen Kostenartenabweichungen selbst, wie sie in den Kostenfunktionen ausgewiesen wurden. Hier können zunächst unterschieden werden:

- Δq_a = Preisabweichung als Beschaffungspreisabweichung sachlicher Produktionsfaktoren, Provisionssatzabwei-

---

1) Grafisch dargestellt bedeutet das, daß eine Teilabweichung mit einem Baustein identisch sein muß.

2) Vgl. zu dieser Problematik die Darstellungen von Kraemer, W.: Effizientes Kostenmanagement, Wiesbaden 1993; Brühl, R./Pohlen, K.: Kostenkontrollrechnung mit Hilfe von stochastischen Modellen, in: BFuP 1995, S. 667-681; Kloock, J.: Kontrollmanagement ..., a.a.O., S. 74 ff.

chung, Tarifvertragsabweichung oder Arbeitsvertragsabweichung[1)]

- Δx_{ai} = Verbrauchsabweichung[2)] leistungsmengeninduzierter Prozesse/leistungsmengeninduzierter Produktionsfaktorverbräuche
- Δx_{mi} = Verbrauchsabweichung leistungsmengenneutral erfaßter Kostenarten

Daneben gibt es eine Vielzahl an Beschäftigungsabweichungen, und zwar in Form von:

- Δx_{ui} = Prozeßmengenabweichung primärer leistungsmengeninduzierter Prozesse
- $\Delta x_{üi}$ = Prozeßmengenabweichung sekundärer leistungsmengeninduzierter Prozesse
- Δxa_{n} = Versicherungsschutzproduktabsatzmengenabweichung
- Δxb_{n} = Versicherungsschutzproduktbestandsmengenabweichung
- Δc_{uin} = Anteilskoeffizientabweichung eines Vorbearbeitungsprozesses
- Δd_{uin} = Anteilskoeffizientabweichung eines Erstbearbeitungsprozesses
- Δe_{uin} = Anteilskoeffizientabweichung eines Folgebearbeitungsprozesses
- Δf_{uin} = Anteilskoeffizientabweichung eines Schlußbearbeitungsprozesses

---

1) BRANDS erwähnt als Bestandteil der Abweichungsanalyse eine „Absatzpreisabweichung", vgl. Brands, H.: Rechnungswesen, Internes, in: HdV, hrsg. von D. Farny et al., a.a.O., S. 605-615, hier S. 611. Hierbei handelt es sich nicht um eine Kosten-, sondern eine Erlösabweichung. Preisabweichungen als Kostenabweichungen beziehen sich auf den Verbrauch originärer Produktionsfaktoren.

2) Verbrauchsabweichungen sind immer Sammelabweichungen verschiedener Abweichungsursachen. Wir werden darauf im nächsten Kapitel genauer eingehen.

- Δg_{uin} = Anteilskoeffizientabweichung eines Schadenbearbeitungsprozesses, mit

  Δg_{on} = Eintrittskoeffizientabweichung einer Schadenzahl

  Δg_{jn} = Eintrittskoeffizientabweichung einer Schadensumme

und schließlich:

- Δa_{ti} = Prozeßartabweichung als Residualabweichung.

Die Menge der Beschäftigungsabweichungen ist Resultat einer umfassenden direkten und indirekten Integration externer Faktoren in die Betriebskostenentstehungsprozesse.[1] Unter Beschäftigungsabweichung wird in der Literatur der flexiblen Plankostenrechnung üblicherweise die Differenz zwischen den verrechneten Plankosten[2] und den Sollkosten der Istbeschäftigung verstanden.[3] Da es sich bei den verrechneten Plankosten um proportionalisierte Vollkosten handelt, wird in der Grenzplankostenrechnung, in der die verrechneten Plankosten gleich den Sollkosten sind, keine derartige Beschäftigungsabweichung ausgewiesen. Bei der Beschäftigungsabweichung, wie sie in dieser Arbeit verwendet wird, handelt es sich um die Differenz zwischen der geplanten und der realisierten Beschäftigung, gewichtet mit der jeweiligen Bezugsbasis. In der Prozeßkostenrechnung stimmt der Plankostenverrechnungssatz mit dem Prozeßkostensatz eines lmi-Prozesses überein. Für leistungsmengenneutrale Prozeßkosten kann mangels Prozeßmenge wiederum jeweils nur ein gesamter Plankosten(verrechnungs)satz ermittelt werden. Für eine Kostenart, z.B. die Personalko-

---

1) Für die Verbrauchsabweichungen sind die externen Faktoren ebenfalls wichtige Entstehungsursache.

2) Die verrechneten Plankosten ergeben sich nach folgender Rechnung: Plankosten (bei Planbeschäftigung)/Planbeschäftigung (Menge) = Plankostenverrechnungssatz (geplante Kosten pro Ausbringungseinheit). Plankostenverrechnungssatz · Istbeschäftigung = verrechnete Plankosten.

3) Vgl. Streitferdt, L.: Entscheidungsregeln ..., a.a.O., S. 45 f.

sten, eines lmi-Prozesses ergibt sich folgende grafische Darstellung:[1)]

Abbildung 19: Beschäftigungsabweichungen

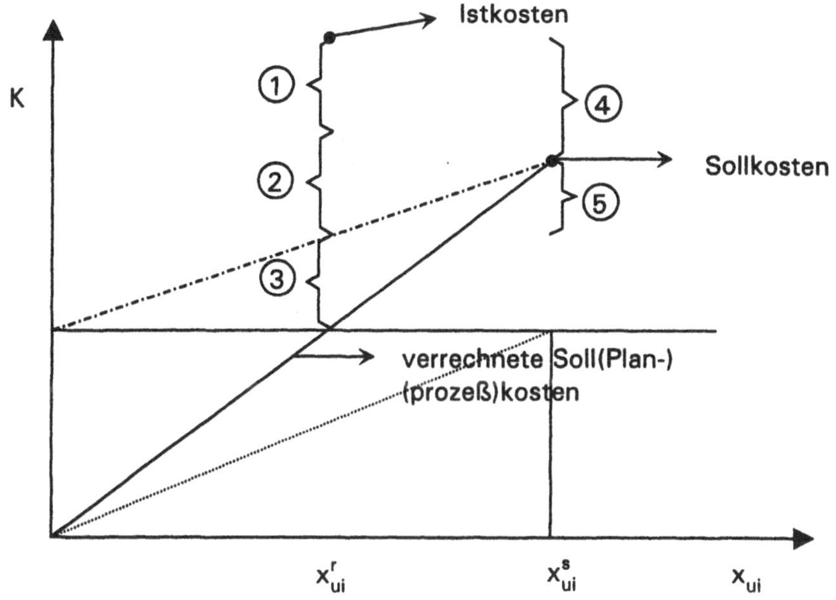

① = Preisabweichung $K^S(q_a^s x_{ai}^r x_{ui}^r)$ - $K^R(q_a^r x_{ai}^r x_{ui}^r)$

= hier negativ

② = Verbrauchsabweichung $K^S(q_a^s x_{ai}^s x_{ui}^r)$ - $K^R(q_a^s x_{ai}^r x_{ui}^r)$

= hier negativ

---

1) Aus Gründen der besseren grafischen Darstellbarkeit mußte ein Soll-Ist-Vergleich auf Sollbasis verwendet werden. Hätten wir statt dessen einen Soll-Ist-Vergleich auf Istbasis vorgenommen, wäre es nicht möglich gewesen, die Beschäftigungsabweichung als die Abweichung mit der größten Kontrollrelevanz auszuweisen (also ohne Abweichungen höherer Ordnung) und gleichzeitig die verbleibenden Abweichungen auf Ist- bzw. Soll-Istbasis auszuweisen.

③ = *Beschäftigungsabweichung* $K^S(q_a^s x_{ai}^s x_{ui}^s) \cdot \frac{x_{ui}^r}{x_{ui}^s} - K^S(q_a^s x_{ai}^s x_{ui}^r)$

= hier negativ[1)]

④ = Gesamtabweichung $K^S(q_a^s x_{ai}^s x_{ui}^s) - K^R(q_a^r x_{ai}^r x_{ui}^r)$

= hier negativ

⑤ = Beschäftigungsabweichung $K^S(q_a^s x_{ai}^s x_{ui}^s) - K^R(q_a^s x_{ai}^s x_{ui}^r)$

= hier positiv[2)]

---

1) Auch als sogenannte Beschäftigungsabweichung bezeichnet, Kloock, J./Sieben, G./Schildbach, T.: Kosten- und Leistungsrechnung, a.a.O., S. 231. In beiden Kostenfunktionen ist die Beschäftigung als Istgröße enthalten. Die sogenannte Beschäftigungsabweichung gibt an, wie viele geplante Kosten auf die Kostenträger verrechnet werden. Ist die Differenz negativ (positiv), so gibt der Abweichungsbetrag an, wie viele Fixkosten bzw. leistungsmengenneutrale Kosten nicht (zuviel) auf die Kostenträger verrechnet werden. Sofern die Sollkosten auf der Basis der maximal möglichen Kapazitätsauslastung einer Kostenstelle geplant wurden, stimmt die sogenannte Beschäftigungsabweichung mit den Leerkosten, also den „nicht genutzten Fix- bzw. leistungsmengenneutralen Kosten" überein, vgl. hierzu, Scherrer, G.: Kostenrechnung, a.a.O., S. 504 ff.; Braun, S.: Die Prozeßkostenrechnung, Ludwigsburg, Berlin 1994, S. 145 f.

2) Wird in der Literatur auch bezeichnet als Beschäftigungsteilabweichung, vgl. Streitferdt, L.: Entscheidungsregeln ..., a.a.O., S. 46 oder echte Beschäftigungsabweichung, vgl. Kloock, J./Sieben, G./Schildbach, T.: Kosten- und Leistungsrechnung, a.a.O., S. 232. Wird von der echten Beschäftigungsabweichung ⑤ die sogenannte Beschäftigungsabweichung ③ subtrahiert, ergibt sich als Ergebnis die „eigentliche" Beschäftigungsabweichung

$$\{K^S(q_a^s x_{ai}^s x_{ui}^s) - K^S(q_a^s x_{ai}^s x_{ui}^r)\} - \{K^S(q_a^s x_{ai}^s x_{ui}^s) \cdot \frac{x_{ui}^r}{x_{ui}^s} - K^S(q_a^s x_{ai}^s x_{ui}^r)\}$$

$$= K^S(q_a^s x_{ai}^s x_{ui}^s) - K^S(q_a^s x_{ai}^s x_{ui}^s) \cdot \frac{x_{ui}^r}{x_{ui}^s} .$$

„Die „eigentliche" Beschäftigungsabweichung unterscheidet sich von der echten Beschäftigungsabweichung durch die Einbeziehung proportionalisierter Fixkosten und ist für $KF_{mi}^s = 0$ [KF_{mi}^s = geplante fixe Kosten einer Kostenart *m* in der Kostenstelle *i*, Anm. d. Verf.] mit der „echten" Beschäftigungsabweichung identisch, Kloock, J.: Kontrollmanagement ..., a.a.O., S. 60 f. Als Umkehrschluß ergibt sich, daß die echte Beschäftigungsabweichung gleich der soge-

(Fortsetzung...)

Zu der Zeichnung sei noch angemerkt, daß eine kumulative Vorgehensweise gewählt wurde, damit die Summe der Teilabweichungen gleich der Gesamtabweichung ist.[1] Die *Sollkostenfunktion* (Plankosten bei Istbeschäftigung) wurde unterbrochen gezeichnet, da ihrem Ausweis wenig Aussagekraft zugesprochen werden kann. Ihr tatsächlicher Verlauf ist nicht bekannt, so daß für die Unternehmenspolitik aus der grafischen Darstellung keine Rückschlüsse gezogen werden dürfen.[2]

Weitere Merkmale zur Festlegung auszuwertender Abweichungen, die auch kombinativ anwendbar sind, sind Kostenarten bestimmter Funktionsbereiche oder Kostenstellen, Prozesse sowie Abweichungen, die eine festgelegte absolute und/oder relative Höhe überschreiten. Die prozeßorientierte Kostenabweichungsanalyse ermöglicht, durch differenzierte Prozeß- und Hauptprozeßdefinitionen unterschiedliche Informationsbedürfnisse zu erfüllen. So kann z.B. eine Kontrolle besonders der Absatzorgane, Absatzwege und der verschiedenen Kundengruppen erfolgen. Ansatzpunkte bleiben auch hier wieder die Leistungserstellungen in den Kostenstellen.

Auswertungsentscheidungen sind immer unternehmensindividuell und im Zusammenwirken der Betroffenen (Realisationssystem) mit den zuständigen Controllern (Planungs- und Kontrollsystem) zu treffen.

---

2) (...Fortsetzung)
nannten plus der eigentlichen Beschäftigungsabweichung ist, so daß die eigentliche Beschäftigungsabweichung das Bindeglied zwischen den beiden in der Literatur behandelten Beschäftigungsabweichungen ist. In der obigen Zeichnung ist die eigentliche Beschäftigungsabweichung gleich ⑤ plus ③ (wegen ③ gleich negativ).

1) Sofern in einer Kostenfunktion sowohl Ist- als auch Sollkosten enthalten sind, handelt es sich im eigentlichen Sinne um Soll-Istkosten.

2) Vgl. zu dieser Kritik Laßmann, G.: Die Produktionsfunktion ..., a.a.O., S. 10 f./93 ff. Vgl. ergänzend nochmals unsere Ausführungen im Kapitel 4.1.3.2.2.

Zwar ist jeder Mitarbeiter im Rahmen seiner Aufgabenerfüllung zu persönlichen abweichungsverhindernden ex-ante- und ex-nunc-Regelungsprozessen angehalten, ex-post durchzuführende Maßnahmen bedürfen jedoch der übergeordneten Koordination. Diese Notwendigkeiten lassen sich unmittelbar aus den Ergebnissen der Anwendung der verschiedenen Methoden der Kostenabweichungsanalyse herleiten. So hatten wir dargestellt, daß bei Variation von Einflußgrößen der Bezugsbasis nicht nur die Abweichungen 1. Ordnung, sondern ebenso auch die Abweichungen höherer Ordnung berücksichtigt werden müssen, in denen ausschließlich die betroffenen Einflußgrößenabweichungen enthalten sind.[1] Werden mehrere Einflußgrößen, die nicht zur Bezugsbasis gehören, verändert, sind alle Abweichungen höherer Ordnung zu berücksichtigen, in denen zumindest eine betroffene Einflußgrößenabweichung enthalten ist. Die möglichen Korrektur- und Verstärkungseffekte, die in die Auswertungsentscheidungen mit einzubeziehen sind, sind tendenziell größer als bei der Korrektur von Bezugsbasisgrößen.[2]

Es zeigt sich damit, daß, je mehr Einflußgrößenausprägungen in einer der kommenden Realisationsperioden andere Werte annehmen sollen als für die betrachtete geplant oder realisiert wurden, desto mehr und desto komplexere Abstimmungsprozesse notwendig werden. Es muß verhindert werden, daß Maßnahmen, die zur Beseitigung einer Abweichung 1. Ordnung ergriffen wurden, mehrfach in bezug auf Abweichungen höherer Ordnung wirken. Ferner muß berücksichtigt werden, daß das Zusammentreffen mehrerer Maßnahmen in einer Abweichung höherer Ordnung in ihrer Kombination kontraproduktiv in

---

1) Es darf nicht der Fehler gemacht werden, die Kostenänderungspotentiale allein aus den Abweichungen 1. Ordnung herzuleiten, da diese in der Addition größer als die Gesamtabweichung sein können. Hier wirken dann die Abweichungen höherer Ordnung kompensierend.

2) Verstärkende Effekte ergeben sich immer dann, wenn Abweichungen höherer Ordnung in die gleiche Richtung wirken wie die zugrundeliegenden Abweichungen 1. Ordnung.

bezug auf einzelne Einflußgrößen sein kann, und es muß darauf geachtet werden, daß in Abweichungen höherer Ordnung durchaus erwünschte (positive) Teilabweichungen enthalten sind, die durch Korrekturmaßnahmen der unerwünschten Teilabweichungen ebenfalls beseitigt würden. Hier ist die verallgemeinerte differenziert-kumulative Abweichungsanalysemethode positiver als die traditionellen Methoden zu beurteilen, denn zum einen werden weniger Abweichungen höherer Ordnung (Grades) ausgewiesen, und zum anderen haben die in den Abweichungen höheren Grades enthaltenen Einflußgrößenabweichungen immer den gleichen Richtungssinn, so daß unerwünschte und erwünschte Einflußgrößenabweichungen nicht in einer Teilabweichung enthalten sein können. Abweichungen höheren Grades haben immer verstärkende Wirkung, so daß die Abweichungen 1. Grades nur eine Aussage über Minimalauswirkungen zu ergreifender Korrekturmaßnahmen zulassen.[1)]

Der Zwang zur übergeordneten Koordination ergibt sich aber auch aus dem Umstand, daß Abweichungen u.U. über mehrere Perioden hinweg beobachtet werden müssen, da erst in der Kumulation kleinerer Abweichungsbeträge strukturelle Änderungen, die ein Eingreifen notwendig machen, offenbar werden können. Eine gleichartige Argumentation ist heranzuziehen, wenn durch eine Einflußgrößenkorrektur Einflußgrößen anderer Kostenstellen, Kostenbereiche oder Dienstleistungsgeschäfte betroffen sind oder die Ursachen für eine Einflußgrößenabweichung in anderen Kostenstellen, Kostenbereichen oder Dienstleistungsgeschäften zu finden sind.

---

1) Vgl. zu den letzten Ausführungen die sehr umfassende Darstellung von Wilms, S.: Abweichungsanalysemethoden ..., a.a.O., S. 264 ff.

4.3.2 Die Maßnahmengenerierung als Ergebnis der Auswertungsentscheidung

4.3.2.1 Vorbemerkungen

Wir hatten als grundsätzliche Abweichungen Preis-, Verbrauchs- und Beschäftigungsabweichungen ausgewiesen. Bevor Maßnahmen zur zukünftigen Verhinderung entstandener Abweichungen ausgearbeitet und umgesetzt werden können, sind die Ursachen für die Einflußgrößenabweichungen der Kostenarten zu ermitteln. Wir wollen Ursachenermittlung und Ursachenbeseitigung in den folgenden Kapiteln gemeinsam behandeln.

Die Verbrauchsabweichung ist eine Sammelabweichung, die in der flexiblen Plankostenrechnung und der Grenzplankostenrechnung in Spezialabweichungen aufgespalten wird. Sie stellt Kostenabweichungen dar, die in den Vorgängen und Entwicklungen der Kostenstelle selbst begründet sind. Derartige Spezialabweichungen können Leistungsgrad-, Leistungsergebnis-, Qualitäts-, Verfahrens-, Programm-[1], Arbeitsbedingungs-, Betriebsmittelverbrauchs- und Durchlaufzeitenabweichungen sein. Die Annahme, die Verbrauchsabweichung drücke lediglich Unwirtschaftlichkeiten in der Kostenstelle aus, in dieser Form zu kurzgreifend ist. Sie ermöglicht vielmehr die Aufdeckung unterschiedlicher Ursachen, die zu dauerhaften Unwirtschaftlichkeiten führen können.[2]

Bei der Aufspaltung der *globalen* Verbrauchsabweichung in Spezialabweichungen kann eine multiplikative oder eine additive Verknüpfung unterstellt werden. Eine multiplikative Verknüpfung setzt eine entsprechende Formalisierung der Einflußgrößen, die auch bereits in die Ko-

---

1) Vgl. zu den drei zuletzt genannten Spezialabweichungen Farny, D.: Modelle der Plankostenrechnung in Versicherungsunternehmen, in: Planung und Prognose in Dienstleistungsunternehmen, hrsg. von G. Hammer et al., a.a.O., S. 163-176, hier S. 173.

2) Vgl. Brands, H.: Rechnungswesen ..., a.a.O., S. S. 612 f.

stenfunktionen integriert werden können, sowie eine entsprechende Erfassung der Einflußgrößenausprägungen voraus. Die additive Verknüpfung ermöglicht eine nicht notwendigerweise exakt quantifizierbare Analyse der Verbrauchsabweichung. Erst der Rest einer Verbrauchsabweichung, für den keine kontrollierbaren Ursachen mehr ermittelt werden können, ist die *eigentliche* Verbrauchsabweichung.

Wir hatten bei der Planung der Betriebskosten unterstellt, daß wir zunächst von den bisherigen Isttätigkeiten ausgehen, allerdings bewertet mit Sollzeiten. Eine inhaltliche, eine materielle Veränderung der Produktionsfaktorkombinationen wird nun in einem zweiten Schritt als Ergebnis der Auswertungsentscheidungen vorgenommen. Bei den möglichen Maßnahmen einer Ursachenbeseitigung werden unterschieden *statische*, also solche, die innerhalb der existenten Organisationsstrukturen, meist innerhalb einer Planungsperiode, umgesetzt werden können, und *dynamische*, also solche, die Ergebnis einer Revision sind und im Rahmen eines mittel- bis langfristigen Change-Management[1)] umzusetzen sind.

---

1) „Das Konzept des Change Management umfaßt alle *geplanten, gesteuerten* und *kontrollierten Veränderungen* in den *Strukturen, Prozessen* und (sofern dies möglich ist) in den *Kulturen* sozio-ökonomischer Systeme.", Thom, N.: Change Management, in: Handbuch Unternehmungsführung, hrsg. von H. Corsten/M. Reiß, a.a.O., S. 869-879, hier S. 870. Als Extrempositionen des Change Management gelten die „weiche" Vorgehensweise der Organisationsentwicklung („Geplante Evolution", Process Engineering, Prozeßoptimierung) und die „harte" Vorgehensweise des Reengineering („Organisierte Revolution"), vgl. Reiß, M.: Implementierung, in: Handbuch Unternehmungsführung, hrsg. von H. Corsten/M. Reiß, a.a.O., S. 291-301, hier S. 292 f. Change Management wird damit als Oberbegriff aller dynamischen Vorgehensweisen verwendet.

4.3.2.2 Statische Maßnahmen zur zukünftigen Verhinderung in der Gegenwart entstandener Betriebskostenabweichungen

4.3.2.2.1 Statische Maßnahmen zur Vermeidung von Preisabweichungen

Bei den Preisabweichungen ist zuerst danach zu unterscheiden, ob sie für den Verbrauch persönlicher oder sachlicher Produktionsfaktoren entstehen.[1] Sie kann, wie alle Kostenabweichungen, nur dann ausgewiesen werden, wenn ihre tatsächliche Ausprägung nicht richtig eingeschätzt (geplant) wurde. Wurde richtig ($\Delta q = 0$) oder positiv ($\Delta q = +$) geplant, darf das nicht als Indiz dafür gewertet werden, daß sich keine Optimierungs- und Beeinflussungspotentiale ergeben.

Bei den persönlichen Produktionsfaktoren sind die Einflußmöglichkeiten des einzelnen Versicherungsunternehmens gering, so daß die geplanten Kosten Prognosekosten sind. Gestaltungsparameter sind im wesentlichen in der Variation freiwilliger, nicht tarifvertraglich vereinbarter Zahlungen zu sehen. Die Parameter werden begrenzt durch gegenseitige Beeinflussung multiplikativ verknüpfter Einflußgrößen. Die Variation der Preiskomponente humaner Produktionsfaktoren determiniert maßgeblich deren Beschaffbarkeit und deren Motivation im Hinblick auf die unternehmenszielresultierende Aufgabenerfüllung.[2] Bei den sachlichen Produktionsfaktoren sind die Beschaffungsobjektpreise als eigenständiges Kontrollobjekt zu verstehen. Die Plankosten sind dort Standardkosten. An dieser Stelle kann noch der allgemeine Hinweis gegeben werden, daß nicht nur die Beschaffungsobjektpreise, sondern ebenso die Folgekosten, wie Betriebsmittelverbrauch[3] oder

---

1) Die Preisabweichungen sind selbst nur Gegenstand statischer Maßnahmen. Bei den dynamischen Maßnahmen werden Preiseffekte jedoch implizit mitberücksichtigt.

2) Hierzu ist z.B. auch der Arbeitsmarkt zu beobachten. Je größer das Arbeitskräfteangebot, desto größer ist ceteris paribus die Variationsmöglichkeit.

3) Bei der Neuanschaffung und beim Betrieb elektrischer Geräte sowie Lichtanlagen sind sämtliche Möglichkeiten wirtschaftlicher Nutzung umzusetzen.

Wartungskosten, also die *Total Costs of Ownership*, zu berücksichtigen sind.

Preisabweichungen haben Kostenstellenleiter oder Prozeßverantwortliche nur dann zu vertreten, wenn sie tatsächlich Einfluß auf die Preiskomponenten nehmen konnten. Eine externe Faktor*preis*abweichung kann nicht ausgewiesen werden, da der externe Faktor dem Dienstleistungsgeber unentgeltlich zur Verfügung zu stellen ist.[1] Preisabweichungen werden in Plankostenrechnungen oft vor Beginn der eigentlichen Kostenabweichungsanalyse aus den Plankosten heraus- und den beschaffenden Stellen zugerechnet.

4.3.2.2.2 Statische Maßnahmen zur Vermeidung von Verbrauchsabweichungen

4.3.2.2.2.1 Die Aufspaltung der Verbrauchsabweichung in Spezialabweichungen als Ausdruck der Entstehungsursachen

Bei den Verbrauchsabweichungen kann nicht stringent zwischen statischen und dynamischen Maßnahmen getrennt werden. Von den möglichen Verbrauchsabweichungen können alle Spezialabweichungen Gegenstand statischer Maßnahmen sein, im Vergleich zu den dynamischen jedoch oftmals nur im eingeschränkten Maße.[2] Die Leistungsgradabweichung (ΔLG) drückt aus, inwieweit von der Normalleistung[3] abgewichen wurde. Die Ursachen können im Arbeitsaufkommen oder im Zusammenwirken mit anderen Einflußgrößen wie Qualität, Leistungserstellungsprogramm und betriebstechnischen Verfahren

1) Vgl. hierzu unsere Ausführungen im Kapitel 4.3.2.2.3.

2) Die folgende Darstellung ist grundlegender Natur, so daß auf eine Indizierung der einzelnen Abweichungen verzichtet wird.

3) Als Normalleistung sei hier der Anspannungsgrad, das Leistungsniveau verstanden, das ein Mitarbeiter, der für die betrachteten Arbeitsaufgaben gut qualifiziert ist, für die Dauer der Tätigkeitszeit, also unter Berücksichtigung von Erhol- und Verteilzeiten, erbringen kann. Vgl. hierzu exemplarisch Kosiol, E.: Leistungsgerechte Entlohnung, Wiesbaden 1962, S. 42.

liegen. Die Leistungsergebnisabweichung (ΔLE) ist Ausdruck dafür, daß bei Konstanz aller anderen Einflußgrößen, mehr/weniger Zeit für die Leistungserstellungen aufgewendet wurden. Bei Betrachtung einer einzelnen Kostenstelle handelt es sich um eine Arbeitstundenabweichung[1], bei Betrachtung von Aggregaten (mehrere Kostenstellen/Prozesse und/oder Hauptprozesse) um eine Besetzungsgradabweichung (es sind mehr/weniger Stellen als ursprünglich geplant besetzt).[2][3] Die Qualitätsabweichung (ΔQL) ist das Ergebnis der Verwendung von Produktionsfaktoren anderer Qualität als ursprünglich geplant. Ebenfalls als Qualitätsabweichung soll ausgewiesen werden, wenn ein Mitarbeiter mehr *Ausschuß* produziert, also mehr fehlerhafte Leistungen erbringt als geplant.[4] Eine Verfahrensabweichung (ΔVF) wird ausgewiesen, wenn andere betriebstechnische Verfahren zur Produktion angewandt wurden als geplant. Programmabweichungen (ΔPM) ergeben sich, wenn ein anderes Leistungserstellungsprogramm erbracht wurde als geplant.[5] Arbeitsbedingungsabweichungen (ΔArB) ergeben sich, wenn Faktoren im persönlichen Arbeitsumfeld geändert werden, die vom einzelnen mit Auswirkungen auf die individuelle Lei-

---

1) Oder eine kleinere Zeiteinteilung. Die verschiedenen Ursachen für Arbeitstundenabweichungen hatten wir bereits ausführlich im Kapitel 4.1.4.1.1.1 dargestellt.

2) Vgl. zur Arbeitstundenabweichung und zur Besetzungsgradabweichung Käfer, K.: Standardkostenrechnung, 2. Auflage, Stuttgart 1964, S. 216 f. Die Arbeitstundenabweichung bezeichnet KÄFER als Arbeitsleistungsgradabweichung.

3) Die Leistungsergebnisabweichungen lassen sich wegen ihrer Konzentration auf die Arbeitsstunden nur schwierig von den Ursachen für Beschäftigungsabweichungen abgrenzen. Es wird daher davon ausgegangen, daß die Beschäftigung wie geplant erfüllt wird.

4) Derartige Fehler ließen sich auch in einer Leistungsergebnisabweichung ausdrücken.

5) In den Verfahrens- und den Programmabweichungen manifestieren sich auch die Prozeßartabweichungen, denen dann aber keine Sollgrößen gegenüberstehen.

stungsfähigkeit wahrgenommen werden.[1] Betriebsmittelverbrauchsabweichungen (ΔBM) entstehen für einen Mehrverbrauch an Büromaterial, womit auch eine stärkere Abnutzung von Büromaschinen verbunden sein kann.

Die Durchlaufzeitenabweichung (ΔDLZ) drückt aus, daß die realisierten Bearbeitungs-,Transport- und Liegezeiten als die grundlegenden Komponenten der Durchlaufzeit vom Plan abgewichen sind. Die Ursachen dieser drei additiven Teilabweichungen sind grundsätzlich durch die Auswertung der vorgenannten Spezialabweichungen zu ermitteln. Als letzte Teilabweichung bleibt für nicht kontrollierbare Unwirtschaftlichkeiten die eigentliche Verbrauchsabweichung (ΔeV).

Bei einer sehr differenzierten Planung einzelner Leistungserstellungsprozesse ist es möglich, eine externe Faktorabweichung (ΔeF) auszuweisen, die jeweils in Informationsart- (ΔIA) und -mengenabweichung (ΔIM) sowie in Humanaktivitätsart- (ΔHAA), -inhalts- (ΔHAI) und -mengenabweichung (ΔHAM), jeweils n-ter Ordnung, aufzuspalten ist.[2]

4.3.2.2.2.2 Statische Maßnahmen zur Vermeidung von Spezialabweichungen

Zunächst ist zu unterscheiden, wer die Spezialabweichungen zu verantworten hat. Verfahrens- und Programmabweichungen werden meist nicht von den Kostenstellen- bzw. Prozeßverantwortlichen ver-

---

1) Vgl. auch Baier, H.: Die organisatorische Systemanalyse ..., a.a.O., S. 63 ff.; O.V.: Büroarbeit mit Leistungsbremse, in: Wirtschaft und Produktivität, Nr. 9/1991, S. 1.

2) Auf den Ausweis dieser Abweichungen kann durchaus verzichtet werden, da der externe Faktor in seinen sämtlichen Erscheinungsformen immer Gegenstand aller Ursachenanalysen ist. Die Möglichkeit des Ausweises soll aber nochmals die Bedeutung des externen Faktors für die Kostenentstehung in Versicherungsunternehmen aufzeigen.

ursacht und sind, sofern singulär auftretend, unbedenklich. Sofern Qualitätsabweichungen personal begründet sind, können bereits kurzfristig umsetzbare Weiterbildungs- und sonstige Qualifizierungsmaßnahmen zukünftige Abweichungen verhindern. Diese werden ebenfalls Auswirkungen auf die Abweichungen vom geplanten Leistungsgrad und Leistungsergebnis haben. Leistungsgradabweichungen haben besonders bei der Kontrolle der Außendienstorgane eine wichtige Funktion, da die aufgewendete Zeit pro Kundenbesuch sowie pro Versicherungsvertragsabschluß bzw. bei Versicherungsschutzprodukten mit unterschiedlichen Leistungsumfängen entsprechend den übertragenen Schadenverteilungen je Vertragstyp wichtige Anhaltspunkte zur Ergebnisverbesserung bietet.

Arbeitsbedingungsabweichungen können persönliche (z.B. das Verhalten eines neuen Mitarbeiters hat Auswirkungen auf andere Mitarbeiter; bisherige gruppenspezifische Verhaltensmuster werden vom Führungssystem nicht mehr geduldet) oder technische Ursachen (z.B. in der Beleuchtung oder der Klimatisierung) haben. Innerhalb der bestehenden Strukturen lassen sich zukünftige Abweichungen durchaus vermeiden. Die Betriebsmittelverbrauchsabweichung wird, im vollständigen Gegensatz zur sachgütererstellenden Industrie, in den Kostenstellen nur eine untergeordnete Bedeutung haben. Als Verbrauchsabweichung sui generis sollte sie aber ausgewiesen werden können.[1)]

Statische Maßnahmen sind darauf gerichtet, Planvorgaben einhaltbar zu machen. Aus diesem Grund erfolgt eine Bewertung im Hinblick auf die durchzuführenden Maßnahmen ausschließlich auf Grund der Abweichungshöhen und der getroffenen Auswertungsentscheidungen. Der externe Faktor ist für alle Verbrauchsspezialabweichungen ein dominanter Kostenbestimmungsfaktor. Allerdings kann er direkt le-

---

1) Die Betriebsmittelkosten sind ein gutes Beispiel für Selbstkontrollen der Mitarbeiter und deren Verständnis für das Betriebskostenmanagement, denn positive Effekte ergeben sich erst in der Betrachtung für alle Mitarbeiter.

diglich auf die Durchlaufzeitenabweichung Einfluß nehmen, indem er die Länge der Bearbeitungszeiten determiniert, und zwar bei den Prozessen, in die er selbst involviert ist,[1)] und bei den Prozessen, die durch ihn ausgelöst werden[2)]. Je exakter die Mitwirkung des externen Faktors bei der Prozeßabwicklung ist und je mehr Prozeßteilschritte vom externen Faktor übernommen werden können, desto kürzer werden ceteris paribus die wertschöpfenden Bearbeitungszeiten sein. Je umfassender jedoch die Mitwirkung des externen Faktors ist, desto wahrscheinlicher ist, daß zusätzliche interne und externe Tätigkeiten notwendig werden. Als statische Maßnahme kann lediglich darauf hingewirkt werden, daß der externe Faktor die übertragenen Aufgaben in der geplanten Qualität erbringen kann.

Im Mittelpunkt auch der statischen Maßnahmen stehen die Durchlaufzeiten, wobei nicht nur negative, sondern sämtliche Durchlaufzeitenabweichungen Auswertungsgegenstand sein müssen.[3)] Ein Beispiel für die reale Situation in Versicherungsunternehmen in bezug auf (lediglich) die Antragsbearbeitung zweier Sparten zeigt Abbildung 20. Mit den Konsequenzen der Diskrepanz zwischen Bearbeitungs- und Durchlaufzeiten, befassen sich die folgenden Ausführungen näher.

---

1) In den Dienstleistungsgeschäften DG II und DG III.

2) In den Dienstleistungsgeschäften DG I und DG II.

3) Diese Aussage gilt in dieser stringenten Form nur dann, wenn nicht bereits Tätigkeitsoptimierungen vorgenommen worden sind.

Abbildung 20: Bearbeitungs- und Durchlaufzeiten bei der Antragsbearbeitung[1)]

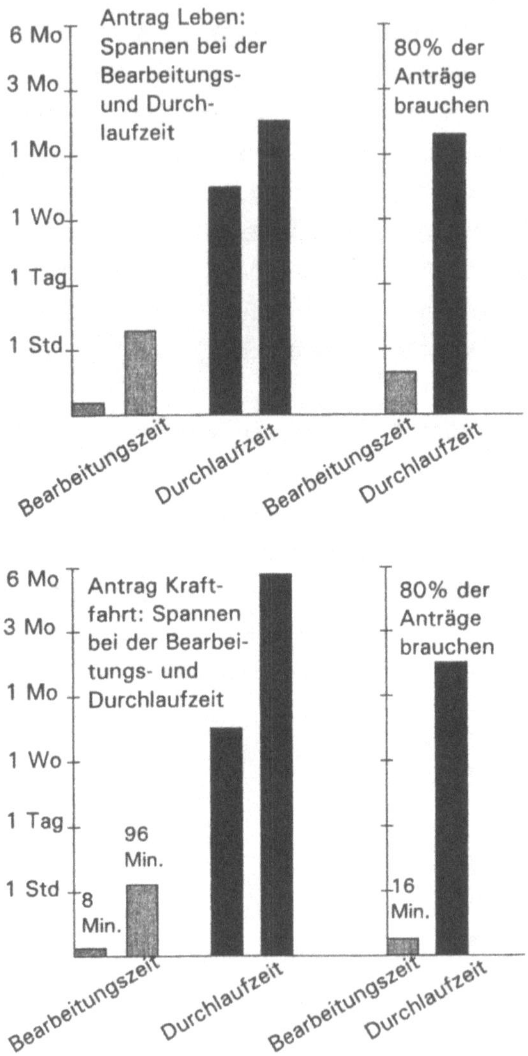

1) Vgl. GDV: Fachkommission Betriebswirtschaft Leben, Ergebnisbericht Nr. 47: Anforderungen an und Erfahrungen mit Geschäftsprozeßorientierung, o. O. 1997, S. 29.

Die Durchlaufzeit ist der Zeitraum zwischen der Entstehung eines prozeßauslösenden Ereignisses und der Prozeßbeendigung.[1] Die grundlegenden Komponenten sind die Bearbeitungs-, die Liege- und die Transportzeit. Die Bearbeitungszeit ist der Zeitraum der eigentlichen Leistungserstellung (Transformation), die wertsteigernd, wertertellend oder wertneutral sein kann.[2] Die Leistungserstellungszeit ist um Wartezeiten, um geistige und manuelle Rüstzeiten sowie um Abstimmungs- und Kontrollzeiten zu ergänzen.[3] Bei der Liegezeit handelt es sich um den Zeitraum, der vom Zeitpunkt des Eintreffens des Bearbeitungsobjektes[4] am Arbeitsplatz bis zum Beginn der Bearbeitungszeit vergeht, und den Zeitraum vom Ende der Bearbeitungszeit bis zum Weitertransport. Die Transportzeit ist damit der Zeitraum vom Abtransport am Arbeitsplatz bis zur Ankunft am nächsten Arbeitsplatz

---

1) Vgl. Götzer, K. G.: Optimale Wirtschaftlichkeit und Durchlaufzeit im Büro, Berlin, Heidelberg, New York 1990, S. 58.

2) In Anlehnung an Zangl, H.: Durchlaufzeiten im Büro, 2. Auflage, Berlin 1987, S. 86. Wertestellend sind Bearbeitungstätigkeiten dann, wenn sie zu keiner Werterhöhung des Bearbeitungsobjektes führen, im Gegensatz zu wertneutralen aber notwendig sind, wie z.B. die Fehlerbeseitigung oder das Abtippen handschriftlicher Arbeitsergebnisse. Die Elemente der Durchlaufzeit werden bei ZANGL eingehend diskutiert, vgl. Zangl, H.: Durchlaufzeiten ..., a.a.O., S. 88 ff. Eine andere Unterscheidung findet sich bei WEBER, der zwischen Wert-Aktivitäten (Real value added activities), Nichtwert-Aktivitäten (No value added activities) und Betriebswert-Aktivitäten (Business value added activities, die eine Voraussetzung für Wert-Aktivitäten sind) differenziert, vgl. Weber, L.: Integriertes Leistungsmanagement ..., a.a.O., S. 208 f.

3) Geistige Rüstzeiten ergeben sich durch Ein- und Wiedereinarbeitungen im Anschluß an Unterbrechungen. Manuelle Rüstzeiten während der Bearbeitungszeit ergeben sich z.B. durch Telefonate oder das Starten von Computerprogrammen, vgl. Corsten, H.: Die Reduzierung von Durchlaufzeiten als Rationalisierungsmaßnahme bei Büroarbeiten - Komponenten und Möglichkeiten der Beeinflussung, Braunschweiger Wirtschaftswissenschaftliche Arbeitspapiere, Reihe: Dienstleistungsökonomie, Arbeitspapier Nr. 3, Braunschweig 1985, S. 13/16/18. Vgl. auch nochmals unsere Darstellung der „arbeitstäglichen Anwesenheitszeit" im Kapitel 4.1.4.1.1.1.2. Tätigkeiten, die nicht unmittelbar Bearbeitungstätigkeiten sind, sind damit nicht per se werterstellend oder wertneutral. Sollten einzelne Abstimmungs- und/oder Kontrolltätigkeiten zur Leistungserstellung unabdingbar sein, so sind sie als werterhöhend zu betrachten.

4) Beziehungsweise der Entstehung des prozeßauslösenden Ereignisses.

bzw. der Ankunft beim Endabnehmer.[1] Die Durchlaufzeitenproblematik stellt sich besonders bei Prozeßaggregaten, da neben notwendigen Bearbeitungszeiten zusätzliche nicht-werterhöhende Wartezeiten (innerhalb der Bearbeitungszeiten), Transport- und Liegezeiten implementiert werden müssen.

Die Wichtigkeit der Durchlaufzeit für die Betriebskostenkontrollrechnung liegt in ihrer unmittelbaren Beeinflussung der Mengenkomponente der Betriebskostenplanung.[2] Bei optimierten Durchlaufzeiten können gleiche qualitative und quantitative Ergebnismengen schneller und/oder mit weniger Mitarbeitern erbracht werden.[3] Lange Durchlaufzeiten provozieren immer wieder Nachfragen der Leistungsempfänger (Versicherungsnehmer, Außendienstmitarbeiter, interne Empfänger etc.) und damit immer wieder Arbeitsunterbrechungen sowie zusätzli-

---

1) Um Transport- und Kommunikationszeiten zu minimieren, wurden Großraumbüros errichtet, die allerdings von den Mitarbeitern als Arbeitsumgebung wenig geschätzt werden, vgl. Müller-Lutz, H.-L.: Probleme des Großraums und Der Büroraum als Organisations- und Rationalisierungsfaktor, in: Grundlagen des Versicherungsbetriebes, Gedanken und Erfahrungen von H.-L. Müller-Lutz, hrsg. von P. Koch, Karlsruhe 1987, S. 124-130 und 135-141.

2) Die Bedeutung der Durchlaufzeitenproblematik ist für die Versicherungsunternehmen sehr viel umfassender als über die Betriebskostenkontrollrechnungen ausdrückbar. Auf Käufermärkten, zu denen auch die Märkte für Versicherungsschutzprodukte gehören, ist die Zeit, innerhalb der ein Kundenanliegen erfüllt wird, zu einem entscheidenden strategischen und operativen Erfolgsfaktor geworden, vgl. hierzu ausführlich Reichwald, R./Weichselbaumer, J.: Bewertung von Reorganisationsprozessen - Ein strategieorientierter Ansatz zur erweiterten Wirtschaftlichkeit, in: Rechnungswesen und EDV, 17. Saarbrücker Arbeitstagung 1996, hrsg. von A. W. Scheer, Heidelberg 1996, S. 27-51. Wenn Prozesse über Systeme vorbestimmter Zeiten geplant werden und die tatsächlichen Durchlaufzeiten davon um mehrere hundert Prozent abweichen, ist dies ja immer auch ein eindeutiger Beleg für eklatante organisatorische Unzulänglichkeiten.

3) Ein weiterer Parameter für die Wichtigkeit der Durchlaufzeitenminimierung ist die oftmals nur eingeschränkte zeitliche Nutzungsmöglichkeit intern und extern bereitgestellter Informationen bei der Produktion von Versicherungsschutz. Je frühzeitiger Informationen bereitgestellt werden können, desto größer ist tendenziell ihr Beitrag zur Wertschöpfung durch intensivere Auswertung und ggf. zusätzlicher Informationsbeschaffungsmöglichkeit. Vgl. Zangl, H.: Durchlaufzeiten ..., a.a.O., S. 188 ff.

che wertneutrale Tätigkeiten. Um Durchlaufzeitenabweichungen zu vermeiden, bietet es sich zunächst an, Regelungen zu erlassen, daß innerhalb bestimmter (Arbeits-)Zeiträume (Haupttätigkeitszeiten) interne Kommunikationen auf ein Mindestmaß beschränkt werden, da sie immer eine zweifache Unterbrechung von Arbeitsabläufen und immer einen zumindest einfachen geistigen Rüstprozeß (beim Angesprochenen) bedeuten. Ferner sollten Aufgabenträger bestehende Arbeitsteilungen nicht in jedem Fall vollständig ausnutzen, sondern Aufgabenerfüllungen durchaus selbst erbringen.[1)]

4.3.2.2.3 Statische Maßnahmen zur Vermeidung von Beschäftigungsabweichungen

Beschäftigungsabweichungen haben die Kostenstellenleiter, mit Ausnahme der des Außendienstes, grundsätzlich nicht zu vertreten, so daß sie in Plankostenrechnungen entweder nicht ausgewiesen oder vor der eigentlichen Kostenabweichungsanalyse durch Gleichsetzung von Ist- und Planwerten eliminiert werden. Die Beschäftigungsabweichung im hier verstanden Sinne ergibt sich durch unterschiedliche Stellenausbringungsmengen, meist Prozeßmengen.[2)] Diese Ausbringungsmengen wurden resultierend auf das qualitative und quantitative Ausbringungserfordernis sowie die persönliche Ausbringungsmöglichkeit im Hinblick auf eine Planungsgrundlage festgelegt. Damit ergeben sich für die Beschäftigungsabweichungen der Versicherungsunternehmen zwei die konkrete Abweichungsanalyse und -auswertung beein-

---

1) Mit diesem Problem hat sich sehr ausgiebig ZANGL befaßt, vgl. Zangl, H.: Durchlaufzeiten ..., a.a.O., S. 313 ff.

2) Die erbrachten Prozeßmengen sind unmittelbar abhängig von den eingebrachten Leistungsmengen (meist über die Zeit ausgedrückt), so daß sich wieder eine Beziehung zu einem inputorientierten Beschäftigungsverständnis ergibt.

trächtigende Problemfelder: die Festlegung der Planungsgrundlage und, darauf aufbauend, die Festlegung der Planungsbemessung.[1)]

Die Wichtigkeit der Beschäftigungsabweichungskontrolle resultiert für die Versicherungsunternehmen zunächst aus dem allgemeinen Produktionsmodell, also der Aufrechterhaltung von Vorkombinationen der Dienstleistungsgeschäfte DG I - III. Die Vorkombinationen bewirken einen hohen Fixkostenblock und die Notwendigkeit, die vorhandenen Kapazitäten auch auszunutzen.[2)] Andererseits ist für die Versicherungsunternehmen aber eine mengenmäßige Outputbetrachtung problematisch, da lediglich werterhöhende Tätigkeiten erbracht werden sollen, wertterstellende sowie nicht-wertschöpfende Tätigkeiten hingegen möglichst überhaupt nicht.[3)4)] Aufgrund der grundlegend ande-

---

1) Wir hatten uns hiermit bereits ausführlich im Kapitel 4.1.3.2.4 befaßt.

2) In der Prozeßkostenrechnung wird viel mit der Größe „Prozeßkostensatz" gearbeitet, also der Angabe, wie viele Geldeinheiten die Durchführung eines bestimmten Prozesses erfordert. Der Prozeßkostensatz ist aber immer eine geplante oder eine retrograd ermittelte Größe, die oftmals proportionalisierte Fixkosten enthält. Es ist also falsch zu sagen, daß ein Prozeß eine bestimmte Geldmenge kostet (falls die Datenerhebung bis zu diesem Punkt überhaupt „richtig" ist), sofern sich die Angabe nicht genau auf die vorhergesagte Prozeßmenge bezieht. Sind die Mengen größer oder kleiner, liegen lediglich Näherungsgrößen vor. Auch wenn wir die Beschäftigungsabweichung als Kostenabweichung auf der Differenz von Mengengrößen ausgewiesen hatten, muß, vergleichbar dem Vorgehen im Fixkostenmanagement, die Ursachenanalyse der Beschäftigungsabweichung an den Kapazitätsauslastungen ansetzen. Vgl. zum Prozeßkostensatz auch unsere Ausführungen im Kapitel 4.1.4.1.1.6.

3) Auf die qualitative materielle Komponente der Beschäftigungsabweichung verweist auch ALTENBURGER, indem er Bezug auf die von FARNY entwickelte Unterscheidung von Summen- und Stückzahlkapazität(sauslastung) nimmt, vgl. Altenburger, O. A.: Entscheidungsorientierte Kostenrechnung im Versicherungsbetrieb, in: ZVersWiss 1975, S. 441-502, hier S. 450. Zu berücksichtigende vertragsgrößenbezogene Unterschiede hatten wir sowohl in die Planung als auch die Abweichungsanalyse integriert, indem diese verschiedene Typen eines Versicherungsproduktes bewirken.

4) Die Unterscheidung von Summen- und Stückzahlkapazität ermöglicht noch einmal die Frage nach einer externen Faktorkostenabweichung zu diskutieren, indem externe Faktorkosten über Opportunitätskosten, im Sinne von entgehenden/entgangenen Deckungsbeiträgen, erfaßt werden. In bezug auf die (Fortsetzung...)

ren Wirkung müssen Beschäftigungsabweichungen für den Innen- und Außendienst getrennt betrachtet werden.[1]

4.3.2.2.3.1 Statische Maßnahmen zur Vermeidung von Beschäftigungsabweichungen im Innendienst

Beschäftigungsabweichungen entstehen im Innendienst in Form verschiedener Prozeßmengenabweichungen. Beschäftigungsschwankungen werden im Innendienst zunächst antizipiert, d.h. erfahrungsgemäß gibt es jahreszeitlich verteilte Zeiträume unterschiedlichen Beschäftigungsanfalls, die in der Planung bereits berücksichtigt sind. Prozeßmengenabweichungen primärer und sekundärer leistungsmengeninduzierter Prozesse sind ohne Kenntnis der Abweichungsursache grundsätzlich neutral zu betrachten, im Gegensatz zur Versicherungsschutzproduktbestandsmengenabweichung Δxb_n und zu den verschiedenen Anteilskoeffizientabweichungen. Allerdings verschließen sich diese Kostenabweichungen weitgehend einer kurzfristigen Maßnah-

---

4) (...Fortsetzung)
Stückzahlkapazität des Außendienstes sowie die generelle Summenkapazität lassen sich Opportunitätskosten dann ansetzen, wenn aufgrund unzureichender Kapazitäten erwünschtes Neugeschäft nicht geschrieben werden kann. In bezug auf den Innendienst erscheint ein Ansatz von Opportunitätskosten nicht gerechtfertigt zu sein, da die Versicherungsnehmer mit ihren Prämien bereits ex-ante Deckungsbeiträge für Leistungen erbringen und die Versicherungsunternehmen über die Höhe der Deckungsbeiträge Einfluß auf deren Wertigkeit nehmen können (dieses Argument gilt auch für die Provisionssätze des Außendienstes). Durch den Abschluß eines Versicherungsvertrages sind die Versicherungsunternehmen verpflichtet, ausreichende Kapazitäten zur Erbringung sämtlicher damit verbundener Leistungen vorrätig zu halten, so daß eine Qualifizierung der Leistungserstellungen für den externen Faktor untereinander nicht zulässig ist.

1) In den mittelbaren Bereich der Maßnahmen zur Vermeidung von Beschäftigungsabweichungen gehören auch die Maßnahmen zur Reaktion auf Beschäftigungsgradschwankungen. In statischer Sicht sind dies die *intensitätsmäßige* und die *zeitliche Anpassung*. Vgl. hierzu Farny, D.: Produktions- und Kostentheorie der Versicherung, a.a.O., S. 197 ff.; Farny, D.: Versicherungsbetriebslehre, a.a.O., S. 526 f.

mengenerierung.[1] Grundlegend beeinflußt werden können sie ausschließlich durch unternehmens- und produktpolitische Maßnahmen.

Sofern machbar, kann auf Beschäftigungsabweichungen kurzfristig unterschiedlich reagiert werden. Eine besonders in der Grenzplankostenrechnung vertretene Möglichkeit wird im Mitarbeiteraustausch, also in der gegenseitigen Übernahme von Tätigkeiten durch Mitarbeiter anderer Kostenstellen gesehen.[2] Dies setzt sowohl entsprechend qualifizierte Mitarbeiter voraus als auch sich gegenseitig überlagernde positive und negative Beschäftigungsabweichungen. Auf negative Beschäftigungsabweichungen kann auch mit umfassenderen Erstellungen werterhöhender Tätigkeiten (bewußte Verlängerung der Bearbeitungszeit) reagiert werden. Sofern die Arbeitszeitbestimmungen es zulassen, können Arbeitszeitkontensoll- und -habenzeiten aufgebaut werden, die zu stärker/weniger belasteten Zeiten wieder aufgebaut/abgebaut werden.[3] Gemäß dem *Dilemma der Ablaufplanung* korrelieren die Vorkombinationskapazitätspotentiale und die Durchlaufzeiten positiv miteinander.[4] Je größer die Kapazitäten dimensioniert sind, desto kürzer sind ceteris paribus die Liege- und damit die Durchlaufzeiten. In Versicherungsunternehmen ist zur Optimierung der Arbeitsabläufe die Ursachenermittlung der Abweichungen entscheidend und nicht die Tatsache, daß eine Abweichung eingetreten ist.

---

1) Eine Einflußnahme kann teilweise durch die Absatzorgane erfolgen. Vgl. hierzu unsere Ausführungen im nächsten Kapitel.

2) Vgl. exemplarisch Vikas, K.: Controlling ..., a.a.O., S. 52/136.

3) Vgl. § 11 Manteltarifvertrag für das Versicherungsgewerbe (Stand: Oktober 1997) sowie O.V.: Flexible Arbeitszeit, in: ZfV 1996, S. 7.

4) Vgl. Heinisch, I.: Untersuchung und Entwicklung von Methoden zur Steuerung von Büroarbeit, Diss. Berlin 1974, S. 34.

4.3.2.2.3.2 Statische Maßnahmen zur Vermeidung von Beschäftigungsabweichungen im Außendienst

Statische Maßnahmen im Außendienst setzen primär an der Arbeitsweise der Absatzorgane an. Eine Möglichkeit, Vertriebsziele kurzfristig zu erreichen, liegt in der Unterstützung durch erfahrene Außendienstmitarbeiter, das sog. „Coaching".[1] Entsprechend dessen statischem Charakter sind die meist positiven Ergebnisse oft nicht von Dauer. Neben dem Neugeschäft im eigentlichen Sinne kann auch das von einem Absatzorgan betreute Portefeuille Schwankungen unterliegen.[2] Negative Bestandsänderungen werden nicht nur durch das Verhalten des Absatzorgans, sondern ebenfalls durch Maßnahmen des Innendienstes ausgelöst, z.B. durch Prämienerhöhungen, als unzureichend empfundene Schadenregulierungen oder Folgebearbeitungen. Durch Vermittlung der Außendienstmitarbeiter, können negative Bestandsentwicklungen noch vor deren Realisierung verhindert werden. Hierdurch ergibt sich eine direkte Auswirkung auf Beschäftigungsabweichungen des Innendienstes. Ein gleiches gilt für sämtliche Fertigungsschritte in den Dienstleistungsgeschäften DG II und DG III, indem den Außendienstmitarbeitern Selektionskriterien zum Vertragsabschluß vorgegeben werden. Entstehende Einkommensverluste und zusätzlicher Arbeitsaufwand sind entsprechend der durchgeführten Prozesse zu ersetzen.

---

1) O.V.: Coaching - ein Patentrezept für den Vertrieb?, in: ZfV 1996, S. 493-494 und zum Coaching als permanente (strategische?) Aufgabe der Vertriebssteuerung Protz, M.: Coaching als Instrument der strategischen Vertriebsentwicklung, in: Reader zum Thema Controlling in Versicherungsunternehmen, hrsg. von W. Kirchner, a.a.O., S. 646-652.

2) Die Bestandsgeschäftsplanung hatten wir im Kapitel 4.1.3.1.1 der Fertigungsplanung zugerechnet. An diesem Punkt der Betrachtung geht es aber gerade um die Verhinderung und Erklärung unerwünschter Veränderungen des Versicherungsvertragsbestandes.

4.3.2.3 Dynamische Maßnahmen zur zukünftigen Verhinderung in der Gegenwart entstandener Betriebskostenabweichungen

4.3.2.3.1 Dynamische Maßnahmen zur zukünftigen Verhinderung in der Gegenwart entstandener Verbrauchsabweichungen

4.3.2.3.1.1 Das Value Management

Im Mittelpunkt der dynamischen Maßnahmen[1] steht zunächst die Notwendigkeit der Erbringung einer einzelnen Tätigkeit, der einzelnen Leistungserstellung, bzw. eines bestimmten Produktionsfaktorverzehrs selbst und nach der grundlegenden Bejahung die Art und Weise der Erbringung. Mit diesen Überlegungen wird der „Wert" (Value) eines Prozesses und seiner Teilprozesse zum zentralen Begriff der dynamischen Maßnahmen. Der Wert einer Leistung ergibt sich aus ihrem Beitrag zur Zielerfüllung, sowohl für das Versicherungsunternehmen als auch für den Versicherungsnehmer. Entscheidend für die subjektive Wertzumessung bei immateriellen Produkten wie Versicherungsschutz ist das Wissen der Entscheidungsträger um die „Zahlungsbereitschaft" des Leistungsempfängers. Damit wird den externen Leistungen, also denjenigen, die mit oder für einen externen Faktor erbracht werden, ein grundsätzlich höherer Wert[2] zugesprochen als internen, da nur die

---

1) Es ist eigentlich ein Widerspruch, von dynamischen Maßnahmen zur zukünftigen Verhinderung einer Betriebskostenabweichung zu sprechen, da es zweifelhaft ist, ob eine bestimmte Abweichung einer Betriebskostenart in einer späteren Periode nochmals entsteht. Darüber hinaus führen die dynamischen Maßnahmen meist zu Prozeßveränderungen, die die Vergleichbarkeit weiter einschränken. Allerdings sind die oben dargestellten Spezialabweichungen nicht nur der Ausgangspunkt der Durchführung statischer, sondern ebenso dynamischer Maßnahmen, so daß es, um in der gewählten Systematik zu bleiben, gerechtfertigt erscheint, von dynamischen Maßnahmen zu sprechen. Des weiteren sei darauf verwiesen, daß es nicht möglich ist, dynamische Maßnahmen bezüglich des Innen- und des Außendienstes konsequent zu trennen. Preisabweichungen sind kein Gegenstand dynamischer Maßnahmen.

2) Vgl. in diesem Zusammenhang nochmals unsere Ausführungen zum Wertbegriff im Kapitel 2.3.3.

Dienstleistungsnehmer eine reale Vergütung leisten.[1] Die Zahlungsbereitschaft[2] drückt die Bereitschaft des Versicherungsnehmers aus, den Nutzen der Versicherungsnahme in einer bestimmten qualitativen und quantitativen Form höher als die damit verbundenen finanziellen Nachteile zu bewerten. Sie hängt demzufolge direkt von seinen Risikoempfindungen, seinen Bedürfnissen und den ihm zur Verfügung stehenden Alternativen ab.

Die Bewertung einer Leistung ist Gegenstand des *Value Management*. Das Value Management ist die konsequente Weiterentwicklung der ursprünglich primär auf Kostensenkungen ausgerichteten *Wertanalyse* durch die gleichberechtigte Berücksichtigung nicht-monetärer Wirkungen[3] zu einem Instrument der Unternehmensführung, dessen Erfolg sowohl durch die Anwendung seiner Methoden als auch durch die Verinnerlichung seiner Zielsetzung in das Denken und Handeln aller Mitarbeiter geprägt ist.[4]

---

1) Die Terminologie, wie Prozesse entsprechend ihrer Wertigkeit typologisiert werden können, ist nicht eindeutig. So sprechen ENNSFELLNER/ENNSFELLNER von *primären* (Schlüsselprozesse, in Versicherungsunternehmen 4-20 Stück), *sekundären* (Sicherstellung der Funktionsfähigkeit der primären Prozesse) und *tertiären* (dienen der strategischen Unterstützung primärer und sekundärer Prozesse) Prozessen, die nach unserer Ansicht aber um die *quartären* (alle verbleibenden operativen Prozesse) ergänzt werden müßten. Vgl. Ennsfellner, I. A./Ennsfellner, K. C.: Grundlagen ..., a.a.O., S. 120 f.

2) Vgl. zur Zahlungsbereitschaft im Zusammenhang mit dem Wertbegriff Schröder, H.-H.: Wertanalyse als Instrument optimierender Produktgestaltung, in: Handbuch Produktionsmanagement, hrsg. von H. Corsten, Wiesbaden 1994, S. 152-169, hier S. 154.

3) Derartige nicht-monetäre Wirkungen werden auch als „weiche Erfolgsfaktoren" bezeichnet und zeigen sich in einer verstärkten Einbindung der betroffenen Mitarbeiter in die Problemkreise der Wertanalyse, vgl. Jehle, E./Willeke, M.: Value Management und Kaizen als Instrumente des Kostenmanagement, in: krp 1996, S. 255-260, hier besonders S. 256.

4) Neben dem Value Management finden sich wertgestaltende Ansatzpunkte noch in der Gemeinkostenwertanalyse (Overhead-Value-Analysis) und im Zero-Base-Budgeting (Zero-Base-Planning). Beide Methoden werden von Unternehmensberatungsgesellschaften propagiert und sind auf eine schnelle Ergebnisfindung (Fortsetzung...)

Im Mittelpunkt der Wertanalyse als der entscheidenden Methode des Value Managements steht die Funktionenanalyse.[1] Die Funktionenanalyse hat die Aufgabe, eine Gesamtfunktion in Teil- und nicht weiter aufspaltbare Elementarfunktionen zu differenzieren sowie nicht notwendige bzw. überflüssige Teil- und Elementarfunktionen auszusondern. Dadurch, daß die bisherigen Gesamt- und Teilfunktionen neu überdacht werden, trägt die Funktionenanalyse einer umfassenden *Wertverbesserung* Rechnung.[2] Die Vorgehensweise der Funktionenanalyse kann unmittelbar auf die Prozeßanalyse übertragen werden, so daß das Konzept der Wertanalyse eine besonders geeignete Methode im Rahmen einer prozeßorientierten Betriebskostenkontrollrechnung ist.[3]

---

4) (...Fortsetzung)
und -realisation ausgerichtet, mit meist nicht anhaltender Wirkung und begleitet von Akzeptanzschwierigkeiten der Mitarbeiter. Übersichten von Gemeinsamkeiten und Unterschieden finden sich bei Jehle, E.: Gemeinkostenmanagement, in: Handbuch Kostenrechnung, hrsg. von W. Männel, a.a.O., S. 1506-1525, hier S. 1509 ff. und Ulrich, R.: Gemeinkostenmanagement ..., a.a.O., S. 124 f./127 f. Eine Betriebskostenkontrollrechnung im hier verstandenen Sinne soll eine permanente Beeinflussung der Betriebskosten als Maßnahme eines kontinuierlichen Betriebskostenmanagements sein, da nur so die Betriebskostenkontrollrechnung selbst unter Gesichtspunkten der Wirtschaftlichkeit vertretbar ist.

1) Vgl. Jehle, E.: Wertanalyse, in: HWB, hrsg. von W. Wittmann et al., 5. Auflage, a.a.O., Sp. 4647-4659, hier Sp. 4651 ff. Zur konkreten Anwendung der Wertanalyse sei auf die angegebene Literatur sowie die DIN-Norm 69910 verwiesen.

2) Neben der *Wertverbesserung* bestehender Produkte, sind auch die *Wertgestaltung* geplanter sowie die *Werterneuerung* zukünftiger Produkte Gegenstand der Wertanalyse.

3) Die Nähe ergibt sich bereits sprachlich. Eine „,Funktion im Sinne der Wertanalyse ist jede einzelne Wirkung des Wertanalyse-Objektes' (DIN 69910 1987, S.2). Sie wird durch ein Substantiv und ein Verb im Infinitiv beschrieben, z.B. ,Flüssigkeit befördern' oder ,Drehmoment übertragen'", Jehle, E.: Wertanalyse, a.a.O., Sp. 4651. Nach FRANZ ist „eine Aktivität ... immer durch ein (teilweise substantiviertes) Verb gekennzeichnet: Einholen eines Angebotes; Aufgeben einer Bestellung; Annahme oder Ausgabe von Material.", Franz, K.-P.: Die Prozeßkostenrechnung, a.a.O., S. 116. Ebenso wie der einzelnen (Teil-)Funktion kann auch dem einzelnen (Teil-)Prozeß eine Nutzwirkung zugesprochen werden. Die Gleichsetzung von Teilfunktion und Teilprozeß bedeutet im weiteren die unmittelbare Zuordnung von Prozeß- zu Funktionskosten.

Das Ziel der prozeßorientierten Wertanalyse wird darin gesehen, die Differenz zwischen Prozeßnutzen und Prozeßkosten zu vergrößern, wobei grundsätzlich der Prozeßnutzen erhöht und/oder die Prozeßkosten gesenkt werden sollen.[1] Eine Prozeßkostenerhöhung ist ausdrücklich zugelassen, sofern dem ein überproportionaler Nutzenzuwachs gegenübersteht. Je niedriger der Wert einer Leistung angesehen wird, desto größer ist ceteris paribus ihr Variationspotential. So kann eine interne Leistungserstellung durchaus entfallen oder deren Durchlaufzeit erhöht werden, ohne daß dies negative Auswirkungen auf externe Leistungen haben muß. Ebenso wird ihre Verbesserung im Regelfall nur wenig oder gar keine Auswirkungen auf die externen Leistungen haben. Die grundlegende Vorgehensweise sieht damit wie folgt aus: Geringwertige Teilprozesse sollen möglichst entfallen oder können mit einer höheren Durchlaufzeit erstellt werden, um damit Bearbeitungspotentiale (Bearbeitungskapazitäten) für höherwertige Leistungen bei einer gleichbleibenden Kostenbelastung zu erhalten. Dies bezieht die externen Leistungen mit ein, da in ihnen ebenfalls geringwertige Teilprozesse enthalten sind.[2] Allerdings wird bei ihnen weniger die Erstellung an sich als vielmehr die Durchlaufzeit in Frage gestellt. Der Nutzen einer Optimierungsmaßnahme steht damit immer in direkter Abhängigkeit zum Ausgangswert einer Leistung.

Für die Versicherungsunternehmen ist die Bewertung der von den Versicherungsnehmern konsumierten externen Leistungen nur indirekt möglich. Sie zeigt sich zum einen in der bereits angesprochenen Zahlungsbereitschaft, aber auch in Kennzahlen wie Nicht-Einlösungsquo-

---

1) Das Problem einer derartigen Gegenüberstellung liegt darin begründet, daß eine subjektiv empfundene Wertveränderung nicht einmal ordinal quantifiziert werden kann. Eine Wertveränderung läßt sich damit nicht unmittelbar mit den Veränderungskosten (im Sinne von Ermittlungs-, Durchführungs- und Folgekosten) vergleichen.

2) Besonders kompliziert werden die Zusammenhänge, wenn zusätzlich noch die internen Leistungen berücksichtigt werden, die nur mittelbar in externe Leistungen eingehen. Ein Beispiel findet sich bei Farny, D.: Versicherungsbetriebslehre, a.a.O., S. 508.

ten von Versicherungsscheinen, Stornoquoten in Abhängigkeit von der Laufzeit und besonders im Anschluß an Schadenregulierungen, Cross-Selling (Kundendurchdringung im Sinne von Anzahl der Versicherungsverträge differenziert nach Stücken, Versicherungssummen, Prämien) sowie in direkten positiven/negativen Äußerungen gegenüber dem Versicherungsunternehmen. Hier können die Versicherungsunternehmen durch Kundenbefragungen selbst aktiv werden.

Um die Gesamtproblematik der Wertgestaltung externer Leistungen zu erfassen, bietet es sich an, die Durchlaufzeitenbetrachtung auch auf die Versicherungsnehmer zu übertragen. STAUSS unterscheidet in diesem Zusammenhang *Transferzeiten* (z.B. die Fahrt zum Dienstleister und wieder zurück, die Parkplatzsuche, der Weg innerhalb des Gebäudes, in dem die Dienstleistung erbracht wird), *Abwicklungszeiten* (Zeiten für Terminvereinbarungen, für das Ausfüllen von Formularen, also von Vorarbeiten), *Wartezeiten* (zum einen Zeiten vor, während, nach Transaktionen, in denen keine eigentliche Leistungserstellung mit dem Dienstleistungsnehmer erfolgt, er aber noch zur Verfügung stehen muß, zum anderen Zeiten zwischen Transaktionen, die aber anderweitig genutzt werden können) und *Transaktionszeiten* (Zeiten der Leistungserstellung zusammen mit dem Dienstleistungsnehmer).[1)]

---

1) Stauss, B.: Dienstleister und die vierte Dimension, in: Integratives Dienstleistungsmanagement, hrsg. von H. Corsten, a.a.O., S. 447-463, hier S. 449 ff. Die Elemente der externen Durchlaufzeit sind weitgehend deckungsgleich mit dem von uns vertretenen Konzept der Humanaktivitäten erster und zweiter Ordnung.

Abbildung 21: Externe Durchlaufzeiten

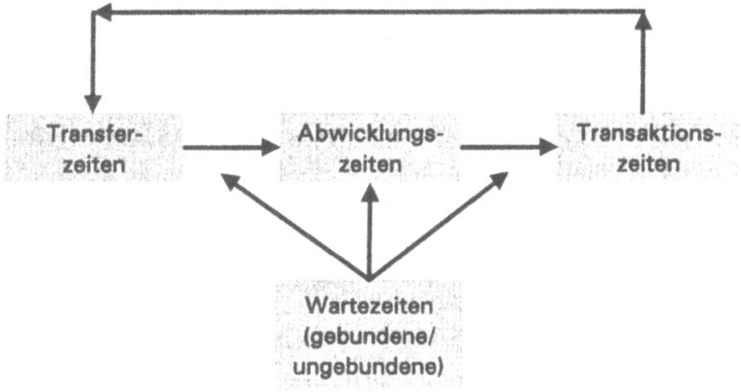

STAUSS weist nachdrücklich darauf hin, daß auch die Dienstleistungsnehmer Zeit als entgeltlich erworbenen Produktionsfaktor betrachten, so daß „Zeitverbrauch gleich Geldverbrauch" ist.[1] Während es den Versicherungsunternehmen möglich ist, Transfer-, Abwicklungs- und Transaktionsaktivitäten in unterschiedlichem Ausmaß prämiensteigernd/ prämienneutral selbst zu übernehmen oder prämiensenkend auf die Versicherungsnehmer zu übertragen, ist eine Übernahme bei den Wartezeiten nicht möglich, so daß die internen Leistungserstellungen wieder in den Mittelpunkt der Betrachtung rücken. Gerade Wartezeiten werden subjektiv immer als zu lange andauernd empfunden.[2] Wird von der Frage der materiellen Leistungserstellung, also der Übereinstimmung von Leistungserwartung und Leistungsrealisation

---

1) Hier zeigt sich, daß die Versicherungsnehmer als Dienstleistungsnehmer indirekt doch auch den Leistungserstellungsprozeß, und nicht nur das Leistungsergebnis nachfragen.

2) Vgl. Stauss, B.: Dienstleister ..., a.a.O., S. 451 f./459 f. Der Versicherungsnehmer gesteht dem Versicherungsunternehmen eine bestimmte Bearbeitungszeit zu, die von keiner negativen Zeitempfindung begleitet ist. Wird dieser Zeitraum aber nur geringfügig überschritten, steigt der Mißnutzen der Wartezeit progressiv an. Als besonders kritisch gelten die Wartezeiten vor- und im Anschluß an Transaktionsaktivitäten. Besonders evident wird die gesamte Durchlaufzeitproblematik, je stärker der Versicherungsnehmer als externer Faktor in die Produktion eingebunden ist.

des immateriellen Produktes durch den Versicherungsnehmer, abstrahiert, ist demnach für alle Leistungsempfänger die Zeit das ausschlaggebende Wertmerkmal.

Eine Wertverbesserung externer Leistungen muß zwar durch das Versicherungsunternehmen erfolgen, sie muß aber vom Versicherungsnehmer als Leistungsverbesserung bzw. als besonders kundenfreundlich erbrachte Leistung ausdrücklich wahrgenommen werden. Dieses Bewußtsein und damit das Kundenanspruchsniveau sollte durch regelmäßige Ansprache des Versicherungsnehmers geformt und aufrechterhalten werden, z.B. durch die Außendienstmitarbeiter, die hierdurch eine weitere Abschottung der Kundenbeziehung von direkter und substitutiver Konkurrenz erreichen können. Dieses Vorgehen ist Teil der Servicepolitik (Kundendienstpolitik) der Versicherungsunternehmen.[1] Service ist jegliche Leistung qualitativer und quantitativer Art, die über die rein technische Erbringung und Abwicklung des Produktes Versicherungsschutz hinausgeht. Wegen der mit ihm verbundenen Produktionsfaktorverzehre verursacht Service Prozeß- bzw. Funktionskosten. Es ist daher genau abzuwägen, welche Serviceprozesse erbracht werden, so daß sich wertgestaltende Überlegungen hier besonders anbieten. Als Ergebnis der Immaterialität der Dienstleistungsproduktion ist es verständlich, daß die Versicherungsnehmer ihren Versicherungsschutz eigentlich nur über das Versicherungsschutzprodukt VS II wahrnehmen, so daß sich im Dienstleistungsgeschäft DG III der größte Nutzen wertgestaltender Maßnahmen ergibt. Dennoch darf das Bewußtsein für die Notwendigkeit des Versicherungsschutzproduktes VS I bei den Versicherungsnehmern nicht vernachlässigt wer-

---

1) Vgl. Ennsfellner, K. C.: Absatzcontrolling ..., a.a.O., S. 200 ff.; Farny, D.: Versicherungsbetriebslehre, a.a.O., S. 659 ff.

den.[1] Erst durch das Nutzen-/Wertempfinden für das Versicherungsschutzprodukt VS I wird der Absatz von Versicherungsschutz möglich. Bewußt wahrgenommener Service ist wertsteigernd, bewußt wahrgenommener Nicht-Service ist wertmindernd und nicht wahrgenommener Service ist wertindifferent und aus der Sicht der Betriebskostenkontrollrechnung als negativ zu beurteilen.

Wird eine Hierarchie der wertzuverbessernden Prozesse erstellt, ist der Schadenregulierung die höchste und der Folgebearbeitung die niedrigste Priorität einzuräumen.

---

1) Würde dies geschehen, würde die Notwendigkeit der Versicherungsnahme in Frage gestellt und das moralische Risiko des einzelnen Versicherungsnehmers im Zeitablauf immer größer werden.

Abbildung 22[1]: Prozeß-Wertigkeiten

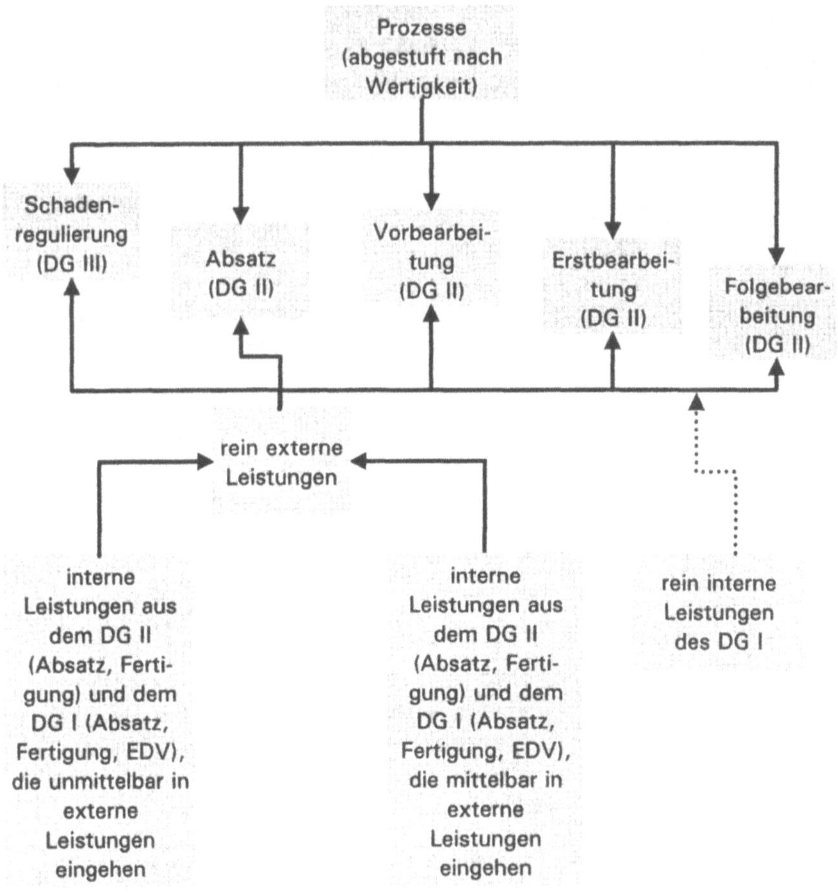

1) Vgl. exemplarisch Protz, M.: Wertschöpfung ..., a.a.O., S. 92-97.

4.3.2.3.1.2 Das Produktivitätsmanagement

Ein zweiter wesentlicher Gegenstand der dynamischen Maßnahmen ist die Produktivität der Leistungserstellung.[1] Eine Produktivitätssteigerung impliziert immer eine Wertsteigerung, so daß Wert- und Produktivitätsmanagement nicht konsequent unterschieden werden können. Wertuntersuchungen gehen dabei Produktivitätsuntersuchungen voraus. „Die *Produktivität* ist die Relation zwischen der erfüllten Aufgabe und den dafür verbrauchten Produktionsfaktormengen."[2] Während die Festlegung der zu erfüllenden Aufgabe Gegenstand des Wertmanagements ist, ist die Art und Weise der Erfüllung Gegenstand des Produktivitätsmanagements.[3]

Konkrete Leistungserstellungen bedeuten die Nutzung eines vorhandenen Leistungs„**vermögens**", einer Kapazität.[4] Dieses Leistungsvermögen muß im Hinblick auf eine festgelegte Arbeitsaufgabe und ein festgelegtes Arbeitsergebnis genutzt werden, was wiederum zur Produktivität überleitet. Für die Betriebskostenkontrollrechnung ist es notwendig, den Zusammenhang zwischen „Kapazität" und „Produktivität" herzustellen. Versicherungsunternehmen bauen durch die drei Vorkombinationen erhebliche Kapazitäten auf, aus denen Fixkostenbe-

---

1) Durch die Produktivitätsbetrachtung werden die internen Leistungsempfänger stärker berücksichtigt.

2) Farny, D.: Versicherungsbetriebslehre, a.a.O., S. 406.

3) Vgl. zur Problemstellung der Bestimmung von Input- und Outputgrößen der Produktivität Corsten H.: Überlegungen ..., a.a.O., S. 8 ff.; Müller-Lutz, H.-L.: Orientierungszahlen für Produktivität und Wirtschaftlichkeit in der Versicherung, Karlsruhe 1978; Graser, N.: Die Produktivität ..., a.a.O.; Wrieske, U.-A.: Controlling von Produktivität, Wirtschaftlichkeit und Geschäftsablauf in Versicherungsunternehmen, in: ZfV 1994, S. 598-601, S. 638- 646; Müller-Lutz, H.-L.: Das produktive Büro, in: VW 1994, S. 753-757. Im folgenden gehen wir davon aus, daß diese Größen für die untersuchten Bereiche individuell prozeßorientiert festgelegt wurden.

4) Vgl. Farny, D.: "Kapazität" von Versicherungsunternehmen, in: Kapazitätsmessung, Kapazitätsgestaltung, Kapazitätsoptimierung - eine betriebswirtschaftliche Kernfrage, Festschrift für Werner Kern zum 65. Geburtstag, hrsg. von H. Corsten et al., Stuttgart 1992, S. 255-271, hier S. 256.

lastungen resultieren. Zwar sagt die bloße Angabe eines Kapazitätsausnutzungsgrades gerade nichts über die Produktivität der erbrachten Leistungen aus. Allerdings impliziert ein dauerhafter niedriger Auslastungsgrad eine auf den gesamten Untersuchungsbereich bezogene niedrige Produktivität.

Die Vorhaltung von Leistungsvermögen und Leistungsbereitschaften gehört zur Abwicklung von Versicherungsschutz, die Vorhaltung umfassender Leistungsbereitschaften ist eine Servicekomponente.[1] Da der externe Faktor als eigentlicher externer Faktor sowie in seinen abgeleiteten Formen Humanaktivitäten und Informationen die Endkombinationen bewirkt, sind die eigenen Gestaltungsmöglichkeiten für die Versicherungsunternehmen begrenzt, die Kapazitäten auszulasten und damit Beschäftigungsabweichungen entgegenzuwirken. Zu den Maßnahmen, die eine gleichmäßige Kapazitätsauslastung bewirken können, gehören die Bildung und Bearbeitung von Kundengruppen, entsprechend deren Beteiligungsmöglichkeiten an der Erbringung und Abwicklung von Versicherungsschutz sowie der flexible Einsatz der Mitarbeiter. Allerdings werden sich in Abhängigkeit vom externen Anspruchsniveau Redundanzen nicht vermeiden lassen. Im Gegensatz zur Kapazitätsauslastung, können Versicherungsunternehmen die Produktivität der Leistungserstellungen in erheblichem Maße selbst bestimmen.

Die Gesamtproduktivität eines abgegrenzten Bereiches läßt sich verbessern, wenn bestimmte Leistungserstellungen überhaupt nicht mehr anfallen, z.B. bestimmte Vorbearbeitungen, Erstbearbeitungen nicht eingelöster Versicherungsscheine, ungerechtfertigte Schadenbearbeitungen sowie Schlußbearbeitungen nach einer unterdurchschnittlichen Vertragslaufzeit. Der nächste Schritt zur Produktivitäts-

1) Wir hatten auf die hieraus resultierenden Möglichkeiten, akquisitorische Potentiale aufzubauen, bereits mehrfach verwiesen.

steigerung besteht in der Elimination nicht notwendiger Tätigkeiten innerhalb einer Leistungserstellung sowie in einer veränderten Ausführung notwendiger Tätigkeiten. Die Infragestellung von Leistungserstellungen **und** Tätigkeiten leitet zum Change Management über.[1] Change Management bedeutet die völlige Neugestaltung von Prozessen, mit dem Ziel der Verbesserung der Kosten, der Qualität und der Durchlaufzeiten gegenüber dem Ausgangsprozeß. Die Bandbreite geht dabei von der Geschäftsprozeßoptimierung[2] (Business Process Engineering)/Prozeßoptimierung (Process Engineering) bestehender Prozesse durch Verbesserung, Eliminierung, Zusammenlegung, Reihenfolgeänderung, Parallelisierung, Vorverlegung, Auslagerung/Verlagerung und Automatisierung, bis hin zur völligen Neugestaltung von Prozessen, dem *Reengineering*.[3]

---

1) Vgl. unsere grundlegenden Hinweise zum Change Management im Kapitel 4.3.2.1.

2) Als Geschäftsprozesse werden Prozesse bezeichnet, „die im Unternehmen eine 'wesentliche' Rolle spielen", Scholz, R.: Geschäftsprozeßoptimierung, Bergisch Gladbach, Köln 1993, S. 83. Geschäftsprozesse sind nicht identisch mit den Hauptprozessen der Prozeßkostenrechnung, denn sie „beschreiben nur die Geschäftslogik. Tätigkeiten, die weitgehend technische Vorgänge darstellen (z.B. Briefe diktieren, Nachrichten versenden), sind nicht Gegenstand einer GP-Definition; ... Geschäftsprozesse sind unabhängig von Organisation und beschreiben folglich keine organisationsbezogenen Tätigkeiten (z.B. Ablage führen, Post verteilen)", Kalbfleisch, R.: Strategische Informationsplanung im Versicherungsunternehmen (I), (II), in: Reader zum Thema Controlling in Versicherungsunternehmen, hrsg. von W. Kirchner, a.a.O., S. 222-235, S. 236-248, hier S. 231. Sie werden daher auch oft als „Schlüsselprozesse" oder „Kernprozesse" eines Unternehmens bezeichnet.

3) Das Reengineering stellt alle bisherigen aufbau- und ablauforganisatorischen Lösungen radikal in Frage, ist also die oben angesprochene „organisierte Revolution". Zur Entwicklung des Reengineering vgl. Nippa, M.: Bestandsaufnahme des Reengineering-Konzepts, in: Prozeßmanagement und Reengineering, hrsg. von M. Nippa/A. Picot, Frankfurt am Main, New York 1995, S. 61-77. Allerdings werden auch Geschäftsprozeßoptimierungen unter dem Stichwort Reengineering dargestellt, vgl. hierzu das Beispiel der Winterthur Versicherungen/Schweiz in: Osterloh, M./Frost, J.: Prozeßmanagement als Kernkompetenz, Wiesbaden 1996, hier S. 76-86/213-215.

Abbildung 23: Durchlaufzeitenoptimierung[1)]

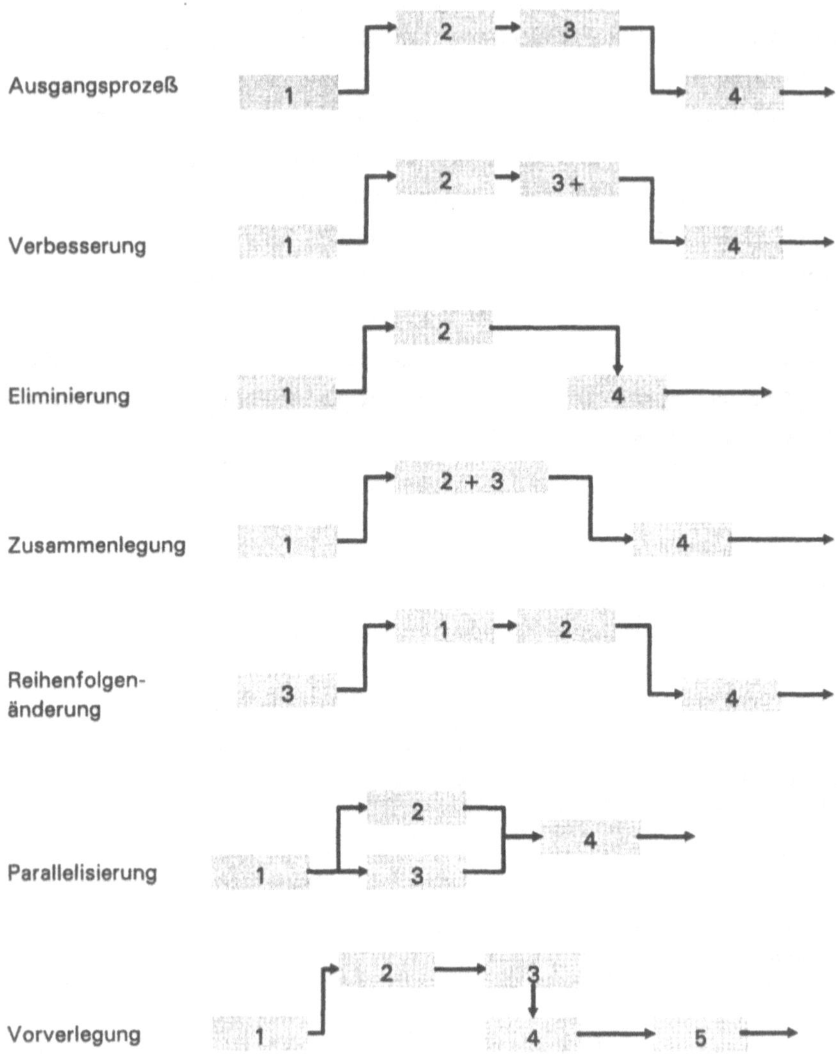

1) Abbildung in Anlehnung an Scholz, R.: Geschäftsprozeßoptimierung, a.a.O., S. 126; GDV: Ergebnisbericht Nr. 47, a.a.O., S. 13.

Auslagerung/
Verlagerung

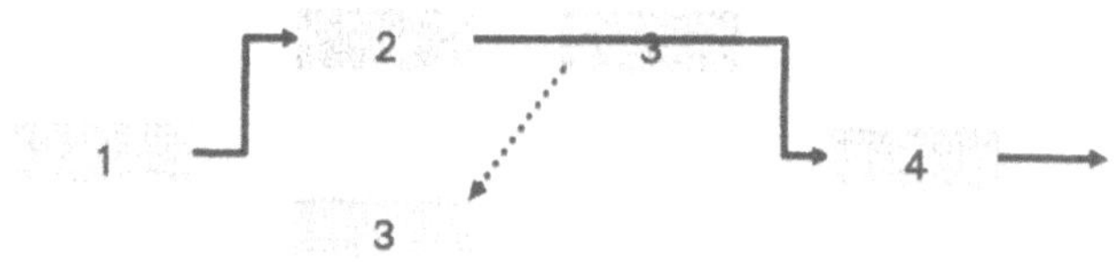

Automatisierung

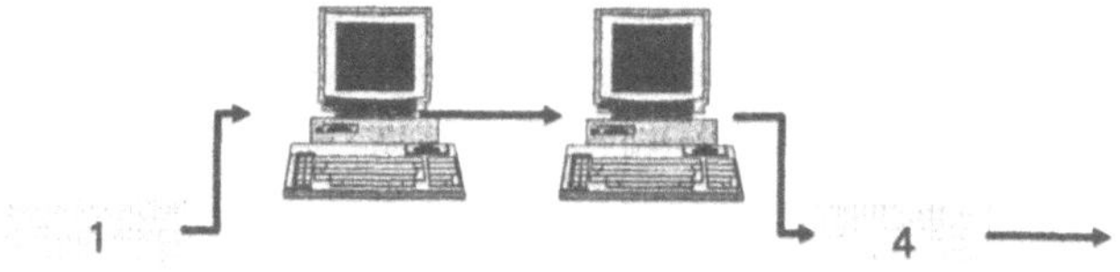

Eine der wichtigsten betriebskostenorientierten Aufgaben des Change Management liegt darin, bestehende Arbeitsteilungen wieder zu einer fallabschließenden Bearbeitung zurückzuführen. Den Vorteilen der Arbeitsteilung, die in Lerneffekten und der Ausnutzung spezifischer Kapazitätspotentiale liegen, stehen vielfältige Nachteile gegenüber. Im Hinblick auf eine kostenoptimale Gestaltung der Arbeitsteilung hat BELLMANN festgestellt, daß die Rüstkosten (für geistiges Neu- und Wiedereinarbeiten sowie tatsächliches Vorbereiten z.B. von Telefonaten), die Informationsspeicherungs- und Zugriffskosten, die Transmissionskosten (wertneutrale bzw. wertgestaltende Überführung von Informationen von einer vorliegenden in eine besser nutzbare Form), die Transportkosten, die Koordinationskosten,[1] die Kontrollkosten, die Leerkosten sowie die Durchlaufkosten negativ mit dem Grad der Arbeitsteilung und lediglich die Informationsgenerierungsko-

1) Die Koordinationskosten werden auch als Transaktionskosten interpretiert. Mit einer Transaktionskostenrechnung für Versicherungsunternehmen innerhalb des informationstheoretischen Ansatzes der Versicherungsschutzproduktion hat sich ausführlich befaßt Neugebauer, H.: Kostentheorie und Kostenrechnung für Versicherungsunternehmen, Karlsruhe 1995, S. 40 ff.

sten positiv mit dem Grad der Arbeitsteilung korrelieren.[1] Neutral gegenüber der Arbeitsteilung sind die arbeitsteilungsfixen Kosten (Abschreibungen, Zinsen, Mieten, Pachten, Gebühren, Lizenzen etc.).

Ein aus diesen Erkenntnissen resultierendes Ziel liegt in der Ermittlung einer kostenoptimalen Arbeitsteilung. Dies bedeutet die Optimierung zweier Parameter, der Kosten und der Arbeitsteilung. Eine Verringerung der Arbeitsteilung und damit die erneuten Aufgabenzusammenfassungen, auch als „systemische Rationalisierungen" bezeichnet, werden in erster Linie durch den umfassenden Einsatz modernster Informationsverarbeitungstechnologien ermöglicht.[2] [3]

In den Versicherungsunternehmen findet sich eine derartige „integrative Arbeitsorganisation" in der Fertigung intensiv diskutiert unter den Stichwörtern „Rundum-Sachbearbeitung" und „fallabschließende

---

1) Vgl. hierzu ausführlich Bellmann, K. B.: Kostenoptimale Arbeitsteilung im Büro, Berlin 1989, S. 153-201. Eine Ergebniszusammenfassung findet sich bei Reichwald, R./Bellmann, K: Optimale Arbeitsteilung ..., a.a.O., S. 621-639.

2) „*Systemische Rationalisierungsprozesse* sind dadurch gekennzeichnet, *daß unter Nutzung neuer,* mikroelektronisch basierter *Datenverarbeitungs- und Kommunikationstechnik der betriebliche* und *überbetriebliche Informationsfluß*, die *Kommunikation über* und die *Kombination von Daten*, die *Organisation der Betriebsabläufe* und die *Steuerung der unterschiedlichen Funktionsbereiche* in einer Verwaltung bzw. in einem Unternehmen in *einem Zug* neu gestaltet werden.", Baethge, M./Oberbeck, H.: Zukunft der Angestellten, Frankfurt/Main, New York 1986, S. 22. Die beiden Autoren beschäftigen sich eingehend mit der Frage, welche Faktoren zur umfassenden Arbeitsteilung bei Büroarbeiten führten, welche Formen und Konsequenzen diese für die Mitarbeiter hatten und wie sie wieder überwunden werden können (einschließlich der daraus entstehenden Konsequenzen für die Mitarbeiter). Sie beziehen dabei ausdrücklich, auch mit konkreten Erhebungen, die Versicherungswirtschaft mit ein. Vgl. besonders Baetghe, M./Oberbeck, H.: Zukunft ..., a.a.O., S. 105-124/225-233/239-243. Interessanterweise wurden elektronische Datenverarbeitungsanlagen in der Versicherungswirtschaft zuerst eingesetzt, um Arbeitsteilungen in stärkerem Maße realisieren zu können, vgl. Farny, D.: Kostenprobleme im Versicherungsbetrieb, in: 150 Jahre Leipziger Feuer-Versicherungs-Anstalt 1819 bis 1969, Frankfurt/Main 1969, S. 105-118, hier S. 110.

3) Vgl. zur systemischen Rationalisierung auch Corsten, H.: Rationalisierungsmanagement in Dienstleistungsunternehmungen, Kaiserslautern 1996, S. 3 ff.

Bearbeitung".[1] Bei diesen Aufgabenzusammenfassungen handelt es sich bereits um sehr intensive Überwindungen von Arbeitsteilungen. Zunächst ist in einem ersten Schritt jedoch Sorge dafür zu tragen, daß innerhalb der einzelnen Produktionsstufen Aufgaben soweit wie möglich reintegriert werden. Eine sehr effektive Möglichkeit besteht z.B. darin, daß bestimmte Schreibtätigkeiten von den Mitarbeitern selbst unter Verwendung von Textbausteinsystemen, und nicht von dezentralen Schreibkräften, erbracht werden.[2] Für die Fertigung bedeutet es, daß Vor- und Erstbearbeitungen und Folge- und Schlußbearbeitungen nicht sowie Schadenbearbeitungen möglichst wenig arbeitsgeteilt sind. Auf eine vollständige Arbeitsteilung kann jedoch wegen des notwendigen Spezialistenwissens nicht verzichtet werden, obwohl durch den Aufbau von Expertensystemen erhebliche Fortschritte gemacht werden.[3] Gerade die Expertensysteme haben es ermöglicht, Fertigungsschritte bei jeweils einem Sachbearbeiter zusammenzuführen. Es ist zwar davon auszugehen, daß die eigentliche Bearbeitungszeit wegen häufiger und umfassender Rüstvorgänge zunimmt, die gesamte Durchlaufzeit aufgrund stark reduzierter Transport- und Liegezeiten und der damit verbundenen Faktoren der Arbeitsteilung abnimmt. Auch die Ausrichtung auf den Kunden bzw. Leistungsempfänger, der mit nur noch einem Gesprächspartner kommuniziert, ist positiv zu vermerken.

---

1) Vgl. neben den bereits erwähnten Quellen zur Rundum-Sachbearbeitung Kruse, W./Röper, J. W.: Service- und Kosten-Führerschaft durch Fallabschließende Bearbeitung, in: VW 1994, S. 1262-1265.

2) Bei den hier gemachten Aussagen handelt es sich um Tendenzaussagen, die, entsprechend unserer Themenstellung, primär auf die Betriebskosten bezogen sind und dabei psychologische Faktoren bewußt außer acht lassen. Hierzu sei besonders auf die Arbeit von BAETGHE/OBERBECK verwiesen.

3) Vgl. zum Einsatz von Expertensystemen in Versicherungsunternehmen exemplarisch: Klausenberg, Ch.: Expertensysteme zur Risikoeinschätzung in der Lebensversicherung (I), in: VW 1993, S. 1315-1319; Pexa, D.: Expertensysteme zur Risikoeinschätzung in der Lebensversicherung (II), in: VW 1993, S. 1320-1322; Knemeyer, U.: Expertensysteme in der Assekuranz, Karlsruhe 1994; Wörner, U.: Expertensysteme zur Neugeschäftsbearbeitung in der Personenversicherung, in: VW 1995, S. 1585-1588.

Eine prozeßorientierte Betriebskostenkontrollrechnung ist ein wichtiges Hilfsmittel der integrierten Arbeitsorganisation, da sie zum einen die Probleme kostenstellenübergreifender Prozesse thematisiert, zum anderen durch die Prozeßkostensätze Entscheidungsgrundlagen zur Prozeßoptimierung bereitstellt und zumindest eine kostenbasierte Bewertung verschiedener Realisationsalternativen ermöglicht. Letztendlich wird sich der Grad der optimalen Arbeitsteilung in praxi nur näherungsweise ermitteln lassen, da die genaue kostenmäßige Erfassung der einzelnen Bestimmungsgrößen nicht möglich ist.

In den Grenzbereich von Produktivitäts- und Wertmanagement gehören alle Fragen, die daraus resultieren, daß ein Versicherungsunternehmen nicht sämtliche Tätigkeiten selbst erbringen sollte. Als faktisches Ergebnis der Konzernbildung kann es sinnvoll sein, Tätigkeiten, die in allen Versicherungsunternehmen anfallen, von einem Versicherungsunternehmen zentral erbringen zu lassen.[1)] Derartige Zentralisationen beziehen sich auf alle Funktionen, mit Ausnahme der Führung.[2)] Von einer solchen Zentralisation, die immer noch die Leistungsselbsterstellung bedeutet, muß das Outsourcing („**Out**side **Re****source** **Using**") unterschieden werden.[3)] Hierbei handelt es sich um

---

1) Vgl. Farny, D.: Versicherungsbetriebslehre, a.a.O., S. 230 ff. Die Bündelung gleicher Leistungserstellungen in einer Organisationseinheit führt zunächst dazu, daß Produktivitätssteigerungen durch den Wegfall von Mehrfacherstellungen und Koordinationsbedarfen sowie die umfassende Ausnutzung spezialisierter Kapazitätspotentiale eintreten. Überschreiten diese Organisationseinheiten jedoch eine ex-ante nicht bekannte Größe, so können sich besonders durch zusätzliche administrative Prozesse nachteilige Betriebskosteneffekte ergeben. Vgl. zur Betriebsgrößenfrage (der Versicherungsunternehmen) grundsätzlich Holzheu, F.: Skalen- und Verbundvorteile von Unternehmen mit besonderem Blick auf Versicherungsunternehmen, in: ZVersWiss 1991, S. 531-559.

2) Vgl. hierzu auch die Legaldefinition der Funktionsausgliederung in § 5 III Nr. 4 VAG sowie deren Unterscheidung zur Betriebsteilausgliederung bei Doerry, A.: Zum Begriff von Funktionsausgliederungen und Betriebsteilausgliederungen, in: VersR 1989, S. 1133-1134.

3) Vgl. Farny, D.: Versicherungsbetriebslehre, a.a.O., S. 548.

einen Leistungsfremdbezug.[1] In der Literatur werden im Hinblick auf einen derartigen Fremdbezug üblicherweise genannt die gesamte EDV, bzw. Teilbereiche wie Softwareentwicklung sowie Ausdruck und Versand von Druckstücken, die Personalverwaltung, Gebäudereinigung, Bewirtung, Bewachung und verschiedene Spezialistendienstleistungen, wie Reparatur, Schadenbegutachtung oder Rechtsberatung.[2] Mit dem Outsourcing verbunden ist ein Kapazitätsabbau, der zu einer Umwandlung von fixen in variable Betriebskosten führt.[3] Ob Tätigkeiten selbst erbracht oder fremdbezogen werden sollten, läßt sich nicht allein nach Kostengesichtspunkten beantworten, denn entscheidend sind u.a. ebenfalls die Qualität und die Sicherheit der Leistungserbringung sowie der Verlust von Know-how. Hier muß immer im Einzelfall entschieden werden. Je weiter Tätigkeiten aber von den Kernfunktionen Absatz und Fertigung entfernt sind, desto eher bieten sie sich zum Fremdbezug an.[4]

---

1) Ein Leistungsbezug von einer gebundenen Konzerngesellschaft stellt kein Outsourcing im eigentlichen Sinne dar. Die Entgeltregelung zwischen einem Versicherungsunternehmen und einem verbundenen Nicht-Versicherungsunternehmen ist Gegenstand von § 53 d VAG. Vgl. zur Gesamtproblematik ausführlich Kagelmacher, J.: Dienstleistungsverträge und Funktionsausgliederungen im Versicherungsaufsichtsrecht, Karlsruhe 1989. Die Zentralisation von Tätigkeiten in einer eigenen Rechtseinheit eröffnet auch die Möglichkeit des Verkaufs entsprechender Leistungen.

2) Vgl. exemplarisch Tröndle, B.: Outsourcing der EDV-Nachbearbeitung, in: VW 1993, S. 525-526; Klinkhammer, G.: Haftungs- und versicherungsrechtliche Aspekte der Fremdvergabe von Dienstleistungen (Outsourcing), in: VP 1997, S. 61-68, hier S. 68.

3) Vgl. Farny, D.: Versicherungsbetriebslehre, a.a.O., S. 388. Ob die reale Betriebskostenbelastung abnimmt, ist abhängig von den bisherigen Prozeßkosten. Hierbei ist im Prozeßkostensatz zu berücksichtigen, daß die Mitarbeiter bisher dem (günstigen) Tarifvertrag des Versicherungsgewerbes unterlagen, und bei der Prozeßmenge ist der Auslastungsgrad der Kapazitäten zu berücksichtigen.

4) Vgl. Berner, C.: Outsourcing als strategischer Erfolgsfaktor, in: ZfV 1998, S. 363-365, hier S. 364.

4.3.2.3.2 Dynamische Maßnahmen zur zukünftigen Verhinderung in der Gegenwart entstandener Beschäftigungsabweichungen

Die dynamischen Maßnahmen bezüglich der Beschäftigungsabweichungen basieren in ihrem Kern auf einer genauen Auswertung der Koeffizientabweichungen Δc_{uin} (Anteilskoeffizientabweichung eines Vorbearbeitungsprozesses); Δd_{uin} (Anteilskoeffizientabweichung eines Erstbearbeitungsprozesses); Δf_{uin} (Anteilskoeffizientabweichung eines Schlußbearbeitungsprozesses) sowie Δg_{uin} (Anteilskoeffizientabweichung eines Schadenbearbeitungsprozesses) mit Δg_{on} (Eintrittskoeffizientabweichung einer Schadenzahl) und Δg_{jn} (Eintrittskoeffizientabweichung einer Schadensumme). Negative Koeffizientabweichungen der Vorbearbeitungsprozesse geben (mit Ausnahme der Krankenversicherung) Hinweise z.B. auf eine unzureichende Ausbildung oder Betriebsmittelausstattung des Außendienstes, aber auch darauf, daß bestimmte Versicherungsschutzproduktarten, die nicht zum regulären Sortiment gehören, verstärkt nachgefragt werden. Bei den Erst- und Schlußbearbeitungsprozessen beziehen sich die Maßnahmen auf die unerwünschten Prozesse. Diese Prozesse resultieren aus negativen Reaktionen der Versicherungsnehmer, so daß Maßnahmen individuell zu ergreifen sind, besonders wenn die Reaktion im Absatzorgan begründet ist. Zur Verhinderung von Schadeneintrittskoeffizientenabweichungen sind entsprechende Maßnahmen des Risk Management, wie die Vereinbarung von schadenverhütenden Maßnahmen, absoluten Abzugs- oder Integralfranchisen sowie generellen produktgestaltenden Maßnahmen, zu ergreifen.

Damit Versicherungsunternehmen erfolgreich im Hinblick auf ihre Formal- und Sachzielerfüllungen sind, müssen ihnen die Kunden in den Kerngeschäften Kompetenz zusprechen. Die Konsequenz hieraus für das Dienstleistungsgeschäft liegt in der kompromißlosen Ausrichtung der Produkte und der Leistungserstellungen auf die Bedürfnisse der Absatzorgane. Die Situation, besonders im Werbeaußendienst, ist gekennzeichnet durch eine hohe Fluktuation und das Problem, geeignete

Mitarbeiter überhaupt anwerben zu können. Eine hohe Fluktuation ist aus Sicht der Betriebskostenkontrollrechnung negativ zu beurteilen, da ständig neue Ausbildungskosten entstehen, die nicht über entsprechende Absatzleistungen der betreffenden Mitarbeiter amortisiert werden, mehr Ausbildungsleistungen erbracht werden müssen und die Kunden häufig wechselnde Ansprechpartner haben, zu denen eigentlich ein Vertrauensverhältnis aufzubauen ist. Fluktuationen sind zu reduzieren.[1)]

Im Hinblick auf die Produkte sollte den Absatzorganen eine weitgehende Befriedigung der versicherungstechnischen Bedürfnisse ihrer Kunden möglich gemacht werden, z.B. durch eine Individualisierung standardisierter Versicherungsschutzprodukte mittels Produktergänzungsbausteinen.[2)] Grundsätzlich sollten alle Produkte prozeßbasiert kalkuliert werden, was zur Folge hat, daß Verträge mit hohen Versicherungssummen (relativ betrachtet) geringere Prämien haben.[3)] Ferner sollten unmittelbar Preisnachlässe in Abhängigkeit von der insgesamt von einem Versicherungsnehmer nachgefragten Versicherungsproduktmenge gewährt werden[4)].

Darüber hinaus ist es notwendig, das *Standing* der Absatzorgane beim Kunden zu erhöhen. So darf der Außendienstmitarbeiter nicht nur Verkäufer sein, sondern er muß Dienstleister für den Kunden

---

1) Vgl. zu dieser Problematik Kovtun, M./Konnack, M.: Personalentwicklung: Von der Ausbildung der Außendienst-Mitarbeiter über Verkaufs- zum Fluktuationscontrolling, in: VW 1989, S. 369-373.

2) Vgl. zum „Baukastenprinzip" Farny, D.: Versicherungsbetriebslehre, a.a.O., S. 588 sowie Diller, H.: Preisbaukästen als preispolitische Option, in: WiSt 1993, S. 270-275.

3) In der Praxis kann dies verkaufsfördernd über eine Rabattgewährung erfolgen.

4) Vgl. hierzu Altenburger, O. A.: Entscheidungsorientierte ..., a.a.O., S. 463 ff.

sein.[1] Diese Dienstleisterfunktion erbringt der Außendienstmitarbeiter nicht nur für den Kunden, sondern ebenso für das Versicherungsunternehmen. Hierdurch wird zu einer weiteren Stufe zur Überwindung der Arbeitsteilung übergeleitet. Betrachten wir zur Veranschaulichung verschiedene Stationen einer Versicherer-Kunden-Beziehung. Der Außendienstmitarbeiter nimmt im Rahmen der Antragstellung die notwendigen Daten zur Beschreibung der zu übertragenden Schadenverteilung auf. Normalerweise werden diese Daten in Versicherungsunternehmen von speziellen Kräften oder von den Erstbearbeitern informationstechnisch erfaßt. Diese Doppelarbeiten können entfallen, indem die Daten nur einmal vom Außendienstmitarbeiter erhoben werden.[2] Im nächsten Schritt kann auch die Erstbearbeitung für „glatte Fälle" (z.B. alle im Schaden- und Unfall-Massengeschäft oder auch ein Großteil bei Kranken- und Lebensversicherungen sowie im kleingewerblichen Geschäft) direkt durch den Außendienstmitarbeiter erfolgen. Der Grad der möglichen Direkterstbearbeitungen hängt davon ab, ob ein unmittelbarer Zugang zu einem zentralen Expertensystem[3] des Versiche-

---

1) Ist der Außendienstmitarbeiter lediglich Verkäufer, befindet er sich in einer Abhängigkeitsposition vom Kunden, der ihn ausschließlich als Verkäufer eines mit negativen Lebenssituationen befaßten immateriellen Produktes sieht. Ist der Außendienstmitarbeiter aber Dienstleister, so wird die Abhängigkeitsposition umgedreht, denn der Kunde weiß um die Bedeutung des Außendienstmitarbeiters bei zukünftigen Produktrealisierungen.

2) Konkret kann dies so aussehen, daß der Außendienstmitarbeiter die Daten des Versicherungsnehmers sowie für die abzuschließenden Versicherungsverträge in entsprechende Eingabemasken in ein Notebook eingibt. Hierbei werden direkt Plausibilitätskontrollen durchgeführt und es werden keine notwendigen Angaben ausgelassen. Die Daten werden entweder direkt vom *Point of Sale* an das Versicherungsunternehmen übertragen (per Modem) oder im Anschluß von einem Arbeitsplatz des Außendienstmitarbeiters aus. Auch eine Übertragung zu einem noch späteren Zeitpunkt in einer Außenorganisationseinheit ist möglich, wobei aber dem Versicherungsnehmer gegenüber klar gemacht werden muß, welcher Zeitpunkt der früheste Versicherungsbeginn ist (ob also z.B. ein Vertragsschluß vor dem formellen Versicherungsbeginn möglich ist).

3) Der Vorteil im Einsatz von Expertensystemen wird auch darin gesehen, daß differenzierter tarifiert werden kann, indem mehr einzelne Risikomerkmale sowie Kombinationen derer unmittelbar berücksichtigt werden können.

rungsunternehmens besteht.[1] Hinsichtlich der Problematik „Informationspflichten und Versicherungsbeginn" können die Versicherungsunternehmen eine kundenfreundliche Strategie betreiben, die dem Versicherungsnehmer gegenüber auch als besondere Serviceleistung darzustellen ist. Demnach erhält der Versicherungsnehmer zusammen mit dem Versicherungsschein die Verbraucherinformationen, wobei der vereinbarte Einlösungszeitraum erst im Anschluß an die 14-tägige Widerspruchs-/Widerrufsfrist beginnen sollte.[2]

Auch bestimmte Folgebearbeitungen und Schadenregulierungen können vollständig über die Außendienstmitarbeiter ausgeführt werden. Schadenregulierungen sind ausschließlich zusammen mit dem Außendienstmitarbeiter durchzuführen, und er ist immer auch über vom Versicherungsnehmer veranlaßte Folgebearbeitungen zu informieren.

---

1) Die Telefonkosten können dem Versicherungsnehmer in Form einer geringwertigen Telefonkarte mit den aufgedruckten Daten des Außendienstmitarbeiters (zusätzlich zur Visitenkarte) vergütet werden. Daneben bietet sich zunehmend auch der Einsatz einer Telefonfunkverbindung an.

2) Vgl. zu diesem Problembereich die Ausführungen von Lorenz, E.: Urteilsanmerkung, in: VersR 1997, S. 994-996 und die Erwiderung von Hofmann, E.: Urteilsanmerkung, in: VersR 1997, S. 1257-1258. Die Zusendung einer Police, die immer auch ein wertgestaltendes Medium sein sollte, ist weiterhin notwendig. Zur schriftlichen Fixierung reicht bei Verwendung eines Notebooks ein Vordruck, in den lediglich die persönlichen Daten, abgeschlossene Versicherungsverträge, Versicherungssumme(n), Laufzeit(en) und Gesamtprämienbeitrag handschriftlich eingetragen werden, der gleichzeitig für den Versicherungsnehmer die notwendigen Zustimmungen zur Beitragsabbuchung, Entbindung von der Schweigepflicht sowie die Hinweise auf den Datenschutz und zum Widerruf enthält, und sowohl vom Außendienstmitarbeiter als auch vom Versicherungsnehmer unterschrieben wird. Eine „elegantere Lösung" würde den Ausdruck mittels eines transportablen Druckers umfassen. In diesem Fall kann auf die sonst notwendige Zusendung der erklärten Antragsdaten zusammen mit der Police verzichtet werden. Für weitere Abschlüsse kann auf entsprechende Bestätigungsformulare zurückgegriffen werden. In die Formulare ist auch der Hinweis aufzunehmen, daß der Versicherungsnehmer die Richtigkeit der gemachten Erklärungen bestätigt. Auf Wunsch des Versicherungsnehmers kann immer auch „traditionell" vorgegangen werden. Vgl. zu diesem Gesamtbereich auch die Ausführungen von Honsel, B.: Papierarme Agenturführung, Karlsruhe 1996, hier S. 7 ff.

Die Vorteile einer derartigen Aufgabenintegration liegen darin, daß die Produktivität der Tätigkeiten, die von Absatzorganen in Zusammenarbeit mit den externen Faktoren erbracht werden, bzw. die durch die externen Faktoren unmittelbar ausgelöst werden, erheblich gesteigert wird, indem z.B. Doppel- und Mehrfacherfassungen vermieden werden und die gesamte Vorgangsdurchlaufzeit verkürzt wird. Bereits hierdurch lassen sich erhebliche Rationalisierungspotentiale aufdecken und umsetzen, so daß auch die gesamte Produktivität der Innendienstleistungen verbessert wird.[1)] Die Absatzorgane werden zu echten Dienstleistern ihrer Kunden.[2)] In einem zweiten Schritt sollte die Übertragung weiterer Tätigkeiten auf die Absatzorgane in Erwägung gezogen werden.[3)] Sofern lediglich die Datenaufnahme und die informationstechnisch gestützte Erstbearbeitung auf die Außendienstmitarbeiter übertragen werden, sind wegen des gleichbleibenden Arbeitsaufwandes keine zusätzlichen Vergütungen zu zahlen, die Reintegration

---

1) Es werden dort weniger Mitarbeiter benötigt, was neben der gesamten Personalkostenthematik Auswirkungen auf Standorte und Betriebsmittelausstattungen (Büroräume, -maschinen und Verbrauchsmaterialien) hat.

2) Das entscheidende Problem des Außendienstes liegt darin, daß die bloße Konzentration auf den Verkauf von Versicherungsschutzprodukten nicht mehr funktionsausfüllend ist. Der Außendienstmitarbeiter muß heute Kundenbeziehungen halten, ausbauen (Bestandskunden-Neugeschäft) und aus seinem persönlichen Arbeitsumfeld heraus zusätzliches Neukunden-Neugeschäft akquirieren.

3) Zur Vollständigkeit sei auch auf die Nachteile derartiger Funktionsverlagerungen verwiesen, die sich besonders in höheren Ausbildungs- und Betriebsmittelkosten sowie zusätzlichen Kontroll- und Koordinationskosten zeigen. Ausführlich mit dieser Thematik haben sich beschäftigt Kendl, E.: Reengineering im Versicherungsmarketing, Wiesbaden 1997; Kutz, S.: Die Aufgabenverteilung zwischen Versicherungsunternehmen und Einfirmen-/Konzernvertretern, Lohmar, Köln 1997. Derartige Funktionsausgliederungsmaßnahmen sind mittel- bis langfristig zu realisieren, denn im gleichen Maße, wie Mitarbeiter im Innendienst abzubauen sind, ist der Außendienst entsprechend aufzubauen. Unter Berücksichtigung sämtlicher Vor- und Nachteile ist jedoch davon auszugehen, daß der Nettonutzen positiv sein wird, wobei insbesondere die konsequentere Kundenorientierung und der (unterstellte) Rückgang der Fluktuationskosten im Außendienst ausschlaggebend sein werden. Es wird auch nicht möglich sein, alle (hauptberuflichen) Absatzorgane hier einzubeziehen, denn sofern sie sich selbst als Verkäufer sehen und erfolgreich sind, sollten sie sich auch ausschließlich dieser Aufgabe zuwenden.

sollte aber im Gegenzug für die Außendienstmitarbeiter kostenneutral sein. Werden jedoch die Schlußbearbeitung sowie (verschiedene Stufen) von Folge- und Schadenbearbeitungen übertragen, sind die Absatzorgane für diese Tätigkeiten entsprechend zu entlohnen. Hier liefert eine prozeßorientierte Betriebskostenkontrollrechnung wichtige Entscheidungsgrundlagen, so daß entsprechende Stückvergütungen geleistet werden können.[1)]

4.4 Aus den Betriebskostenkontrollrechnungen abzuleitende Erkenntnisse für die Unternehmenspolitik

Betriebskostenkontrollrechnungen geben der Unternehmensführung der Versicherungsunternehmen wichtige Hinweise für die Gestaltung der betriebswirtschaftlichen Realität ihrer Dienstleistungsgeschäfte. Sie zeigen durch Auswertungsrechnungen in kurz- bis mittelfristiger Sicht unmittelbare Schwachstellen in der Leistungserstellung und in mittel- bis langfristiger Sicht Fehlentwicklungen in den strategischen Planungs- und Zielerreichungsprozessen auf.[2)] Durch Szenariorechnungen werden die Vor- und Nachteile unterschiedlicher Maßnahmen der Unternehmenspolitik in bezug auf die Betriebskostenbelastung und

---

1) Als Ergebnis der prozeßorientierten Kalkulation werden größere Versicherungsverträge relativ gesehen mit geringeren Prozeßkosten belastet als kleinere. Der Betriebskostengesamtverlauf ist in Abhängigkeit von der Vertragsgröße ist damit (mit Sprungstellen) degressiv. Die besonders von MAX GÜRTLER geführte Diskussion im Hinblick auf Prozent- und Stückkosten ergibt sich bei der prozeßbasierten Vorgehensweise in dieser Form nicht mehr.

2) Zum strategischen Betriebskostenmanagement gehört z.B. das Ziel „Betriebskostenführerschaft“ für ein bestimmtes Produkt zu erreichen, wobei die qualitative Vergleichbarkeit gegeben sein muß.

-entwicklung dargestellt.[1] Die Versicherungsunternehmen dürfen sich nicht darauf beschränken, Einfluß auf das eigene betriebliche Systemgefüge und dessen unmittelbare Umwelt zu nehmen, sie müssen sämtliche unternehmensrelevanten Entwicklungen antizipieren, die Auswirkungen auf die Betriebskosten haben können. Um ein Betriebskostenmanagement sinnvoll und dauerhaft zu gestalten, müssen verläßliche Rahmenbedingungen gegeben sein. Ein bloßes Reagieren auf bereits eingetretene Entwicklungen genügt dem nicht. Versicherungsunternehmen unterliegen in ihrer Geschäftsentwicklung einem erheblichen politischen Einfluß, der sich nicht nur auf Fragen der aufsichtsresultierenden Regulierung und Deregulierung beschränkt. Für die Lebensversicherungsunternehmen ist die Einstellung des Gesetzgebers zur Lebensversicherung als dritter Säule der Altersversorgung ebenso wie die steuerliche Behandlung der Prämien, Überschußbeteiligungen und Ablaufleistungen ein entscheidender Wettbewerbsparameter zu Substitutionskonkurrenten. Die Krankenversicherungsunternehmen sind in der Krankheitskostenvollversicherung, was die Anzahl der bestandssichernden und -erweiternden Neuzugänge anbelangt, abhängig von der Entwicklung der Beitragsbemessungsgrenzen. Die Entwicklung der Beitragssätze privatversicherter Rentner[2] sowie die schwierige Finanzlage der Gesetzlichen Krankenversicherung, die Begehrlichkeiten auf neue Mitglieder hervorruft, macht deutlich, daß die Produktpolitik

---

1) So kann die Entscheidung der AXA Colonia, die den Absatzweg „nebenberufliche Vermittler" aufgeben und im Gegenzug das Maklergeschäft verstärken möchte, vgl. O. V.: Nebenamtliche Vertreter im Aus, in: Kölner Stadt-Anzeiger vom 20. April 1999, S. 26, weder ausschließlich absatzpolitisch noch ausschließlich betriebskostenpolitisch begründet sein. Aus der Sicht des Betriebskostenmanagements bedeutet diese Maßnahme zunächst, daß die ausschließlich auf der Basis niedriger Abschlußprovisionen bezahlten nebenberuflichen Vermittler durch eine geringere Anzahl Makler, die als grundsätzlich teurer Absatzweg gelten, ersetzt werden. Während nebenberufliche Vermittler lediglich sporadisch Kundenkontakte herstellen, müssen Makler einen direkten Vorteil in der Vermittlung eines bestimmten Versicherungsschutzproduktes sehen. Inwieweit sich die gesamten Betriebskosten der Absatzorganbetreuung verändern werden, bleibt abzuwarten.

2) Vgl. zu dieser Problematik Graalmann, J.: Beitragsentlastungskomponenten in der privaten Krankenversicherung, Karlsruhe 1997.

so zu gestalten ist, daß keine Notwendigkeit besteht, von der Öffentlichkeit empfundene Mißstände politisch zu bereinigen. Mit diesen strategischen Überlegungen schließt sich der Kreis des gesamten Betriebskostenmanagements.

5 Schlußbetrachtungen

Die Ergebnisse dieser Arbeit haben gezeigt, daß eine betriebskostenbezogene Unternehmenspolitik ein entscheidendes Element der gesamten Unternehmenspolitik der Versicherungsunternehmen ist, wobei eine prozeßorientierte Betriebskostenkontrollrechnung ein wichtiges Instrument zur Bereitstellung dispositionsunterstützender Informationen ist. Ein Grund für die starke Verbreitung der Prozeßkostenrechnung in der deutschen Kostenrechnungspraxis liegt, neben deren Protegierung durch Unternehmensberater, auch in der relativ einfachen Handhabung sowie der Anerkennung der in der Praxis immer wieder empfundenen Notwendigkeit, bestimmte Kostenarten, hier besonders die Personalkosten, *bewußt* zu proportionalisieren. Allerdings hat sich gezeigt, daß die konsequente Anwendung einer prozeßorientierten Betriebskostenplanung und -kontrollrechnung in Versicherungsunternehmen unter Verwendung mindestens zweier Verfahren der Kostenabweichungsanalyse, zeitaufwendig und kostenintensiv sein werden. Es zeichnet sich ab, daß die Prozeßkostenrechnung immer stärker über das notwendige Maß hinausgehend „theoretisiert" wird, so daß sie sich, wie bereits die Grenzplankostenrechnung, wieder von der praktischen Anwendbarkeit fortbewegt.[1] Ein für die Praxis gangbarer Weg liegt im „selektiven Rechnungswesen"[2], wobei, aufbauend auf einer allgemeinen, um Deckungsbeitragsrechnungen erweiterten Grundrechnung, detaillierte Betriebskostenkontrollrechnungen auf der Basis der differenziert-kumulativen Methoden der Abweichungsanalyse

---

1) Die theoretische Fundierung eines Kostenrechnungssystems ist zu dessen Akzeptanz unbedingt erforderlich. So ist die von Mitarbeitern der Unternehmensberatung PLAUT entwickelte Dienstleistungsgrenzplankostenrechnung in Literatur und Praxis nicht allgemein anerkannt, weil einzelne konstituierende Elemente, wie z.B. die Festlegung der Variabilität und der Entscheidungsrelevanz der Kosten allein auf Basis der „funktionalen Abhängigkeit" scheinbar recht willkürlich gestaltet wurden. Demgegenüber war die von KILGER geprägte Grenzplankostenrechnung derart extensiv theoretisch untermauert, daß eine Anpassung an die bestehende Kostenwirklichkeit ohne fundamentale Änderungen nicht möglich schien.

2) Vgl. Weber, J.: Selektives Rechnungswesen - Schlankes Controlling durch selektive Führungsinformationen, in: krp 1996, S. 197-201.

lediglich für bestimmte, einzelne Prozesse oder Leistungserstellungsbereiche durchgeführt werden. Eingebettet sein müssen diese selektiven Betriebskostenkontrollrechnungen in ein umfassendes Betriebskostenmanagement, damit allen Entscheidungsträgern die Notwendigkeit der mit einer Betriebskostenkontrollrechnung verbundenen Zielsetzung und Zielerreichung ständig bewußt bleibt.

Literaturverzeichnis

Agthe, K.: Die Abweichungen in der Plankostenrechnung, Freiburg im Breisgau 1958. (Zugl. Diss. Berlin 1957).

Ahlert, D./: Franz, K.-P. Industrielle Kostenrechnung, 3. Auflage, Düsseldorf 1984.

Albrecht, P.: Gesetze der großen Zahlen und Ausgleich im Kollektiv - Bemerkungen zu Grundlagen der Versicherungsproduktion, in: ZVersWiss 1982, S. 501-538.

Albrecht, P.: Glaubwürdige Deckungsbeiträge in der Schadenversicherung, Karlsruhe 1990.

Albrecht, P.: Zur Risikotransformationstheorie der Versicherung: Grundlagen und ökonomische Konsequenzen, Karlsruhe 1992.

Altenburger, O. A.: Entscheidungsorientierte Kostenrechnung im Versicherungsbetrieb, in: ZVersWiss 1975, S. 441-502.

Altenburger, O. A.: Potentialfaktoren als derivative Produktionsfaktoren der Dienstleistungsproduktion, in: ZfB 1979, S. 863-872.

Altenburger, O. A.: Ansätze zu einer Produktions- und Kostentheorie der Dienstleistungen, Berlin 1980.

Bachmann, W.: Leistung und Leistungserstellung der Versicherungsunternehmen, Karlsruhe 1988. (Zugl. Diss. Frankfurt/Main 1986).

Bär, J.: Interne Revision, Zürich 1979. (Zugl. Diss. Zürich o.J.).

Baetge, J.: Betriebswirtschaftliche Systemtheorie, Opladen 1974.

Baetge, J.: Thesen zur Wirtschaftskybernetik, in: Kybernetische Methoden und Lösungen in der Unternehmenspraxis, hrsg. von J. Baetge, Berlin 1983, S. 11-24.

Baetge, J.: Überwachung, in: Vahlens Kompendium der Betriebswirtschaftslehre, Band 2, hrsg. von M. Bitz et al., 3. Auflage, München 1993, S. 175-218.

Baetge, J./: Schuppert, A. Zur Wirtschaftlichkeit der Überwachung von Routinetätigkeiten, in: ZfB 1991, S. 1045-1061/1131-1148.

Baethge, M./: Oberbeck, H. Zukunft der Angestellten, Frankfurt/Main, New York 1986.

Baier, H.: Die organisatorische Systemanalyse von Bürobetrieben insbesondere Versicherungsunternehmen unter spezieller Berücksichtigung der Stab-Linie-Problematik, Karlsruhe 1972. (Zugl. Diss. München 1972).

Ballmann, W.: Betriebswirtschaftliche Überwachungsarten, in: ZIR 1972, S. 196-240.

Bartsch, H.: Rückwärtsversicherung und vorläufige Deckungszusage in der Fahrzeugvollversicherung, in: VersR 1987, S. 642-645.

Bastam, I./: Nauerz, B. Marktforschung und Marketinganalysen - Voraussetzung für ein professionelles Marketing, in: Handbuch Management Versicherungsvertrieb, hrsg. von SCG St. Gallen Consulting Group, Wiesbaden 1995.

Baumgarten, H.: Prozeßkettenmanagement, in: HWProd, hrsg. von W. Kern/H.-H. Schröder/J. Weber, 2. Auflage, Stuttgart 1996, Sp. 1669-1682.

Baumgartner, B.: Die Controller-Konzeption, Bern, Stuttgart 1980. (Zugl. Diss. Zürich o.J.).

Becker, G.: Produktivität in der Versicherungswirtschaft messen, in: vb 1987, S. 222-224.

Bellmann, K. B.: Kostenoptimale Arbeitsteilung im Büro, Berlin 1989.

Bender, E.: Personalbemessung durch Multimomentstudien mit Fremdbeobachtern, in: Personalbemessung, hrsg. von G. Schmidt, Gießen 1980, S. 65-113.

Benkel, G. A.: Rückwärtsversicherung in der Lebensversicherung, in: VersR 1991, S. 953-957.

Berekoven, L.: Der Dienstleistungsmarkt in der Bundesrepublik Deutschland, Band 1, Göttingen 1983.

Berner, C.: Outsourcing als strategischer Erfolgsfaktor, in: ZfV 1998, S. 363-365.

Berthel, J.: Ziele, in: Lexikon der Betriebswirtschaftslehre, hrsg. von H. Corsten, München, Wien 1992, S. 948-955.

Betge, P.: Kapazität und Beschäftigung, in: HWProd, hrsg. von W. Kern/H.-H. Schröder/J. Weber, 2. Auflage, Stuttgart 1996, Sp. 852-861.

Betz, S.: Gemeinkostencontrolling auf Basis der Prozeßkostenrechnung, in: krp 1995, S. 135-144.

Beuermann, G.: Produktionsfaktoren, in: HWProd, hrsg. von W. Kern/H.-H. Schröder/J. Weber, 2. Auflage, Stuttgart 1996, Sp. 1494-1505, hier Sp. 1495-1498.

Beuermann, G./: Lengsfeld, S. Merkblätter zum Hauptseminar für Unternehmensrechnung und Revision II, Universität zu Köln, WS 1994/95.

Beyer, H.-T.: Die Lehre von der Unternehmensführung, Berlin 1970.

Bidlingmaier, J./: Schneider, G. J. G. Ziele, Zielsysteme und Zielkonflikte, in: HWB, hrsg. von E. Grochla/W. Wittmann, 4. Auflage, Stuttgart 1976, Sp. 4731-4740.

Biermann, K.: Leistungserstellung, in: HdV, hrsg. von D. Farny et al., Karlsruhe 1988. S. 439-445.

Birn, S. A.: Kosten sparen in Büro und Verwaltung, o.O. o.J. [1977].

Birn, S. A./: Crossan, R. M./ Eastwood, R. W. Wege zur Senkung und Kontrolle der Verwaltungskosten, Berlin 1964.

Bloech, J.: Produktionsfaktoren, in: HWB, hrsg. von W. Wittmann et al., 5. Auflage, Stuttgart 1993, Sp. 3405-3415.

Blohm, H.: Revision, interne, in: HWB, hrsg. von E. Grochla/W. Wittmann, 4. Auflage, Stuttgart 1976, Sp. 3428-3435.

Bloy, H.: Verwaltung, Stuttgart 1962.

Bode, J./: Zelewski, S. Die Produktion von Dienstleistungen, in: Integratives Dienstleistungsmanagement, hrsg. von H. Corsten, Wiesbaden 1994, S. 139-154.

Bodenstab, T.: Abschlußkosten in der PKV - Quo Vaditis?, in: ZfV 1996, S. 320.

Bohr, K.: Produktionsfaktorsysteme, in: HWProd, hrsg. von W. Kern, Stuttgart 1979, Sp. 1481-1493.

Bommes, W.: Darstellung und Beurteilung von Verfahren der Kostenabweichungsanalyse bei ein- und mehrstufigen Fertigungsprozessen, Essen 1984. (Zugl. Diss. Köln 1983).

Bossard, E.: Die Bedeutung der internen Kontrolle für die externe Revision, in: Die Unternehmung 1966, S. 77-80.

Botta, V.: Qualität und Qualitätsüberwachung, in: HWProd, hrsg. von W. Kern, Stuttgart 1979, Sp. 1747-1756.

Brachmann, H.: Grundlagen einer Produktionslehre des Versicherungsbetriebes, Frankfurt/Main 1989.

Brachmann, H.: Kosten- und Leistungsrechnung des Kompositversicherers, 4. Auflage, Frankfurt/Main 1993.

Brachmann, H.: Kostenkontrolle im Kompositversicherungsbetrieb, Karlsruhe 1998.

Brands, H.: Rechnungswesen, Internes, in: HdV, hrsg. von D. Farny et al., Karlsruhe 1988, S. 605-615.

Bratschitsch, R.: Funktionen, betriebliche, in: HWB, hrsg. von E. Grochla/W. Wittmann, 4. Auflage, Stuttgart 1974, Sp. 1596-1603.

Braun, S.: Die Prozeßkostenrechnung, Ludwigsburg, Berlin 1994. (Zugl. Diss. Mainz 1994).

Bretzke, W.-R.: Zur Terminologie einer Theorie der Prüfung, in: BFuP 1972, S. 253-265.

Brink, H.-J.: Vorgabezeitermittlung mit Systemen vorbestimmter Zeiten, in: HWProd, hrsg. von W. Kern, Stuttgart 1979, Sp. 2186-2202.

Brink, H.-J.: Kontrolle, Organisation der, in: HWO, hrsg. von E. Frese, 3. Auflage, Stuttgart 1992, Sp. 1143-1151.

Brink, H.-J.: Einzel- und Gemeinkosten, in: HWR, hrsg. von K. Chmielewicz/M. Schweitzer, 3. Auflage, Stuttgart 1993, Sp. 499-506.

Brink, H.-J.: Kostenstellen und Kostenstellenrechnung, in: HWB, hrsg. von W. Wittmann et al., 5. Auflage, Stuttgart 1993, Sp. 2376-2385.

Brühl, R.: Methoden der Kostenkontrollrechnung, Diskussionspapier 169, hrsg. von der Wirtschaftswissenschaftlichen Dokumentation Technische Universität Berlin, Berlin 1993, S. 7 ff.

Brühl, R./: Pohlen, K. Kostenkontrollrechnung mit Hilfe von stochastischen Modellen, in: BFuP 1995, S. 667-681.

Burger, A.: Kostenmanagement, 2. Auflage, München, Wien 1995.

Burkhardt, C.: Probleme der Personalbemessung im Dienstleistungsbereich, Köln 1971.

Coenenberg, A. G.: Zur Bedeutung der Anspruchsniveau-Theorie für die Ermittlung von Vorgabekosten, in: Der Betrieb 1970, S. 1137-1141.

Coenenberg, A. G.: Ziele, Systeme und Hauptproblembereiche und leistungsorientierter Planungs- und Kontrollrechnungen, in: Unternehmensrechnung, hrsg. von A. G. Coenenberg, München 1976, S. 1-7.

Coenenberg, A. G.: Kostenrechnung und Kostenanalyse, 3. Auflage, Landsberg/Lech 1997.

Cooper, R.: Activity-Based Costing - Wann brauche ich ein Activity-Based-Cost-System und welche Kostentreiber sind notwendig?, in: krp 1990, S. 271-279.

Corsten, H.: Analyse der Dienstleistungsbesonderheiten und ihre ökonomischen Auswirkungen, Braunschweig 1985.

Corsten, H.: Die Produktion von Dienstleistungen, Berlin 1985.

Corsten, H.: Die Reduzierung von Durchlaufzeiten als Rationalisierungsmaßnahme bei Büroarbeiten - Komponenten und Möglichkeiten der Beeinflussung, Braunschweiger Wirtschaftswissenschaftliche Arbeitspapiere, Reihe: Dienstleistungsökonomie, Arbeitspapier Nr. 3, Braunschweig 1985.

Corsten, H.: Kontrollschwerpunktbildung auf der Grundlage subsidiärer Kriterien - Eine heuristische Vorgehensweise, Braunschweig, Luxemburg 1986.

Corsten, H.: Externalisierung und Internalisierung als strategische Optionen von Dienstleistungsunternehmungen, in: Dienstleistungsqualität, hrsg. von M. Bruhn/B. Stauss, Wiesbaden 1991, S. 165-182.

Corsten, H.: Kontrolle, in: Lexikon der Betriebswirtschaftslehre, hrsg. von H. Corsten, München, Wien 1992, S. 440-445.

Corsten, H.: Dienstleistungsproduktion, in: HWB, hrsg. von W. Wittmann, et al., 5. Auflage, Stuttgart 1993, Sp. 765-776.

Corsten H.: Überlegungen zum Produktivitätsmanagement für Dienstleistungsunternehmungen - dargestellt am Beispiel bilateraler personenbezogener Dienstleistungen, Diskussionsbeiträge der Wirtschaftswissenschaftlichen Fakultät Ingolstadt, Nr. 50, Ingolstadt 1994.

Corsten, H.: Rationalisierungsmanagement in Dienstleistungsunternehmungen, Schriften zum Produktionsmanagement Nr. 6, Kaiserslautern 1996.

Corsten, H.: Dienstleistungsmanagement, 3. Auflage, München, Wien 1997.

Corsten, H./: Stuhlmann, S. Grundlagen eines rechtzeitigen Kostenmanagement, in: krp Sonderheft 1/1996, S. 11-19.

Dahl, R./: et al. Interne Revision 2001 in der Versicherungswirtschaft, in: VW 1998, 94-99.

Dambrowski, J./: Hieber, W. L. Activity Based Budgeting (ABB) - Effizienzsteigerung in der Budgetierung, in: Die Kunst des Controlling, Péter Horváth zum 60. Geburtstag, hrsg. von R. Gleich/W. Seidenschwarz, München 1997, S. 293-312.

Dauser, A. M.: Vertriebs-Controlling in Versicherungsunternehmen, Diss. Ulm 1995.

Delfmann, W.: Planungs- und Kontrollprozesse, in: HWB, hrsg. von W. Wittmann et al., 5. Auflage, Stuttgart 1993, Sp. 3232-3251.

Dellmann, K./: Franz, K. P. Von der Kostenrechnung zum Kostenmanagement, in: Neuere Entwicklungen im Kostenmanagement, hrsg. von K. Dellmann/K. P. Franz, Stuttgart, Wien 1994, S. 15-30.

Deutsch, E.: Versicherungsvertragsrecht, 3. Auflage, Karlsruhe 1993.

Diller, H.: Preisbaukästen als preispolitische Option, in: WiSt 1993, S. 270-275.

Dörfler, P.: Controlling und Information - Informationsbedarf des Controlling und Informationsangebot unter besonderer Berücksichtigung der Häufigkeiten von Bedarf und Angebot, Diss. Göttingen 1986.

Döring, U.: Kostenrechnung und Steuern, in: HWB, hrsg. von W. Wittmann et al., 5. Auflage, Stuttgart 1993, Sp. 2339-2351.

Doerry, A.: Zum Begriff von Funktionsausgliederungen und Betriebsteilausgliederungen, in: VersR 1989, S. 1133-1134.

Dyckhoff, H.: Grundzüge der Produktionswirtschaft, Berlin, Heidelberg, New York 1995.

Eisen, R.: Zur Produktionsfunktion der Versicherung, in: ZVersWiss 1971, S. 407-419.

Eisenführ, F.: Budgetierung, in: HWO, hrsg. von E. Frese, 3. Auflage, Stuttgart 1992, Sp. 363-373.

Engelhardt, W. H./: Kleinaltenkamp, M./ Reckenfelderbäumer, M. S. Leistungsbündel als Absatzobjekte, in: Integratives Dienstleistungsmanagement, hrsg. von H. Corsten, Wiesbaden-1994, S. 31-69.

Engelmann, R.: Grundlagen und Aufbau der Kostenkontrolle unter Berücksichtigung stochastischer Aspekte, Diss. Saarbrükken 1980.

Ennsfellner, I. A./: Ennsfellner, K. C. Grundlagen des prozeßorientierten Qualitätsmanagements im Versicherungsunternehmen, in: Versicherung, Risiko und Internationalisierung, Festschrift für Heinrich Stremitzer zum 60. Geburtstag, hrsg. von J. Mugler/M. Nitsche, Wien 1996, S. 113-129.

Ennsfellner, K. C.: Absatzcontrolling im Versicherungsunternehmen, Wien 1993.

Ennsfellner, K. C.: Ziele des Controlling im Versicherungsunternehmen, in: VR 1993, S. 91-101.

Ennsfellner, K. C.: Organisatorische Aspekte des Controlling im Versicherungsunternehmen, in: VR 1994, S. 133-143.

Ehrlenspiel, K.: Frühzeitige Kostenbeeinflussung durch Produktkosten-Controlling und Simultaneous Engineering, in: krp 1995, S. 313-320.

Ewert, R./: Wagenhofer, A. Interne Unternehmensrechnung, 3. Auflage, Berlin et al. 1997.

Farny, D.: Produktions- und Kostentheorie der Versicherung, Karlsruhe 1965.

Farny, D.: Unternehmerische Ziel- und Mittelentscheidungen in der Versicherungswirtschaft, in: ZVersWiss 1966, S. 129-159.

Farny, D.: Grundfragen einer theoretischen Versicherungsbetriebslehre, in: Wirtschaft und Recht der Versicherung, Paul Braeß zum 66. Geburtstag, hrsg. von D. Farny, Karlsruhe 1969, S. 27-72.

Farny, D.: Kostenprobleme im Versicherungsbetrieb, in: 150 Jahre Leipziger Feuer-Versicherungs-Anstalt 1819 bis 1969, Frankfurt/Main 1969, S. 105-118.

Farny, D.: Absatz und Absatzpolitik des Versicherungsunternehmens, Karlsruhe 1971.

Farny, D.: AVB unter dem Gesichtspunkt der „Produktbeschreibung", in: ZVersWiss 1975, S. 169-184.

Farny, D.: Versicherung, in: HWB, hrsg. von E. Grochla/W. Wittmann, 4. Auflage, Stuttgart 1976, Sp. 4214-4226.

Farny, D.: Versicherungsunternehmen, Kapitalbedarf und Kapitalbedarfsdeckung der, in: HWF, hrsg. von H.-E. Büschgen, Stuttgart 1976, Sp. 1786-1796.

Farny, D.: Gewinn und Sicherheit als Ziele von Versicherungsunternehmen, in: ZVersWiss 1978, S. 49-81.

Farny, D.: Versicherungsbetriebe(n), Produktion in, in: HWProd, hrsg. von W. Kern, Stuttgart 1979, Sp. 2138-2145.

Farny, D.: Kosten- und Ergebnisplanung im Versicherungsunternehmen, in: ZVersWiss 1981, S. 367-394.

Farny, D.: Privatversicherung, in: HdWW, hrsg. von W. Albers et al., 6. Band, Stuttgart 1981, S. 232-256.

Farny, D.: Entwicklungen bei den Vertriebsverfahren für Versicherungen, in: DBW 1986, S. 421-437.

Farny, D.: Modelle der Plankostenrechnung in Versicherungsunternehmen, in: Planung und Prognose in Dienstleistungsunternehmen, hrsg. von G. Hammer et al., Karlsruhe 1986, S. 163-176.

Farny, D.: Produktions- und Kostentheorie, in: HdV, hrsg. von D. Farny et al., Karlsruhe 1988, S. 553-560.

Farny, D.: Buchführung und Periodenrechnung im Versicherungsunternehmen, 4. Auflage, Wiesbaden 1992.

Farny, D.: "Kapazität" von Versicherungsunternehmen, in: Kapazitätsmessung, Kapazitätsgestaltung, Kapazitätsoptimierung - eine betriebswirtschaftliche Kernfrage, Festschrift für Werner Kern zum 65. Geburtstag, hrsg. von H. Corsten et al., Stuttgart 1992, S. 255-271.

Farny, D.: Kosten-, Leistungs- und Erfolgsrechnung in Versicherungsbetrieben, in: Handbuch Kostenrechnung, hrsg. von W. Männel, Wiesbaden 1992, S. 1085-1100.

Farny, D.: Versicherungsbetriebe, Organisation der, in: HWO, hrsg. von E. Frese, 3. Auflage, Stuttgart 1992, Sp. 2572-2581.

Farny, D.: Versicherungsbetriebslehre, 2. Auflage, Karlsruhe 1995.

Farny, D.: Vorlesungsunterlagen „Internes Rechnungswesen des Versicherungsunternehmens", Universität zu Köln, Sommersemester 1997.

Farny, D./: Kirsch, W. Strategische Unternehmenspolitik von Versicherungsunternehmen, in: ZVersWiss 1987, S. 369-401.

Farny, D./: et al. Die Behandlung der Betriebskosten in der Kostenrechnung, der Kompositversicherer, Karlsruhe 1972.

Fischer, H.: Plankostenrechnung im Versicherungsunternehmen unter besonderer Berücksichtigung der Grenzplankostenrechnung, 2. Auflage, Köln 1989. (Zugl. Diss. Köln 1986).

Fischer, H.: Prozeßkostenrechnung im Versicherungsunternehmen, in: Festschrift für Dieter Farny, hrsg. von H.-P. Mehring/V. Wolff, Karlsruhe 1994, S. 77-86.

Fischer, H.: Prozeßkostenrechnung und Prozeßoptimierung für Dienstleistungen, in: Controlling 1996, S. 90-101.

Fischer, H.-J.: Möglichkeiten und Grenzen der ex ante-Prüfung in der Praxis der internen Revision, in: ZIR 1978, S. 65-73.

Fischer, K.: Qualitätsmanagement in der Assekuranz, in: VW 1994, S. 408-413.

Fischer, R./: Rogalski, M. Von der primären zur sekundären Grundrechnung (I), (II), in: WISU 1993, S. 121-126, 201-205.

Flammer, A.: Erfahrung der eigenen Wirksamkeit, Bern, Stuttgart, Toronto 1990.

Flechtner, H.-J.: Grundbegriffe der Kybernetik, 5. Auflage, München 1984.

Fleischer, M.: Information und Bedeutung, Bochum 1990.

Focke, H.: Der Kunde als Mittelpunkt eines Strategischen Controlling in der Assekuranz, in: Zukunftsgerichtetes Controlling, hrsg. von C. Steinle/B. Eggers/D. Lawa, Wiesbaden 1995, S. 287-301.

Franke, G.: Kalkulatorische Kosten: Ein funktionsgerechter Bestandteil der Kostenrechnung?, in: WPg 1976, S. 185-194.

Franke, R.: Controlling - eine Führungsphilosophie, in: Jahrbuch für Fach- und Führungskräfte des Rechnungswesens 1991, Stuttgart 1991, S. 161-166.

Franken, R./ Frese, E. Kontrolle und Planung, in: HWPlan, hrsg. von N. Szyperski, Stuttgart 1989, Sp. 888-898.

Franz, K.-P.: Die Prozeßkostenrechnung, in: Finanz- und Rechnungswesen als Führungsinstrument, Herbert Vormbaum zum 65. Geburtstag, hrsg. von D. Ahlert/K.-P. Franz/H. Göppl, Wiesbaden 1990, S. 109-136.

Franz, K.-P.: Die Prozeßkostenrechnung im Vergleich mit der Grenzplankosten- und Deckungsbeitragsrechnung, in: Strategieunterstützung durch das Controlling: Revolution im Rechnungswesen?, hrsg. von P. Horváth, Stuttgart 1990, S. 195-210.

Franz, K.-P.: Tendenzen in der Entwicklung der Kostenrechnung, in: Rechnungswesen und EDV, 14. Saarbrücker Arbeitstagung 1993, hrsg. von A.-W. Scheer, Heidelberg 1993, S. 265-277.

Franz, K.-P.: Kostenverursachung und Kostenzurechnung, in: HWB, hrsg. von W. Wittmann et al., 5. Auflage, Stuttgart 1993, Sp. 2418-2426.

Franz, K.-P.: Möglichkeiten eines systematischen Kostenmanagements, in: Rechnungswesen und EDV, 15. Saarbrücker Arbeitstagung 1994, hrsg. von A.-W. Scheer, Heidelberg 1994, S. 59-71.

Franz, K.-P.: Kostenmanagement, Landsberg am Lech 1994.

Franz, K.-P./ Kajüter, P. Proaktives Kostenmanagement als Daueraufgabe, in: Kostenmanagement, hrsg. von K.-P. Franz/P. Kajüter, Stuttgart 1997, S. 5-27.

Franzen, W.: Entscheidungswirkungen von Kosteninformationen, Frankfurt/Main, Bern, New York 1985.

Freiling, C./: Lück, W. Interne Überwachung und Jahresabschlußprüfung, in: ZfbF 1986, S. 996-1006.

Frenkel, W.: Aspekte beim Einsatz der Prozeßkostenkalkulation am Beispiel Versicherung, in: cm 1995, S. 162-166.

Frese, E.: Kontrolle und Unternehmungsführung, Wiesbaden 1968.

Frese, E.: Kontrolle und Rechnungswesen, in: HWR, hrsg. von E. Kosiol/K. Chmielewicz/M. Schweitzer, 2. Auflage, Stuttgart 1981, Sp. 915-923.

Frese, E.: Unternehmungsführung, Landsberg/Lech 1987.

Frese, E./: Simon, R. Kontrolle und Führung, in: HWFü, hrsg. von A. Kieser/ G. Reber/R. Wunderer, Stuttgart 1987, Sp. 1247-1258.

Fricke, F.: Controlling bei Versicherungsunternehmen, in: Controlling, hrsg. von K. Spremann/E. Zur, Wiesbaden 1992, S. 261-271.

Fröhling, O.: Strategisches Kostenmanagement: Paradigmenbeschwörung überdeckt Konzeptionsdefizite, in: Neuere Entwicklungen im Kostenmanagement, hrsg. von K. Dellmann/K. P. Franz, Stuttgart, Wien 1994, S. 79-131.

Fuchs, H.: Systemtheorie, in: HWB, hrsg. von E. Grochla/W. Wittmann, 4. Auflage, Stuttgart 1976, Sp. 3820-3822.

Fuchs-Wegner, G.: Systemanalyse im Betrieb, in: HWB, hrsg. von E. Grochla/W. Wittmann, 4. Auflage, Stuttgart 1976, Sp. 3810-3820.

Fürer, P. J.: Prozesse und EDV-Kostenverrechnung, Diss. St. Gallen 1993.

Fürtjes, H.-T.: Planungsorgane, in: HWPlan, hrsg. von N. Szyperski, Stuttgart 1989, Sp. 1464-1468.

Funke, S.: Fixkosten und Beschäftigungsrisiko, München 1995. (Zugl. Diss. Münster 1994).

Gabele, E.: Vom „Technischen-Soll-Ist-Vergleich" zur „Aktiven Kontrolle" in Organisationen, in: Thieme, H.-R.: Verhaltensbeeinflussung durch Kontrolle, Berlin 1982, S. VII-XV.

Gaitanides, M.: Ansätze zur kostentheoretischen und rechnungstechnischen Erfassung von Verwaltungsleistungen, in: ZfB 1980, S. 680-684.

Gaitanides, M.: Aufbau- und Ablauforganisation, in: HWB, hrsg. von W. Wittmann et al., 5. Auflage, Stuttgart 1993, Sp. 190-204.

Gaitanides, M./: Scholz, R./ Prozeßmanagement - Grundlagen und Zielsetzungen, in: Prozeßmanagement, hrsg. von M. Vrohlings, A. Gaitanides et al., München, Wien 1994, S. 1-19.

Gaugler, E.: Instanzenbildung, in: HWO, hrsg. von E. Grochla, 2. Auflage, Stuttgart 1980, Sp. 959-969.

Gaugler, E.: Personalkosten, in: HWR, hrsg. von K. Chmielewicz/M. Schweitzer, 3. Auflage, Stuttgart 1993, Sp. 1525-1537.

GDV: (Hrsg.) Fachkommission Betriebswirtschaft Leben, Ergebnisbericht Nr. 47: Anforderungen an und Erfahrungen mit Geschäftsprozeßorientierung, o. O. 1997.

Gehart, T.: Rechnergestütztes Zeitmanagement, in: Personal 1991, MTM-Report '91/92, S. 18-20.

Gemünden, H. G.: Zielbildung, in: Handbuch Unternehmungsführung, hrsg. von H. Corsten/M. Reiß, Wiesbaden 1995, S. 251-266.

Gerathewohl, K.: Forschung in der Versicherungswirtschaft - Probleme bei der Arbeitsteilung, in: ZfV 1975, S. 569-573.

Gessner, P.: Gesamtkonzept eines ergebnisorientierten integrierten Planungssystems in der Versicherungswirtschaft, in: ZOR 1987, S. B55-B69, hier S. B59.

Glaser, H.: Zur Relativität von Kostenabweichungen, in: BFuP 1999, S. 21-32.

Götzer, K. G.: Optimale Wirtschaftlichkeit und Durchlaufzeit im Büro, Berlin, Heidelberg, New York 1990.

Goetzke, W.: Grundmodelle wirtschaftlicher Kontrolle und aktienrechtliche Jahresabschlußprüfung, in: BFuP 1976, S. 151-180.

Graalmann, J.: Beitragsentlastungskomponenten in der privaten Krankenversicherung, Karlsruhe 1997.

Graser, N.: Die Produktivität von Verwaltungstätigkeiten - Verfahren der Ermittlung und Möglichkeiten der Verbesserung durch Telekommunikationsmittel am Beispiel des Versicherungsunternehmens, Karlsruhe 1985. (Zugl. Diss. München 1985).

Greiner, R.: Business-Reengineering: Der Weg zum prozeßorientierten Versicherungsunternehmen, in: VW 1994, S. 1203-1206.

Grochla, E.: Planung, Kontrolle und Organisation, in: Betriebswirtschaftslehre, Teil 2: Betriebsführung, hrsg. von E. Grochla, Stuttgart 1978, S. 52-58.

Gürtler, F.: Die periodische Kostenrechnung im Versicherungsbetrieb, Berlin 1964. (Zugl. Diss. Köln 1963).

Gürtler, M.: Die Kalkulation der Versicherungsbetriebe, 2. Auflage, Berlin, Frankfurt/Main 1958.

Gürtler, M.: Betriebswirtschaftliche Probleme des Versicherungswesens, Wiesbaden 1959.

Gürtler, M.: Die Betriebskosten der Versicherungsunternehmung, in: Gegenwartsfragen der Unternehmung, Festschrift zum 70. Geburtstag von Fritz Henzel, hrsg. von B. Bellinger, Wiesbaden 1961, S. 75-86.

Haberstock, L.: Kostenrechnung II, 7. Auflage, Hamburg 1986.

Haberstock, L.: Kostenrechnung I, 8. Auflage, Hamburg 1987.

Haberstock, L.: Voll- und Teilkosten, in: HWR, hrsg. von K. Chmielewicz/M. Schweitzer, 3. Auflage, Stuttgart 1993, Sp. 2116-2120.

Hadaschik, M.: Revision und Controlling in einer Abteilung, in: ZIR 1993, S. 27-35.

Hänichen, T./: Nagel, T. Stellung und Aussagefähigkeit der Abweichungsanalyse im System der Kostenkontrolle, in: Systemmanagement und Managementsysteme, Festgabe für Gert v. Kortzfleisch zum 70. Geburtstag, hrsg. von P. Milling, Berlin 1991.

Hahn, D.: PuK - Controllingkonzepte, 4. Auflage, Wiesbaden 1994.

Haidekker, A.: Beeinflussung der Nachfrage durch kybernetische Modelle, Neuwied, Berlin 1970.

Hamel, W.: Zielsysteme, in: HWO, hrsg. von E. Frese, 3. Auflage, Stuttgart 1992, Sp. 2634-2652.

Hamer, E./: Schierbaum, W. Personalzusatzkosten - der unsichtbare Lohn, Bonn 1991.

Harbert, L.: Controlling-Begriffe und Controlling-Konzeptionen, Bochum 1982. (Zugl. Diss. 1982)

Haunschild, A.: Personalcontrolling in Versicherungsunternehmen, in: VW 1996, S. 158-163.

Haupt, R.: Kosteneinflußgrößen, in: HWB, hrsg. von W. Wittmann et al., 5. Auflage, Stuttgart 1993, Sp. 2330-2339.

Heigl, A.: Interne Revision, in: HWR, hrsg. von K. Chmielewicz/M. Schweitzer, 3. Auflage, Stuttgart 1993, Sp. 947-955.

Heinen, E.: Grundlagen betriebswirtschaftlicher Entscheidungen, 3. Auflage, Wiesbaden 1976.

Heinen, E.: Betriebswirtschaftliche Kostenlehre, 6. Auflage, Wiesbaden 1983.

Heinisch, I.: Untersuchung und Entwicklung von Methoden zur Steuerung von Büroarbeit, Diss. Berlin 1974.

Heinz, K.: Vorgabezeitermittlung, in: HWProd, hrsg. von W. Kern/H.-H. Schröder/J. Weber, 2. Auflage, a.a.O., Sp. 2213-226.

Heinz, K./: Olbrich, R. — Zeitdatenermittlung in indirekten Bereichen, Köln 1989.

Helms, W.: — Personalbemessung mit MTM im administrativen Bereich, in: Personal 1993, S. 426-430.

Helten, E.: — Zunehmender Einfluß kybernetischer Ideen auf die versicherungswirtschaftliche Planungs- und Entscheidungspraxis, in: VW 1970, S. 1027-1028.

Helten, E.: — Risikotheorie - Grundlagen der Risikopolitik von Versicherungsunternehmen?, in: ZVersWiss 1975, S. 75-92.

Helten, E.: — Die Bedeutung der Kollektivbildung und des Planungshorizonts für die Kalkulation der Risikoprämie, in: Planung und Prognose in Dienstleistungsunternehmen, hrsg. von G. Hammer et al., Karlsruhe 1986, S. 137-151.

Helten, E.: — Außendienststeuerung mit Hilfe der mikrogeographischen Regionalanalyse, in: Reader zum Thema Controlling in Versicherungsunternehmen, hrsg. von W. Kirchner, Karlsruhe 1995, S. 212-218.

Hentze, J./: Brose, P./ Kammel, A. — Unternehmungsplanung, 2. Auflage, Bern, Stuttgart, Wien 1993.

Herder-: Dorneich, Ph./ Kötz, W. — Zur Dienstleistungsökonomik, Berlin 1972.

Herrmann, M.: — EDV-Kosten, Entstehung und Verrechnung, in: cm 1989, S. 268-280/302-310.

Hesberg, D.: — Das Rechnungswesen im Versicherungsbetrieb I, in: Versicherungswirtschaftliches Studienwerk, hrsg. von W. Asmus/J. Gaßmann, 4. Auflage, Wiesbaden o.J., Studientext 18, Wiesbaden 1994.

Hesse, D.: — Vertriebs-Controlling in Versicherungsunternehmen, Frankfurt/Main, Bern, New York 1988.

Höher, K./: et al. — Der Einsatz von Selbstaufschreibungsmethoden auf Stichprobenbasis bei Verwaltungsuntersuchungen, in: ZfB 1983, S. 551-570.

Höller, H.: Verhaltenswirkungen betrieblicher Planungs- und Kontrollsysteme, München 1978. (Zugl. Diss. München 1978).

Hoffmann, F.: Interne Revision, Organisation, in: HWRev., hrsg. von A. G. Coenenberg/K. v. Wysocki, Stuttgart 1983, Sp. 668-677.

Hofmann, E.: Privatversicherungsrecht, 3. Auflage, München 1991.

Hofmann, E.: Urteilsanmerkung, in: VersR 1997, S. 1257-1258.

Hofmann, R.: Unternehmensüberwachung, Berlin 1985.

Hoitsch, H.-J.: Kosten- und Erlösrechnung, Berlin et al., 1995.

Holzheu, F.: Skalen- und Verbundvorteile von Unternehmen mit besonderem Blick auf Versicherungsunternehmen, in: ZVersWiss 1991, S. 531-559.

Honsel, B.: Papierarme Agenturführung, Karlsruhe 1996.

Hopp, F. W.: Kriterien für ein effizientes Controlling, in: VW 1992, S. 1481-1485.

Horváth, P.: Internes Kontrollsystem, allgemein, in: HWRev, hrsg. von A. G. Coenenberg/K. v. Wysocki, Stuttgart 1983, Sp. 628-642.

Horváth, P.: Hierarchiedynamik, in: HWPlan, hrsg. von N. Szyperski, Stuttgart 1989, Sp. 640-648.

Horváth, P.: Controlling, 6. Auflage, München 1996.

Horváth, P./: Mayer, R. Prozeßkostenrechnung, in: Controlling 1989, S. 214-219.

Horváth, P./: Mayer, R. Prozeßkostenrechnung - Konzeption und Entwicklungen, in: krp Sonderheft 2/1993, S. 15-28.

Horváth, P./: Gaiser, B. Aufgaben und Einsatz der Prozeßkostenrechnung, in: Jahrbuch für Controlling und Rechnungswesen´94, hrsg. von G. Seicht, Wien 1994, S. 49-63.

Horváth, P./: et al. Prozeßkostenrechnung - oder wie die Praxis die Theorie überholt, in: DBW 1993, S. 609-628.

Illner, M.: Die Bedeutung der Betriebskosten als Wettbewerbsfaktor im Industrieversicherungsgeschäft, in: VP 1996, S. 109-116.

Jehle, E.: Gemeinkostenmanagement, in: Handbuch Kostenrechnung, hrsg. von W. Männel, Wiesbaden 1992, S. 1506-1525.

Jehle, E.: Wertanalyse, in: HWB, hrsg. von W. Wittmann et al., 5. Auflage, Stuttgart 1993, Sp. 4647-4659.

Jehle, E./: Willeke, M. Value Management und Kaizen als Instrumente des Kostenmanagement, in: krp 1996, S. 255-260.

Jänsch, N.: Mikrogeographische Marktsegmentierung in der Versicherungswirtschaft, Wiesbaden 1995. (Zugl. Diss. München u.d.T.: Mikrogeographische Marktsegmentierung als Analyse- und Steuerungsinstrument in der Versicherungswirtschaft).

Käfer, K.: Standardkostenrechnung, 2. Auflage, Stuttgart 1964.

Känel, S. v.: Einführung in die Kybernetik für Ökonomen, 2. Auflage, Berlin (Ost) 1972.

Kagelmacher, J.: Dienstleistungsverträge und Funktionsausgliederungen im Versicherungsaufsichtsrecht, Karlsruhe 1989. (Zugl. Diss. Hamburg 1989).

Kalbfleisch, R.: Strategische Informationsplanung im Versicherungsunternehmen (I), (II), in: Reader zum Thema Controlling in Versicherungsunternehmen, hrsg. von W. Kirchner, Karlsruhe 1995, S. 222-235, S. 236-248.

Kalcik, G.: Controlling im Versicherungsunternehmen, Diss. Wien 1990.

Karten, W.: Grundlagen eines risikogerechten Schwankungsfonds für Versicherungsunternehmen, Berlin 1966. (Zugl. Diss. Köln 1965).

Kasten, H.-H.: Marktforschung in der Versicherungswirtschaft, in: ZfV 1997, S. 30-39.

Kazmierczak, R.: Personalwirtschaft in privaten Versicherungen, Berlin 1987. (Zugl. Diss. Köln 1986).

Keller, D.: Interne Revision und Kontrolle im Investitionsbereich, Bern, Stuttgart 1982. (Zugl. Diss. Zürich o.J.).

Kendl, E.: Reengineering im Versicherungsmarketing, Wiesbaden 1997. (Zugl. Diss. München 1997)

Kern, W.: Produkte, Problemlösungen als, in: HWProd, hrsg. von W. Kern, Stuttgart 1979, Sp. 1433-1441.

Kern, W.: Industrielle Produktionswirtschaft, 4. Auflage, Stuttgart 1990.

Kern, W./: Fallaschinski, K. Betriebswirtschaftliche Produktionsfaktoren (I), (II), in: WISU 1978, S. 580-584, WISU 1979, S. 15-18.

Kiefer, D.: Systemanalytischer Ansatz zur Formulierung einer komplexen Führungsgrösse, dargestellt am Beispiel der Internen Revision, Diss. Karlsruhe 1977.

Kiencke, J: Incentives - Notwendigkeit und Problematik, in: Handbuch Management Versicherungsvertrieb, hrsg. von SCG St. Gallen Consulting Group, Wiesbaden 1995, S. 509-523.

Kilger, W.: Der theoretische Aufbau der Kostenkontrolle, in: ZfB 1959, S. 457-468.

Kilger, W.: Produktionsfaktor, in: HWB, hrsg. von E. Grochla/W. Wittmann, 4. Auflage Stuttgart 1975, Sp. 3097-3101.

Kilger, W.: Leistungs- und Kostenrechnung der Deutschen Bundespost, unveröffentlichtes Gutachten, Teil I und II, Saarbrücken 1994, zitiert nach Vikas, K.: Controlling im Dienstleistungsbereich mit Grenzplankostenrechnung, Wiesbaden 1988.

Kilger, W.: Einführung in die Kostenrechnung, 3. Auflage, Wiesbaden 1987.

Kilger, W.: Flexible Plankostenrechnung und Deckungsbeitragsrechnung, 9. Auflage, Wiesbaden 1988.

Kilger, W.: Flexible Plankostenrechnung und Deckungsbeitragsrechnung, bearbeitet durch K. Vikas, 10. Auflage, Wiesbaden 1993.

Kirchner, S.: Vorgabezeitermittlung mit Zeitaufnahmeverfahren, in: HWProd, hrsg. von W. Kern, Stuttgart 1979, Sp. 2202-2223.

Kirchner, W.: Reader zum Thema Controlling in Versicherungsunternehmen, hrsg. von W. Kirchner, Karlsruhe 1995.

Kirsch, W.: Unternehmenspolitik und strategische Unternehmensführung, München 1990.

Klausenberg, Ch.: Expertensysteme zur Risikoeinschätzung in der Lebensversicherung (I), in: VW 1993, S. 1315- 1319.

Kleber, E.: Kostenplanung in Kreditinstituten, Diss. Göttingen 1972.

Klein, M.: Einführung in die DIN-Normen, hrsg. vom DIN Deutsches Institut für Normung, 10. Auflage, Stuttgart, Berlin, Köln 1989.

Klenger, F./: Andreas, Ch. Prozeßkostenrechnung im Versicherungsunternehmen, in: krp 1994, S. 401-406, hier S. 402 ff.

Klinkhammer, G.: Haftungs- und versicherungsrechtliche Aspekte der Fremdvergabe von Dienstleistungen (Outsourcing), in: VP 1997, S. 61-68.

Kloock, J.: Budgetsysteme, in: HWO, hrsg. von E. Grochla, 2. Auflage, Stuttgart 1980, Sp. 379-386.

Kloock, J.: Plankosten- und Planleistungsrechnung, in: HWR, hrsg. von E. Kosiol/K. Chmielewicz/M. Schweitzer, 2. Auflage, Stuttgart 1981, Sp. 1290-1309.

Kloock, J.: Erfolgskontrolle mit der differenziert-kumulativen Abweichungsanalyse, in: ZfB 1988, S. 423-434.

Kloock, J.: Kostenkontrolle auf der Basis kombinierter und lernorientierter Feedback-Feedforward-Prozesse, in: Diskussionsbeiträge zum Rechnungswesen, Wirtschafts- und Sozialwissenschaftliche Fakultät, Universität zu Köln, Beitrag Nr. 1, Köln 1990.

Kloock, J.: Prozeßkostenrechnung als Rückschritt und Fortschritt der Kostenrechnung, in: Diskussionsbeiträge zum Rechnungswesen, Wirtschafts- und Sozialwissenschaftliche Fakultät, Universität zu Köln, Beitrag Nr. 3, Köln 1991.

Kloock, J.: Plankostenrechnung, in: HWR, hrsg. von K. Chmielewicz/M. Schweitzer, 3. Auflage, Stuttgart 1993, Sp. 1551-1568.

Kloock, J.: Neuere Entwicklungen des Kostenkontrollmanagements, in: Neuere Entwicklungen im Kostenmanagement, hrsg. von K. Dellmann/K. P. Franz, Stuttgart, Wien 1994, S. 607-644.

Kloock, J.: Arbeitsunterlagen zum Studienfach Unternehmensrechnung und Revision, Teil I: Operatives Erfolgsmanagement, 12. Auflage, Köln 1998.

Kloock, J.: Arbeitsunterlagen zum Studienfach Unternehmensrechnung und Revision, Kontrollmanagement, 10. Auflage, Köln 1998.

Kloock, J.: Betriebliches Rechnungswesen, 2. Auflage, Lohmar, Köln 1997.

Kloock, J./: Bommes, W. Methoden der Kostenabweichungsanalyse, in: krp 1982, S. 225-237.

Kloock, J./: Bommes, W. Interne Revision (I), (II), in: WISU 1983, S. 494-499, S. 543- 549.

Kloock, J./: Sieben, G./ Schildbach, T. Kosten- und Leistungsrechnung, 7. Auflage, Düsseldorf 1993.

Kloock, J./: Dierkes, S. Prozeßkostenkontrolle, Betriebswirtschaftliche Diskussionsbeiträge der Martin-Luther-Universität Halle-Wittenberg, Wirtschaftwissenschaftliche Fakultät, Beitrag Nr. 96/02, Halle (Saale) 1996.

Knemeyer, U.: Expertensysteme in der Assekuranz, Karlsruhe 1994. (Zugl. Diss. Hannover 1994).

Köhler, M./: Völker, R. Controlling mit Szenariotechniken bei Lebensversicherungsbeständen, in: Controlling, hrsg. von K. Spremann/E. Zur, Wiesbaden 1992, S. 689-699.

Korndörfer, W.: Unternehmensführungslehre, 8. Auflage, Wiesbaden 1995.

Kosiol, E.: Kritische Analyse der Wesensmerkmale des Kostenbegriffes, in: Betriebsökonomisierung, Festschrift für R. Seÿffert, hrsg. von E. Kosiol/F. Schlieper, Köln, Opladen 1958, S. 7-37.

Kosiol, E.: Leistungsgerechte Entlohnung, Wiesbaden 1962.

Kosiol, E.: Einführung in die Betriebswirtschaftslehre, Wiesbaden 1968.

Kosiol, E.: Die Unternehmung als wirtschaftliches Aktionszentrum, Reinbek bei Hamburg 1972.

Kovtun, M./: Konnack, M. Personalentwicklung: Von der Ausbildung der Außendienst-Mitarbeiter über Verkaufs- zum Fluktuationscontrolling, in: VW 1989, S. 369-373.

Kraemer, W.: Effizientes Kostenmanagement, Wiesbaden 1993. (Zugl. Diss. Saarbrücken 1992).

Kromschröder, B.: Ansätze zur Optimierung des Kontrollsystems der Unternehmung, Berlin 1972. (Zugl. Diss Frankfurt/Main 1970).

Kromschröder, B.: Qualitätsmanagement in der Versicherungswirtschaft, Karlsruhe 1993.

Kromschröder, B./: Lehmann, M. Die Leistungswirtschaft des Versicherungsbetriebes, in: Information und Produktion, Festschrift zum 60. Geburtstag von W. Wittmann, hrsg. v. S. Stöppler, Stuttgart 1985, S. 171-209.

Kromschröder, B./: et al. Qualität und Qualitätsmanagement in der Versicherungswirtschaft, in: ZfB 1992, S. 43-74.

Kronester, G.: Kybernetische Kontrolle in der industriellen Unternehmung, Diss. Köln 1966.

Kruse, W./: Röper, J. W. Service- und Kosten-Führerschaft durch Fallabschließende Bearbeitung, in: VW 1994, S. 1262-1265.

Krystek, U./: Zumbrock, S. Planung und Vertrauen, Stuttgart 1993.

Kühnel, H.: Kosten versus Unkosten?, in: ZfbF 1981, S. 737-739.

Küpfmüller, K.: Systemtheorie und Kybernetik, in: Grundlagen der Wirtschafts- und Sozialkybernetik, hrsg. von J. Baetge, Opladen 1975, S. 41-50.

Küpper, H.-U.: Teilkostenrechnung bei zunehmender Fixkostenbelastung, in: ZfB 1983, S. 71-75.

Küpper, H.-U.: Koordination und Interdependenz als Bausteine einer konzeptionellen und theoretischen Fundierung des Controlling, in: Betriebswirtschaftliche Steuerungs- und Kontrollprobleme, hrsg. von W. Lücke, Wiesbaden 1988, S. 163-183.

Küpper, H.-U.: Verknüpfung von Investitions- und Kostenrechnung als Kern einer umfassenden Planungs- und Kontrollrechnung, in: BFuP 1990, S. 253-267.

Küpper, H.-U.: Fixe und variable Kosten, in: HWR, hrsg. von K. Chmielewicz/M. Schweitzer, 3. Auflage, Stuttgart 1993, Sp. 647-656.

Küpper, H.-U.: Industrielles Controlling, in: Industriebetriebslehre, hrsg. von M. Schweitzer, 2. Auflage, München 1994, S. 849-959.

Küpper, W.: Netzplantechnik, Grundlagen der, in: HWProd, hrsg. von W. Kern, Stuttgart 1979, Sp. 1340-1353.

Kürpick, H.: Die Lehre von den fixen Kosten, Köln, Opladen 1965.

Kuhlmann, W.: DV-gestützte Ablaufgestaltung und Personalbedarfsrechnung mit MTM-Sachbearbeiterdaten bei der Versicherungsgruppe Hannover, in: Personal 1988, MTM-Report ´88, S. 26-28.

Kulla, B.: Angewandte Systemwissenschaft, Würzburg, Wien 1979.

Kutz, S.: Die Aufgabenverteilung zwischen Versicherungsunternehmen und Einfirmen-/Konzernvertretern, Lohmar, Köln 1997 (Zugl. Diss. Köln 1997).

Laßmann, G.: Die Produktionsfunktion und ihre Bedeutung für die betriebswirtschaftliche Kostentheorie, Köln, Opladen 1958.

Laßmann, G.: Aktuelle Probleme der Kosten- und Erlösrechnung sowie des Jahresabschlusses bei weitgehend automatisierter Serienfertigung, in: ZfbF 1984, S. 959-978.

Laux, H./: Liermann, F. Grundlagen der Organisation, 3. Auflage, Berlin et al. 1993.

Layer, M.: Kapazität: Begriff, Arten und Messung, in: HWProd, hrsg. von W. Kern, Stuttgart 1979 Sp. 871-882.

Lehmann, A. P.: Dienstleistungsmanagement zwischen industriell-orientierter Produktion und zwischenmenschlicher Interaktion - Reflexe in der Versicherung, Diss. St. Gallen 1989.

Lehmann, H.: Organisationstheorie, systemtheoretisch-kybernetisch orientierte, in: HWO, hrsg. von E. Frese, 3. Auflage, Stuttgart 1992, Sp. 1838-1853.

Lindemann, P.: Steuerung und Regelung im Wirtschaftsunternehmen, in: Grundlagen der Wirtschafts- und Sozialkybernetik, hrsg. von J. Baetge, Opladen 1975, S. 105-114.

Lippe, S.: Integration von Betriebskosten in risikotheoretische Modelle, Karlsruhe 1982. (Zugl. Diss. Mannheim 1982).

Lorenz, E.: Hat der Versicherer eine Risikoprüfungsobliegenheit mit Schutzzweck zugunsten des Antragstellers?, in: VersR 1993, S. 513-519.

Lorenz, E.: Zu den Informationspflichten des Versicherers und zum Abschluß von Versicherungsverträgen nach neuem Recht, in: ZVersWiss 1995, S. 103-128.

Lorenz, E.: Urteilsanmerkung, in: VersR 1997, S. 994-996.

Lund, M.: Kostenmanagement in Versicherungsunternehmen, in: ZfV 1995, S. 4-12.

Macharzina, K.: Die Bedeutung verhaltenstheoretischer Aussagen für kosten- und leistungsorientierte Planungs- und Kontrollrechnungen, in: Unternehmensrechnung, hrsg. von A. G. Coenenberg, München 1976, S. 324-344.

Männel, W.: Kostenrechnung 2, 3. Auflage, Wiesbaden 1990.

Männel, W.: Kostenträger, in: krp 1996, S. 240-242.

Männel, W.: Zur Problematik des Rechnens mit kalkulatorischen Kosten, in: krp, Sonderheft 1/97, S. 5-12.

Maenner, R.: Rückwärtsversicherung - keine akademische Denkübung, in: VW 1985, S. 1318-1325.

Maerz, G.-R.: Controlling/Controller in Versicherungsunternehmen, in: VW 1977, S. 505-515.

Mai, J.: Konzeption einer controllinggerechten Kosten- und Leistungsrechnung für Rechenzentren, Frankfurt/Main 1996. (Zugl. Diss. Marburg 1995).

Maleri, R.: Grundlagen der Dienstleistungsproduktion, 4. Auflage, Berlin, Heidelberg, New York 1997.

Mann, G./: Pugell, B. Die Problematik der traditionellen Personalkostenrechnung, in: DBW 1985, S. 657-665.

Mann, R.: Controlling als Führungsaufgabe, in: vb 1/1987, S. 21-25.

Mann, R.: Controlling und Planung, in: HWPlan, hrsg. v. N. Szyperski, Stuttgart 1989, Sp. 219-228.

Maune, R.: Planungskontrolle, Frankfurt/Main 1980. (Zugl. Diss. Köln 1980).

Mayer, L.: Innenrevision und Abschlußprüfung in der österreichischen Versicherungswirtschaft, in: VR 1987, S. 43-51.

Medicke, W.: Die Gemeinkosten in der Plankostenrechnung, Berlin 1956.

Meffert, H.: Beziehungen zwischen der betriebswirtschaftlichen Kostentheorie und der Kostenrechnung, Diss. München 1964.

Meffert, H./: Benkenstein, M. Preispolitik, in: HWR, hrsg. von K. Chmielewicz/M. Schweitzer, 3. Auflage, Stuttgart 1993, Sp. 1583-1592.

Mehring, H.-P.: Substanzerhaltung von Versicherungsunternehmen, Berlin 1989. (Zugl. Diss. Köln 1987).

Mehring, H.-P.: Controlling in Versicherungsunternehmen, in: Versicherungen in Europa heute und morgen, Geburtstags-Schrift für Georg Büchner, hrsg. von F. W. Hopp/G. Mehl, Karlsruhe 1991, S. 773-779.

Meier, B.: Güter, in: Lexikon der Betriebswirtschaftslehre, hrsg. von H. Corsten, München, Wien 1992, S. 298-303.

Mellerowicz, K.: Kosten und Kostenrechnung, Band 2, 2. Teil, 5. Auflage, Berlin, New York 1980.

Menrad, S.: Rechnungswesen, Göttingen 1978.

Menz, W.: Controlling beim Lebensversicherer, in: Handbuch Controlling, hrsg. von E. Mayer/J. Weber, Stuttgart 1990, S. 857-872.

Menz, W./: Nausester, H. Entwicklung eines Informations- und Steuerungssystems für das Controlling in einem Versicherungsunternehmen, in: Entwicklungen und Erfahrungen aus der Praxis des Controlling, GEBERA-Schriften Band 7, hrsg. von W. Goetzke/G. Sieben, Köln 1979, S. 127-155.

Menz, W./: Nausester, H. Unternehmensplanung in einem Versicherungsunternehmen, in: Entwicklungen und Erfahrungen aus der Praxis des Controlling (II), GEBERA-Schriften Band 11, hrsg. von W. Goetzke/G. Sieben, Köln 1982, S. 221-319.

Mertens, M.: Kundentypen im deutschen Versicherungsmarkt, in: Festschrift für Dieter Farny, hrsg. von H.-P. Mehring/V. Wolf, Karlsruhe 1994, S. 45-54.

Metternich,: F. Graf W./ Gratzer, W. Operative Jahresplanung - Geschäftsplan versus Planvereinbarung, in: Handbuch Management Versicherungsvertrieb, hrsg. von SCG St. Gallen Consulting Group, Wiesbaden 1995, S. 435-446.

Meyer, A.: Dienstleistungs-Marketing, 4. Auflage, Augsburg 1990.

Michael, St. R.: Feedforward versus Feedback Controls in Planning, in: Managerial Planning, November/December 1980, S. 34-38.

Mittendorf, Ch.: Industrielle Verwaltungskostenrechnung, Northeim 1996. (Zugl. Diss. Göttingen 1995 u. d. T.: Erfassung und Verrechnung der Verwaltungskosten im Rahmen der Vollkostenrechnung und der Teilkostenrechnung).

Mock, A.: Unternehmensplanung und kybernetisches Management, in: Kybernetische Methoden und Lösungen in der Unternehmenspraxis, hrsg. von J. Baetge, Berlin 1983, S. 25-41.

Müller, F.- J./: Münster, G./ Nocker, P. Organisation, Technik und Qualifizierung der Mitarbeiter, in: OM 6/1990, S. 14-21.

Müller, H.: Der Soll-Istkosten-Vergleich, in: Plaut, H. G./Müller, H./Medicke, W.: Grenzplankostenrechnung und Datenverarbeitung, 3. Auflage, München 1973.

Müller, H.: Grenzplankostenrechnung heute, in: Kostenrechnung und Controlling, hrsg. von G. Seicht, 2. Auflage, Wien 1994, S. 69-161.

Müller H.: Prozeßkonforme Grenzplankostenrechnung, 2. Auflage, Wiesbaden 1996.

Müller, W.: Kontrolle, Organisation der, in: HWO, hrsg. von E. Grochla, 2. Auflage, Stuttgart 1980, Sp. 1082-1091.

Müller, W.: Das Produkt der Versicherung, in: Geld und Versicherung, Festgabe für Wilhelm Seuß, hrsg. v. M. Jung/R. R. Lucius/W. G. Seifert, Karlsruhe 1981, S. 155-171.

Müller, W.: Verwaltung, in: HdV, hrsg. von D. Farny et al., Karlsruhe 1988, S. 1287-1289.

Müller, W.: Kosten- und Leistungsrechnung im Versicherungsunternehmen, in: Bank- und Versicherungslexikon, hrsg. von H. Schierenbeck, 2. Auflage, München, Wien 1994, S. 408-414.

Müller-Böling, D.: Qualitätsmanagement, in: HWB, hrsg. von W. Wittmann et al., 5. Auflage, Stuttgart 1993, Sp. 3625-3638.

Müller-Kemler, B.: Behandlung des Arbeitsentgelts im betrieblichen Rechnungswesen, Bergisch Gladbach, Köln 1995. (Zugl. Diss. Göttingen 1995).

Müller-Lutz, H.-L.: Orientierungszahlen für Produktivität und Wirtschaftlichkeit in der Versicherung, Karlsruhe 1978.

Müller-Lutz, H.-L.: Der Büroraum als Organisations- und Rationalisierungsfaktor, in: Grundlagen des Versicherungsbetriebes, Gedanken und Erfahrungen von H.-L. Müller-Lutz, hrsg. von P. Koch, Karlsruhe 1987, S. 135-141.

Müller-Lutz, H.-L.: Probleme des Großraums, in: Grundlagen des Versicherungsbetriebes, Gedanken und Erfahrungen von H.-L. Müller-Lutz, hrsg. von P. Koch, Karlsruhe 1987, S. 124-130.

Müller-Lutz, H.-L.: Das produktive Büro, in: VW 1994, S. 753-757.

Nagel, R.: Probleme, Strategien und Grenzen der Rationalisierung in industriellen Verwaltungen, Frankfurt/Main 1987. (Zugl. Diss. Mannheim 1987).

Neugebauer, H.: Kostentheorie und Kostenrechnung für Versicherungsunternehmen, Karlsruhe 1995. (Zugl. Diss. Frankfurt/Main 1994).

Niebling, H.: Kurzfristige Finanzrechnung auf der Grundlage von Kosten- und Erlösmodellen, Wiesbaden 1973.

Nippa, M.: Bestandsaufnahme des Reengineering-Konzepts, in: Prozeßmanagement und Reengineering, hrsg. von M. Nippa/A. Picot, Frankfurt am Main, New York 1995, S. 61-77.

Obenaus, K. F.: Serviceleistungen und Vertragsannahme- und -kontrollprozesse in der Versicherungswirtschaft, Frankfurt/Main et al. 1996. (Zugl. Diss. Frankfurt/Main 1995).

Oberländer, H.: Jetzt geht die Post ab, in: vb 1/2 1993.

Oecking, G.: Strategisches und operatives Fixkostenmanagement, München 1994.

Oertli-Cajacob, P.: Praktische Wirtschaftskybernetik, München, Wien 1977.

Ossadnik, W./: Maus, S. Operatives Controlling mittels Kontrollrechnungen, Diskussionsbeiträge der Wirtschaftswissenschaftlichen Fakultät Ingolstadt Nr. 48, Eichstätt o.J. [1994].

Osterloh, M./: Frost, J. Prozeßmanagement als Kernkompetenz, Wiesbaden 1996.

O.V.: Arbeitsmessung und Zeitvorgabe im Büro, hrsg. vom Verband der Lebensversicherungsunternehmen e.V., Ausschuß für Betriebstechnik, 38. Folge, o.O. 1971.

O.V.: Methoden der Personalbedarfsrechnung, hrsg. vom Verband der Lebensversicherungsunternehmen e.V., Ausschuß für Betriebstechnik, 79. Folge, o.O. 1985 .

O.V.: Büroarbeit mit Leistungsbremse, in: Wirtschaft und Produktivität, Nr. 9/1991, S. 1.

O.V.: Die Klausel in Antragsformularen eines Versicherers „Für die Richtigkeit der Angaben bin ich allein verantwortlich, auch wenn ich den Antrag nicht selbst ausgefüllt habe. Der Vermittler darf über die Erheblichkeit von Antragsfragen oder Erkrankungen keine verbindlichen Erklärungen abgeben" ist unwirksam, abgedruckt in VerBAV 5/1992, S. 175-177.

O.V.: Controllingaufgaben und -inhalte im Versicherungsunternehmen, in: Vahlens Großes Controllinglexikon, hrsg. von P. Horváth/T. Reichmann, München 1993, S. 127-129.

O.V.: Controlling-Organisation im Versicherungsunternehmen, in: Vahlens Großes Controllinglexikon, hrsg. von P. Horváth/T. Reichmann, München 1993, S. 138.

O.V.: Stichwort: Bestandsgeschäft, in: Gabler Versicherungslexikon, hrsg. von P. Koch/W. Weiss, Wiesbaden 1994, S. 142.

O.V.: Stichwort: Direktvertrieb, in: Gabler Versicherungslexikon, hrsg. von P. Koch/W. Weiss, Wiesbaden 1994, S. 227-228.

O.V.: Personalkosten im Dienstleistungssektor, in: VGA-Nachrichten 1993, S. 70.

O.V.: Ausgewählte Methoden des Arbeitstudiums, hrsg. von REFA - Verband für Arbeitsstudien und Betriebsorganisation e.V., 2. Auflage, München 1994.

O.V.: Personalaufwand in der Versicherungswirtschaft, hrsg. vom Arbeitgeberverband der Versicherungsunternehmen in Deutschland, Karlsruhe 1995.

O.V.: Rundschreiben R 6/95, abgedruckt in: VerBAV 11/1995, S. 372-374.

O.V.: „Zur Frage der ordnungsgemäßen Risikoprüfung, wenn der Versicherungsnehmer oder der Versicherte die Antragsfragen zu Vorerkrankungen teilweise wahrheitswidrig beantwortet", abgedruckt in: VerBAV 10/1995, S. 348-349.

O.V.: Flexible Arbeitszeit, in: ZfV 1996, S. 7.

O.V.: Coaching - ein Patentrezept für den Vertrieb?, in: ZfV 1996, S. 493-494.

O.V.: Die Refa-Zeiterfassung ist tot, in: Frankfurter Allgemeine Zeitung vom 18. Januar 1997, S. 41.

O.V.: Nebenamtliche Vertreter im Aus, in: Kölner Stadt-Anzeiger vom 20. April 1999, S. 26.

Pack, L.: Unternehmungsführung, Lehre von der (Managementlehre), in: HWB, hrsg. von E. Grochla/W. Wittmann, 4. Auflage, Stuttgart 1976, Sp. 4079-4093.

Pampel, J.: Erfassung und Kalkulation der Beschaffungskosten, in: Handbuch Kostenrechnung, hrsg. von W. Männel, Wiesbaden 1992, S. 810-819.

Peemöller, V. H.: Management Auditing, Berlin 1978.

Peemöller, V. H.: Controlling und Interne Revision, in: VW 1995, S. 1250-1253.

Peill, E./ Ullmann, T./ Sauer, J.: Servicequalität und Kundenzufriedenheit als Schlüssel zum Markterfolg (II), in: VW 1994, S. 1608-1613.

Pelizäus, R.: Strategisches Kostenmanagement - ein Thema für Vorstände?, in: VW 1996, S. 104-106.

Pelizäus, R.: Prozeßmanagement in Versicherungsunternehmen, in: VW 1996, S. 558- 561.

Pexa, D.: Expertensysteme zur Risikoeinschätzung in der Lebensversicherung (II), in: VW 1993, S. 1320-1322.

Piontek, J.: Planung und Kontrolle von Kostensenkungen im Beschaffungsbereich, in: ZP 1993, S. 115-126.

Plander, H.: Probleme der Rückwärtsversicherung in Fällen des § 5 Abs. 3 VVG, in: VersR 1986, S. 105-109.

Plaut, H.-G.: Die Grenz-Plankostenrechnung, in: ZfB 1953, S. 347-363, S. 402-413.

Plaut, H.-G.: Grenzplankosten- und Deckungsbeitragsrechnung als modernes Kostenrechnungssystem (I), (II), in: krp 1984, S. 20-26, S. 67-72.

Plaut, H. G./ Müller, H./ Medicke, W.: Grenzplankostenrechnung und Datenverarbeitung, 3. Auflage, München 1973.

Pohle, K.: Controlling und Organisation, in: HWB, hrsg. von W. Wittmann et al., 5. Auflage, Stuttgart 1993, Sp. 661-669.

Präve, P.: Das Widerspruchsrecht des Versicherungsnehmers, in: ZfV 1994, S. 374-383.

Preuß, R. K.: Gestaltung des internen Rechnungswesens zur Beeinflussung von Entscheidungsvollzug und Entscheidungsfindung aus verhaltensorientierter Sicht, Diss. Köln 1991.

Protz, M.: Coaching als Instrument der strategischen Vertriebsentwicklung, in: Reader zum Thema Controlling in Versicherungsunternehmen, hrsg. von W. Kirchner, Karlsruhe 1995, S. 646-652.

Protz, M.: Wertschöpfung durch Service im Vertrieb: Welchen Service nimmt der Kunde wahr, welchen honoriert er?, in: VW 1996, S. 92-97.

Puck, G./: Wodarg, J. Psychologie des Controlling, in: VW 1988, S. 1040-1043.

Pusch, H.-D.: Versicherungsschutzproduktion als Input/Output-Prozess - Eine entscheidungsorientierte Betrachtung, Diss. Hamburg 1976.

Reber, G.: Motivation und Planung, in: HWPlan, hrsg. von N. Szyperski, Stuttgart 1989, Sp. 1180-1190.

Rehkugler, H.: Kostenbegriffe, Kostenarten und Kostenkategorien, in: HWB, hrsg. von W. Wittmann et al., 5. Auflage, Stuttgart 1993, Sp. 2320-2329.

Reich, A./: Zeller, W. Spätschäden, in: HdV, hrsg. von D. Farny et al., Karlsruhe 1988, S. 807-809.

Reichwald, R./: Bellmann, K. Optimale Arbeitsteilung in Büroorganisationen, in: ZfB 1991, S. 621-639.

Reichwald, R./: Weichselbaumer, J. Bewertung von Reorganisationsprozessen - Ein strategieorientierter Ansatz zur erweiterten Wirtschaftlichkeit, in: Rechnungswesen und EDV, 17. Saarbrücker Arbeitstagung 1996, hrsg. von A. W. Scheer, Heidelberg 1996, S. 27-51.

Reime, R.: Provisionen auf neuen Wegen, in: ZfV 1996, S. 414-417, hier S. 415.

Reiß, M.: Implementierung, in: Handbuch Unternehmungsführung, hrsg. von H. Corsten/M. Reiß, Wiesbaden 1995, S. 291-301.

Remer, D.: Einführen der Prozeßkostenrechnung, Stuttgart 1997.

Rendenbach, H.-G.: Prozeßkostenmanagement in Versicherungen, in: Kostenmanagement, hrsg. von K.-P. Franz/P. Kajüter, Stuttgart 1997, S. 233-249.

Rex, R.-D.: Bereitstellung und Führung der Absatzorgane im Aussendienst des Versicherungsunternehmens, Diss. Köln 1978.

Riebel, P.: Einzelkosten- und Deckungsbeitragsrechnung, 7. Auflage, Wiesbaden 1994.

Riebel, P.: Grundrechnung, in: HWB, hrsg. von W. Wittmann et al., 5. Auflage, Stuttgart 1993, Sp. 1518-1541.

Rittner, F.: Koppelung, Bündelung und Verwandtes aus vertragsrechtlicher Sicht, in: ZVersWiss 1991, S. 145-153.

Rößle, K.: Funktionen, betriebswirtschaftliche, in: HWB, hrsg. von H. Seischab/K. Schwantag, 3. Auflage, Stuttgart 1958, Sp. 2091-2095.

Rohles, D.: Obliegenheiten (I), (II), in: VW 1980, S. 1357-1359, S. 1494- 1495.

Rohrbeck, W.: Betriebskosten und Betriebsgröße in der Sachversicherung, in: Assekuranz-Jahrbuch 1930, S. 125-134.

Ruchti, H.: Preisuntergrenze und feste Kosten, in: Gegenwartsprobleme der Betriebswirtschaft, hrsg. von F. Henzel, Baden-Baden, Frankfurt/Main 1955, S. 189-199.

Sadler, G./: Leimbach, C. Personalbemessung nach dem Verfahren der Selbstaufschreibung, in: Personalbemessung, hrsg. von G. Schmidt, Gießen 1980, S. 15-64.

Salentin, N.: Anwendung moderner Kommunikationstechniken im Controlling und in der Unternehmensplanung von Versicherungsunternehmen, in: ZVersWiss 1991, S. 467-497.

Schädler, G.: Überblick über die Organisation der Internen Revision im Versicherungsunternehmen (I), (II), (III), in: VW 1989, S. 142-144, S. 190-192, S. 245-246.

Schartmann, B.: Schadencontrolling auf der Basis eines mehrdimensionalen Management-Informationssystems, in: VW 1994, S. 225-230.

Scherrer, G.: Kostenrechnung, 2. Auflage, Stuttgart, New York 1991.

Scherrer, G.: Probleme der Kostenkontrolle in der aktivitätsorientierten Kostenrechnung, in: Neuere Entwicklungen im Kostenmanagement, hrsg. von K. Dellmann/K. P. Franz, Stuttgart, Wien 1994, S. 585-606.

Scherrer, G./: Wimmer, K. Kostenabweichungsanalyse, Regensburger Diskussionsbeiträge zur Wirtschaftswissenschaft Nr. 246, Regensburg 1992.

Schiemenz, B.: Betriebskybernetik, Stuttgart 1982.

Schierenbeck, H.: Prozessorientierte Standard-Einzelkostenrechnung und Produktivitätssteuerung im Kundengeschäft der Banken, in: Neuere Entwicklungen im Kostenmanagement, hrsg. von K. Dellmann/K. P. Franz, Stuttgart, Wien 1994, S. 647-679.

Schimmelpfeng, K.: Kostenträgerrechnung in Versicherungsunternehmen, Wiesbaden 1995. (Zugl. Diss. Hildesheim 1994).

Schirmer, H.: Zur Vereinbarung von Obliegenheiten zu Lasten Dritter insbesondere in Verträgen zu ihren Gunsten, in: Festschrift für Reimer Schmidt, hrsg. von F. Reichert-Facilides/F. Rittner/J. Sasse, Karlsruhe 1976, S. 821-843.

Schlüter, H. G.: Organisation der Vertrags- und Schadenbearbeitung in Kompositversicherungsunternehmungen, Bergisch Gladbach, Köln 1990. (Zugl. Diss. Köln 1990).

Schmalenbach, E.: Kostenrechnung und Preispolitik, Köln, Opladen 1963.

Schmid, R.: Abgrenzung von Controlling und Interner Revision, in: Handbuch Controlling, hrsg. von E. Mayer/J. Weber, Stuttgart 1990, S. 379-391.

Schmidt, A.: Das Controlling als Instrument zur Koordination der Unternehmungsführung, Frankfurt/Main 1986.

Schmidt, A.: Kostenrechnung, Stuttgart, Berlin, Köln 1996.

Schmidt, G.: Der optimale Versicherungsbestand, Berlin 1968. (Zugl. Diss. Köln 1967).

Schneider, D.: Versagen des Controlling durch eine überholte Kostenrechnung, in: DB 1991, S. 765-772.

Schneider, H. Wirtschaftlichkeitskontrolle durch die Kostenrechnung, Zürich 1982.

Schneller, H.: Revisionsprobleme bei elektronischer Datenverarbeitung im Versicherungsbetrieb, in: Praxis und Theorie der Versicherungsbetriebslehre, Festgabe für H. L. Müller-Lutz zum 60. Geburtstag, hrsg. von P. Braess/D. Farny/R. Schmidt, Karlsruhe 1972, S. 343-358.

Schnutenhaus, O. R.: Über Sprachanalyse und Bedeutungswandel in der Begriffsentwicklung der Betriebswirtschaftslehre, in: Beiträge zur Begriffsbildung und Methode der Betriebswirtschaftslehre, Festschrift für Willy Bouffier zur Vollendung seines 60. Lebensjahres, hrsg. von R. Bratschitsch/K. Vodrazka, Wien 1965, S. 166-180.

Scholz, R.: Geschäftsprozeßoptimierung, Bergisch Gladbach, Köln 1993. (Zugl. Diss. Hamburg, Universität der Bundeswehr 1993).

Schreiber, H.: Personal- und Führungswesen, in: Versicherungsenzyklopädie, hrsg. von W. Große/H. L. Müller-Lutz/R. Schmidt, Band 2, 4. Auflage, Wiesbaden 1991, S. 563-590.

Schröder, H.-H.: Wertanalyse als Instrument optimierender Produktgestaltung, in: Handbuch Produktionsmanagement, hrsg. von H. Corsten, Wiesbaden 1994, S. 152-169.

Schubert, W.: Kostenauflösung, in: HWR, hrsg. von E. Kosiol/K. Chmielewicz/M. Schweitzer, 2. Auflage, Stuttgart 1981, Sp. 1005-1012.

Schütte, U.: Verhüllte Obliegenheiten im Versicherungsrecht, Frankfurt/Main 1991. (Zugl. Diss. Münster 1990).

Schwake, E.: Überlegungen zu einem risikoadäquaten Marketing als Steuerungskonzeption von Versicherungsunternehmen, Karlsruhe 1987.

Schweitzer, M.: Kostenkategorien, in: HWR, hrsg. von K. Chmielewicz/M. Schweitzer, 3. Auflage, Stuttgart 1993, Sp. 1208-1216.

Schweitzer, M.: Produktion, in: HWB, hrsg. von W. Wittmann et al., 5. Auflage, Stuttgart 1993, Sp. 3328-3347.

Schweitzer, M./: Küpper, H.-U. Systeme der Kosten- und Erlösrechnung, 7. Auflage, München 1998.

Seicht, G.: Die stufenweise Grenzkostenrechnung, in: ZfB 1963, S. 693-709.

Seicht, G.: Die Prozesskostenrechnung - Fortschritt oder Weg in die Sackgasse, in: Kostenrechnung und Controlling, hrsg. von G. Seicht, 2. Auflage, Wien 1994, S. 163-186.

Seicht, G.: Moderne Kosten- und Leistungsrechnung, 8. Auflage, Wien 1995.

Seidel, E.: Abteilungsbildung, in: HWO, hrsg. von E. Grochla, 2. Auflage, Stuttgart 1980, Sp. 42-52.

Seng, P.: Informationen und Versicherungen, Wiesbaden 1989. (Zugl. Diss. Frankfurt/Main 1989 unter dem Titel: Theoretische Grundlagen der Informations- und Versicherungsproduktion).

Sieg, K.: Obliegenheiten und sekundäre Risikobeschränkungen im Versicherungsvertragsrecht, in: Karl Sieg über Individualversicherungsrecht, hrsg. von R. Schmidt/U. Hübner, Karlsruhe 1991, S. 103-119.

Sieg, K.: Allgemeines Versicherungsvertragsrecht (Teil I), in: Versicherungsenzyklopädie, hrsg. von W. Große/H. L. Müller-Lutz/R. Schmidt, Band 3, 4. Auflage, Wiesbaden 1991, S. 309-376.

Sieg, K.: Allgemeines Versicherungsvertragsrecht (Teil II), in: Versicherungsenzyklopädie, hrsg. von W. Große/H. L. Müller-Lutz/R. Schmidt, Band 3, 4. Auflage, Wiesbaden 1991, S. 377-438.

Sieg, K.: Auskunftspflichten und -obliegenheiten des Versicherungsnehmers, in: ZVersWiss 1993, S. 325-337.

Siegwart, H./: Menzl, I. Kontrolle als Führungsaufgabe, Bern, Stuttgart 1978.

Simons, L./: Langemeyer, W./ Greife, W. Personal-Controlling in einem Versicherungsunternehmen, in: Zukunftsgerichtetes Controlling, hrsg. von C. Steinle/B. Eggers/D. Lawa, Wiesbaden 1995, S. 195-209.

Sönnichsen, Ch.: Zur Notwendigkeit der Qualitätssicherung von Versicherungsprodukten, in: Festschrift für Dieter Farny, hrsg. von H.-P. Mehring/V. Wolff, Karlsruhe 1994, S. 243-251.

Solaro, D.: Controller, in: HWO, hrsg. von E. Frese, 3. Auflage, Stuttgart 1992, Sp. 432-441.

Soll, R./: Hoffmann, J. Projektbegleitende Revision im Versicherungsunternehmen, in: VW 1980, S. 1159-1165.

Soll, R./: et al. Vertriebsrevision in Versicherungsunternehmen/Vertriebssteuerung, in: ZIR 1981, S. 250-255.

Sonnenberg, H.: Betriebslehre und Arbeitsvorbereitung, Band. 1, Braunschweig, Wiesbaden 1987.

Spuckti, Ch.: Effiziente Planung und Verrechnung von EDV-Leistungen, in: Rechnungswesen und EDV, 16. Saarbrücker Arbeitstagung 1995, hrsg. von A. W. Scheer, Heidelberg 1995, S. 233-245.

Staiger, R./: Münster, G. Neugestaltung von Arbeitsorganisation und Technikeinsatz im versicherungstechnischen Bereich der Lebensversicherung mit dem Ziel der Rundumsachbearbeitung, Bundesministerium für Forschung und Technologie, Forschungsbericht Humanisierung des Arbeitslebens, Bonn 1986.

Stauss, B.: Dienstleister und die vierte Dimension, in: Integratives Dienstleistungsmanagement, hrsg. von H. Corsten, Wiesbaden 1994, S. 447-463.

Steinle, C.: Stabsstelle, in: HWO, hrsg. von E. Frese, 3. Auflage, Stuttgart 1992, Sp. 2310-2321.

Steinmann, H./: Schreyögg, G. Mitwirkungsmuster an Planung, in: HWPlan, hrsg. von N. Szyperski, Stuttgart 1989, Sp. 1151-1161.

Steinmüller, H.: Die Messung von Ungüterwirkungen, in: Güter und Ungüter, Eine Freundesgabe für Gerhard Merk zum 60. Geburtstag, hrsg. von H. G. Fuchs/A. Klose/R. Kramer, Berlin 1991, S. 113-128.

Stobbe, A.: Volkswirtschaftslehre II, Mikroökonomik, Berlin et al. 1983.

Stowasser, J. M./: Petschenig, M./ Skutsch, F. Der Kleine Stowasser, München 1979.

Streitferdt, L.: Entscheidungsregeln zur Abweichungsauswertung, Würzburg, Wien 1983.

Streitferdt, L.: Kostenmanagement, in: HWR, hrsg. von K. Chmielewicz/M. Schweitzer, 3. Auflage, Stuttgart 1993, Sp. 1216-1227.

Stremitzer, H./: Ennsfellner, K. C. Gedanken zur kundenorientierten Qualität von Versicherungsdienstleistungen, in: Risiko, Versicherung, Markt, Festschrift für Walter Karten zur Vollendung des 60. Lebensjahres, hrsg. von D. Hesberg/M. Nell/W. Schott, Karlsruhe 1994, S. 381-399.

Stüdemann, K.: Allgemeine Betriebswirtschaftslehre, 3. Auflage, München, Wien 1993.

Stubben, F.: Informationskostenrechnung, Diss. Bonn 1987.

Süverkrüp, F.: Die Abbaufähigkeit fixer Kosten, Berlin 1968. (Zugl. Diss. Berlin 1968).

Sy, W.: Die Revisionsabteilung in der Versicherungsunternehmung, Karlsruhe 1967.

Tanski, J.: Kostenplanung und Kostenkontrolle im Forschungs- und Entwicklungsbereich industrieller Unternehmungen, Bern, Stuttgart 1984. (Zugl. Diss. Berlin 1984).

Teckemeyer, H.-U./: Hansen, U. PC-gestützte Revision, in: VW 1993, S. 319-321.

Thieme, H.-R.: Verhaltensbeeinflussung durch Kontrolle, Berlin 1982.

Thom, N.: Change Management, in: Handbuch Unternehmungsführung, hrsg. von H. Corsten/M. Reiß, Wiesbaden 1995, S. 869-879.

Treuz, W.: Struktur und Verhalten betrieblicher Kontroll-Systeme, Diss. Berlin 1972.

Tröndle, B.: Outsourcing der EDV-Nachbearbeitung, in: VW 1993, S. 525-526.

Troßmann, E.: Gemeinkosten-Budgetierung als Controlling-Instrument in Bank und Versicherung, in: Controlling, hrsg. von K. Spremann/E. Zur, Wiesbaden 1992, S. 511-539.

Trottmann, E.: Der Kostenbegriff im Versicherungsbetrieb, Diss. Mannheim 1969.

Ullmann, T./: Peill, E. Servicequalität und Kundenzufriedenheit als Schlüssel zum Markterfolg (I), in: VW 1994, S. 1266-1271.

Ulrich, H.: Die Unternehmung als produktives soziales System, 2. Auflage, Bern, Stuttgart 1970.

Ulrich, M.: Beschaffung, in: HdV, hrsg. von D. Farny et al., Karlsruhe 1988, S. 65-67.

Ulrich, R.: Informationsmanagement im Versicherungsunternehmen, Berlin 1987. (Zugl. Diss. Köln 1986).

Ulrich, R.: Gemeinkostenmanagement im Versicherungsunternehmen, in: Festschrift für Dieter Farny, hrsg. von H.-P. Mehring/V. Wolff, Karlsruhe 1994, S. 121-132.

Vikas, K.: Controlling im Dienstleistungsbereich mit Grenzplankostenrechnung, Wiesbaden 1988. (Zugl. Diss. Graz 1986).

Vikas, K.: Probleme und Lösungsansätze bei der Kostenaufspaltung, in: Praxis des Rechnungswesens, Loseblattsammlung, Gruppe 8, Freiburg 1989, S. 347-357.

Vikas, K.: Leistungs- und Kostenplanung im Verwaltungsbereich, in: Praxis des Rechnungswesens, Loseblattsammlung, Gruppe 8, Freiburg 1991, S. 39-54.

Vikas, K.: Neue Konzepte für das Kostenmanagement, 2. Auflage, Wiesbaden 1993.

Vodrazka, K.: Zum Funktionenbegriff in der Betriebswirtschaftslehre, in: Beiträge zur Begriffsbildung und Methode der Betriebswirtschaftslehre, Festschrift für Willy Bouffier zur Vollendung seines 60. Lebensjahres, hrsg. von R. Bratschitsch/K. Vodrazka, Wien 1965, S. 215-234.

Vodrazka, K.: Stand und Entwicklungstendenzen der internen Revision, in: VR 1987, S. 33-42.

Vogel, N.: Qualitätsmanagement im Versicherungsunternehmen, in: Festschrift für Dieter Farny, hrsg. von H.-P. Mehring/V. Wolff, Karlsruhe 1994, S. 253-261.

Vormbaum, H./: Rautenberg, H. G. Kostenrechnung III, Baden-Baden, Bad Homburg vor der Höhe 1985.

Wäscher, G.: Zeitkomponenten, faktor- und auftragsbezogene, in: HWProd, hrsg. von W. Kern/H.-H. Schröder/J. Weber, 2. Auflage, Stuttgart 1996, Sp. 2288-2306.

Wassmer, A.: Neue Ansätze für die Prüfung von Geschäftsstellen bei Versicherungsunternehmen, in: ZIR 1981, S. 138-149.

Weber, H. K.: Fixe und variable Kosten, Göttingen 1972.

Weber, J.: Variable und fixe Kosten, in: WiSt 1987, S. 393-398.

Weber, J.: Selektives Rechnungswesen - Schlankes Controlling durch selektive Führungsinformationen, in: krp 1996, S. 197-201.

Weber, L.: Integriertes Leistungsmanagement in der Versicherung, Bern, Stuttgart, Wien 1995. (Zugl. Diss. St. Gallen 1995).

Weber, W./: Albert, H./ Kade, G.: Wert, in: HdSW, hrsg. von E. v. Beckerath et al., 11. Band, Stuttgart, Tübingen, Göttingen 1961, S. 637-658.

Weigel, H.-J.: Strategie, Aufgabenstellung und Praxis des Kostenmanagements in der Assekuranz, in: VW 1994, S. 162-169.

Weiler, W.: Kontrolle und Revision, in: HdV, hrsg. von D. Farny et al., Karlsruhe 1988, S. 363-367.

Weitert, A. H..: Die Übernahme kybernetischen Gedankenguts auf die Versicherungsunternehmensführung, in: VW 1974, S. 181-183.

Weitert, A. H.: Aufgaben und Stellung des Konzern-Controller unter besonderer Berücksichtigung der Rückversicherungswirtschaft, Diss. St. Gallen 1976.

Werner, G.: Controlling: Genügen die Instrumente der 80er Jahre, in: VW 1992, S. 1486-1490.

Wieder, B.: Grenzkosten- und Absatzsegmenterfolgsrechnung im Versicherungsunternehmen, Wien 1993.

Wiesehahn, A.: Ausgestaltung der Prozeßkostenrechnung in Versicherungsunternehmen (I), (II), in: VW 1996, S. 1559-1562/1644-1649.

Wilbert, R./: Czap, H.: Neuronale Netze zur Beurteilung von Einzelrisiken im bank- und versicherungsbetrieblichen Massengeschäft, in: Controlling, hrsg. von K. Spremann/E. Zur, Wiesbaden 1992, S. 789-801.

Wilkens, K.: Kosten- und Leistungsrechnung, 8. Auflage, München, Wien 1997.

Wilms, S.: Abweichungsanalysemethoden der Kostenkontrolle, Bergisch Gladbach, Köln 1988. (Zugl. Diss. Köln 1988).

Wirth, H.: „Total Outsourcing" der Internen Revision?, in: VW 1995, S. 1254-1255.

Wöhe, G.: Einführung in die Allgemeine Betriebswirtschaftslehre, 18. Auflage, München 1993.

Wörner, U.: Expertensysteme zur Neugeschäftsbearbeitung in der Personenversicherung, in: VW 1995, S. 1585-1588.

Wolf, H.: Beitrag zur Frage der Kosten und Prämien in der Kraftverkehrsversicherung, Karlsruhe 1973. (Zugl. Diss. Mannheim 1972).

Wolff, V.: Marktbearbeitungsstrategien des Versicherungsunternehmens, Berlin 1979. (Zugl. Diss. Köln 1978).

Wrieske, U.-A.: Schaden-Management (I), (II), (III), (IV), in: VW 1980, S. 1216-1224, 1279-1286, 1334-1341, 1407-1411.

Wrieske, U.-A.: Controlling von Produktivität, Wirtschaftlichkeit und Geschäftsablauf in Versicherungsunternehmen, in: ZfV 1994, S. 598-601, S. 638-646.

Wysocki, K. v.: Grundlagen des betrieblichen Prüfungswesens, 3. Auflage, München 1988.

Zahn, E.: Strategische Planung, in: HWPlan, hrsg. von N. Szyperski, Stuttgart 1989, Sp. 1903-1916.

Zangl, H.: Durchlaufzeiten im Büro, 2. Auflage, Berlin 1987.

Zelewski, S.: Grundlagen, in: Betriebswirtschaftslehre, hrsg. von H. Corsten/M. Reiß, München, Wien 1994, S. 1-140.

Ziebart, E.: Kybernetische Praktiken im Unternehmen, in: Angewandte Wirtschafts- und Sozialkybernetik, hrsg. von B. Schiemenz/A. Wagner, Berlin 1984, S. 13-28.

Zietsch, D./: Knieschewski, J. Gewinn- und Kostenmanagement als vertriebsorientierte Instrumente des Controlling, in: VW 1988, S.612-617.

Zietsch, D./: Schulenburg, J.-M. v.d. Controlling im Versicherungsunternehmen, in: ZfbF 1993,1993, S. 873-889.

Zimmermann, J.: Die Flexible Plankostenrechnung und Deckungsbeitragsrechnung als entscheidungs- und kontrollorientiertes System der Kosten- und Leistungsrechnung - Probleme und Entwicklungsmöglichkeiten, Diss. Würzburg 1990.

Zloch, B.: Die Kapitalanlagen von Versicherungsunternehmen in betriebswirtschaftlicher Sicht, Karlsruhe 1975. (Zugl. Diss. Mannheim 1974).

Zünd, A.: Revisionslehre, Zürich 1982.

Tarifverträge für das Versicherungsgewerbe, Stand: Oktober 1997.

Versicherungsvertragsgesetz, hrsg. von U. Knappmann et al., 24. Auflage, München 1988.

Versicherungsvertragsgesetz, hrsg. von U. Knappmann et al., 25. Auflage, München 1992.

Kolibri 360 GmbH
Ferdinand-Jühlke-Straße 7
99095 Erfurt, Deutschland
produktsicherheit@kolibri360.de

Druck:
CPI Druckdienstleistungen GmbH
im Auftrag der
Kolibri 360 GmbH
Ferdinand-Jühlke-Str. 7
99095 Erfurt